Leszek Kolakowski, Der Mensch ohne Alternative

In diesem Buch unterzieht Leszek Kolakowski die doktrinäre marxistische Theorie einer tiefgreifenden Kritik. Der Autor hat für die Neuausgabe ein aktuelles Vorwort verfaßt und den Text durch seinen Aufsatz »Der Mythos der menschlichen Einheit« ergänzt. Wie stark sich Kolakowskis Position seit der ersten Auflage dieses Buches im Jahre 1960 verändert hat, spiegelt sich in diesem Aufsatz wieder; dieser Text zeigt aber auch, daß »Der Mensch ohne Alternative« heute noch immer zu den bedeutenden Beiträgen zur Marxismusdiskussion gezählt werden muß.

»Kolakowski ist hier eine philosophische Entdeckung ersten Ranges geglückt, die eine alte Antinomie überwindet: Determination und Willensfreiheit. Die Determination hat nur den Grad von Wahrscheinlichkeit; erst durch persönliche Entscheidung der einzelnen setzt sie sich in Wirklichkeit um ... Ein umstürzender Gedanke.«
(Hans-Dietrich Sander, »Welt«)

Leszek Kolakowski, 1927 in Radom (Polen) geboren, Studium der Philosophie, 1958 Lehrstuhl für neuere Philosophiegeschichte an der Warschauer Universität. Wegen seines Eintretens für oppositionelle Studenten 1966 aus der KPP ausgeschlossen, 1968 Verlust des Lehrstuhls, Ausreise aus Polen. Seit 1970 am All Souls College in Oxford. 1975 Gastprofessur in Yale.

Serie Piper:

Leszek Kolakowski

Der Mensch ohne Alternative

Von der Möglichkeit und Unmöglichkeit, Marxist zu sein

R. Piper & Co. Verlag

Deutsch von Wanda Bronska-Pampuch
Der Mythos der menschlichen Einheit: Deutsch von Leonhard Reinisch

ISBN 3-492-00440-7
Der Aufsatz »Der Mythos der menschlichen Einheit« erschien unter dem Titel »The Myth of Human Self-Identity« in: »The Socialist Idea«

Umschlag Wolfgang Dohmen
Gesetzt aus der Garamond-Antiqua
Gesamtherstellung Clausen & Bosse, Leck
Printed in Germany

Inhalt

Aktuelle und nichtaktuelle Begriffe des Marxismus 13
I. Institution und Methode 13
II. Ideologie und Theorie 30

Die Intellektuellen und die kommunistische Bewegung 46

Verantwortung und Geschichte 63
I. Die Verschwörung der Schöngeister 63
II. Das Narkotikum des großen Demiurgen 92
III. Das Gewissen und der soziale Fortschritt 112
IV. Die Hoffnung und die historische Materie 130

Der Sinn des Begriffes »Linke« 148
Die Linke und die Negierung 148
Die Linke und die Utopie 151
Die Linke und die sozialen Klassen 155
Die Linke und der Kommunismus in Polen 162
Die Schwächen der Linken 164

Wovon leben die Philosophen 169
Über den Wert der Phantasie 170
Über die Impulse der Philosophie 173
Lohnt es sich zu philosophieren? 174
Ist die Philosophie eine Wissenschaft, die sich mit allem beschäftigt? 182

Die Antisemiten 187
Fünf keinesfalls neue Thesen als Warnung 187

Die Weltanschauung und das tägliche Leben 197
Über den Begriff »Sinn des Lebens« 197
Über Fragen, die scheinbar Scheinfragen sind 198
Über die Vielfalt des Daseinszwecks 202
Banales über das Unvermeidliche im Leben 205
Über den Wert der Veränderung 208
Über die Rationalisierung der Welt 211
Über die Rationalisierung des Todes 216

Der Platonismus, die Empirie und die Öffentliche Meinung 222

Über die Richtigkeit der Maxime »Der Zweck heiligt die Mittel« 231

Lob der Inkonsequenz 244

Der Priester und der Narr 256
Das theologische Erbe in der heutigen Philosophie 256

Der Mythos der menschlichen Einheit 287
Über die Einheit von bürgerlicher und politischer Gesellschaft im sozialistischen Denken 287

Hinweis 311

Bibliographie 312

Vorwort zur Neuausgabe

Die hier zusammengefaßten Essays sind mit einer Ausnahme in den Jahren 1956 bis 1959 geschrieben und damals auch ins Deutsche übersetzt worden. Ihre Neuauflage bedarf schon deshalb einer Rechtfertigung, da es keineswegs von vornherein einleuchtet, warum man Texte erneut vorlegt, die der Autor heute so nicht mehr schreiben würde, weil er zumindest einen Teil davon für anachronistisch und auf falsche Hoffnungen gestützt sieht.

Besonders anachronistisch und als Neuauflage am schwersten zu rechtfertigen erscheinen mir jene Abschnitte, die unmittelbar politische Aussagen enthalten. Sie wurden aus einem Blickpunkt geschrieben, der für die geistige Atmosphäre der fünfziger Jahre im Ostblock und in den kommunistischen Parteien des Westens charakteristisch war. Von der kommunistischen Parteiführung wurde dieser Blick- und Standpunkt damals als *Revisionismus* bezeichnet. Das Wort hatte eine völlig verschwommene Bedeutung. Es wurde willkürlich gegen die unterschiedlichsten politischen Gegner verwendet und zwar von Parteifunktionären, deren marxistische Erziehung hauptsächlich in stalinistischen Schulungskursen bestand und sich in der ununterbrochenen Wiederholung einiger Zitate aus den Werken der Klassiker des Marxismus-Leninismus erschöpfte. Wahr ist aber auch, daß es zu jener Zeit daneben eine aktive intellektuelle Richtung gab, die – wie immer man sie nennen mag – sich politisch u. a. dadurch artikulierte, daß sie den Stalinismus und die stalinistische Vergangenheit keineswegs für einen Fehler oder die Summe von Fehlern hielt, sondern ihn im Gegenteil als ein geschlossenes soziales, politisches und ideologisches System ansah, das die Aufgaben des Klassenkampfes gut erfüllte und insofern funktionstüchtig war. Selbst die entarteten Formen von Ausbeutung und Gewalt unter dem Stalinismus – so argumentierten die Vertreter dieses Standpunktes – könnten niemals als Fehler interpretiert werden, wie auch die Ungeheuerlichkeiten des Nazismus niemals Fehler gewesen seien, da sie unmittelbar zur Ideologie dieses Systems und zu seinen sozialen Funktionen gehört hätten.

Gleichzeitig war der »Revisionismus« eine fraktionelle Abweichung innerhalb des Kommunismus, die sich zwar nicht als Fraktion organisiert hatte, sich jedoch ihrer Andersartigkeit klar bewußt war. Das bedeutete, daß Menschen mit einem solchen Standpunkt wirklich glaubten, der Kommunismus als solcher könne intellektuell und moralisch regeneriert werden, wenn man nur zu den »authentischen« Quellen der Doktrin und des Geistes zurückkehre, die durch das Monstrum des Stalinismus nicht verseucht sind. Allerdings mußte man dem revolutionären Humanismus seine Vitalität zurückgeben, eben jene Vitalität, von der die Väter der Lehre beflügelt worden waren (Charakteristisch für dieses Denken war die Entdeckung des »anderen Marx«, ja gar die des »anderen Lenin«), wenn man dem Kommunismus ein gewisses intellektuelles Niveau zurückgewinnen, ihn von der Lüge, dem Dogmatismus und der Angst vor der Vernunft befreien wollte. Eine zeitlang gehörte der Autor der hier vorgelegten Texte zu dieser Denkrichtung, deren Spuren in den Essays leicht zu entdekken sind. Er hat sich aber bald davon überzeugen müssen, daß die Hoffnungen des Revisionismus auf Illusionen gebaut waren, daß der Stalinismus und der gesamte zeitgenössische Kommunismus eine konsequente Fortsetzung der leninistischen Lehre und Strategie waren und daß einige dieser Eigenschaften des Kommunismus ihre Wurzel in den Fundamenten der marxistischen Sozialtheorie selbst hatten (nicht in den Intentionen von Karl Marx, wohl aber in der zwangsläufigen Logik seiner Doktrin). Bis zu einem gewissen Grad ist die gewandelte Ansicht des Autors aus dem Text ersichtlich, den er 1973 unter dem Titel »The Myth of Human Self-Identity« geschrieben hat und der in diese Ausgabe aufgenommen wurde.

Der politische »Revisionismus« lebte in Polen noch eine zeitlang weiter. 1968 ist er endgültig zu Ende gegangen zusammen mit seinem Gegenspieler und Widersacher: der Ideologie des kommunistischen orthodoxen Dogmatismus. In Osteuropa hat seitdem der Kommunismus als ideologisches Phänomen zu existieren aufgehört; die offizielle Staatsdoktrin ist nun zum unentbehrlichen Ritual geworden, das dem Machtsystem die Legitimation zu schaffen hat. Der Kommunismus aber ist intellektuell tot und hat keine Gläubigen mehr, weder die Regierten noch die Regierenden glauben an ihn. Daß es dazu gekommen ist, liegt zum Teil an der zerstörenden Kraft, die von der revisionistischen Kritik ausgelöst wurde. Deshalb sind jene Teile des Buches, die den inner- »revisionistischen« Standpunkt von damals vertreten, ein Zeugnis (unter vielen anderen) jener Epoche.

Die philosophische Kritik in den Texten von damals erscheint mir im Unterschied von der politischen weniger anachronistisch. Ich bekenne mich weiterhin zu dem Glauben von Hegel und Marx, daß es möglich ist, die Welt der Werte auf der Grundlage des faktischen Geschichtsprozesses aufzubauen. Ich werde weiterhin für die Überzeugung eintreten, daß es innerhalb der Regeln der Rationalität, die uns die Geschichtswissenschaft erarbeitet hat, unmöglich ist, eine Wahrheitstheorie im transzendentalen Sinn oder eine allgemeine Geschichtstheorie beweiskräftig aufzustellen. Derartige Konstruktionen sind immer nur unter Verzicht auf die Empirie möglich, was nicht heißt, daß solche Versuche keinen Schein an Legitimität hätten. Ich möchte aber eins hinzufügen: ein strikt humanistischer Standpunkt im philosophischen Sinne des Wortes, ein Standpunkt, wonach der Mensch der durch nichts eingeschränkte Schöpfer aller Werte, Rechte und Normen im moralischen und erkenntnistheoretischen Bereich ist, ein solcher Standpunkt (falls man ihn überhaupt konsequent aufrechterhalten kann) muß zu nihilistischen Schlüssen führen und Nietzsche ist dann der konsequenteste Exponent eines solchen Humanismus.

Absoluter Anti-Dogmatismus ist unmöglich. Daraus geht jedoch keineswegs hervor, daß alle Dogmen gleich gut sind.

Leszek Kolakowski
New Haven, Conn. am 23. September 1975

Vorbemerkung zur Erstausgabe

Dieses Buch stellt eine Auswahl von Essays dar, die der Verfasser, Professor der Philosophie an der Universität Warschau, in den Jahren 1955 bis 1957 in verschiedenen polnischen Zeitschriften veröffentlichte. Sie beruhen auf Diskussionen, wie sie zu jener Zeit in den linksgerichteten Kreisen Polens an der Tagesordnung waren. Damals suchte man sich darüber klarzuwerden, auf Grund welcher theoretischen Grundsätze die sozialistische Linke in eine Sackgasse geraten war, wie man auch umgekehrt sich zu erkennen bemühte, welche Praxis ihre Theorie in eine so ausweglose Situation gebracht hatte. Die Kritik, die in den hier gesammelten Essays enthalten ist, gilt somit Problemen, die nicht an spezifisch polnische Bedingungen gebunden sind, sondern auch in Ländern mit anderer Gesellschaftsordnung und anderer Tradition zutage treten können.

Leszek Kolakowskis Kritik bezieht sich auf gewisse Tendenzen des marxistischen Denkens, die zu verschiedenen Formen der Entartung in den theoretischen Grundlagen der sozialistischen Bewegung Polens geführt und damit deren geistige Tradition ausgehöhlt und unfruchtbar gemacht haben. Es geht ihm daher nicht um Kritik am Marxismus schlechthin, sondern an einer bestimmten Form von marxistischer Doktrin, die er an einigen grundsätzlichen Punkten analysiert. Sein besonderes Augenmerk richtet er auf das Verhältnis der Moral zur Geschichtsphilosophie oder, allgemeiner ausgedrückt: auf das Verhältnis der Welt der Werte zur Welt der Tatsachen und das Verhältnis des praktischen Handelns zum theoretischen Denken.

Für die Beurteilung der weiteren Entwicklungsmöglichkeiten der philosophischen Tradition, mit deren Entstehung die ›moderne sozialistische Bewegung‹ verbunden ist, scheinen ihm folgende Fragen entscheidend zu sein: Inwieweit trägt unsere Kenntnis der geschichtlichen Wirklichkeit dazu bei, unsere Auffassungen von Gut und Böse, Pflicht und Gesetz zu bestimmen?

Inwieweit kann, andererseits, unser Urteil über das, was nützlich ist oder moralisch gut, auf unser Weltbild einwirken, und inwieweit wirkt es tatsächlich darauf ein?

Mithin ist der wesentliche Teil von DER MENSCH OHNE ALTERNATIVE dem Versuch gewidmet, das Verhältnis von theoretischem Denken, von Wertsetzung und praktischem Handeln zu bestimmen, soweit dieses Verhältnis in den Erfahrungen der jüngsten Geschichte sichtbar geworden ist. Dieses soeben allgemein formulierte Problem geht der Autor in den einzelnen Essays von mehreren Seiten an: als Frage nach dem Verhältnis der Moral zur großen Geschichte, als Frage nach Sinn und Wert der Utopie und als Frage nach der sozialen Rolle der Philosophie. Es ist in dem Essay über den Einfluß der Theorie auf unser tägliches Leben genauso enthalten wie in den Arbeiten über den Einfluß der politischen Organisation auf das Denken und über die Rolle der Intellektuellen in der kommunistischen Bewegung. Da der Mensch nicht aus zwei Teilen besteht, von denen der eine reine Reflexion ist und der andere reine Praxis, und da der erkennende Mensch nur einen gewissen Aspekt des ganzen Menschen darstellt, geht es jedesmal um das oppositionelle Verhältnis dieser beiden Teilaspekte.

Der Verlag stellt dieses Buch in Deutschland zur Debatte, weil er glaubt, daß eine Stimme aus dem Osten wie diese von uns gehört werden sollte. Es handelt sich hier nicht nur um ein bedeutendes Zeugnis für die gegenwärtige Periode der Kritik des Marxismus aus der Gesinnung einer schöpferischen Unruhe und eines echten Freiheitsverlangens; mehr noch: Diese Gedanken, jenseits des »Eisernen Vorhanges« gedacht, sind wesentlich als Untersuchung der *conditio humana* heute.

Aktuelle und nichtaktuelle Begriffe des Marxismus

1 Institution und Methode

Einige Tage, nachdem der ›größte Sprachforscher‹ der Welt in einer Tageszeitung sein Werk veröffentlicht hatte, in dem er die Sprachtheorie Marrs für falsch erklärte, hatte ich Gelegenheit, in einer gewissen Stadt den Beratungen einer Gruppe von Sprachwissenschaftlern beizuwohnen, die sich mit diesem Ereignis beschäftigten. Dabei erlaubte sich einer der Redner eine große Taktlosigkeit. Er nahm ein kleines Buch zur Hand, das von einem der im Saal anwesenden Sprachforscher stammte und vor einigen Wochen erschienen war, und las daraus einen Abschnitt vor, der ungefähr folgenden Inhalt hatte: Ohne Zweifel ist die Theorie Marrs die konsequent marxistisch-leninistische Sprachtheorie. Nur sie allein stimmt mit den Grundsätzen des Marxismus-Leninismus völlig überein – so daß gerade sie ein zuverlässiges Werkzeug für die marxistisch-leninistische Sprachforschung darstellt, usw. Daraufhin zog der gehässige Mann die neueste Nummer der Zeitung hervor und verlas aus einem kleinen Artikel, den der Autor des zitierten Büchleins verfaßt hatte, einen Passus, der etwa folgenden Inhalt hatte: Es ist ganz offenbar, daß die Theorie Marrs nichts mit dem Marxismus-Leninismus gemein hat. Sie stellt eine grobe Vulgarisierung des Marxismus-Leninismus dar, so daß die marxistisch-leninistische Sprachforschung sich der Theorie Marrs entschieden widersetzen muß, usw. ›Was soll das heißen?‹ empörte sich der Kritiker – ›Woher ein solcher Meinungsumschwung in wenigen Wochen? Chamäleon!‹ Der Autor der zitierten Fragmente schwieg verwirrt, die Anwesenden aber lachten und amüsierten sich darüber so lange, bis ein Parteifunktionär das Wort ergriff und sagte, da gebe es nichts zu lachen, denn der Mensch dürfe seine Ansichten ja ändern, das tue niemandem Abbruch.

Als ich diese Diskussion hörte, hatte ich im ersten Augenblick den Eindruck, daß sich das Recht auf seiten des Kritikers befände, der den Opportunismus des betreffenden Sprachwissenschaftlers und dessen unrühmliche Bereitschaft zu blitzschnellen Meinungsumschwüngen – je nach der Auffassung des ›größten Sprachforschers‹ der Welt – treffend bloßgelegt hatte. Erst später, viel später begriff ich, daß der beschämte Autor des kleinen Buches der wahre Marxist gewesen war und sein Kritiker sich als völliger Ignorant erwiesen hatte. Denn – und hier berühren wir den Kern der Sache, die wir behandeln wollen – die Theorie von Marr war zwei Tage vor der Veröffentlichung der Arbeit des ›größten Sprachforschers‹ *wirklich* mit dem Marxismus völlig im Einklang und stimmte, als dieses Werk gedruckt war, *wirklich* nicht mehr mit dem Marxismus überein. Der Autor des Büchleins hatte, wenn er ein echter Marxist war, keine Ursache, sich zu schämen, sondern konnte sich rühmen, den Grundsätzen des Marxismus unverbrüchlich treu geblieben zu sein.

Den Grundsätzen? Das ist vielleicht ungeschickt ausgedrückt. Die Sache ist die: Das Wort ›Marxismus‹ sollte keinesfalls eine auf ihren Inhalt hin bestimmte Doktrin bedeuten, sondern eine Doktrin, die ausschließlich formal, und zwar durch das jeweilige Dekret einer *unfehlbaren Institution,* bestimmt wurde, die in einer gewissen Epoche von der Welt ›größtem Sprachforscher‹, ›größtem Historiker‹, ›größtem Philosophen‹, ›größtem Wirtschaftsexperten‹ verkörpert worden ist.

Mit anderen Worten: Der Begriff ›Marxismus‹ wurde zu einem Begriff mit institutionellem und nicht intellektuellem Inhalt – wie das übrigens mit jeder kirchlichen Doktrin geschieht. Das Wort ›Marxist‹ bezeichnet nicht einen Menschen, der die eine oder andere inhaltlich umrissene Auffassung von der Welt besitzt, sondern einen Menschen mit einer bestimmten Geisteshaltung, die durch die Bereitschaft gekennzeichnet ist, Auffassungen zu akzeptieren, die behördlich bestätigt worden sind. Welchen aktuellen Inhalt der Marxismus besitzt, ist von diesem Gesichtspunkt aus ohne Bedeutung – man wird dadurch zum Marxisten, daß man sich bereit erklärt, von Fall zu Fall den Inhalt zu akzeptieren, den die Behörde präsentiert.

Daher war bis zum Februar 1956 *tatsächlich* nur derjenige ein Marxist (also auch Revolutionär, Dialektiker, Materialist), der unter anderem die Meinung vertrat, daß es außer der revolutionären Gewalt kein Mittel gebe, den Sozialismus aufzubauen, und jeder, der glaube, daß solche anderen Mittel vorhanden wären – ein Antimarxist (also auch Reformist, Metaphysiker, Idealist). Seit dem Februar 1956 ist es, wie man weiß, umgekehrt: Marxist ist nur derjenige, der die Möglichkeit eines friedlichen Übergangs zum Sozialismus in einigen Ländern anerkennt. Wer in diesen Fragen in einem Jahr als Marxist gelten wird – ist schwer genau vorauszusehen. Aber es ist nicht unsere Aufgabe, darüber zu entscheiden, sondern die der Behörde.

Aus eben diesem Grunde – im Hinblick auf den institutionellen und nicht intellektuellen Charakter des Marxismus – bekennt sich der echte Marxist zu Ansichten, deren Inhalt er nicht zu verstehen braucht. Wie jeder Marxist im Jahre 1950 wußte, war die Vererbungslehre Lyssenkos richtig, war Hegels Philosophie eine aristokratische Reaktion auf die Französische Revolution, war Dostojewski ein ›verfaulter Dekadenzler‹ und Babajewskij ein ausgezeichneter Schriftsteller, war Ssuworow ein Träger des Fortschritts und die Resonanztheorie in der Chemie ein überholter Unsinn. Jeder Marxist wußte dies auch dann, wenn er nie etwas von Chromosomen gehört hatte, wenn er nicht wußte, in welchem Jahrhundert Hegel gelebt hatte, wenn er nie eine Erzählung von Dostojewski gelesen und nie ein Chemiebuch für die Mittelschule durchgearbeitet hatte. Mit all dem brauchte er sich nicht zu befassen, denn der Inhalt des Marxismus war ja durch die Behörde festgelegt.

Auf diese Weise war der Begriff des Marxismus äußerst präzise umrissen und – obwohl diese Art der Bestimmung nur formalen Charakter hatte, das heißt, nur zeigte, was man unter dem aktuellen Inhalt des Marxismus zu verstehen hatte, aber nicht, worin der Marxismus wirklich bestand – war ein Irrtum ausgeschlossen.

Das ist, wie man sieht, die zweite Begriffsbestimmung des Marxismus in der Geschichte: Zuerst bedeutete der Marxismus einfach die Gesamtheit der charakteristischen Ansichten und

Theorien von Karl Marx. Dieser erste historische Begriff bewahrt auch weiterhin seine Aktualität und einen bestimmten Sinn, unabhängig davon, ob es Marxisten, d. h. in diesem Sinne Anhänger der Ansichten von Karl Marx, in der Welt gibt, ebenso wie die Begriffe ›Kartesianismus‹, ›Platonismus‹ oder ›Freudianismus‹ ihren Sinn bewahren.

Wir stehen also vor der Frage: Wenn die Konzeption des Marxismus, deren Inhalt laufend von einer ›Behörde‹ bestimmt wird, im Bewußtsein eines bedeutenden Teils der Intellektuellen, die sich für Marxisten gehalten haben, zusammengebrochen ist – hat dann der Begriff des Marxismus an sich außer jener historischen Bedeutung, die mit dem Werk des Mannes verknüpft ist, welcher der Doktrin den Namen gab, noch einen Sinn und welchen? Welchen Sinn haben die Losungen, die eine ›Weiterentwicklung des Marxismus‹ fordern, und welchen Sinn hat die Trennung in Marxisten und Nichtmarxisten in der Wissenschaft?

Bevor es eine ›Behörde‹ und den mit ihr verbundenen Begriff des Marxismus gab, war die Antwort auf diese Frage nicht schwer. Führende russische Theoretiker und Revolutionäre – Lenin, Trotzki oder Bucharin – analysierten z. B. die soziale Lage Rußlands und ihre Geschichte und bedienten sich des Begriffsapparats, den Marx konstruiert hatte, zur Betrachtung von Situationen, die Marx selbst nicht untersucht hatte; sie operierten mit dem Marxschen Begriff der Klasse, der zweifellos ein theoretisches Novum darstellte und diese Doktrin von anderen unterschied, und mit Hilfe dieses Begriffs beschrieben sie das Kräfteverhältnis in der russischen Gesellschaft. In diesem Fall weiß man, was mit der Weiterentwicklung des Marxismus gemeint ist: die Anwendung der Methode und des Begriffsapparats von Marx auf neue Forschungsgebiete.

Nehmen wir jedoch an, daß es zu gewissen gesellschaftlichen Prozessen kommt, bei denen sich dieser Begriffsapparat als inadäquat erweist. Man kann die Anwendbarkeit des Apparats auf die von Marx gewissenhaft analysierten kapitalistischen Gesellschaftsformen anerkennen und auch die mit ihrer Hilfe durchgeführten Analysen für grundsätzlich und richtig halten und dennoch der Meinung sein, daß sie sich nicht für die Erforschung neuer, nichtkapitalistischer Gesellschaftsformen eignen. Denn hier erfordert die Analyse der Gesellschaftsstruktur die Anwendung neuer Begriffe. (Stanislaw Ossowski behandelt u. a. diese Frage in seiner Arbeit ›Die Konzeptionen der Klassenstruktur im Bewußtsein der Gesellschaft‹.) Kann der Versuch, einen solchen neuen Begriffsapparat zu konstruieren, ›marxistisch‹ genannt werden? Er steht nur dann im Widerspruch zum Marxismus und ist also ›unmarxistisch‹, wenn man voraussetzt, daß die von Marx ausgearbeiteten Kategorien zur Beschreibung und Analyse aller gesellschaftlichen Phänomene ausreichen, die irgendwann einmal auftreten können. Marx ist natürlich nicht von einer solchen Voraussetzung ausgegangen; sie ist ein Originalbeitrag seiner stalinistischen Epigonen. Wenn jedoch dieser Versuch nur dem Marxismus nicht widerspricht – ist er dann schon ›marxistisch‹?

Wir können uns natürlich darauf einigen, alle Errungenschaften der Wissenschaft und alle von ihr erkannten Wahrheiten ›Marxismus‹ zu nennen, aber dann müßte man die Ansicht vertreten, daß jede neue Entdeckung in der Astrobotanik und jedes neuerforschte physiologische Gesetz gleichfalls ›marxistisch‹ sei. Bei einer solchen Auffassung, die manchmal vertreten wird, raubt man dem Wort ›Marxismus‹ völlig seinen Sinn und es wird ein überflüssiges Pseudonym für Worte wie ›Wahrheit‹ oder ›wissenschaftliche Erkenntnis‹.

Dieses Pseudonym ist nicht nur überflüssig, sondern auch irreführend, denn es suggeriert insgeheim, daß sich das gesamte menschliche Wissen aus der Anregung oder dank der Methode entwickelt habe, die das wissenschaftliche Werk von Karl Marx kennzeichnet und von ihm formuliert wurde – was augenscheinlich unwahr ist.

Und doch berufen wir uns, wenn wir – um zu dem angeführten Beispiel zurückzukehren – einen neuen Begriffsapparat schaffen wollen, der der Analyse der sozialen Schichtungen in Gesellschaftssystemen dienen soll, die Marx unbekannt waren, ebenfalls auf eine gewisse methodologische Regel, die von Marx in seinen Werken konsequent angewandt wurde und die für ihn – was noch wichtiger ist – durch die entschiedene und universelle Art, in der er sie anwandte, kennzeichnend war. Wir berufen uns nämlich auf die Regel, die fordert, daß bei allen Analysen des gesellschaftlichen Lebens die sozialen Unterscheidungen, die Teilungen der Gesellschaft in antagonistische Gruppen, gesucht werden.

Wenn sich herausstellt, daß in gewissen Gesellschaftsformen jene Teilungen auf Grund anderer Merkmale erfolgen als derjenigen, die Marx im 19. Jahrhundert entdeckte, so bezeugt allein schon die Tatsache, daß der Forscher sich auf diese Regel beruft, daß er eine methodologische Stellung bezogen hat, die für Marx charakteristisch war, und von diesem Gesichtspunkt aus betrachtet, kann man von ihm sagen, er betreibe eine ›marxistische‹ Soziologie.

Es kommt jedoch vor, daß der Fortschritt der Wissenschaft nicht nur verlangt, die Zahl der vorhandenen Begriffe und Forschungsmethoden gegenüber der von Marx in seinen Werken verwandten zu vergrößern, sondern auch einige seiner Behauptungen zu revidieren oder in Frage zu stellen. Die ›Behörde‹ selbst verkündete seinerzeit, daß gewisse Thesen von Engels über die Entstehung des Staates falsch seien; den allgemeinen Grundsätzen ihrer Tätigkeit entsprechend, kümmerte sich die Behörde nicht sonderlich darum, eine Begründung für ihre Revision zu geben, aber für unsere Diskussion ist das von zweitrangiger Bedeutung. Die Behörde leugnete auch die Marxsche These, daß es unmöglich sei, die sozialistische Gesellschaft in einem isolierten Land aufzubauen. Als Stalin mit seiner nationalen Konzeption vom ›Sozialismus in einem Land‹ auftrat, warf ihm Trotzki als orthodoxer und klassischer Marxist vor, von den Grundsätzen des Marxismus abgewichen zu sein, und wurde dafür seinerseits von Stalin zum Antimarxisten erklärt.

Ohne jetzt dazu Stellung zu nehmen, auf welcher Seite in dem damaligen Streit das durch den Geschichtsprozeß bestätigte Recht gelegen hat, kann man doch leicht die scholastische Unfruchtbarkeit einer so geführten Polemik erkennen. Wenn man – wie Stalin – behauptet, daß sich die internationale Lage seit Marx geändert und daß dieser selbst empfohlen habe, die Perspektiven des Sozialismus in Abhängigkeit von der jeweiligen Klassenstruktur im internationalen Maßstab zu betrachten – dann beruft man sich zwar tatsächlich auf eine von Marx angewandte Denkweise, aber auf eine, die so generell und für alle verbindlich ist, die die Wirklichkeit rational durchdenken wollen, daß sie gar kein spezifisches Symptom ›marxistischen‹ Denkens darstellt.

Wenn man aber – wie Lenin und Trotzki es getan haben – behauptet, daß in dieser Hinsicht die von Marx durchgeführte Analyse des Kapitalismus nichts an Aktualität verloren habe, dann beruft man sich auf eine für Marx spezifische Methode und auf die konkreten Ergebnisse der Marxschen Analyse. Von diesem Gesichtspunkt aus betrachtet, kann man die zweite Stellungnahme für marxistisch ansehen, die erste aber ist (unabhängig davon, ob sie faktisch richtig oder falsch ist) weder spezifisch ›marxistisch‹ noch ›unmarxistisch‹. Wiewohl sie nämlich eine These vertritt, die mit dem Resultat der Forschungen von Marx keineswegs übereinstimmt, so beruft sie sich dabei – ob mit Recht oder Unrecht – auf eine von Marx angewandte, wenn auch für seine Arbeit nicht direkt charakteristische Regel. In anderen Fällen ist es möglich, gewisse Marxsche Thesen durch Anwendung methodischer Regeln in Frage zu stellen, welcher er sich nicht nur einfach bediente, sondern die er sogar auf seine spezifische Art anwandte und die deshalb zulassen, daß man die gegebene Analyse mit voller Berechtigung ›marxistisch‹ nennt.

Wir gelangen hiermit zur Formulierung des Gedankens, um den es uns geht. Das Werk von Marx weist eine Anzahl wesentlicher Züge auf, die aber weder für ihn noch für seine Nachfolger charakteristisch sind und keinen Grund bieten, hier eine besondere Richtung zu unterscheiden, so z. B. eine unerbittlich rationalistische Geisteshaltung, Sinn für radikalen Kritizismus, Verzicht auf Sentimentalität bei soziologischen Untersuchungen und die deterministische Methode. Diejenigen, die diese Prinzipien in den Gesellschaftswissenschaften nicht beachten – wie es bei den meisten Leuten, die sich Marxisten nannten, im Hinblick auf die elementaren Regeln des methodologischen Rationalismus notorisch und demonstrativ der Fall war –, sind bestimmt keine Marxisten. (Es hat sich vielmehr gezeigt, daß sie den Begriff des

Marxismus dadurch kompromittieren, daß sie ihn mit der eigenen Art des Denkens und mit der Tätigkeit der Behörde identifizieren, und daß Menschen, die in ihrer Arbeit Werte zur Geltung bringen, welche Marx in die Wissenschaft hineingetragen hat, sich infolgedessen der Bezeichnung ›Marxist‹ schämen.) Wer indessen solchen Prinzipien huldigt, wird dadurch allein noch nicht zum Marxisten, da die angeführten Grundsätze keine besondere Eigenschaft des Marxschen Werkes darstellen.

Es sind jedoch in diesem Werk auch eine Reihe von Eigentümlichkeiten enthalten, die einen Originalbeitrag von Marx zur Geschichte der Sozialwissenschaften bilden. Das sind vor allem gewisse methodologische Regeln, die es der menschlichen Erkenntnis erlauben, die soziale Materie erfolgreich zu beherrschen. An sich ist die Regel des Determinismus – und man versteht ihn leichter, wenn man ihn als Denkregel und nicht als eine metaphysische Theorie auffaßt – sicher nichts für Marx Spezifisches. Diese Regel besagt nämlich nicht einfach, daß ›unter gleichen Bedingungen die gleichen Erscheinungen auftreten‹, und schon gar nicht, daß ›alle Ereignisse ursächlich bedingt sind‹ – denn in dieser Form ist der Determinismus ein nichtssagender Gemeinplatz, der sich nicht zur Verifizierung eignet und wissenschaftlichen Forschungen wenig dienlich ist. Diese Regel verlangt – grob gesagt –, daß man sich bei der Analyse jeder Erscheinung unter Ausnützung der vorhandenen Hilfsmittel und entsprechend der Aufgabenstellung maximal bemühe, die Erscheinung in allen Arten ihrer Abhängigkeit von anderen Erscheinungen zu erkennen. Hingegen ist fürMarx eine genauere Bestimmung des Determinismus charakteristisch, wie sie in der Grundidee des historischen Materialismus zum Ausdruck kommt: die Forderung, daß man bei der genetischen Analyse der politischen Institution sowie der verschiedenen Formen des gesellschaftlichen Bewußtseins nach den Beziehungen zu den gesellschaftlichen Teilungen sucht, die aus dem System der Eigentumsverhältnisse entstanden sind, beziehungsweise – im weiteren Sinne – aus den Produktionsverhältnissen, die ihrerseits wiederum in ihrer Abhängigkeit vom technischen Fortschritt gesehen werden müssen.

Eine solche Regel muß, wenn sie ihren wissenschaftlichen Wert behalten soll, auf allgemeine Art formuliert sein. Es ist zum Beispiel höchst schädlich, sie als Gesetz zu interpretieren, wonach die grundsätzliche Klassenteilung (›Klasse‹ im marxschen Sinn) *eindeutig* in der ganzen Menschheitsgeschichte alle anderen Teilungen der gesellschaftlichen Institutionen und des geistigen Lebens der Gesellschaft determiniere.

Charakteristisch für Marx ist, wie erwähnt, das Bestreben, die entscheidenden Gesellschaftsteilungen zu bestimmen, welche die geschichtliche Entwicklung am meisten beeinflussen. Charakteristisch ist das Bewußtsein der Begrenzung und Deformierung, die den Sozialwissenschaften unter dem Druck der sozialen Bedingungen aufgezwungen werden, welche die Mentalität des Forschers formen: der Kampf um die Beseitigung der ideologischen Mystifizierungen in der Wissenschaft – ein Kampf, von dem wir einst nicht geglaubt haben, daß wir ihn von neuem mit aller Schärfe gegen die Doktrin würden aufnehmen müssen, die sich mit Marx' Namen tarnt. Charakteristisch ist auch eine gewisse Art des Historismus, der nicht allein darin besteht, daß man darauf verzichtet, die geschichtlichen Erscheinungen vom Standpunkt eines Moralisten aus zu betrachten, der über die ewigen Werte herrscht, nicht allein in dem Grundsatz der historischen Relativität der untersuchten Gegenstände, sondern auch in der Überzeugung, daß die menschliche Natur ein Produkt der Geschichte der menschlichen Gesellschaft und daß das ganze von uns erhaltene Weltbild ein ›gesellschaftlich-subjektives‹ Werk sei. Das heißt, es ist das Produkt einer Gemeinschaftsarbeit, die die Wirklichkeit entsprechend den biologischen und sozialen Bedürfnissen organisiert und nur so geformt in seinem Geist fixiert. Die ganze außermenschliche Welt ist also demnach ein menschliches Produkt.

Charakteristisch ist schließlich die praktische Einstellung der Sozialwissenschaften, nämlich die Auswahl der Problematik nach dem Dienst, den sie der egalitären Gesellschaft leistet, der Abschaffung der Klassenteilungen und der Befreiung der Unterdrückten und Ausgebeuteten. Charakteristisch ist die Überzeugung, daß sich die kapitalistische Wirtschaftsform und die politische Herrschaft der Bourgeoisie kraft der geschichtlichen Gesetzmäßigkeit unweigerlich in ein System sozialistischer Verhältnisse umwandeln werden, und zwar auf dem Wege der Machtübernahme durch das Proletariat, das mit der Zeit sich selbst als Klasse abschaffen wird und gleichzeitig damit sowohl alle Klassen überhaupt wie auch den Staat als Mittel der Klassenherrschaft.

Das ist eine Aufzählung jener nur als Beispiel angeführten Regeln und Ergebnisse, die in der Geschichte der Wissenschaft eindeutig mit dem Namen von Marx verknüpft sind. Es handelt sich hier ausschließlich um Fragen, die mit der Methodologie der Sozialwissenschaften verbunden sind, denn es gab keine typisch marxistische Methodologie, die einen Einfluß auf den Fortschritt der Naturwissenschaften ausgeübt hätte (wenn man den Marxismus in der oben erwähnten, institutionellen Bedeutung dieses Wortes außer acht läßt, dessen Einfluß diesen Fortschritt spürbar gehemmt hat).

Es läßt sich unschwer feststellen, daß viele dieser Regeln in den Sozialwissenschaften einen festen Platz erobert haben, und zwar in der Wissenschaft, die von Kreisen betrieben wurde, die dem institutionellen Marxismus fernstehen und von der Behörde daher als unmarxistisch, antimarxistisch, bürgerlich oder wie immer bezeichnet werden. Viele Ideen von Marx sind in den Blutkreislauf des wissenschaftlichen Lebens eingegangen und haben dadurch ihren spezifischen Charakter verloren, der Marx und jene, die sich für die orthodoxen Anhänger seiner Lehre hielten, von anderen trennte. Von ihrem Gesichtspunkt aus hat daher die Einteilung der Gelehrten in Marxisten und Nichtmarxisten überhaupt keinen Sinn mehr. Es gibt jedoch andere, wichtige Elemente der marxistischen Methode, die nicht in diesem Maße Allgemeingut geworden sind und wenigstens dem Anschein nach eine Grundlage für die Beibehaltung der Teilung bieten. Die Sache ist jedoch nicht so einfach, und zwar aus verschiedenen Gründen.

Erstens verbindet die übliche und heute schon fest im sozialen Bewußtsein verwurzelte Vorstellung das Wort ›Marxismus‹ mit einer unrühmlichen Betätigung in der Philosophie und Soziologie, d. h., man versteht das Wort in der ersten hier betrachteten

Bedeutung, im institutionellen Sinn, der sofort an die Behörde denken läßt. Natürlich will kein Soziologe oder Philosoph etwas mit einem so verstandenen Marxismus zu tun haben, denn er möchte nicht des Mystizismus bezichtigt werden. Daher hat er auch dann, wenn er sich bei seiner Arbeit weitgehend von den durch Marx in die Wissenschaft eingeführten Methoden leiten läßt, eine Abneigung dagegen, seine eigene Auffassung marxistisch zu nennen, oder er müßte in jedem einzelnen Fall den Sinn dieser Bezeichnung eingehend erläutern. Die Erneuerung der Teilung in Marxisten und Nichtmarxisten würde es daher erforderlich machen, daß ein anderer Begriff des Marxismus als der jetzt geläufige sich allgemein durchsetzt. Diese Möglichkeit hängt aber von einer bestimmten gesellschaftlichen Tatsache ab – denn die Bedeutung der Worte ist eine gesellschaftliche Tatsache –, die sich nicht beliebig und nur durch die Erklärung herbeiführen läßt, daß man den ›wirklichen‹ Marxismus ausüben möchte, denn bisher wären alle Marxisten – Pseudomarxisten, ›Marxisten‹ in Anführungsstrichen gewesen. (Wenn ich vom geistigen Stalinismus spreche, stelle ich ihn aus diesem Grund u. a. nicht als Pseudomarxismus dem authentischen Marxismus gegenüber; denn der Stalinismus hat einen in der Gesellschaft lebendigen Begriff des Marxismus geschaffen, der eine institutionelle und nicht intellektuelle Erscheinung ist, und dieser Begriff setzte sich im Leben erfolgreich durch. Es gab dabei nur eine Mystifikation: den Namen Karl Marx, der der Entstehung dieser Bezeichnung zugrunde lag – aber etymologische Assoziationen verschwinden nach und nach aus dem Bewußtsein der Menschen, die sich der betreffenden Worte bedienen.)

Zweitens, was wichtiger ist, haben sich in den Sozialwissenschaften verschiedene Kategorien, verschiedene methodische Regeln und verschiedene, heute schon ausgebaute Forschungsgebiete entwickelt, die unabhängig von der Existenz und der Tätigkeit des institutionellen Marxismus entstanden sind. Es gibt also ganze wissenschaftliche Bereiche, in denen es – wenn man den Marxismus *intellektuell* versteht – gar nicht zu einer solchen Teilung kam. Daraus kann man natürlich nicht schließen, daß die marxistische Methode dort nichts zu sagen hätte und nicht fähig wäre, auch heute noch diese Forschungen mit dynamischer Lebenskraft zu erfüllen. Wenn sich zum Beispiel die Soziologie der öffentlichen Meinung fast ganz außerhalb des Wirkungskreises der marxistischen Tradition entwickelt hat, so ist es doch sehr wahrscheinlich, daß die Einführung des Marxschen Klassenbegriffes in diese Disziplin neue Perspektiven von großer Bedeutung für die Forschung eröffnen würde. So könnte auch die marxistische Forschungsmethode wahrscheinlich manches zum Fortschritt der logischen Semantik beitragen, die bisher von dem gesellschaftlichen Aspekt der Bedeutung abstrahierte. Auf vielen Forschungsgebieten, vor allem in der Geschichte von Politik und Wirtschaft sowie in der Geschichte verschiedener Kulturgebiete, haben die Errungenschaften von Marx – trotz des institutionellen Marxismus – eine große schöpferische Rolle gespielt, und es wäre natürlich absurd, wollte man die Tatsache, daß dieser Marxismus lange Zeit bestanden hat, zum Anlaß nehmen, um in der Geschichtsschreibung zu Ranke, in der Literaturgeschichte zu Kallenbach und in der Geschichte der Philosophie zu Zeller zurückzukehren.

Schließlich und drittens muß man vermerken, daß die Beurteilung einer Doktrin, einer Theorie oder einer Geschichtsinterpretation daraufhin, ob sie marxistisch oder nichtmarxistisch ist – wenn sie überhaupt einen Sinn haben soll –, sich lediglich auf ganz allgemeine methodologische Voraussetzungen beziehen kann, die bei der Konstruktion jener Doktrin oder Theorie angewandt wurden. Natürlich ist die Grenze zwischen einer ›Tatsache‹ und der ›Interpretation‹ in den Sozialwissenschaften ebenso fließend wie in den Naturwissenschaften und läßt sich ebensowenig präzise bestimmen. Gleichwohl gibt es gerade hier eine Menge von Kenntnissen, deren ›tatsächlicher‹ Charakter unbestritten ist und die als ›marxistisch‹ zu bezeichnen sinnlos wäre. Andererseits können Fragen der Interpretation, wie die Geschichte der Wissenschaft lehrt, niemals endgültig beantwortet werden. Ein Beweis dafür ist die evidente und den primitiven Glauben an die Möglichkeit, in den Sozialwissenschaften absolute Objektivität zu erreichen, erschütternde Tatsache, daß beinahe jede Generation die ganze Weltgeschichte neu schreibt. Und

— was hier beachtenswert ist — dies gelingt sehr oft: Der gleiche oder annähernd gleiche Komplex an faktischem Wissen läßt eine große Anzahl *gut begründeter*, rational fundierter und doch gänzlich verschiedener Interpretationen zu. Lohnt sich — und in welchen Fällen — die Mühe, jene Konzeptionen als marxistisch zu bezeichnen?

Vom Standpunkt des institutionellen Marxismus aus ist die Sache einfach: Im Jahre 1945 beschränkte sich die allein gültige marxistische Beurteilung Hegels auf die Behauptung, er sei ein deutscher Chauvinist, ein Apologet des Krieges, ein Feind der slawischen Völker und ein Vorläufer des Faschismus gewesen. Im Jahre 1954 bewertete man ihn als einen hervorragenden Dialektiker und Idealisten, der eine große Rolle bei der Herausbildung der Marxschen Philosophie gespielt habe.

Vom Standpunkt des intellektuellen Marxismus sieht die Sache etwas anders aus. Es gibt keine und wird niemals eine ›einzig wahre marxistische‹ Interpretation der stoischen Philosophie geben ebensowenig wie eine ›wirkliche marxistische‹ Konzeption der Poesie von Mickiewicz usw. Man kann den Versuch machen, die stoischen Philosophen nach marxistischen Regeln zu interpretieren, aber trotz der Anwendung der gleichen historischen Methoden sind doch verschiedene Ergebnisse möglich. Denn die Hoffnung, daß man die Methodologie der Sozialwissenschaften so mathematisieren kann, daß es möglich wird, aus der Menge der Angaben wie mit einem Rechenschieber immer eindeutig gleiche Ergebnisse zu ermitteln, ist ein Wahn. Es ist auch nicht ausgemacht, daß bei noch so rigoroser Anwendung dieser Methode Ergebnisse herauskommen, die mit den einzelnen Bemerkungen von Friedrich Engels über den Stoizismus übereinstimmen. Daher sind die Polemiken, bei denen die Forscher sich gegenseitig den Trumpf des ›richtigen‹ Marxismus aus der Hand reißen, nutzlose Wortspielereien.

Man kann darüber streiten, ob eine Theorie die Anforderungen wissenschaftlichen Denkens besser oder schlechter erfüllt, Anforderungen, zu denen auch — aber nicht allein — die wesentlichsten Regeln der von Marx ausgearbeiteten Methode gehören. Diese Regeln müssen jedoch ziemlich allgemein sein, und sie enthalten keine ins einzelne gehenden Instruktionen, die sich auf die Beurteilung dieser oder jener historischen Erscheinung beziehen. Sie lassen immer mehrere Interpretationen zu. Die Regel des historischen Materialismus an sich gibt in keinem Fall die Art, die Intensität oder den Grad der Eindeutigkeit an, mit der die materiellen Lebensbedingungen in allen Epochen der Geschichte auf das soziale Denken der Menschen einwirken. Sie legt sich auch nicht im voraus etwa darauf fest, daß die Philosophie Pascals ein Ausdruck für den Niedergang der ihres Einflusses beraubten Feudalherren sei oder eine Verkörperung bürgerlichen Denkens oder noch etwas anderes. Bei soziologischen, noch mehr bei philosophischen Untersuchungen gibt es wohl keinen einzigen absolut eindeutigen Begriff, und dieses Schwanken in der Terminologie überträgt sich auf alle noch so grundsätzlichen Thesen der Doktrin, deren keine man als eindeutig bezeichnen kann. Wenn solche Begriffe wie ›Materie‹, ›soziales Bewußtsein‹, ›Erkenntnis‹, ›Überbau‹, ›ursächliche Bedingung‹, ›Produktionsverhältnisse‹ usw. unklar sind, so hat keine methodische Regel, keine sachliche These, die sich dieser Begriffe bedient, einen eindeutigen Sinn.

Daher kann das, was wir als Marxismus bezeichnen, wenn wir ihn in seiner *intellektuellen* Funktion und als Denkmethode auffassen, einen überaus vielfältigen Inhalt haben, der nur von einem sehr allgemeinen Rahmen begrenzt wird. Wir wissen, daß es schwer wäre, eine marxistische Wissenschaft von den Engeln zu betreiben, und daß die Geschichtsphilosophie von Bossuet bestimmt nicht als marxistisch bezeichnet werden kann. Dieses Wissen ist jedoch nutzlos, denn wir gebrauchen das Wort ›Marxismus‹ nicht deshalb, um das wissenschaftliche Denken dem notorischen Irrationalismus der Theologen entgegenzusetzen. Auf wissenschaftlichem Gebiet hingegen, wo verschiedene Denkmethoden und verschiedene Arten der Methodologie mit Erfolg nebeneinander bestehen und miteinander konkurrieren können, ist die Grenze zwischen Marxismus und Nichtmarxismus außerordentlich fließend. Wenn wir nur an zwei der angeführten Umstände denken – die Unzulänglichkeit der von Marx ausgearbeiteten Regeln für die moderne wissenschaftliche Arbeit, ihre Vieldeutigkeit und die veränderlichen Grenzen ihrer Gültigkeit –, dann erkennen wir leicht, daß es gar nicht anders sein kann. Von einem ›geschlossenen und einheitlichen marxistischen Lager‹ zu sprechen, das sich deutlich von der ganzen übrigen Welt abhebt, ja, das durch seine Existenz eine grundsätzliche Trennungslinie in der Wissenschaft zieht, und die Losung von der ›Reinheit‹ der marxistischen Doktrin zu verkünden – all das hat, vom Standpunkt eines *intellektuell* verstandenen Marxismus aus betrachtet, keinen Sinn. Es kann nur vom Standpunkt eines Marxismus aus von Nutzen sein, der als eine politische oder religiöse, nicht aber als eine wissenschaftliche Erscheinung aufgefaßt wird.

In einer Situation, in der man sich zu einem Schritt entschließen muß, wie ihn im 13. Jahrhundert die Averroisten gegen die Orthodoxie unternahmen, um die Wissenschaft vom Glauben zu trennen – in einer Situation also, in der die politische Taktik immer weniger imstande ist, ihren ganzen vernichtenden Druck auf die Wissenschaft auszuüben, wird sich das marxistische ›Lager‹ in der Wissenschaft immer mehr aus einem Bleiklumpen in einen ätherischen Körper verwandeln. Natürlich ist die Tradition der alten starren Einteilung in Marxisten und Nichtmarxisten durchaus noch nicht tot, und sie wird sicher noch lange einen Druck auf das wissenschaftliche Leben auch in jenen Kreisen ausüben, in denen der institutionelle Marxismus schon abgestorben ist und sich im sozialen Bewußtsein kompromittiert hat. Ebenso sicher ist es aber auch, daß der Druck dieser Tradition in dem Maße nachlassen wird, wie der *institutionelle* Marxismus aus der Wissenschaft eliminiert wird. Es folgt durchaus nicht, daß in den Geisteswissenschaften, in denen der Einfluß der sozialen Bedingungen, unter denen sie sich entwickeln müssen, zwangsläufig am größten ist, alle Teilungen weltanschaulicher Natur aufgehört hätten zu bestehen. Die wichtigste Teilung ist jedoch nicht die in orthodoxe Marxisten – die vor allem die Reinheit ihrer Doktrin vor heidnischen Einflüssen bewahren möchten – und alle anderen. Die wichtigste ist – wenn ich mich der politischen Sprache bedienen darf – die Teilung in eine humanistische Linke und eine humanistische Rechte, eine Teilung, die sehr allgemein und nicht einmal durch eine konkrete Forschungsmethode, sondern durch eine bestimmte intellektuelle Haltung charakterisiert wird. Unter einer intellektuellen Linken in der Geisteswissenschaft verstehen wir eine Haltung, die durch radikalen Rationalismus des Denkens gekennzeichnet wird, durch entschiedene Ablehnung jeder Mythologie in der wissenschaftlichen Arbeit, durch rücksichtslose Säkularisation der Weltanschauung, durch konsequenten Kritizismus, durch Mißtrauen gegen geschlossene Systeme und Doktrinen, durch den Willen nach Offenheit im Denken, d. h. durch die Bereitschaft, anerkannte Thesen, Theorien und Methoden zu revidieren und wissenschaftliche Neuerungen zu respektieren. Diese Haltung verbindet Toleranz gegenüber anderen wissenschaftlichen Standpunkten mit der Bereitschaft, dem Irrationalismus aller Art den Krieg – und sei es einen Angriffskrieg – zu erklären, verbindet die Überzeugung vom hohen Wert wissenschaftlicher Erkenntnis mit der Überzeugung von der Möglichkeit eines sozialen Fortschritts.

Auch diese Teilung zeichnet sich, wie andere Teilungen, durchaus nicht so scharf ab wie eine Grenze zwischen zwei Staaten, sie scheint mir jedoch unvergleichlich wichtiger zu sein als die, welche gewöhnlich vom marxistischen ›Lager‹ vorgenommen wird. Wo eine solche Haltung sich durchsetzt, genügt sie zweifellos, um all die Werte, die Marx durch sein Werk in das wissenschaftliche Denken getragen hat, zu bewahren und zu festigen; die Bedeutung dieser Werte für die Geisteswissenschaft ist schwer zu überschätzen. Diese Haltung genügt aber auch, um verschiedene nicht mehr aktuelle Thesen und übereilte Verallgemeinerungen seiner Doktrin sichtbar zu machen, die durch die geschichtliche Entwicklung überholt sind. Es steht heute nämlich fest, daß mancher Gedanke von Marx – besonders im Bereich seiner Voraussagen über den weiteren Geschichtsverlauf – wie die meisten Prognosen – der unerbittlichen Lebensprobe nicht standgehalten hat und den Wert einer Utopie besitzt, also mehr eines moralischen Impulses als einer wissenschaftlichen Theorie.

Man kann darüber hinaus annehmen, daß in dem Maße, wie sich die Technik der Geisteswissenschaften vervollkommnet, der Begriff des Marxismus als einer gesonderten Richtung verschwindet – ebenso wie es keinen ›Newtonismus‹ in der Physik, keinen

›Linnéismus‹ in der Botanik, keinen ›Harveyismus‹ in der Physiologie und keinen ›Gaußismus‹ in der Mathematik gibt.

Das bedeutet, daß die Entwicklung der Wissenschaft den beständigen Teil des Marxschen Werks assimiliert hat. Dabei wird wahrscheinlich die Anwendbarkeit mancher Behauptungen begrenzt und die anderer präzisiert, während einige ganz eliminiert werden. Es ist übrigens der größte Triumph für einen großen Gelehrten, wenn seine Errungenschaften aufhören, eine gesonderte Denkrichtung zu sein, und zu einem untrennbaren Bestandteil des wissenschaftlichen Lebens werden. Dieser Prozeß vollzieht sich in den Geisteswissenschaften natürlich langsamer und anders, aber auch hier ist er ein wirkliches Element des Fortschritts.

In der Philosophie, die man als diskursiven Ausdruck der Weltanschauung auffaßt, verhält es sich anders. Hier bleiben die Namen der großen Schöpfer in den Bezeichnungen der verschiedenen Richtungen oder Tendenzen über Jahrhunderte erhalten – verändern aber ihren Charakter. Wenn wir uns zur Kennzeichnung irgendwelcher zeitgenössischer Tendenzen des Wortes ›Platonismus‹ bedienen, dann denken wir nicht an orthodoxe Bekenner der ganzen Lehre Platons. Die gibt es nämlich nicht. In der Geschichte der Weltanschauungen, in der man sich nur vorübergehend ein völliges Verschwinden der Vielfalt an Doktrinen und das versteinerte Monopol eines einzigen Systems vorstellen kann, werden die Begriffe, welche neue und schöpferische Perspektiven eröffnet und eine besondere Verbreitung gefunden haben, immer unter dem Namen derjenigen erhalten bleiben, die sie geschaffen haben.

Der Begriff ›Marxismus‹ bedeutet, so verstanden, keine Doktrin, die nur total bejaht oder total abgelehnt werden kann, kein universales System – sondern eine lebendige philosophische Inspiration innerhalb einer allgemeinen Art der Weltbetrachtung, einen Impuls, der in der sozialen Intelligenz und im sozialen Gedächtnis der Menschheit fortwirkt und seinen beständigen Einfluß den neuen und immer wertvollen Gesichtspunkten verdankt, um die er unseren Geist bereichert hat. Denn sie erlauben uns, das Leben des Menschen durch das Prisma der großen Geschichte zu betrachten; den Prozeß der Gestaltung des sozialen Wesens in seiner Abhängigkeit vom Kampf des Menschen mit der Natur und gleichzeitig den Prozeß der Humanisierung der Natur in der menschlichen Arbeit zu erkennen. Zu diesen Gesichtspunkten gehört es ferner, daß man das Denken als ein Produkt des praktischen Handelns auffaßt und die Mythologie des Bewußtseins als eine Folge der sich ständig erneuernden Entfremdung des sozialen Lebens entlarvt und auf ihre eigentlichen Ursachen hinweist. Es gehört dazu, daß man das Leben der Gesellschaft in seinen ständigen Konflikten und Kämpfen analysiert, die durch eine Unmenge von Einzelbestrebungen, Einzelwünschen, Einzelleiden – und Enttäuschungen, Einzelsiegen – und Niederlagen hindurch sich doch zu einem Bild der Evolution vereinen, von der wir glauben dürfen, daß sie im großen Maßstab der Geschichte keine Degradierung, sondern einen Fortschritt bedeutet.

11 Ideologie und Theorie

Versuchen wir ganz allgemein festzustellen, was wir unter dem Begriff ›Ideologie‹ verstehen und worin sich die Ideologie insbesondere von der Wissenschaft unterscheidet.

Unter Ideologie verstehen wir die Summe der Auffassungen, die einer sozialen Gruppe (einer Klasse, aber nicht nur ihr) zur Organisierung der *Werte* dient, die das mystifizierte Bewußtsein dieser Gruppe und ihre Tätigkeit zum Ausdruck bringen. Das ist keine genaue Definition, sondern nur eine vorläufige Charakterisierung, mit deren Hilfe wir nun die Daseinsart beschreiben können, die die Ideologie vom wissenschaftlichen Leben unterscheidet. Mit anderen Worten: Die soziale Funktion der Ideologie besteht darin, den Glauben an die Werte zu festigen, die notwendig sind, damit die Gruppe erfolgreich tätig sein kann. Die Ideologie ist daher keine ›reine‹ Theorie, und sie kann es auch nicht sein, denn die Kenntnis der Wirklichkeit an sich kann niemanden zum Handeln veranlassen; die Ideologie enthält wertende oder beschreibende Urteile, die entweder schon der mystifizierte Ausdruck des Glaubens an irgendwelche Werte sind oder ihren Inhalt der Festigung des Glaubens und der Werte unterordnen. Zum Beispiel ist der Patriotismus und auch der Nationalismus (der nicht als ein Sentiment, sondern als eine Überzeugung aufgefaßt wird, daß das Volk, die Nation, ein Wert sei) eine Ideologie. Die Losungen von Freiheit und Gleichheit sind ideologische Losungen, ebenso wie die Losungen vom Vaterland, der Ehre, der ewigen Seligkeit. Eine Ideologie sind sozialistische, demokratische, liberale oder andere Doktrinen, die politische Werte enthalten.

Der Unterschied zwischen Ideologie und Wissenschaft ist nicht der Unterschied zwischen Lüge und Wahrheit. Sie unterscheiden sich durch ihre soziale Funktion und nicht durch den Grad ihrer Wahrhaftigkeit. Wir verwenden also den Begriff Ideologie etwa in dem Sinne, in dem ihn Marx benützte, nicht aber in dem Sinne, in dem er in der jetzigen marxistischen Literatur gebräuchlich ist. Für Marx enthielt der Begriff Ideologie eine negative Beurteilung, er bedeutete jedenfalls ein deformiertes Bewußtsein. Das heißt jedoch nicht, daß die Ideologie sich einfach aus falschen Behauptungen zusammensetzen muß: sie wird durch ihre Funktion bestimmt, die darin besteht, Werte zu organisieren. Die Anerkennung irgendeiner Ideologie ist also kein rein intellektueller Akt, sondern eine praktische Bejahung, der Keim einer Handlung. Da aber jede politische Tätigkeit einer Ideologie bedarf, kann die Ideologie als soziale Erscheinung nicht vernichtet werden.

Einen Sonderfall der Ideologie stellt der Mythos dar, das heißt etwas, das sich durch folgende Eigenschaften auszeichnet:

Ein Mythos ist die Summe von Erzählungen über einzelne Begebenheiten wie etwa die Geschichte der Götter oder die Geschichte einzelner Menschen; der Mythos-Charakter einer Erzählung ist ebenfalls unabhängig von ihrer Richtigkeit und wird durch die Funktion bestimmt, die sie erfüllt. Der Mythos-Charakter der Evangelien ist ganz unabhängig von der Antwort auf die Frage, ob Christus eine geschichtliche Gestalt war oder nicht. Es gab auch einen Mythos über Napoleon oder einen Mythos über Stalin, obwohl es sich bei ihnen doch um historische Gestalten handelt. Jedes Volk und jede politische Bewegung schafft ihre eigenen Mythen, sie sind die *konkrete Organisation der Werte,* das heißt, sie sind eine Sammlung der Werte, die nicht in abstrakter Form, sondern in einzelnen Personen und individuellen Situationen verkörpert werden und dem Zusammenhalt der sozialen Gruppe dienen sollen, die sie ins Leben rief. Der Mythos ist auch das kollektive Bewußtsein einer gemeinsamen Herkunft; mythische Erzählungen dienen dazu, eine quasi familiäre Bindung zwischen den Menschen, die an den Mythos glauben, herauszubilden, eine Bindung zwischen den Mitgliedern einer Gemeinschaft, die ihre körperliche oder moralische Herkunft von den gleichen Gestalten, die entsprechende Werte verkörpern, herleiten.

Ein anderer Sonderfall der Ideologie ist die Utopie (in der umfassenden Bedeutung des Wortes), d. h. die Summe der anerkannten Werte, die sich auf die sozialen Verhältnisse beziehen und als unrealisierbar gelten, aber als Programm aufgestellt werden. (Die Erzählung vom Paradies oder vom Goldenen Zeitalter ist ein Mythos, aber das Bild vom Tausendjährigen Reich Christi ist eine Utopie.) Wie der Mythos-Charakter gewisser Erzählungen, so ist auch der utopische Charakter der Werte unabhängig von dem Wissen, ob sie sich verwirklichen lassen oder nicht. In diesem Sinne ist die Idee des Sozialismus auch eine Utopie — was nicht bedeutet, daß der Sozialismus unmöglich ist. Organisiert der Mythos in seiner psychologisch-sozialen Funktion die Gruppe um den Glauben an ihren eigenen Wert, so organisiert die Utopie die Hoffnung auf die Realisierung der Werte in den sozialen Einrichtungen. Bisher ist keine soziale Massenbewegung ohne Utopien ausgekommen, keine konnte auf Mythen verzichten.

Nach diesen einführenden Worten können wir jetzt zu jenen Eigenheiten übergehen, die mit der Entstehung und Evolution des Marxismus zur Ideologie verbunden sind.

Die besondere und in der Geschichte einmalige Antinomie der

Evolution des Marxismus besteht darin, daß diese Doktrin, die entlarvt hat, wie das soziale Bewußtsein unter dem Druck der politischen Bedingungen mystifiziert wird, während sie ihre völlige Befreiung vom Mythos verkündete, selbst zum Opfer einer solchen Mystifizierung geworden ist.

Die Einmaligkeit dieser Lage besteht darin, daß wir es hier mit einem Fall zu tun haben, in dem eine wirklich wissenschaftliche Theorie, die aus der Tradition des rationalen Denkens erwachsen ist und tief im intellektuellen und nicht im religiösen Leben der europäischen Kultur verwurzelt ist, zum idealen Überbau einer organisierten politischen Massenbewegung geworden ist. Dabei ist jedoch der marxsche Gedanke, daß das soziale Bewußtsein die Wirklichkeit wie in einer Camera obscura umgekehrt wiedergibt, später auf den Grundsatz reduziert worden, daß diese Mystifikation ihre Quellen einzig in dem Klassenbewußtsein habe, daß sie nämlich entweder das Produkt einer intellektuellen Unreife sei (wie im Fall der unterdrückten Klassen, die vor der Arbeiterklasse bestanden) oder einfach ein bewußter Betrug (wie im Fall der besitzenden Klassen).

In beiden Fällen war die Interpretation des sozialen Bewußtseins par excellence idealistisch, denn sie führte das entstellte Weltbild, das in den Köpfen der Menschen entstand, auf die Eigenschaft dieser Köpfe zurück, auf das mangelnde Wissen oder auf den Wunsch, zu betrügen. In beiden Fällen also ging das Wesen des marxschen Gedankens, die Theorie der Entfremdung, verloren. Dafür tauchte die sehr optimistische Überzeugung auf, daß die Arbeiterklasse, die als ›Klasse für sich‹ allein in der Partei verkörpert wird und automatisch von allen Mystifikationen befreit ist, keinen Grund hat, nach einer Entstellung des Weltbildes zu streben, sobald sie eine politische Organisation geschaffen hat. Diese Auffassung ist verständlich, denn es folgt aus ihr, daß die Partei, die der materialisierte Geist der Klasse ist, jene Emanzipation in vollkommener Weise erreicht hat, das heißt ganz einfach, daß sie sich nie irrt. Praktisch ist also die marxsche Theorie von der Entfremdung auf Grund einer verständlichen Tendenz durch ein Unfehlbarkeitsdogma ersetzt worden.

In dieser Situation konnte innerhalb des Marxismus das Problem der entstellenden Wirkung, die die politische Organisation als solche auf das theoretische Bewußtsein ausübt, gar nicht auftauchen. In den früheren Massenbewegungen tauchte es nicht auf, weil sie nur eine Ideologie im Sinne von Marx hatten und diese nicht aus dem wissenschaftlichen Gedanken schöpften. Bei ihrer Entstehung erhielten sie ein geschmeidiges Bewußtsein, das keiner Kontrolle durch wissenschaftliche Gesetze unterlag. Jetzt aber mußte man das, was ursprünglich Wissenschaft war, erst dem Druck der Organisation gefügig machen, das heißt, jeder rationalen Kontrolle entziehen.

Die religiösen Ideologien konnten niemals aus dem Stadium einer Wissenschaft in das Stadium einer Religion übergehen, da sie nie Wissenschaft waren; sie waren daher von Anfang an leicht jeder Forderung der sozialen Situation anzupassen. Die Entwicklung des Marxismus aber hat die Wissenschaft in eine Mythologie und in eine weiche Materie verwandelt, aus der das Rückgrat der Vernunft entfernt worden ist. Sie wirkte nach denselben Schemata, die für die Ideologie typisch sind, verbarg sich aber dabei auf Grund ihrer Tradition hinter einer wissenschaftlichen Fassade. Das Resultat davon war das Streben nach einer Totalisierung der Kultur und ihrer absoluten Durchdringung mit einer Ideologie, die unter wissenschaftlichen Losungen wirkte, obwohl diese schon seit langem nicht mehr den Gesetzen der Wissenschaft unterlagen. (Allerdings entstanden manchmal entgegen dem institutionellen Marxismus dennoch höchst wertvolle wissenschaftliche Nebenprodukte, und daher gerieten die methodologischen Errungenschaften von Marx nicht ganz in Vergessenheit, ja, sie bildeten die Inspiration für große wissenschaftliche Leistungen. Ein Beispiel dafür sind die Werke von Georg Lukacs.)

Der institutionelle Marxismus bestätigte durch seine Entstehungsgeschichte die Theorie von Karl Marx über die Entfremdung. Er illustrierte nämlich die destruktive Wirkung, welche die politische Organisation als solche auf das wissenschaftliche Denken ausübt, sobald das Denken in Widerspruch zur Ideologie gerät. Das Zusammenleben der beiden, das eine Symbiose sein sollte, entpuppte sich als ein Schmarotzerdasein der Ideologie, deren Gewebe das wissenschaftliche Denken durchdrang und seine Existenz gefährdete. Das darf keine Empörung und Verurteilung hervorrufen, denn es ist das natürliche Verhalten der politischen Organisation. Einmal als soziale Tatsache geschaffen, hat die Organisation zumindest ein eigenes Interesse: die Erhaltung der inneren Zusammengehörigkeit, die erbitterten Widerstand gegen jeden Versuch einer Desintegration erfordert. Die organisatorische Bindung liegt im Gegensatz zur Klassenbindung im Bewußtsein, denn das Bestehen der Klasse ist durch die objektive Lage gegeben (nach Marx, ›Klasse an sich‹). Eine Desintegration des Bewußtseins ist vernichtend für die Organisation, und daher muß sie ihre Ideologie vor einer rationalen Kontrolle bewahren.

Das wissenschaftliche Leben fördert andererseits in seiner Evolution gerade den Grundsatz der sozialen Kontrolle, der inhaltlichen Unabhängigkeit von den Forderungen der Politik, den Grundsatz des Objektivismus, des Revisionismus, der permanenten Kritik und ständigen Konfrontierung aller möglichen Gesichtspunkte. Daher sind ideologisches und wissenschaftliches Leben in ständigem Widerspruch miteinander, und dieser Widerspruch läßt sich nicht durch Erklärungen des guten Willens aus der Welt schaffen, denn der gute Wille hebt soziale Gesetzmäßigkeiten nicht auf. Die Verwandlung des Marxismus in eine Institution war kein ›Fehler‹, der durch den ›ehrlichen Willen zur Wiedergutmachung‹ beseitigt werden kann wie eine Sünde in der Beichte.

Es gab gar keinen ›entstellten Marxismus‹, denn der institutionelle Marxismus entsprach seiner Funktion und erfüllte erfolgreich die Rolle, die ihm die Geschichte vorschrieb. Daß sich diese Rolle destruktiv in bezug auf das ganze wissenschaftliche Leben auswirkte, war ein notwendiger Bestandteil seines Erfolges. Ebenso war es im politischen Leben: Der Stalinismus war kein ›Fehler‹, sondern ein System, das Mittel anwandte, die den Grundsätzen seiner Existenz genau entsprachen: Er hat nichts falsch gemacht, denn er handelte erfolgreich und führte im ganzen gesehen nur wenig Maßnahmen erfolglos, also falsch durch.

Wir haben also keinen Grund anzunehmen, daß das Wesen des kollektiven Bewußtseins organisierter Bewegungen eines

Tages aufhört zu existieren. Das in einer organisierten Form bestehende politische Leben kann nicht auf den ideologischen Zement verzichten, dieser jedoch verdankt seine Festigkeit unter anderem dem Umstand, daß er keine rationale Kontrolle verträgt, die ein Element der Desintegration hineintragen würde. Man muß mit der natürlichen Tatsache rechnen, daß jeder Prozeß der organisatorischen ›Abschließung‹ mit der ideologischen Integrierung zusammenhängt und daher in allen Punkten, in denen das wissenschaftliche Denken mit der Ideologie zusammentrifft, einen Druck auf dieses Denken ausüben muß.

Andererseits — und das gilt ebenfalls ausschließlich für den Marxismus — ist eine totale Verwandlung des Denkens in Ideologie praktisch unerreichbar. Eine Ideologie, die aus der Wissenschaft entstand, kann nicht auf die Fassade der Wissenschaftlichkeit verzichten, und diese Fassade übt ihren Einfluß auf die Ideologie aus. So treten in der Ideologie von Zeit zu Zeit Spuren der wissenschaftlichen Tradition zutage, die keinesfalls abgestorben ist. Innerhalb des zu einem Mythos gewordenen marxistischen Bewußtseins bleibt das wissenschaftliche marxistische Denken dennoch wie in einer flüssigen Schicht erhalten, seine Grenzen lassen sich schwer feststellen, aber es bleibt dem Ursprung der Doktrin immer verbunden. Daher war die dialektische Methode von Marx trotz allem fähig, einen intellektuellen Einfluß auszuüben, und paradoxerweise war manchmal sogar die Ideologie selber dank ihrer Vermischung mit der wissenschaftlichen Tradition der Träger ihrer wissenschaftlichen Werte. Die ideologische Verbreitung des Marxismus hatte also doppelte Folgen: sie übte nicht nur einen zerstörenden Druck aus, sondern streute auch wissenschaftlich fruchtbaren Samen. Der Marxismus wurde nämlich im Verlauf seiner Geschichte nicht in zwei deutlich gegeneinander abgesetzte Kräfte geschieden, von denen die eine ausschließlich auf intellektuellem Wege wirkte und die andere nur mit Hilfe ideologischen Drucks, sondern er hat immer zugleich auf zwei Arten, die zwar in Opposition zueinander standen, aber dennoch schwer voneinander zu trennen waren, seinen Einfluß ausgeübt. Und da die für das ideologische Leben charakteristische Wirkungsart natürlich ungleich mehr soziale Energie und Erfolge mit sich bringt als die abstrakten Werte rationalen Denkens, verdanken die letzteren oft ihre Erfolge dem Zusammengehen mit der Ideologie, die andererseits für sie verderblich war.

Der sonderbare Widerspruch im Leben der marxistischen Idee rief und ruft weiter zahlreiche Illusionen bei der Einschätzung des jetzigen Wertes des Marxismus hervor: einerseits die Illusion einer sündenlosen Vernunft, die den Mythos einer *wissenschaftlichen Ideologie* und den stereotypen Marxismus geschaffen hat, der durch unbezweifelbare wissenschaftliche Errungenschaften gerechtfertigt wurde; andererseits die Illusion der totalen Entwertung des Marxismus, die aus seiner ideologischen Tätigkeit erwuchs. In Wirklichkeit haben wir es aber mit einem innerlich widerspruchsvollen Prozeß zu tun, bei dem die Wissenschaft zu einem Mythos wird, wodurch der ideologische Mythos ständig gezwungen ist, eine Ladung Wissenschaft auf seinem Rücken zu tragen, die ihm wesensfremd ist. Der Geist des Marxismus nährt sich also von dem immanenten Widerspruch seines Wesens, der beiden Seiten empfindlich zusetzt und zugleich für eine von ihnen Existenzbedingung ist. Wenn also die Wissenschaft sich in eine Ideologie verwandelte, so hat andererseits die Ideologie keine Kraft, um schließlich mit der Wissenschaft ganz fertig zu werden, da sie den Kult eines ihr fremden Gottes freiwillig (aber auch aus der Notwendigkeit, die aus ihrer Herkunft folgt) auf sich genommen und zum Grundsatz ihres eigenen Daseins erhoben hat.

Es läßt sich nicht leugnen, daß die Ideologie, wie die Geschichte lehrt, manchmal belebend auf das wissenschaftliche Denken einwirken kann. Einen Beweis dafür liefern z. B. die Beziehungen, die zwischen den metaphysischen Spekulationen der Pythagoreer über den Wert der Zahlen und ihren mathematischen Entdekkungen bestanden, oder die Beziehungen zwischen den philosophischen und sogar theologischen Einfällen von Leibniz und nicht zuletzt das Beispiel von Karl Marx selbst, in dessen wissenschaftlichen Erkenntnissen ideologische Impulse eine wichtige Rolle spielten: Das ›Kapital‹ wurde später geschrieben als das ›Kommunistische Manifest‹. Die Ideologie kann eine gewisse neue Optik für das Weltbild schaffen, sie organisiert manchmal die Erkenntnis in äußerst erfolgreicher Weise. Das ist besonders in den Geisteswissenschaften deutlich festzustellen. Bei der Erforschung der Geschichte der Weltanschauungen z. B. finden wir verschiedene Interpretationen, bei denen das erforschte Material dem Begriffsapparat entspricht, der zu ihrer Erforschung verwandt wurde. Dieser Begriffsapparat ist seinerseits nicht von den historischen Problemen abhängig, sondern von den weltanschaulichen Impulsen derjenigen Epoche, in der der Forscher lebt. Ungeachtet dessen können viele Theorien, obwohl jede von ihnen in der Philosophie und ihrer Umwelt in der Zeit verwurzelt ist, doch Wesentliches zur Forschung beitragen. Deswegen ist es unter anderem so schwer, sich eine absolute Objektivität auf dem Gebiet der Geisteswissenschaften vorzustellen, was jedoch durchaus nicht bedeutet, daß in den Geisteswissenschaften kein Fortschritt möglich sei.

Augenblicklich ist der Druck der verschiedensten Ideologien auf die Geisteswissenschaften allgemein und beinahe überall im Bereich der methodologischen Grundsätze zu spüren. Der Marxismus bildet hier keine Ausnahme. Es wäre jedoch falsch, diese richtige Beobachtung dahingehend zu interpretieren, daß die totale Ideologisierung der Geisteswissenschaften eine fatale Notwendigkeit sei und es keine allmähliche Befreiung von der Ideologie für sie geben könne, daß also jeder Fortschritt auf diesem Gebiet nur eine utopische Phantasie sei. Eine solche Schlußfolgerung würde im Widerspruch zur ganzen Geschichte der Wissenschaft stehen und geistig reaktionär sein, weil sie a priori die Ausarbeitung eines Programms wissenschaftlicher Kriterien für die Geisteswissenschaften unmöglich machte. Wer diese Auffassung im Ernst vertritt, muß auch die Meinung vertreten, daß das ›Kapital‹ von Marx sich seinem ideologischen Charakter nach nicht vom ›Gottesstaat‹ Augustinus' unterscheidet und die Studien Max Webers über den Protestantismus ebenso ›ideologisiert‹ sind wie die Predigten Martin Luthers. In Wirklichkeit ist es aber nicht so, und das Bewußtsein dieses Unterschiedes hat auch eine Bedeutung für den Kampf gegen das verantwortungslose und unbegründete ideologische Eingreifen in die Wissenschaft, das nicht bekämpft werden kann, wenn man annimmt, daß sich die Ideologie nicht in klarer und überzeugender Weise von der Wissenschaft trennen läßt.

Bei alledem scheint es mir, wie gesagt, nicht möglich, in den Geisteswissenschaften völlige Objektivität zu erreichen, das heißt, die soziale Welt ganz zu erkennen. Diese Erkenntnis wird nicht nur durch die Grenzen eingeengt, die dem Menschen in seiner Erkenntnisfähigkeit als biologischem Wesen gesetzt sind, sondern auch durch die besonderen sozialen Bedingungen, denen die Erkenntnis selbst unterliegt. Das Wissen kann sich, was die allgemeinen Bedingungen des sozialen Lebens anbelangt, die allen sozialen Strukturen gemeinsam sind, natürlich unmöglich von dem Druck dieser Bedingungen befreien. Auch wenn eine solche Emanzipation möglich wäre, könnte sie nur von jemandem festgestellt werden, der selbst von den Einwirkungen der Bedingungen frei wäre, die den Menschen als soziales Wesen beschränken.

Wir können jedoch fragen, ob eine Befreiung von den Beschränkungen möglich ist, die nicht von der Existenz des Menschen als sozialem Wesen herrühren, sondern von den Teilungen innerhalb der Gesellschaft. Sehen wir von dem Problem ab, welche von diesen Teilungen wichtiger oder weniger wichtig sind, und dies in welchem Sinne: Man weiß doch, daß gewisse Teilungen mit Sicherheit einen Einfluß auf das Bild der Gesellschaft ausübten, das im Bewußtsein der Forscher entstand (nicht nur Klassenunterschiede, sondern auch andere), daß sie den Begriffsapparat organisieren, der zur Beschreibung des sozialen Lebens dient und die Art der Fragestellung festlegt.

Es gibt nämlich keine Methoden zur Erforschung des sozialen Lebens, von denen man sagen könnte, daß sie absolut unabhängig von gewissen von vornherein angenommenen Hypothesen wären.

Wie trügerisch allgemein anerkannte Methoden sein können, zeigt schon die banale Tatsache, daß man mit einer *richtigen* Statistik das Bild der sozialen Wirklichkeit gründlich verfälschen kann. Das ist deshalb möglich, weil auch die richtige Statistik immer bestimmte Kriterien der Auswahl der Erscheinungen voraussetzt, die man erforschen will. Die von vornherein angenommene Hypothese liegt in der Art der Fragestellung, aus der sich dann eine völlig eindeutige Antwort ergeben muß. Wir können

z. B. experimentell untersuchen, in welchem Verhältnis der Bildungsgrad einer Gesellschaft zur Teilnahme am religiösen Leben in ihr steht. Die Frage kann statistisch untersucht werden, und das Problem scheint in dieser allgemeinen Art auch vernünftig gestellt zu sein. Wir werden jedoch nicht danach fragen, in welchem Verhältnis die Anzahl von Kahlköpfigen in einer Gesellschaft zu der Zahl der linken oder der rechten Politiker in ihr steht, weil wir eine solche Fragestellung für absurd hielten. Man kann nämlich keine Fragen stellen, die Beziehungen zwischen sozialen Erscheinungen betreffen, wenn man vorher nicht von solchen Beziehungen weiß. Daher kann uns die Allgemeingültigkeit gewisser Forschungsmöglichkeiten wenig trösten. Die Absurdität obiger Frage ist augenfällig, aber in vielen Fällen ist es durchaus nicht einfach festzustellen, ob eine Frage sinnvoll ist oder nicht.

Wenn wir die Abhängigkeit zwischen der Klassenteilung und anderen Formen des sozialen Lebens untersuchen, so ist es wesentlich, ob wir den Klassenbegriff von Marx annehmen, der sich auf das Kriterium des Besitzes an den Produktionsmitteln stützt, oder einen anderen, der z. B. das Nationaleinkommen als Grundlage auffaßt. Dabei ist es schwer zu entscheiden, welche der Einteilungen ›wichtig‹ ist, denn die Antwort auf diese Frage wird von ideologischen Faktoren bestimmt. Die verschiedenen Gruppen und Kreise in der Gesellschaft bilden eigene Begriffe heraus und setzten von vornherein fest, wie die Auswahl der sozialen Erscheinungen erfolgen soll. Zwar können wir annehmen, daß manche Klassen oder Gruppen von Natur aus mehr dazu neigen, weniger ›ideologisierte‹ Begriffsapparate zu schaffen, aber es ist äußerst schwierig festzustellen, welche Bedingungen jene Objektivität fördern. Dies insbesondere deshalb, weil ja der Soziologe selbst die verschiedenen Konzeptionen nur von außen betrachten und ihre Objektivität also selbst nicht objektiv bewerten kann. Selbst dort, wo die Gelehrten einen geschlossenen Kreis bilden und das Bewußtsein der Zugehörigkeit zu diesem Clan größer ist als das Bewußtsein anderer sozialer Bindungen (was für die objektive Forschung zweifellos von Vorteil ist), gibt es dennoch eine natürliche Tendenz zu gewissen berufsmäßigen Übertreibungen, was sich z. B. in der notorischen Übertreibung der Rolle intellektueller Teilungen in der Gesellschaft oder in der Überschätzung der Rolle der Intellektuellen überhaupt ausdrückt.

Die Ideologie ist im Gegensatz zur Wissenschaft im modernen Sinne des Wortes den Tagesaufgaben der einzelnen sozialen Gruppen, Parteien oder Klassen nicht nur, was den Bereich der Probleme anbelangt, sondern auch inhaltlich untergeordnet. Sie muß daher veränderlich und biegsam sein, damit sie sich den jeweiligen Bedürfnissen anpassen kann. Das ist die zweite Eigenschaft der Ideologie: Sie ist notgedrungen dunkel und zweideutig, denn sie muß, um die Kraft des Glaubens aufrechtzuerhalten, die allgemeinen Formeln so unveränderlich wie möglich belassen und gleichzeitig, wenn sie Erfolg im Alltag haben will, unaufhörlich ihren Sinn ändern und den Aufgaben des Augenblicks anpassen.

Jedoch kann die relative Beständigkeit der Ideologie nur dann aufrechterhalten werden, wenn die Interpretation ihres Inhalts in der institutionell bestätigten Form monopolisiert ist, d. h., wenn es eine Priesterkaste gibt, die allein dazu berufen ist, den richtigen Inhalt der Ideologie darzulegen: Nur dann sind Orthodoxie und Treue zur Doktrin möglich, die zu den typischen Kategorien des ideologischen Denkens gehören.

Mit diesen Bemerkungen verfolge ich durchaus nicht die Absicht, ein Programm für die Beseitigung der Ideologie zu formulieren. Ein solches Programm wäre übrigens auch völlig hoffnungslos. Zur Ideologie gehört die moralische und politische Wertung, also eine Tätigkeit, ohne die das Leben unmöglich wäre. Die Losung von einer völligen Befreiung von der Ideologie ist eine naive Fiktion, und diejenigen, die sich einbilden, daß es ihnen gelungen ist, sich von ihr zu lösen, werden zu Opfern einer Mystifikation, die selbst einen ideologischen Charakter hat. Um nämlich die Abschaffung der Ideologie zu fordern, muß man sie vorher bewerten, und das ist ein ideologischer Akt. Jedoch scheint die Losung von einer ›Enttotalisierung‹ der Ideologie durchaus nicht hoffnungslos zu sein, und obwohl die Ideologien nach ihren eigenen Gesetzen leben und der gute Wille allein nicht genügt, sie zu vernichten, müssen die Bemühungen, ihre zerstörende Wirkung auf das wissenschaftliche Denken einzuschränken, gewisse Aussichten auf Erfolg besitzen. Hingegen ist z. B.

die Auffassung, daß die Geisteswissenschaften ›ohnehin‹ unweigerlich zu einem Instrument der Ideologie werden müßten, praktisch der Versuch, jede Art von ideologischer Aggression im Bereich des Denkens zu befürworten. Eine solche Stellungnahme geht von der Voraussetzung aus, daß es auf diesem Gebiet keine Diskussion geben kann, denn zwischen Ideologien gibt es keine Diskussionen, es gibt keine Auseinandersetzung sachlicher Gründe, sondern nur einen Kampf, der alle Mittel, einschließlich des materiellen Drucks, zuläßt.

Die Ideologien wirken, selbst wenn sie mit rein geistigen Mitteln operieren, nicht durch rationale Gründe, sondern mit Schlagworten, mit Appellen an Gefühle, an Autoritäten, an Traditionen, mit Wünschen, Vorurteilen, Legenden und Ressentiments. Die Existenz des sozialen Bewußtseins unterliegt ideologischen Gesetzen, und die Meinung, daß es anders sein könnte, das heißt, daß die Verwirklichung einer Herrschaft des Geistes möglich sei, unter der sich die Verwandlung des sozialen Bewußtseins im kristallklaren Himmel logischer Gründe vollziehen würde, ist eine Phantasie. Dieser Traum ist nicht schädlich, im Gegenteil, er kann nützlich sein, wenn er zum Kampf für die Verbreitung des Rationalismus im sozialen Leben beiträgt, aber er wird zu einem gefährlichen Mythos, wenn man zu verkünden beginnt, daß das Imperium des Geistes schon Gestalt angenommen habe, daß der reine Verstand den Thron des irdischen Königreiches bestiegen habe und den Staat regiere.

Dann nämlich wird die ›wissenschaftliche Ideologie‹ auf allen Lebensgebieten zum absoluten Diktator: Wir haben eine wissenschaftliche Außenpolitik, eine wissenschaftlich geleitete Malerei und Musik, eine wissenschaftlich begründete Vaterlandsliebe – mit einem Wort: das ›Reich der Sonne‹ in grotesker Form.

Die Satrapen der Ideologie mit wissenschaftlichen Ansprüchen sind, wie die Erfahrung lehrt, äußerst gefährlich, denn sie sind auf bestimmten Lebensgebieten besonders aggressiv. Wir wollen nicht darauf eingehen, ob und inwiefern die Einschränkung der ideologischen Tätigkeit in der sozialen Wirklichkeit möglich ist, ob und inwiefern auch ein Druck des wissenschaftlichen Denkens auf die Ideologie ausgeübt werden kann und ob der Ausdruck

›wissenschaftliche Weltauffassung‹ einen Sinn hat. (Meiner Meinung nach hat er sehr wohl einen Sinn.) Wir begnügen uns damit, die Überzeugung zum Ausdruck zu bringen, daß das ›Ende des ideologischen Zeitalters‹ in astraler Zukunft liegt, in die vorläufig auch das geübteste Auge eines Geschichtspropheten nicht dringen kann. Die ewigen Hoffnungen aller fortschrittlichen Bewegungen, die Erfolge erwarteten, weil ›der Verstand schließlich den Sieg davontragen müsse‹, wurden bekanntlich systematisch von der Walze der Geschichte niedergerollt, die bemerkenswert leicht über sie hinwegging. So bot sich den naiven Rationalisten wie zum Spott ein Weltbild dar, in dem die absurdesten Dinge die glänzendsten Triumphe feierten.

Man kann natürlich darüber staunen und bedauern, daß solche Dinge wie Rassenhaß, Nationalismus, religiöses Denken oder Kriegsliebe hartnäckig allem Fortschritt Widerstand leisten, den die Aufklärung, die auf den Grundlagen des wissenschaftlichen Denkens basiert, trotz allem macht. Jedoch ist das Staunen über geschichtliche Gesetze nur ein Zeichen, daß man sie nicht versteht, und kann zum Selbstmord führen. Für diejenigen aber, die lieber an jenen bescheidenen und schwer bezahlten Siegen teilhaben wollen, die das rationale Denken über den räuberischen Imperialismus der Ideologie erringt, ist es nützlicher, ihre Aufmerksamkeit auf Gebiete zu konzentrieren, auf denen die Überwindung der Ideologie gewisse Chancen hat. Wir halten es für sicher, daß es solche Chancen auch auf dem Gebiet der Geisteswissenschaften gibt und daß sie besonders seit Marx gegeben sind, der sich nicht wie Comte damit begnügte, die Metaphysik aus der Wissenschaft auszuschalten, sondern auch den Prozeß der Unterdrückung des Bewußtseins durch die Ideologie als Resultat sozialer Konflikte analysierte. Der Umstand, daß sich die Hoffnung auf eine schnelle Eliminierung, wie Marx sie hegte, nicht erfüllte, hat das Wesen der marxistischen Doktrin nicht entwertet, die sich daher mit Erfolg auch zur Betrachtung ihrer eigenen Geschichte verwenden läßt.

Wenn wir sagen, daß die Idee des Sozialismus einen ideologischen Charakter hat, so fordern wir damit durchaus nicht, daß sie auf ihn verzichten soll. Aber die Vorstellung, daß die Notwendigkeit des Sozialismus ebenso unwiderlegbar bewiesen sei wie ein physikalisches Gesetz, ist naiv. Zweifellos hat der Sozialismus in der Auffassung von Marx eine ganz andere Perspektive als bei Fourier; der Glaube an ihn stützt sich auf bedeutend stichfestere Voraussetzungen, dennoch ist nicht nur die Bejahung des Sozialismus als Wert ein ideologischer Akt, sondern auch die Überzeugung, daß die Werte des Sozialismus verwirklicht werden können. Es ist das auch ein gewisses Hasardspiel, ein praktisches Risiko, bei dem die Überzeugung von der absoluten *wissenschaftlichen* Sicherheit des Erfolges eben eine ideologische Sanktion ist, eine mystifizierende Rechtfertigung. Die völlige Wissenschaftlichkeit der Voraussagen über die Notwendigkeit des Sozialismus ist ein ideologischer Glaubensakt. Jedoch ist die Emanzipation der Wissenschaft von der ständigen Bedrohung durch die Ideologie zwar schwer, aber nicht unmöglich zu realisieren.

Trotz der rückläufigen Entwicklung, die sich in letzter Zeit in der marxistischen Ideologie beobachten läßt, sind wir der Meinung, daß die Wissenschaft sich nach und nach von der Kontrolle durch die Ideologie befreien wird. In Polen wurde ihr Druck auf dem Gebiet der Naturwissenschaften ausgeschaltet, auf dem Gebiet des künstlerischen Schaffens in großem Maße eingeschränkt. Das bedeutet nicht, daß – absurder Gedanke – irgendwann einmal eine künstlerische Tätigkeit ohne ideologische Inspiration existieren könnte. Eine Inspiration ist jedoch etwas anderes als die Leitung durch eine politische Organisation. In diesem Sinne scheint die Rückkehr zum ›sozialistischen Realismus‹ als Organisationssystem des künstlerischen Lebens in Polen unmöglich zu sein.

Die Hoffnung, daß die marxistische Ideologie, das heißt, der institutionalisierte Marxismus – denn nur in dieser Gestalt tritt diese Ideologie jetzt auf – aufhört, Anspruch darauf zu erheben, wissenschaftliche Kenntnisse zu ersetzen, kann begründet sein. Die Hoffnung auf das Entstehen einer wissenschaftlichen Ideologie hingegen und die Hoffnung auf ein Versiegen der Ideologie sind unbegründet. Die Ideologie verzichtet nämlich nur bei Gewaltanwendung auf ihre Ansprüche. Diese Gewalt kann von einer anderen Ideologie kommen, sie kann aber auch, wie die Geschichte lehrt, von der Wissenschaft ausgeübt werden. Einige Jahrhunderte des Kampfes weltlichen Wissens gegen die Diktatur der christlichen Ideologie haben gezeigt, daß dieser Kampf erfolgreich sein kann und die Ideologie zu zwingen vermag, auf einen Teil ihrer Ansprüche, wenn auch ungern und nur unter Zwang, zu verzichten.

Die Geschichte ist jedoch eine Bewegung, die sich beschleunigt, und dies läßt hoffen, daß analoge Prozesse in der jetzigen Situation keine Jahrhunderte mehr erfordern werden.

Die Intellektuellen und die kommunistische Bewegung

Wenn wir mit dem Begriff Intelligenz jene Gruppe von Menschen bezeichnen, die gebildet sind und gleichzeitig ihren Lebensunterhalt entweder mit geistiger Arbeit verdienen oder doch eine solche Tätigkeit zumindest als ihre Hauptbeschäftigung ansehen, so kann man leicht erkennen, daß diese Schicht beinahe vom Augenblick ihrer Entstehung an ein unerläßlicher Bestandteil des Staates war. Ihre deutliche Absonderung in den modernen kapitalistischen Ländern beruht auf zwei Umständen: Erstens lebt der größte Teil der gebildeten Menschen in der kapitalistischen Gesellschaft tatsächlich von geistiger Arbeit und nicht, wie z. B. in der Antike, von dem gleichzeitigen Besitz von Produktionsmitteln; zweitens hat die Rolle der Bildung, der Wissenschaft, des kulturellen Lebens, der geistigen Erziehung in der heutigen Zeit an Bedeutung gewonnen – und dies in dem Maße, wie die Art der Machtausübung demokratisch ist. Abgesehen davon, daß es unmöglich ist, in einer modernen Gesellschaft ohne Ärzte und Ingenieure auszukommen, ist es auch unmöglich, den Verwaltungsapparat und das Gerichtswesen ohne eine große Anzahl von Menschen mit spezieller Ausbildung zu organisieren. Die Intelligenz ist eine Schicht, die über die meisten geistigen Mittel und über die Fähigkeit der erzieherischen und kulturellen Einwirkung verfügt: über die Hochschulbildung und die von ihr abhängige Allgemeinbildung, die Wissenschaft, die Presse, die Literatur, den Rundfunk, das künstlerische Schaffen. Hingegen verfügt sie als Schicht nicht (oder nur in geringem Maße) über die materiellen und über die technischen Mittel dieser Einwirkung, wodurch sie leicht in Abhängigkeit gerät von den ökonomisch stärkeren Gruppen oder von denjenigen, die die Macht ausüben. Der Grad dieser Abhängigkeit und auch die Kraft der Bindung der Intelligenz an die politische Ordnung, unter der sie lebt, sind in den einzelnen Schichten verschieden. Es ist augenscheinlich, daß z. B. Beamte, die in der Erhaltung des herrschenden Systems die Garantie für ihre Lebensstellung sehen, viel konservativer sein müssen als Künstler.

Wenn ich im weiteren von der Intelligenz spreche, so meine ich nicht nur den Teil, der in den Schulen aller Art unterrichtet, sondern auch jene Menschen, deren Berufstätigkeit darin besteht, Kulturwerte zu schaffen oder sie anderen zu übermitteln – die Wissenschaft, die Weltanschauung, die Kunst, die Kenntnis des sozialen Alltags, politische Auffassungen —, also Wissenschaftler, Lehrer, Künstler, Journalisten, Propagandisten usw. Insbesondere handelt es sich um Menschen, die sich berufsmäßig mit theoretischer Arbeit befassen, die für die Organisierung des sozialen Lebens wichtig ist. Die geistige Herrschaft jeder regierenden Klasse ist in größerem Maße als ihre materielle Herrschaft von dem Bestehen einer mit ihr verbundenen Intelligenz abhängig. Daher bemühen sich die Schichten, die an der Macht sind, in allen Gesellschaftsordnungen darum, ihre Herrschaft in möglichst großem Maße in Zusammenarbeit mit der Intelligenz auszuüben. Andernfalls müßte sich das Regierungssystem nämlich ausschließlich auf Polizei und Armee stützen, die, obwohl sie, wie die Erfahrung lehrt, zwar am wirksamsten zu sein scheinen, jedoch, wenn sie das einzige Herrschaftsmittel bleiben, höchst unzulässig sind. Der Umfang, in dem die Intelligenz am Regierungssystem beteiligt ist, verhält sich gewissermaßen umgekehrt proportional zum Grad der Unterdrückung, denn je weniger man mit geistigen Mitteln regieren kann, um so mehr muß man es mit Mitteln der Gewalt tun. Daher ziehen die Intellektuellen häufig die Abneigung der Polizei und des Militärs auf sich.

Es ist auch verständlich, daß, obwohl der wirtschaftliche Klassenkampf der Arbeiter ohne Teilnahme der Gebildeten entstehen konnte, die organisierte kommunistische Bewegung ohne Teilnahme von Menschen, die zur bürgerlichen Intelligenz gehörten und die Perspektiven des Proletariats erkennen konnten, undenkbar war.

Die Theorie des wissenschaftlichen Sozialismus konnte nicht das automatische Ergebnis von Klassenkonflikten sein. Sie konnte nicht als Produkt des ›Klasseninstinkts‹ entstehen und auch nicht das Werk der Arbeiter selbst sein; sie erforderte eine umfassende Kenntnis der Gesellschaft, die nur durch gründliches Studium von Spezialisten erworben werden konnte. Daher bestand die Notwendigkeit, die sozialistische Ideologie, wie Lenin sagt, ›von außen‹ in die Arbeiterbewegung hineinzutragen, da diese selber nicht fähig war, sie zu schaffen. Es ist also nicht zufällig, daß Marx, Engels und Lenin ihrer Ausbildung, ihrer Herkunft und der Art ihrer Tätigkeit nach Intellektuelle waren und keiner von ihnen seine politische Rolle ohne eine vielseitige wissenschaftliche Vorbereitung hätte spielen können, die ihm die politische und wirtschaftliche Analyse des gegenwärtigen sozialen Lebens und das Verständnis für die Perspektiven seiner zukünftigen Wandlungen ermöglichte.

Das theoretische Wissen von der Gesellschaft ist aber auch weiterhin Bedingung für einen erfolgreichen Kampf der Arbeiterbewegung. Es gilt auch weiterhin, daß diese Bewegung, wenn sie nicht stagnieren will, vom Fortschritt der Theorie belebt werden muß. Die Rolle der Intellektuellen in der kommunistischen Bewegung war immer unvergleichlich größer als in den Parteien vom Typ der Labour Party, die beinahe ausschließlich auf wirtschaftliche Soforterfolge eingestellt sind und keine Fernziele im Kampf um die Macht des Proletariats und in der Organisierung des Wirtschaftslebens durch diese Macht besitzen. Umgekehrt kann die Bewegung, die sich politische Ziele setzt und danach strebt, die Macht der Bourgeoisie zu brechen und grundlegende Veränderungen auf allen Gebieten des menschlichen Lebens zu schaffen, nicht ohne eine Theorie auskommen, die beständig der Kritik unterliegen, modernisiert werden und revidiert werden muß. Denn dadurch allein kann sie sich auf dem Niveau halten, das der gegenwärtigen Situation und den gegenwärtigen sozialen Veränderungen in der Welt entspricht. Die Intellektuellen, welche die theoretischen Grundlagen für die politische Tätigkeit schaffen, sind daher auch nicht einfach ›Helfer‹ der Arbeiterbewegung, sondern eine unerläßliche Bedingung für deren Existenz.

Die Rolle, die sie in der Arbeiterbewegung spielen, kommt in dem augenblicklichen Krisenzustand ihres theoretischen Bewußtseins besonders deutlich zum Ausdruck. Der Wiederaufbau einer

Theorie, die der gegenwärtigen Epoche entspricht – einer Epoche der Atombombe, des modernen Imperialismus, der gegenwärtigen bürgerlichen Kultur und des Bestehens von Staaten, die eine nichtkapitalistische Welt darstellen –, ist eine Aufgabe, deren Lösung in entscheidender Weise auf die Zukunft des Kommunismus einwirken könnte. Es ist z. B. klar, daß die Lösung der Frage, ob das Gesetz der absoluten Verelendung in der heutigen kapitalistischen Welt noch besteht, einen wesentlichen Einfluß auf die ganze internationale Arbeiterbewegung haben muß. Diese Frage kann jedoch unmöglich mit einer Phrase oder mit sophistischer Kasuistik abgetan werden, sie erfordert besondere wissenschaftliche Studien und Diskussionen, die nur von dem Bestreben geleitet werden dürfen, die objektive Sachlage festzustellen. Ebenso verhält es sich mit der marxistischen Krisentheorie in Anwendung auf den modernen Kapitalismus; ebenso mit der Theorie der sozialistischen Revolution, wo praktische Anweisungen ohne sachliche Begründungen nicht genügen. Ähnlich ist es auch mit der Theorie der Partei selbst und mit ihrer Rolle im Staat, in dem sie die Macht ausübt. Besonders muß geprüft werden, ob es wirklich zu den grundlegenden Aufgaben der Parteiorganisationen gehört, sich um das gute Funktionieren des Produktionssystems im Staat zu kümmern und in den Betrieben die Funktion einer Inspektionsbehörde auszuüben. So ist es auch mit allen Problemen, die mit dem Mechanismus der Macht in den Ländern verbunden sind, die von kommunistischen Parteien regiert werden, und mit den Problemen, die sich aus dem Verhältnis des politischen Lebens zur Bildung ökonomischer Schichten und den neuen Hierarchien ergeben. Ohne solche in absoluter Freiheit durchgeführte Analysen, die unter anderem die Renaissance der Soziologie als selbständige Wissenschaft verlangen und nicht als eine Sammlung populärer Gemeinplätze – ohne solche Analysen kann die Partei weder die wirklichen Folgen ihrer eigenen Beschlüsse kennen noch voraussehen. Es entsteht dann die Gefahr, daß sich etwa der naive, bedrohliche und ausgesprochen idealistische Glaube an die Möglichkeit verbreitet, man könne ökonomische Gesetze durch ideologische Einwirkung ersetzen, und die Notwendigkeit, stärkere repressive

Mittel anzuwenden, da man die Technik nicht zu verwalten versteht. Es ist nämlich gewiß, daß wir in dem Maß, wie wir die Dinge nicht zu verwalten verstehen, gezwungen sind, die Menschen zu administrieren. Es kann dann vorkommen, daß sich gute Absichten in ihr Gegenteil verwandeln und die angenommenen Beschlüsse, weil man die Abhängigkeiten des gesellschaftlichen Lebens nicht kennt, unerwartete Folgen haben.

Die Rolle der Intelligenz in der kommunistischen Bewegung besteht jedoch nicht nur in der für die politische Tätigkeit unerläßlichen theoretischen Arbeit. Die Intelligenz ist der eigentliche Schöpfer der sozialistischen Kultur in ihren verschiedensten Formen, vor allem aber in der intellektuellen und künstlerischen Kultur, das heißt, sie verleiht jenen Tendenzen der geschichtlichen Evolution, die zur Vernichtung des Kapitalismus führen und aus dem Kampf der ausgebeuteten Klassen als Resultat hervorgehen, eine Form, die sich für die Verbreitung in der Gesellschaft eignet und auf die Gestaltung des sozialen Bewußtseins Einfluß haben kann. Unter den Bedingungen des kapitalistischen Lebens verbleibt das Proletariat notwendigerweise unter dem ständigen kulturellen Druck jener Schichten, zu denen sein Kontakt am engsten ist und aus denen der Übergang in seine Klasse am häufigsten vorkommt: dem Bauerntum und dem städtischen Kleinbürgertum. Ohne Hilfe der Intelligenz kann sich die Arbeiterklasse nur schwer vom kulturellen Einfluß des Kleinbürgertums befreien (ähnlich wie sich die Intelligenz auf Grund eines anderen sozialen Mechanismus nicht von ihrer geistigen Abhängigkeit vom Kapitalismus befreien kann, ohne ihr Leben mit dem Schicksal der Arbeiterklasse zu verbinden), und auch das geistige Leben der neuen Gesellschaft ist von einer Überschwemmung bäuerlichen Geschmacks und bäuerlicher Gewohnheiten bedroht, die die Keime der neuen sozialistischen Kultur ersticken können. Bekanntlich hatte die Avantgarde der Kunst im 20. Jahrhundert — in der Malerei, der Literatur und dem Theater — zumeist (natürlich nicht insgesamt) eine ausgesprochen linke politische Orientierung zur Grundlage. Das war so beim Futurismus, Expressionismus, Kubismus (›Der Kubismus ist eine bolschewistische Kunst‹ — schrieb Hitler in ›Mein Kampf‹). Es kann sein, daß in manchen dieser Strömungen, von denen sich die offizielle Doktrin brutal lossagte, im Keim schon die Kultur der zukünftigen Welt vorhanden war. Nicht anders war es mit vielen neuen Strömungen auf den verschiedensten Gebieten des wissenschaftlichen Lebens. Das bedeutet natürlich nicht, daß die Arbeiterklasse nur Objekt des kulturellen Schaffens sein kann, das unabhängig von ihr vonstatten geht. Es ist klar, daß ihr Kampf und ihre Situation die Bedingungen für das Entstehen einer sozialistischen Kultur sind, die spontan im Prozeß des Klassenkampfes herausgebildet wurden. Dennoch kann die Arbeiterklasse sich besonders in Ländern, in denen die Agrarbevölkerung überwiegt, dem übermächtigen kulturell-moralischen Druck des Kleinbürgertums nicht mit Erfolg widersetzen. Bei dem gegenwärtigen Niveau des geistigen Lebens entsteht auch die Kunst, ein soziales Mittel von großer Einflußkraft, faktisch nicht ohne Bildung, ja häufig nur innerhalb einer fachlich sehr exklusiven Klasse. Sie kann in sozialem Maßstab nicht außerhalb der Intelligenz auf einem hohen Niveau betrieben werden.

Hängt jedoch das wirtschaftliche und politische Leben des Staates, der von der kommunistischen Partei gelenkt wird, und das Leben der Partei selbst von dem wissenschaftlichen und kulturellen Schaffen ab, so ist andererseits dieses Schaffen in noch größerem Maß vom System der politischen Machtausübung abhängig. Es ist leicht zu bemerken, daß kulturelle Erscheinungen, als das empfindlichste Gewebe des sozialen Organismus, auch am stärksten der Degeneration ausgesetzt sind, die in diesem Organismus entstehen kann. Es ist auch natürlich, daß die Gesamtheit jener Erscheinungen, die man mit dem konventionellen und symbolischen Namen ›Stalinismus‹ bezeichnet, sowie alle Elemente der Alleinherrschaft oder Oligarchie im öffentlichen Leben ihren zersetzenden und hemmenden Einfluß auf das Geistesleben ausdehnen. Die anhaltende Vergewaltigung der Demokratie, das heißt des Grundsatzes, die Öffentlichkeit möglichst breit an der Entscheidung über die Dinge, die für das Leben der Allgemeinheit wichtig sind, zu beteiligen (eines Grundsatzes also, der die revolutionäre Bewegung in entscheidender Weise von einer religiösen Sekte unterscheidet), hat naturgemäß zu einer Entmachtung der Initiative der Massen geführt, die äußeren Möglichkeiten gelähmt und mit der Zeit auch alle Fähigkeiten der individuellen und kollektiven schöpferischen Tätigkeit im wirtschaftlichen, politischen und intellektuellen Leben zum Stillstand gebracht. Dieses System, das in der Wirtschaft zu einem Chaos, in der Politik zum Kräfteverfall und zur Zerrüttung führte, tötete das Geistesleben. Der Tod der Wissenschaft ist die Religion. Die Religion wurde auch im Verlauf langer Jahre zur eigentlichen Form des geistigen Lebens in vielen intellektuellen Kreisen; die Religion mit allen ihren Begleiterscheinungen: der Offenbarung auf dem Gebiet der Erkenntnis, der Magie, dem Tabu, dem Bestehen einer Priesterkaste, die das ausschließliche Recht für sich in Anspruch nahm, die Wahrheit zu verkünden, und dem Bestreben, alle Formen des menschlichen Lebens der Ideologie zu unterwerfen. Es ist nicht wahr, daß diese Sachlage unweigerlich eintreten muß, wenn der Marxismus einen Massencharakter annimmt, und die Behauptung von Bruno Bauer, nach der jede Theorie, wenn sie Verbreitung in den Massen findet, sich in eine Religion verwandelt, ist nicht überzeugend. Im Gegenteil, eine der wichtigsten Ursachen für diese Situation war die Monopolisierung des theoretischen Schaffens. Das Ergebnis war eine extreme Verachtung der Theorie, die sich damit tarnte, daß sie den großen Wert der Theorie pries. In Wirklichkeit wirkte die Theorie ex post für bereits angenommene Beschlüsse, indem sie die entsprechenden Begründungen erfand. Dadurch hat sie die Welt nicht nur nicht verändert, sondern sie auch nicht erklärt. Zur Begründung widersprechender Maßnahmen gezwungen, wurde die Theorie notwendigerweise dunkel, und die Dialektik – ursprünglich ein erfolgreiches Instrument zur Analyse sozialer Erscheinungen in der Dynamik ihrer Evolution und inneren Kämpfe – wurde als Vieldeutigkeit und Mangel an Präzision verstanden.

Das war unvermeidlich, wenn die Rolle der Theorie sich auf die eines apologetischen Werkzeugs beschränkte, das aller intellektuellen Funktionen beraubt worden war. Man sagte, daß ›einerseits‹ die Massen die Schöpfer der Geschichte seien und ›andererseits‹ der einzelne einen bedeutenden Einfluß auf den Geschichtsverlauf ausüben könne, wenn er ihre Tendenz verstünde usw. Diese Charakteristik ist so nebelhaft, daß man mit ihrer Hilfe die Vergottung des Autokraten ebenso rechtfertigen wie bekämpfen kann. Man soll ›einerseits‹ den Nationalismus überwinden, aber ›andererseits‹ gegen den Kosmopolitismus kämpfen: Auf der Grundlage eines solchen Gemeinplatzes kann man leicht chauvinistische Ausfälle tolerieren und sie, wenn sich eine andere Notwendigkeit ergibt, stürmisch verurteilen. Beispiele dafür gibt es in Hülle und Fülle. Die Theorie, die allen dienen mußte und sich auf undeutliche Formeln wie ›einerseits – andererseits‹ stützte, mußte sich vor irgendwelcher Entwicklung und Präzisierung hüten, denn ihre Kraft lag in ihrer populären Zweideutigkeit. Das war unter anderem die Folge einer besonderen Auffassung von dem Grundsatz der Klassengebundenheit der sozialen Theorien; die primitive Soziologie, die diesen Bedürfnissen angepaßt war, setzte voraus, daß der ganze Inhalt der sozialen Theorien durch Klasseninteressen bestimmt wird (wobei, nebenbei gesagt, das Bestehen einer Vielzahl von Richtungen in der modernen Soziologie und Philosophie völlig rätselhaft wurde); so ist auch der gesamte Inhalt der marxistischen Doktrin durch die Interessen der Arbeiterparteien bestimmt. Wenn jedoch diese Interessen, wie ein anderer Grundsatz verkündet, nicht in Konflikt mit der Entwicklung der wirklichen Wissenschaft von der Welt geraten sollen, dann muß alles, was zu glauben diesen Interessen dient, richtig sein. Aber das, was diesen Interessen dient, wurde ohne Theorie, nur mit Hilfe politischer Beschlüsse festgelegt. Unter diesen Bedingungen mußte die Theorie nach dem Grundsatz wirken: Alles, was wirklich ist, ist vernünftig – und das in seiner trivialsten Interpretation.

In die Theorie wurde ›Ordnung‹ gebracht, und zwar in dem Sinne, daß sie scheinbar zu einem systematisierten, in Wirklichkeit zu einem hermetisch abgeschlossenen Ganzen zusammengefaßt wurde, in dem sowohl die Möglichkeit der Probleme als auch die Zahl der zulässigen Begriffe (die zu Fetischen erhoben und von jeder Analyse ausgeschlossen waren) beschränkt war. Es ist ohne Bedeutung, nach welchen Grundsätzen diese Ordnung eingeführt wurde: Es bleibt sich schließlich gleich, ob man den Marxismus nach vier ›Eigenschaften‹ der Dialektik lehrt oder nach einem Dutzend ›Kategorien‹, wenn man dabei von der schweigenden Voraussetzung ausgeht, daß sie das ganze Arsenal der zum Gebrauch zugelassenen Begriffe und das einzige verpflichtende System des Denkens sind. Jede Versteinerung der Doktrin führt notwendigerweise dazu, daß sie sich in eine Mythologie verwandelt, die Gegenstand des Kultes und devoter Verehrung wird und Kritik ausschließt. Ein theoretischer Fortschritt ist dabei unmöglich, und neue Dogmen, die auftauchen, werden monopolisiert und ohne Begründung als Glaubensinhalt aufgenötigt; beschämende Banalitäten werden in einer solchen Lage zu wissenschaftlichen Errungenschaften. So gilt z. B. die Auffassung, daß im Drama ein Konflikt existieren und daß er typisch sein muß, als theoretische Neuigkeit, obwohl das schon Aristoteles bekannt war. Es klingt wie ein schmerzlicher Witz, wenn erklärt wird, alle Erfindungen in der Geschichte der Technik seien von *einem* Volk gemacht worden. Die Wahrheit, daß alle Erfindungen, alle Erscheinungen in der Welt in Wechselwirkung miteinander stehen – ein von Ewigkeit her bekannter Gemeinplatz –, gilt als geniale Entdeckung. Seit Jahrhunderten bekannte Wahrheiten werden als schöpferische Ergebnisse wissenschaftlichen Fortschritts hingestellt. Wie erniedrigend ist es, wenn man noch sagen muß, daß man historische Dokumente nicht fälschen darf, daß man in der Wissenschaft seine Auffassungen begründen und daß die Kritik am wissenschaftlichen Gegner sachlich sein muß!

In der Lage, in der sich die marxistische Theorie zur Zeit befindet, könnte man sich wahrlich wünschen, daß Karl Marx wiedererstehe. Das aber gerade ist wenig wahrscheinlich. Daher kann eine der Gegenwart entsprechende theoretische Arbeit, die wissenschaftlich begründete Grundlagen für die politische Tätigkeit der kommunistischen Bewegung schaffen soll, nur durch kollektive Anstrengung der Intellektuellen zustande kommen, die auf verschiedenen Gebieten der Gesellschaftswissenschaft spezialisiert sind und die Fähigkeit besitzen, sowohl die Erfahrungen des Alltags auszunützen als auch die Stimme der öffentlichen Meinung zu hören. Das ist auch notwendig, damit die kommunistische Weltauffassung auf Probleme reagieren kann, die im geistigen Leben unserer Zeit entstehen. Denn es gab ein Leben außerhalb der Losungen unserer Transparente, so wie es in unserer Gesellschaft einen riesigen Geldumlauf gab, der nicht von den Staatsbanken kontrolliert und nicht in den amtlichen Statistiken erfaßt war.

Die kommunistischen Intellektuellen stehen vor der Aufgabe, für die Laizisierung des Denkens zu kämpfen, gegen die marxistische Mythologie und Bigotterie, gegen eine religiös-magische Praxis in der Politik und für die Wiederherstellung der Hochachtung vor einer durch nichts gebundenen weltlichen Vernunft. Die tägliche Erfahrung lehrt, daß diese Entmythologisierung nur gegen den Widerstand einer großen Anzahl von Menschen, Organisationen und Institutionen durchgesetzt werden kann, deren gesellschaftliche Stellung nur durch die Aufrechterhaltung antidemokratischer Elemente der Machtausübung und der mit ihnen eng verbundenen antiintellektuellen Denkweise gewahrt wird. Da diese Verbindung wechselseitig ist – da, wie erwähnt, die Überwindung der Fetischisierung der Theorie selbst eine Bedingung der erfolgreichen kommunistischen Tätigkeit ist –, so ist die Teilnahme der Intellektuellen, die aller Mythologie feindlich gegenüberstehen, eine unerläßliche Voraussetzung für die Bemühungen, die unternommen werden, um eine Wiedergeburt der politischen Bewegung zu erreichen. Die schöpferischen Kreise der Intelligenz sind dabei auf Grund ihres Berufes besonders empfänglich für neue Impulse auf den verschiedensten Gebieten des Lebens und befreien sich verhältnismäßig leicht vom Konservatismus.

Damit die Intelligenz, besonders die wissenschaftliche Intelligenz, der durch die Arbeitsteilung eine bestimmte Funktion zufällt, eine normale Tätigkeit ausüben kann, ist die Beseitigung der Beschränkungen erforderlich, die in diesem Bereich dadurch entstanden sind, daß man die Beziehungen zwischen dem wissenschaftlichen und politischen Leben falsch organisierte und die Konflikte, die zwischen ihnen entstanden, mit Hilfe der falschen Methode zu beseitigen suchte.

Es ist, erstens, schädlich, das Objekt der wissenschaftlichen Forschung aus politischen Gründen in irgendeiner Weise zu beschränken; diese Beschränkung besteht weiter, und wenn man weiß, daß die Ergebnisse der Analysen, die auf bestimmten Gebieten der Wirklichkeit durchgeführt wurden, weder publiziert noch verwertet werden können, so ist es schwer, sie zum Gegenstand kollektiver Forschungsarbeit zu machen. (Das betrifft besonders einige Teile der politischen Geschichte und der Geschichte der Ideologien sowie einige Fragen des gegenwärtigen Lebens in den Ländern, die vom Kapitalismus befreit sind.) Zweitens ist es ebenso schädlich, in einem Bereich, der noch Objekt wissenschaftlicher Forschungen ist, irgendwelche Wahrheiten als ›politisch richtig‹ zu verkünden und zu verlangen, daß sie ungeachtet der wissenschaftlichen Diskussion, die über sie stattfindet, verbreitet werden. Dort, wo eine solche Praxis sich durchsetzt, müssen die Geisteswissenschaften absterben, und ihre Aufgabe wird von nun an darin bestehen, Girlanden um die Gipsfassaden des sozialistischen Lebens zu winden – was weniger aufgeweckte Geister ehrlich, intelligentere jedoch nur mit Zynismus tun. Wissenschaftlicher Zynismus ist das natürliche Produkt der Vergewaltigung der Grundsätze wissenschaftlichen Denkens.

Drittens ist es – was sich im Bereich der Technik nicht vermeiden läßt – für die Geisteswissenschaften gefährlich, ihnen eine bestimmte Richtung aufzuzwingen, da sich dahinter die Forderung verbergen kann, Argumente für Positionen zu liefern, die von vornherein für richtig gehalten werden. Dadurch zwingt man ihnen unter dem Vorwand, Fragen zu stellen, nur Thesen auf. (Es gibt dafür Beispiele!) In dieser Hinsicht ist es bedeutend besser, der kollektiven Kompetenz kommunistischer Intellektueller zu vertrauen.

Gefährlich und leichtsinnig ist es, viertens, irgendwelche unanstastbaren Wahrheiten festzulegen, die man von der Diskussion ausschaltet; das führt zum Monopol außerwissenschaftlicher Gesichtspunkte über die Wissenschaft. Solche Maßnahmen sind schon aus dem Grunde bedenklich, weil in den Geisteswissenschaften, besonders in der Soziologie und Philosophie, die grundlegenden Begriffe und mit ihnen auch die Thesen, in denen diese Begriffe vorkommen, nicht eindeutig sind. Es ist daher eine tödliche Gefahr für das Denken, wenn man von vornherein Grenzen bestimmt, innerhalb derer eine Diskussion zulässig ist, das heißt, die Worte ›Marxismus‹ und ›marxistisch‹ zu Werkzeugen der Erpressung macht und Mittel wissenschaftlicher Polemik durch administrativen Druck ersetzt.

Das bedeutet natürlich nicht, daß wir für alle Formen der Antiwissenschaft, die in unserem geistigen Leben immer wieder auftauchen, ungehinderte Expansionsmöglichkeiten fordern: es bedeutet nur, daß wir eine Atmosphäre schaffen wollen, in der ausschließlich wissenschaftliche Faktoren – die sich doch von einem Gremium fachlich geschulter und schöpferischer Menschen feststellen lassen – die Grenzen der Diskussion bestimmen. Wo es eine Reihe von Behauptungen gibt, die außer Diskussion stehen, gewissermaßen eine Schuldogmatik, dort wird der Rest zur Apologetik. Das ist eine Gesetzmäßigkeit, die aus der Geschichte nur allzu gut bekannt ist.

Das bezieht sich jedoch lediglich auf eine bestimmte Art, auf die Wissenschaftler einzuwirken, welche die Gesetze wissenschaftlicher Arbeit ignoriert und sogar zu ihnen im Widerspruch steht. Eine andere Sache ist die soziale Verantwortung der Wissenschaftler. Denn die Kommunisten unter den Wissenschaftlern hören nicht auf, Kommunisten zu sein, wenn sie sich mit Fragen der Soziologie und Philosophie beschäftigen, und die Arbeiterbewegung hat nicht nur eigene politische Ziele, sondern auch eine eigene Weltanschauung, in der überdies eine Reihe wissenschaftlicher Auffassungen enthalten ist. Es scheint daher, daß der Kommunist als solcher verpflichtet ist, eine gewisse Summe von Erkenntnissen wissenschaftlicher Natur zu akzeptieren und daß er gleichzeitig, wenn er eine wissenschaftliche Haltung bewahren will, überzeugt sein muß, daß es keine Behauptungen gibt, die man nicht der Kritik, der Diskussion und der Revision aussetzen dürfe. Dieser Grundsatz ist der wichtigste Unterschied zwischen Wissenschaft und Theologie. Obwohl die Arbeiterbewegung ohne Zweifel eine eigene Weltanschauung hat, kann man doch unmöglich einige Wahrheiten für unantastbar erklären. Es besteht zur Zeit das bewußte Bedürfnis, gegen die degenerierten, krebsartigen Auswüchse der Ideologie anzugehen, die zu dem Glauben verführt haben, die Partei müsse sich als Partei zu einer bestimmten Auffassung biologischer Erbgesetze oder künstlerischer Gestaltung bekennen. Wenn jedoch die katastrophalen Folgen eines solchen Systems augenscheinlich sind, so ist nicht minder augenscheinlich, daß die Beschränkung der kommunistischen Ideologie auf politische Ziele, die mit keinen wissenschaftlichen Gesetzmäßigkeiten verbunden sind, ebenso verderblich wäre. Es ist auch zweifellos wahr, daß ein Geisteswissenschaftler kein rein intellektuelles Wesen ist, das ausschließlich vom Trieb nach Erkenntnis bestimmt wird, sondern eine Person, die den verschiedensten gesellschaftlichen Einflüssen unterliegt und nicht unabhängig von der Determination durch die Klasse, die Schicht oder den Clan ist. Diese Tatsache kann man unmöglich außer acht lassen.

Wenn wir jedoch auch nicht von der Fiktion eines Gelehrten ausgehen, der ausschließlich Gelehrter ist – ein destillierter Gelehrter sozusagen, der nur von wissenschaftlichen Motiven bestimmt wird –, so können wir doch die erwähnten Widersprüche vermeiden, wenn wir ernsthaft und nicht nur mit den Lippen den Grundsatz anerkennen, daß die Interessen der kommunistischen Bewegung nicht im Widerspruch zu dem objektiven Wissen von der Welt stehen. Die politische Inspiration dieser Bewegung, die ihrer intellektuellen Herkunft nach aus der Tradition des europäischen Rationalismus stammt, darf nicht in der Absicht, von vornherein bestimmte Wahrheiten zu Glaubensinhalten zu machen, zur Entstellung der wissenschaftlichen Wahrheit führen. Mit anderen Worten: Eine wissenschaftliche Tätigkeit, die sich von den wirklichen Interessen des Kommunismus leiten läßt, muß darin bestehen, von jeder außerwissenschaftlichen Motivierung so weit wie möglich frei zu sein und eine möglichst objektive und kritische Haltung einzunehmen.

Unter dieser Voraussetzung bedarf es keiner Katalogisierung heiliger Grundsätze. In der wissenschaftlichen Arbeit, die die Arbeiterbewegung braucht, bedarf es keiner anderen Kriterien als der, die in der Wissenschaft allgemein anerkannt sind. Es entsteht kein Widerspruch zwischen dem Streben nach objektiven wissenschaftlichen Kenntnissen und dem Kampf um die politischen Ziele der Bewegung. Die doktrinären Grundsätze, die in der Tätigkeit der Partei in jenem Bereich gelten, in welchem sie soziologische, ökonomische und philosophische Fragen betreffen, müssen daher von Menschen ausgearbeitet werden, die auf diesen Gebieten am meisten kompetent sind und von der gemeinsamen Erfahrung der Gesellschaft kontrolliert werden. Die kommunistischen Intellektuellen haben die Pflicht, aber auch das Recht, die Verantwortung für die ideologische Entwicklung der revolutionären Bewegung zu tragen. Sie haben aber weder die Pflicht noch das Recht, zu diesem Zweck irgendwelche von vornherein der Kontrolle und der Diskussion entzogene Grundsätze anzuerkennen.

Da jedoch viele Jahre das Gegenteil praktiziert wurde, gehört es zu den wichtigsten Aufgaben der linksstehenden Wissenschaftler, diese Regeln, die bei jeder theoretischen Arbeit verbindlich sind, und mit ihnen die allgemeinen Grundsätze rationalen Denkens und hoher wissenschaftlicher Technik wiederherzustellen und in der geistigen Aktivität zu verankern.

Bekanntlich hat noch niemand einen Krieg allein dadurch gewonnen, daß er eine gerechte Sache verteidigt, und im wissenschaftlichen Leben entscheiden auch technische Fähigkeiten. Wie Machiavelli treffend bemerkt, haben alle bewaffneten Propheten Siege errungen und alle waffenlosen Niederlagen erlitten. Wissenschaftlich beständige und praktisch nützliche Werte entspringen auf einem hohen technischen Niveau, und ein solches Niveau zu erringen, ist im Augenblick bedeutend wichtiger, als Arbeitsthemen festzusetzen. Wir haben keinen Grund anzunehmen, daß rationales Denken, das mit einer guten Technik operiert, den Gelehrten zwingt, in Kollision mit den Zielen der Arbeiterbewegung zu geraten, für deren Zukunft er sich mitverantwortlich fühlt.

In einer solchen Überlegung steckt jedoch eine gewisse Fiktion, nämlich der Glaube, daß man das rationale Denken, das der Vorurteile entledigt wurde, in einem solchen Grad zum Allgemeingut machen kann, daß alle, die die Grundsätze des Marxismus anerkennen, ihn auf Grund freier wissenschaftlicher Analyse akzeptieren. Diese Überzeugung ist falsch. Die marxistische Theorie wirkt – besonders in ihrem am meisten spezialisierten Teil – in breitem sozialen Maßstab unbestritten auch durch den

Glauben. Ähnlich wie jene fictio juris der Politischen Ökonomie, von der Marx schrieb, voraussetzt, daß alle Käufer über eine enzyklopädische Kenntnis der Warenkunde verfügen, würden wir voraussetzen, daß die Bezieher von Weltanschauungen sich ausschließlich von rein rationalen Motiven leiten lassen. Wenn dem aber nicht so ist, dürfen wir dann bei den erwähnten Postulaten bleiben? Wir können zweifellos dem Druck des ideologisierenden Irrationalismus auf die Wissenschaft entgegenwirken, das Geistesleben von außerwissenschaftlichen Einflüssen auf die Erkenntnis der Welt befreien, der Fälschung und der Verlogenheit entgegenwirken, aufhören, Unwissenheit und Kritiklosigkeit zu tolerieren, und dürfen nicht zulassen, daß die Theorie den taktischen Tagesfragen untergeordnet wird. Mit einem Wort, wir müssen die Ursachen beseitigen, die zu einer Situation führten, in der die sogenannten ideologischen Disziplinen ihren sozialen Kredit verloren haben, und darum kämpfen, daß ihnen wieder intellektuell begründetes Vertrauen entgegengebracht wird. Aber die kommunistischen Gelehrten müssen es sich auch angelegen sein lassen, den Marxismus im Volke zu verbreiten, und dies in einem Maße, in dem die wissenschaftliche Begründung allein nicht mehr genügen kann. Darf man gewisse wissenschaftliche Wahrheiten dort, wo sie unmöglich auf Grund wissenschaftlicher Erkenntnis angenommen werden können, zum Gegenstand des Glaubens machen?

Gewiß, das darf man! Es geschieht ja auf allen anderen Gebieten des Wissens, daß gewisse Schlußfolgerungen den Nichtspezialisten ohne Begründung dargeboten werden, und niemand findet etwas Anstößiges daran. Man muß diese Aufgabe nur als wissenschaftliche Popularisierung auffassen, das heißt, als die Verbreitung einer gewissen Kenntnis von der Welt, die man ohne besondere Begründung, aber eben als eine wissenschaftliche Kenntnis verbreitet, nicht aber als ›politisch richtige‹ Wahrheit. Man braucht sich zu diesem Zweck nicht einzubilden, daß der Marxismus, weil er eine wissenschaftliche Theorie ist, von allen seinen Anhängern aus demselben Grund angenommen werden kann oder muß. Ein solcher Grundsatz erhebt die Popularisierung nicht zur Rolle einer Wissenschaft, sondern umgekehrt, er bewirkt, daß die ganze Wissenschaft sich in eine Popularisierung verwandelt.

Der Glaube, der bei der Verbreitung der Gesellschaftswissenschaft entsteht, ist übrigens ein ganz anderer als bei den Naturwissenschaften. Ein Nichtfachmann nimmt den Glauben an die Abhängigkeit der Masse von der Geschwindigkeit anders auf als die Behauptung, daß die Dynamik der sozialen Prozesse mehr von den Klassenkonflikten abhänge als von anderen Formen menschlicher Beziehungen. Diese findet nämlich verschiedene Arten der Bestätigung im täglichen Leben und wird daher nicht nur auf Grund der wissenschaftlichen Autorität geglaubt. Sie kann jedoch nicht ohne gut fundierte geschichtliche und ökonomische Kenntnisse begründet werden, und jene tägliche Erfahrung reicht zu einem guten Beweis nicht aus.

Hingegen auf dem Gebiet des intellektuellen Schaffens bedarf es der Überzeugung, daß alles neu analysiert, alles angezweifelt werden muß (was nicht bedeutet: verworfen), daß der Mensch der Wissenschaft kein Jota Mitleid mit dem Objekt seiner Forschung haben darf, wenn er nicht die theoretische Arbeit wieder in den Zustand versetzen will, aus dem sie jetzt mit größter Schwierigkeit herauszukommen beginnt.

Er darf sich auch niemals damit entschuldigen, daß er in irgendeiner Angelegenheit, die das Objekt seiner Forschung betrifft, z. B. in der Geschichte, belogen worden ist, denn es ist seine Aufgabe, sich auf dem Gebiet, mit dem er sich beschäftigt, nicht belügen zu lassen. Ähnlich ist es übrigens im politischen Leben, und zwar durchaus nicht nur in bezug auf die Wissenschaftler allein: in der Politik betrogen worden zu sein, ist keine Entschuldigung; es ist manchmal ebenso ein Verbrechen, wie selbst zu betrügen.

Die Theorie, die aus irgendwelchen Gründen die Wirklichkeit verfälscht, wird selbst wehrlos. Sie verliert die Möglichkeit der Einflußnahme, und obwohl Lobeshymnen auf ihren großen Wert gesungen werden, nimmt sie die Gestalt einer Dienerin an, die alle Befehle ausführt und die zum Gespött der anderen in ein königliches Gewand aus Papier gekleidet wurde.

Die Kommunistische Partei braucht die Intellektuellen nicht, damit sie sich für die Klugheit ihrer Beschlüsse begeistern, sondern damit ihre Beschlüsse klug werden. Die Arbeiterbewegung braucht sie also als Menschen, die in ihrem Denken frei sind, und nicht als Opportunisten. Eine theoretische Arbeit, die durch irgend etwas anderes als durch das Streben nach wirklichem Wissen und durch wissenschaftliche Strenge bestimmt wird, kann der revolutionären Bewegung nichts nützen: sie muß also zum Wohle dieser Bewegung frei sein. Daher verteidigen die kommunistischen Intellektuellen ein von politischem Druck unabhängiges Denken. Sie tun das nicht nur im Namen der abstrakten Freiheit der Wissenschaft, sondern auch im Namen der Interessen des Kommunismus, wenn man ihn — entsprechend den Grundsätzen des Kommunistischen Manifestes — als eine Bewegung auffaßt, die keine von der ganzen Menschheit getrennten Interessen hat, weder in der Produktion noch in der Kultur.

Die Fetischisierung des Marxismus, seine Degradierung zur Rolle einer konventionellen apologetischen Verzierung, die nur an der Fassade der Gesellschaft einen Platz hat, bewirkt, daß er sich aus dem Blut des intellektuellen Lebens in dessen Gift verwandelt. Schließlich kann auch ein Präzisionsgerät zum Einschlagen von Köpfen verwendet werden. Zur Entwicklung der theoretischen Werkzeuge für die politische Tätigkeit braucht man keine ›neuen Formulierungen‹, die man auswendig lernen muß, sondern eine objektive und technisch hochstehende Analyse der neuen — und der alten — sozialen Erscheinungen.

Man braucht dazu Vertrauen in die Selbsterkenntnis der Wissenschaftler und in das sozialistische Bewußtsein der Intelligenz, ohne die es unmöglich ist, die Mythologie aus dem geistigen Leben zu verbannen, den Primitivismus und die Rückschrittlichkeit aus der Kultur, die Blindheit und den Leichtsinn aus der Politik, den Aberglauben aus dem Sittenleben und jede Art von Rückschritt aus dem menschlichen Leben.

Verantwortung und Geschichte

1 Die Verschwörung der Schöngeister

›Die Philosophie kann ihre Materie nicht erschaffen; diese liegt immer da in gegenwärtiger oder vergangener Geschichte. Aus vergangener Geschichte philosophieren wir nur schlecht, wenn sie Erfahrungen enthält, die wir nicht wiederholen können. Nur über das, was vor uns liegt, urteilen wir mit Zuverläßlichkeit, daß die Handlungen der Menschen nicht sowohl aus ihrer Philosophie hergeleitet werden müssen als ihre Philosophie aus ihren Handlungen; daß ihre Geschichte nicht aus ihrer Denkungsart entspringe, sondern ihre Denkungsart aus ihrer Geschichte.‹

Der Verfasser dieser verständigen Worte ist nicht, wie man annehmen könnte, Karl Marx – sie wurden ein gutes halbes Jahrhundert früher von Friedrich Heinrich Jacobi geschrieben. Obwohl dieser Schriftsteller aus verschiedenen Gründen berechtigte Antipathie hervorrufen kann, ist gerade diese Äußerung sehr treffend, und man sollte sich ihrer erinnern, wenn man als Philosoph oder als Moralist Kritik übt. Besonders dann kann sie Anlaß und Gegenstand nützlicher Überlegungen werden, wenn wir eine Denkungsart kritisieren wollen, die sich durch einen politischen Quietismus auszeichnet, der sich bewußt jeder Stellungnahme enthält, ja, jedes Engagement in den schwierigen Veränderungen unserer gegenwärtigen Welt ostentativ vermeidet. Wir stellen hier nämlich die Frage: Welche menschlichen Handlungen können eine Philosophie zur Folge haben, die eine Negierung des Handelns ist – sofern es eine solche Philosophie gibt?

Wir stellen diese Frage nicht aus selbstloser metaphysischer Begeisterung, sondern angeregt durch die täglichen politischen Erfahrungen, die uns die unerwartete Möglichkeit verschafft haben, über das soziale Engagement der einzelnen Menschen, über die Hindernisse, die diesem Engagement im Wege stehen, und über die Philosophie, die diese Hindernisse erklären oder die Machtlosigkeit des Menschen angesichts ihres übermäßigen Widerstandes moralisch rechtfertigen soll, nachzudenken. Anständige Menschen fragen sich, in welchem Maße sie sich in Situationen engagieren sollen, die nicht ganz anständig sind — und aus solchen besteht ein sehr großer Teil ihres Erdenlebens.

Innerhalb dieses Problems einer Nichtbeteiligung am Leben der Gesellschaft stellen die Schöngeister oder ›Clerks‹, sofern ihre Absage an das Engagement totaler oder integraler Natur ist, einen besonderen Fall dar. Wenn man den Versicherungen einiger glauben soll, bilden sie gegenwärtig die Hauptgefahr für das polnische Staatswesen und sind der giftigste Faktor, der immer noch ungestraft während des allgemeinen Aufbruchs des Volkes zu einer strahlenden und herrlichen Zukunft sein zersetzendes Werk treibt. Polen ist von einer großen Verschwörung sentimentaler Schöngeister bedroht, einer Feme blasser Clerks, die auf den Kothurnen der großen Moral einherschreiten. So aber sieht der Clerk in den Augen seines Gegners aus: eine perfide, heuchlerische Kreatur, die gut weiß, daß der Mensch, solange er lebt, den Kämpfen seiner Epoche nicht fernbleiben kann, und die dennoch so tut, als wäre ihr ein solches Wunder geglückt. Als Wächter der großen allgemeinmenschlichen Werte drapiert — und dieses Kostüm ist mit Feigheit und Verstellung gefüttert —, will der Clerk in Wirklichkeit seine privaten und persönlichen Werte retten, die niemanden außer ihn selber angehen. Er möchte in den glänzenden Lackschuhen privater Tugend durch den blutigen Sumpf der großen Geschichte schreiten. Gelingt das aber nicht, so tut er, als könnte er sich über den Schmutz der Zeit erheben und auf den Flügeln ewiger Werte seinen ätherischen Körper in das Kristallreich der geistigen Freiheit schwingen, von wo aus er mit dem Auge eines mitleidslosen Richters auf die Welt herabblickt. Der Clerk möchte sich das Recht zur moralischen Verurteilung der sozialen Wirklichkeit vorbehalten, ohne für ihr Schicksal verantwortlich zu sein. Aber das ist Trug. Denn nur im Bewußtsein jener, die er mit seinem angeblichen Schloß auf den Sternen zu täuschen vermag, bleibt der Clerk der Beteiligung an der Geschichte fern. In Wirklichkeit watet er wie die anderen, auf die er mit seinen Losungen einwirkt, bis an den Hals im klebrigen Morast der Geschichte. Er ruft die Menschen auf, sich aller Aktionen zu enthalten, da sich ein anständiger Mensch nicht in die schmutzigen Auseinandersetzungen der Geschichte einmischen dürfe. In Wirklichkeit ist jedoch der Verzicht auf die Aktion selber schon ein Handeln, aber ein rein negatives, weil es den Kräften der sozialen Reaktion bewußt Spielraum gewährt. Denn die Natur der Gesellschaft erträgt keine Leere, und die scheinbaren Hohlräume, die die Clerks erzeugen, werden sofort von der Reaktion in rücksichtslosem Angriff ausgefüllt. Diese Situation führt der Clerk nicht nur unbewußt herbei, er kennt auch die Folgen. Er ist also kein Ignorant, sondern ein Scheinheiliger, kein Philosoph mit sauberen Händen, sondern ein aktiver Gehilfe reaktionärer Kräfte.

So aber sieht der Gegner des Clerk in seinen eigenen Augen aus: Ein Mensch, der sich über die Unausweichlichkeit der Wahl, die er angesichts der großen Konflikte in der Welt wohl oder übel treffen muß, vollkommen klar ist. Er engagiert sich bewußt, weil er nicht willenlos oder gegen seinen Willen in eine der kämpfenden Fronten eingereiht werden will. Er weiß auch, daß in den politischen Kämpfen jede dritte Kraft nur Vorwand oder Lüge ist, man also nur von einer der beiden Positionen aus angreifen kann. Der Gegner des Clerk verkündet, er habe Verständnis für die moralische Seite des politischen Lebens, aber er wolle den Wunsch, saubere Hände zu behalten, nicht als Grund für eine Flucht vom Kampffeld benützen. Er will nicht wie ein Schöngeist sein eigenes Gewissen beschwichtigen, vielmehr nimmt er an der Geschichte teil, um ihren Lauf zu beschleunigen. Er verachtet im Moralisten den Narziß, dessen Haltung einer verantwortungsbewußten Moral widerspricht. Wenn die Geschichte mit brutalen Mitteln operiert, ist er dennoch bereit, ihre Grundsätze zu akzeptieren, nicht weil sie ihm gefallen, sondern weil es unmöglich ist, sie abzulehnen. Er ist also *Realist.* Er betrachtet die Welt vom Gesichtspunkt des *Seins* aus, im Gegensatz zum Clerk, der sie vom Gesichtspunkt des *Sollens* aus betrachtet, das heißt, vom Gesichtspunkt einer von ihm selbst geschaffenen und der Wirklichkeit erfolglos aufgezwungenen Fiktion aus.

In dieser Gegenüberstellung wird der Clerk kompromittiert: Das abstrakte Sollen erleidet bei der Berührung mit der Wirklichkeit eine völlige Niederlage.

Und doch ist die Sache nicht so einfach. Die Auseinandersetzung mit der Welt der Clerks geht seit Jahren im undurchsichtigen Nebel der Adjektive vor sich – jenem Teil der Rede, der am suggestivsten wirkt und am meisten in die Irre führt. Wir bewegen uns auf einem Gebiet, auf dem jede Stellungnahme sich mühelos wirksame Wortfassaden schafft, was beweist, daß die Diskussion bemüht ist, klare und eindeutige Fragen zu vermeiden, und Argumente durch Rhetorik ersetzt.

Was denkt nun aber der wirkliche, der ›klassische‹ Clerk – so, wie ihn Julien Benda versteht, von sich und von seinem Gegner?

Der Clerk glaubt, daß er seine Haltung durchaus nicht rein persönlichen Werten unterordnet. Im Gegenteil, nach seiner Meinung besteht seine Hauptsorge darin, sich nicht vom Gruppen-, Klassen- oder Volkspartikularismus erfassen zu lassen. Denn dieser gerät unweigerlich mit den allen Menschen gemeinsamen Werten, die ihnen als Menschen und nicht nur als Teilnehmer irgendeiner besonderen Gemeinschaft eigen sind, in Konflikt. Die Dekadenz beginnt überall dort, wo das Allermenschlichste, die rationale Erkenntnis, im Dienste eines Mythos, blinder Leidenschaften oder des nationalen Hasses vergewaltigt wird. Jeder, der aktiv in große politische Auseinandersetzungen verwickelt ist, wird nie einer intellektuellen Perspektive fähig sein, aus der heraus er die Begrenztheit des eigenen Lagers, die Irrationalität der Aktionen, an denen er teilnimmt, beurteilen kann; der wirkliche Kampf erschöpft nicht nur die Nerven, sondern auch den menschlichen Verstand und fesselt seine Fähigkeiten in einem solchen Maße, daß die Menschen unweigerlich in den Stand von Tieren zurückgeworfen werden. Nur durch entschlossenen Widerstand gegen die Verführungen des Relativismus und durch entschlossene Festigung der unzerstörbaren Werte im Menschen kann man retten, was ihm seinen Rang verleiht, nämlich seine Fähigkeit zu rationalem Denken. Wenn niemand übrigbleibt, der sich in den großen Kämpfen ein selbstloses und nüchternes Urteil bewahrt, wird sich die Menschheit radikaler vernichten, als das durch eine kosmische Katastrophe möglich wäre.

»Ihr sagt«, erklärt der Clerk seinem Gegner, dem Revolutionär, »daß sich in einem gewissen geschichtlichen Augenblick das besondere Interesse der Arbeiterklasse restlos mit dem allgemein menschlichen Interesse decke und nicht nur alle menschlichen Werte repräsentiere, sondern allein dazu fähig sei, sie zu retten. Was habt ihr jedoch für einen Beweis dafür außer unklaren historisch-philosophischen Spekulationen? Welches Recht habe ich im Namen dieser spekulativen Dialektik der Zukunft, jetzt auf die höchsten Werte des menschlichen Seins zu verzichten? Und die bisherige Erfahrung bestätigt unseren Optimismus nicht – im Gegenteil, sie lehrt, daß dieses besondere Interesse, wie ihr es versteht, oft im Gegensatz zu den allgemeinen menschlichen Werten realisiert wird. Und hier sind die Beispiele: ... das erste, das zweite, das tausendste. Wenn ihr eine gewisse geschichtliche Wirklichkeit vertretet, mit welchem Recht verlangt ihr von mir, daß ich sie nur deshalb moralisch rechtfertige, weil sie eine Wirklichkeit ist? Ich werde keiner Form geschichtlichen Seins nur deshalb zustimmen, weil mir jemand einredet, sie sei unvermeidbar – selbst wenn ich an ihre Unvermeidbarkeit glauben würde, wofür mir übrigens vorläufig die Beweise fehlen. Wenn das Verbrechen Gesetz der Geschichte ist, soll dann das Wissen von diesem Gesetz Grund genug sein dafür, daß ich selbst zum Verbrecher werde? Warum eigentlich? Ihr erlaubt mir nicht, eure Taten an absoluten Werten zu messen, denn eurer Meinung nach existieren solche Werte nicht und sind reine Erfindung. Andererseits sprecht ihr selbst von allgemein menschlichen Werten, also wohl von absoluten; ihr führt daher schweigend den axiologischen Absolutismus in eure Doktrin ein, und zwar in undurchsichtiger und zweideutiger Form, um ihn gleich danach durch einen ebenso zweideutigen historischen Relativismus zu vernichten. So ausgerüstet kommt ihr zu mir und verlangt, daß ich sofort auf alles verzichte, was die menschliche Kultur an Bestem geschaffen hat, weil eure Eschatologie verspricht, es mir nach einer gewissen, noch unbestimmten Zeit in unberührtem Zustand zurückzugeben. Ihr verlangt also für eure eigene Geschichtsphilosophie und eure eigene Geschichte einen unbeschränkten moralischen Kredit, obwohl beide, die eine wie die andere, auf Schritt und Tritt ihren Bankrott erkennen lassen. Nicht ihr, die ihr in der unbegründeten Hoffnung auf eine Rückgabe leichtfertig bereit seid, alles dem Moloch der Wirklichkeit zu opfern, verkündet die Philosophie der Verantwortung, sondern derjenige, welcher im Bewußtsein der Verantwortung die von der menschlichen Geschichte entdeckten und produzierten Güter um jeden Preis verteidigen wird, also – wenn er sie nur außerhalb des Schlachtfeldes bewähren kann – auch um den Preis, daß er sich selbst von den Wirren der Tageskämpfe fernhält.«

»Es ist jedoch bemerkenswert«, sagt dann der Gegner des Clerk, »daß du diese ewigen Werte nur zusammen mit deiner eigenen Person retten kannst. Es ist auch sonderbar, daß du, wenn du meine Betrachtung der Geschichte in Zweifel ziehst, so gar nicht die Richtung siehst, der die andere Seite der Entwicklung zustrebt, deren Beweggründe schon keine Zweifel mehr hervorrufen können. Dort werden Bücher verbrannt. Was hast du getan, um sie zu retten? Glaubst du, es genüge, wenn du sie auswendig lernst? Dort werden Leiber aufgerissen, und man tritt mit eisenbeschlagenen Schuhen in Gesichter. Was hast du getan, um das zu verhindern? Denkst du etwa, daß du vor einer bis an die Zähne bewaffneten Soldateska mit Predigten über Menschenliebe etwas erreichen wirst? Daß du das Feuer damit löschst, wenn du ihr die Zehn Gebote wiederholst?«

Der Clerk antwortet: »Scheiterhaufen brennen auf beiden Seiten des Berges Sinai. Befiehlst du mir, sie zu zählen, damit ich dein moralisches Übergewicht anerkenne? Das wäre ein kläglicher Sieg. Du sagst mir ständig, die menschliche Freiheit sei so bedroht, daß es lohne, auf die Freiheit zu verzichten, um diese Bedrohung zu bekämpfen; ununterbrochen hämmerst du mir die Losung von Saint-Just ein: Es gibt keine Freiheit für die Feinde der Freiheit. Bis zu einem gewissen Punkt bin ich bereit, dies anzuerkennen. Aber ich muß wissen, wer über die Einteilung der Menschen in Feinde der Freiheit und in Verteidiger der Freiheit entscheidet. Das ist doch immer jemand, der selbst zu einem der beiden Lager gehört, d. h. einer, der in einem Gerichtsverfahren Partei, Kläger, Richter und dazu noch Polizist in einer Person wäre. Mein Engagement, zu dem ich ständig genötigt werde, müßte sich daher auf das absolute Vertrauen zu diesem Menschen stützen, zu seinen jetzigen Beweggründen und zu allem, was er in Zukunft tun wird, d. h., ich müßte ihm so vollständig vertrauen, wie ich mir selber nur schwer vertrauen kann. Wie könnte ich mich zu einem solchen Akt integralen Vertrauens Menschen gegenüber verstehen, die in dem Streit, in dem sie Partei sind, unbedingt immer auch Richter sein wollen, d. h., die gegen den ewigen, elementaren Grundsatz der Gerechtigkeit verstoßen und sich immer weigern, den Streit zwischen sich und ihren Feinden durch andere als sie selber entscheiden zu lassen. Ein Richter, der so, wie es die Gerechtigkeit verlangt, Recht sprechen will, muß unvoreingenommen sein. Diese Möglichkeit nehmt ihr mir, wenn ihr verkündet, daß ich zuerst auf eurer Seite stehen muß, um gerecht zu urteilen, d. h., daß ich nur dann berechtigt bin, Richter zu sein, wenn ich gleichzeitig auch Partei bin. Um ein solch ungeheuerliches Verfahren zu begründen, habt ihr zwar eine besondere Theorie, nämlich, daß es in der vom Antagonismus der Klassen zerrissenen Gesellschaft keine dritte Kraft gäbe, doch wohl eine Theorie, nach der das Amt eines Richters, so wie es die moderne Rechtsprechung verlangt, überhaupt unmöglich ist. Diese Theorie haltet ihr für selbstverständlich und fordert von mir, daß ich sie anerkenne, wobei ihr hinzufügt, daß ich allein durch ihre Ablehnung, also nur durch den Wunsch, in diesem Streit die Stellung eines Richters einzunehmen, mich automatisch in das Lager eurer Feinde begebe. Mit anderen Worten: Dadurch, daß ich die Möglichkeit einer dritten Kraft anerkenne, zähle ich für euch sofort zu euern Gegnern und verliere das moralische Recht, eure Position und ihre Gründe zu beurteilen, denn nun bin ich Partei im Prozeß. Das aber könnte ich dadurch verhindern, daß ich die Theorie von der Nichtexistenz einer dritten Kraft anerkenne und euern Standpunkt teile. Ich habe also nur dann das Recht, euch zu richten und zu verstehen, wenn ich einer von euch bin.

Bemerkt ihr nicht, daß ihr euch auf diese Weise derselben Argumente bedient wie Sören Kierkegaard bei seiner Verteidigung des Christentums: daß man das Christentum nur dann verstünde, wenn man es vorher anerkenne? Ihr sagt dasselbe: Um über euch zu urteilen, muß man vorher eure Gründe anerkennen. Ihr seht doch, daß das ein Verlangen ist, das kein Rationalist in der Welt annehmen kann – denn der Rationalismus besteht unter anderem darin, daß man sich von der Entscheidung zurückhält, solange man nicht beide Parteien geprüft hat. Eure Forderung jedoch zwingt mich, eure Auffassung anzunehmen, ehe ich dazu komme, sie zu prüfen. Diese Forderung manifestiert also einen totalen Irrationalismus, vor dem mich die gesamte Erfahrung der europäischen Kultur warnt. Ich bestreite nicht, daß ihr mit dieser Art vorzugehen viele Anhänger gewinnen könnt. Bedenkt aber, daß ihr sie nie auf intellektuellem Wege gewinnt! Eure Stellung ist völlig ›imperméable‹, sie ist für das rationale Denken undurchdringlich. Sie lehnt nämlich a priori jegliche Kritik als einen euch im Wesen feindlichen Akt ab, der nur bewußt oder unbewußt aus dem anderen Lager kommen kann. Eure Theorie der Nichtexistenz einer dritten Kraft ist daher von Grund aus irrationalistisch und für vernünftige Wesen unannehmbar.

Wenn ihr jedoch sagt, daß ich die von euch verlachten, unveränderlichen Kulturwerte zusammen mit meiner eigenen Person verteidige, und mich deshalb vor meinen Zuhörern als einen in sich selbst verliebten Schöngeist entlarven wollt, so antworte ich: Ich habe nicht die Absicht, nur deshalb ein Schuft zu werden, um damit zu demonstrieren, daß mir nichts daran liegt, als anständiger Mensch zu gelten.«

Der Gegner des Clerk antwortet:

»Deine Verteidigung ist deine Anklage.«

»Ich verteidige mich nicht«, wirft der Clerk ein, »warum zerfällt die Welt für dich unweigerlich in Staatsanwalt und Angeklagte?«

»Ich habe diese Welt nicht ausgedacht«, fährt der Gegner des Clerk fort, »man muß ihrer Gefahr ins Angesicht sehen können, statt über sie zu lamentieren. Du wirfst uns Revolutionären vor, daß wir die Wirklichkeit halbieren und verlangen, man solle sich für eine der beiden Hälften entscheiden. Das ist ebenso unvernünftig, wie den Meteorologen vorzuwerfen, sie riefen Hagel und Sturm hervor. Die ganze Geschichte der Menschheit gibt uns recht. Ein zweiter Beweis ist der Erfolg unseres sozialen Programms, das auf einer solchen Interpretation der historischen Voraussetzungen beruht.«

»Die Geschichte beweist alles, was der Historiker vorher in sie hineingelegt hat«, antwortet der Clerk. »Ihr tretet mit einem fertigen Schema an die Geschichte heran. Dann analysiert ihr sie mit Hilfe dieses Schemas und erklärt am Ende triumphierend, ebendieses Schema sei das Resultat eurer Analyse. Nur vergeßt ihr hinzuzufügen, daß ihr selbst es vorher hineingelegt hattet. Und was den praktischen Erfolg dieser Art, die Welt zu interpretieren, angeht, so ist er noch nicht bewiesen. Inwieweit die eine oder die andere Bewegung wirklich historisch erfolgreich ist, kann man erst ex post entscheiden, dann, wenn ihre Epoche vergangen ist. Mit der Behauptung, daß ihr als erste in der Geschichte frei von den Begrenzungen seid, die den Perspektiven aller Menschen von ihrer Zeit aufgezwungen werden, verfallt ihr derselben Mystifikation, die ihr bei euren Vorgängern so treffend bloßgelegt habt.«

Der Gegner des Clerk lacht höhnisch:

»›In qua mensura mensi fueritis, remetietur vobis.‹ Du willst sagen, daß wir uns an unserer vermeintlichen Unabhängigkeit von historischen Begrenzungen berauschten, während du in Wirklichkeit von ihnen frei seist. Denn du behauptest doch, daß du jene ewigen Werte verwaltest, die von den Wandlungen der Geschichte nicht berührt werden und ihrem Druck nicht ausgesetzt sind. Wir hingegen sind uns der Relativität der Werte bewußt, mehr noch, wir sind die einzigen, die wirklich die Fähigkeit historischen Denkens besitzen, was uns erlaubt, auch die Gegenwart in ihrer ständigen Veränderung zu erkennen.«

»Ich weiß«, antwortet der Clerk, »daß ihr das allgemeine Prinzip des Historismus verkündet, aber ich habe nicht bemerkt, daß ihr es anwendet. Ich würde euch das nicht vorwerfen und überhaupt auf eure Inkonsequenz nicht eingehen, wenn ihr die Möglichkeit, die ich voraussetze, als Alternative gelten lassen würdet – nämlich die Anerkennung von Werten, die unter keinen Umständen vernichtet werden können und deren Negierung in jeder Situation verwerflich ist. Aber ihr tut etwas anderes: Euer Relativismus tarnt sich mit einer fiktiven Unveränderlichkeit. Ihr habt Werte, die sich jeden Tag gründlich ändern und doch jeden Tag als endgültig proklamiert werden. Das ist die schlechteste Art des Relativismus, denn sie untergräbt sowohl das historische Denken, dem ich ja seinen Wert nicht abspreche, als auch die fraglosen und beständigen menschlichen Errungenschaften. Es ist ein besonderer Kult, der den Monotheismus predigt, aber jeden Tag den Gott verändert, dem er dient.

Wir führen, wie du bemerken wirst, eine sonderbare Diskussion. Sie wiederholt beinahe genau jenes von Romain Rolland erdachte Gespräch zwischen Carnot und Lavoisier. Trotz einer gewissen Naivität, die in jenem Dialog in Erscheinung tritt, erkennt man die Analogie. Carnot verlangt von seinem Gesprächspartner die Fähigkeit, die Gegenwart für die Zukunft zu opfern. Darauf antwortet Lavoisier, es hieße die Zukunft selber opfern, wenn man ihr die Wahrheit, die Selbstachtung und alle menschlichen Werte zum Opfer brächte. Ich muß ihm recht geben. Da ich euren ebenso optimistischen wie unbewiesenen Glauben im Hinblick auf künftige Dinge nicht teile, weiß ich nie, welche Folgen unsere jetzigen Handlungen in Zukunft haben werden. Ich bin also nicht damit einverstanden, daß man die großen moralischen Werte und Erkenntnisse unsicheren Zielen zum Opfer bringt. Ich weiß hingegen, daß umgekehrt die angewandten Mittel den Erfolgen notwendigerweise ihren Stempel aufdrücken.«

»Du unterliegst den Trugbildern, die die liberalen Politiker immer von der revolutionären Bewegung malen, um sie verabscheuungswürdig erscheinen zu lassen«, antwortet der Gegner des Clerk. »Wir bauen uns keine Eschatologie, der die ganze Gegenwart zum Fraß hingeworfen wird. Wir genießen sofort die Früchte der Revolution, daher darf man uns zwingen, ihre Möglichkeiten nicht restlos auszunützen, sondern auf einen Teil von ihnen zugunsten größerer, künftiger Erfolge zu verzichten.

Alle Mittel, deren Anwendung dich so empört, sind immer noch Verteidigung gegen ein größeres Übel. Erinnere dich, daß in der Politik die Wahl zwischen zwei schlechten Dingen häufiger vorkommt als die Wahl zwischen etwas eindeutig Gutem und etwas eindeutig Schlechtem. Das ist eine Tatsache, an der niemand von uns schuld hat.«

»Ich werde nie daran glauben«, erwidert der Clerk, »daß das moralische und intellektuelle Leben der Menschheit nach denselben Prinzipien manipuliert werden kann wie wirtschaftliche Investitionen: Man spart heute, um morgen bessere Erfolge zu erzielen; also: Man kann sich heute der Lüge bedienen, damit die Wahrheit morgen triumphiere, und jetzt Verbrechen begehen, um dem Edelmut den Weg zu ebnen. Ich weiß, daß man manchmal zwischen zwei schlechten Dingen wählen muß. Aber wenn beide Möglichkeiten in großem Maße schlecht sind, werde ich alles tun, um mich der Wahl zu enthalten. Auch auf diese Weise wähle ich etwas – und sei es das Recht des Menschen auf eigene Beurteilung der Lage, in der er sich befindet. Das ist nicht wenig.«

»Und doch hat die Geschichte, um zu deinem Beispiel zurückzukehren, Carnot recht gegeben.«

»Ich habe das nicht bemerkt.«

»Dann besteht die Voraussetzung für eine Fortführung dieses Gespräches darin, daß wir von neuem die ganze Geschichte der Welt durchdenken – eine unerfüllbare Aufgabe, besonders dann, wenn wir auf die Entscheidung, die wir sofort treffen müssen, bis zu ihrer Lösung warten sollen.«

»Ich glaube«, antwortet der Clerk, »du hast etwas Richtiges gesagt. Wenn wir gezwungen sind, angesichts der gegenwärtigen Veränderungen schon jetzt Stellung zu beziehen, so können wir natürlich nicht auf die zweifelhaften Resultate der historisch-philosophischen Diskussion warten, die vielleicht in hundert Jahren noch nicht zu Ende ist. Deswegen wird diejenige Entscheidung immer die beste sein, die von dem kleinen Teil Gewißheit, deren wir teilhaftig sind, bestimmt wird. Die unveränderlichen moralischen Werte, die sich im Laufe der menschlichen Entwicklung herausgebildet haben, sind, wenn die Wirklichkeit von uns eine Entscheidung verlangt, die schließlich auch moralischen Charakters ist, der Halt, der am wenigsten in Zweifel gezogen werden kann. Jedenfalls sind sie vertrauenswürdiger als jede Geschichtsphilosophie. Das ist der Grund, warum ich endgültig bei meiner Meinung bleibe.«

»Was auch geschieht?«

»Was auch geschieht.«

Das ist ein Gespräch, das seit einigen Jahrzehnten geführt wird. Wir lassen es unentschieden, weil wir an ihm nicht teilnehmen wollen. Das Problem ist nämlich nicht nur ungelöst, sondern unlösbar. Die Diskussion verläuft in einer Sphäre, in der die Geschosse sich gegenseitig treffen sollen, in Wirklichkeit aber stürmisch umeinander kreisen. Denn keinem der beiden Partner sind die gemeinsamen Voraussetzungen bekannt, die eine Diskussion überhaupt erst möglich machen. Deshalb wollen wir das Gespräch auf eine Ebene übertragen, auf der das Recht beider Seiten teilweise anerkannt wird. Dadurch wird zwar der Gegensatz der beiden Auffassungen nicht beseitigt, aber die Auffassungen selber verändern sich.

Dazu muß man den Clerk so darstellen, wie er von außen gesehen wird, d. h. als ein Produkt der Situation, in der er sich befindet. Der Clerk glaubt nämlich, er habe sich dadurch von der Geschichte unabhängig gemacht, daß er sich an die ewigen Dinge klammert; in Wirklichkeit ist diese Anhänglichkeit selbst etwas, wozu seine Lage ihn zwingt. Der Clerk ist ein Humanist, belastet mit der Tradition des Humanismus, auf die er nicht verzichten will und auf die er seiner Meinung nach verzichten müßte, wenn er sich irgendeinem der großen Lager, die die Geschichte der Welt durch ihren Kampf bestimmen, anschließen würde. Der Clerk schließt sich freiwillig aus der Geschichte aus und verzichtet auf jede Aktion, weil diese von ihm verlangen würde, daß er jenes Zollamt des politischen Realismus passiere, in dem man ihm all das abnimmt, was für ihn den größten Wert darstellt.

Wenn man beginnt, die Clerks zu verdammen, so ist das ein Zeichen dafür, daß soziale Bedingungen eingetreten sind, die ihre Ausbreitung begünstigen. Denn wenn im sozialen Bewußtsein eine moralische Norm laut wird, so zeugt das bekanntlich davon, daß Bedingungen aufgetreten sind, die den Verstoß gegen sie begünstigen. Sie soll nämlich die Schranke für eine Tendenz bilden, die in der Gesellschaft wirksam geworden ist. Wenn das Gebot ›Du sollst nicht stehlen!‹ akut wird, so bedeutet das, daß in der Gesellschaft die Neigung zum Diebstahl sehr groß geworden ist; wenn laut gegen die Clerks gewettert wird, so bestehen offenbar besonders gute Möglichkeiten für ihre Entwicklung in der Gesellschaft. Aber die Feststellung, daß das Verhalten des Clerk ein verachtungswürdiger kleinbürgerlicher Eskapismus sei, kann nur das Urteil eines unerschütterlichen Kämpfers sein, der zum Ausdruck bringen möchte, daß er den Eskapismus verachtet. Die Feststellung erklärt jedoch nicht, welche Situation solches Verhalten begünstigt. Die Behauptung, daß es Situationen seien, in denen Revolutionen bevorstehen oder ausbrechen, ist falsch, denn gerade revolutionäre Zeiten sind eskapistischen Tendenzen am abträglichsten. Im Gegenteil, alles spricht dafür, daß es nachrevolutionäre Situationen sind, d. h. solche, in denen eine Revolution am unwahrscheinlichsten und gleichzeitig die Polarisation der politischen Kräfte am größten ist. In solchen Augenblicken nehmen die Möglichkeiten der politischen Entscheidung den Charakter einer einzigen Alternative an, deren beide Lösungen aus gewissen Gründen unannehmbar sind. Die Einstellung des Clerk ist eine Niederlage der politischen Entscheidung, die als Flucht vor dem Engagement endet. Diese Flucht mystifiziert sich selbst als die Verteidigung überhistorischer Werte, während sie in Wirklichkeit nur die Unfähigkeit ist, in der konkreten Geschichte Werte zu finden.

Ich erinnere an das Problem der einzigen Alternative, weil es eine der wichtigsten Fragen im politischen Leben unserer Zeit ist. In dieser Frage sind die großen Erfahrungen der stalinistischen Epoche am deutlichsten zusammengefaßt und die aus diesen Erfahrungen entspringenden Haupttendenzen der sozialen Linken zum Ausdruck gebracht.

Die politischen und intellektuellen Anstrengungen der letzten Zeit – Anstrengungen, deren Resultate und Folgen jetzt noch nicht abzusehen sind und die einer Renaissance der revolutionären Linken zustreben – lassen sich ganz allgemein als ein Versuch charakterisieren, die traditionelle stalinistische *Erpressung mit der einzigen Alternative* im politischen Leben zu durchbrechen.

Tatsächlich ging der Stalinismus immer so vor, daß er Situationen schuf, in denen jede Kritik an ihm objektiv und automatisch zu einer Befürwortung der Reaktion, zu einer Solidaritätserklärung für den Imperialismus der kapitalistischen Welt wurde. Der Stalinismus machte jede soziale Kritik dadurch wirkungslos, daß er sie ständig in eine konterrevolutionäre Position umzudeuten versuchte. Daher waren die am weitesten links stehenden Kräfte, also diejenigen, die den kommunistischen Ideen am nächsten standen, immer Gegenstand seiner wütendsten und brutalsten Angriffe. Niemand wurde so tödlich gehaßt, so fürchterlich politisch und polizeilich verfolgt wie jene unabhängige Linke und alle kommunistischen oder den Kommunisten nahestehenden Bewegungen, die sich der stalinistischen Doktrin und Praxis gegenüber kritisch verhielten. Die Vertreter von sozialdemokratischen Rechten wurden noch nach politischen Kategorien beurteilt, der Trotzkismus oder der Titoismus aber schon nach den Regeln, mit denen man einen fremden Spionagedienst bekämpft. Die Presse konnte ab und zu die Aussagen bürgerlicher Politiker veröffentlichen – aber es war undenkbar, Äußerungen nichtstalinistischer Politiker der Linken zu bringen. Das ist nicht weiter verwunderlich. Seit Jahrhunderten weiß man, daß die Scheiterhaufen vor allem für die Häretiker bestimmt sind und nicht für die Heiden; Bücher von Nichtkatholiken stehen nur selten auf dem Index der katholischen Kirche. Jener besondere und wohlbekannte mitleidlose Haß, mit dem beinahe jede Organisation, die eine politische Ideologie besitzt, ihre Häretiker, Dissidenten, Apostaten oder Renegaten verfolgt, überwiegt hundertfach die leidenschaftliche Ablehnung der unzweifelhaften und anerkannten Feinde. Dieser Haß ist ein leicht zu erklärendes Produkt solcher sozialen Bedingungen, in denen eine politische oder religiöse Organisation zum *Selbstzweck* wird, obwohl sie ursprünglich, im Bewußtsein ihrer Schöpfer, nur als Werkzeug gedacht war. Als Einschränkung müssen wir allerdings berücksichtigen, daß für jede kämpfende Gruppe, besonders wenn sie sich in der

Minderheit befindet, alle Elemente, die von innen heraus ihre Einheit und Kampffähigkeit zersetzen, die Hauptgefahr bilden. Der Druck von außen bildet in gewissem Maße die Veranlassung für ihre Konsolidierung als Gruppe – die inneren Zersetzungsherde sind immer eine tödliche Gefahr ... Jedoch ist die Erscheinung, von der hier die Rede ist, nicht einfach als natürliche Selbstverteidigung der politischen Organismen gegen die Invasion von Fremdkörpern zu erklären. Nicht um Immunisierung geht es, sondern um den Versuch, eine möglichst dichte Schutzhaut gegen alle Anregungen zu erzeugen, die revolutionäre Veränderungen mit sich bringen könnten. Und das ist ein Zeichen für eine rückläufige Entwicklung im sozialen Prozeß. Beständige Wachsamkeit mit dem Ziel, die eigenen Grenzen äußerst genau festzulegen, eine ununterbrochene Kontrolle, die präzise und eindeutige Unterscheidungsmerkmale garantieren soll und erlaubt, eine scharf gezogene Grenze zwischen sich und der ganzen übrigen Welt zu markieren, ist ein wesentlicher Zug jener sozialen Gebilde, die man ›Sekten‹ nennt. Diese Merkmale sind unterschiedlicher Natur: ideologischer, organisatorischer, ritueller oder sittlicher. Und je zahlreicher, kleinlicher und vielfältiger sie werden, um so überzeugender beweisen sie die fortschreitende Erstarrung der Sekte, um so sichtbarer wird es, daß der soziale Organismus aufhört, sich auf dem Weg der natürlichen Assimilation und eines Stoffwechsels mit der Außenwelt zu erhalten. Statt dessen versucht er, auf eine der Natur unbekannte und sozusagen wunderbare Weise, nämlich durch ›Auto-Reproduktion‹ und durch das Zehren von der eigenen Substanz, zu existieren. Er konzentriert dann seine Tätigkeit ganz auf sich selbst, und auch seine äußere Aktivität wird allein von den Erfordernissen seiner Selbstkonservierung bestimmt. Die Sekte muß eine ungewöhnliche Sorgfalt darauf verwenden, um zu verhindern, daß in einem gewissen Augenblick die Grenze zwischen ihr und der Umwelt verwischt wird. Sie ist ein Wesen, das zur Fortpflanzung seiner Art unfähig ist. Infolgedessen ist Selbsterhaltung der einzige Sinn ihres Daseins. Sie kann ihr Gewicht erhöhen, aber sie kann sich weder entwickeln noch vermehren. Die Sorge um die Verlängerung des einmal erreichten Zustandes wird zu ihrer ausschließlichen Beschäftigung. Schöpferische Tätigkeit wird in ihrem Bereich unmöglich. Notwendigerweise führt sie zum Austritt aus der Sekte und zu einer Verletzung ihrer Grenzen.

Das Phänomen des Sektierertums im politischen Leben, das sich unter anderem in jener unerhörten Genauigkeit bei der Festlegung der Grenzen der Organisation offenbart, deutet auf einen zweifachen Prozeß in ihrem Innern: auf senile Veränderungen und auf den Verlust der Zeugungsfähigkeit. Daraus geht hervor, daß die politische Organisation Selbstzweck geworden ist, daß sie sich den sozialen Aufgaben, denen sie ihre Existenz verdankt, entfremdet hat und nur noch daran denkt, ihr Leben zu verlängern. Das Sektierertum ist kein Fehler einzelner Personen, es ist ein Vorzeichen des sozialen Todes. Unter diesem Gesichtspunkt wird der politische Argwohn verständlich, der auf den ersten Blick absurd und krankhaft erscheint. Es handelt sich um ein soziales und nicht um ein individuelles Phänomen, das dem manchmal brutalen Egoismus des Alters ähnelt, das unklar fühlt, wie sich die Natur von ihm abkehrt. Es ist die krampfhafte Selbstverteidigung eines sozialen Gebildes, gegen das sich die Geschichte wendet. Wenn die Polizei versucht, der einzige Regulator des gesellschaftlichen Lebens zu sein, dann wird sie zu einem grausamen Instrument in den Händen eines Wesens, das die Fähigkeit verloren hat, sich auf natürliche Weise zu behaupten. Dieser Versuch ist die widernatürliche Reaktion auf die Symptome der drohenden Vernichtung; er drückt also die Erkenntnis eines Wesens aus, das auf kein Mitleid rechnen kann – denn Mitleid kennt nur der einzelne Mensch, aber weder die Natur noch die Geschichte.

Der hier skizzierte Vergleich, dessen biologische Ungenauigkeit mir die Naturwissenschaftler verzeihen mögen, ist nur ein Versuch, eine der charakteristischen Handlungsweisen, die in der Entwicklung jenes politischen Phänomens auftreten, das man mehr oder weniger glücklich als Stalinismus bezeichnet, bildlich darzustellen. Ungeachtet seiner Ausmaße ist nämlich der Stalinismus die Lebensform einer politischen Sekte. Die Partei stalinistischen Typs ist eine Partei, die aufgehört hat, sich als Werkzeug zu betrachten, die Selbstzweck geworden ist und sich gegenüber den Kräften, die sie einst hervorgebracht haben, verselbständigt hat. Das äußere Zeichen dieses Prozesses ist die Herausbildung einer einzigen organisierten Schicht innerhalb der Partei: des alles beherrschenden Apparats. Ist im Leben der Partei dieser Apparat der einzige aktive Motor, so ist das Bestehen besonderer Interessen des Apparats ein Beweis für das Vorhandensein von Sonderinteressen der Partei. Der Stalinismus innerhalb der kommunistischen Parteien beruht nämlich nicht darauf, daß sie fehlerhaft organisiert sind und keine Kontrolle der Parteiführung von unten zulassen, sondern darauf, daß die gesellschaftliche Funktion der Partei eine Veränderung dieses Organisationstyps unmöglich macht.

Indem er sich in einen undurchdringlichen ideologischen und rituellen Mantel hüllt, determiniert der Stalinismus als politische Bewegung von vornherein nicht nur sich selbst, sondern gleichzeitig, durch Bezug auf sich selbst, die ganze übrige soziale Wirklichkeit. In den Grenzen, die er willkürlich zwischen sich und dem Rest der Welt zieht, gibt es keine Durchgänge, keine Übergangsstationen. Der Stalinismus strebt hartnäckig danach, alle anderen Grenzen, die sonst innerhalb der Welt bestehen, als läppisch und unwesentlich erscheinen zu lassen. Die einzige Teilung, die soziale Bedeutung hat, ist die Teilung, die durch die Existenz des Stalinismus als Lager bewirkt wurde. Die Welt zerfällt in Verdammte und Erlöste, in das Reich Gottes und das Reich des Teufels, und die Grenze zwischen ihnen ist weniger zweifelhaft als die zwischen Berg und Tal. Sie verläuft durch alle Lebensgebiete: Jede Tatsache, jeder Gedanke, jedes Teilchen in der Materie des sozialen Lebens ist auf ewig von dem Mal seiner Zugehörigkeit zu einem der beiden Reiche gekennzeichnet. Die Geschlechter Abels und Kains teilen alle Ideen, Werkzeuge, sozialen Beziehungen, die Moral, die Kunst, die Wissenschaft, die Tradition – mehr – die privaten Gefühle, den Geschmack, ja fast die Natur selbst restlos untereinander auf. Zwischen den beiden Königreichen gibt es keine neutralen oder beiden Welten angehörenden Gebiete: man kann nur mit Haut und Haaren in eins der beiden eingehen. Daher verlangte der Stalinismus entweder die totale Anerkennung oder die totale Ablehnung, und diese Alternative zwang er der Welt in erstaunlich erfolgreicher Weise auf. Jede neue Form des Ritus und jede neue Wahrheit mußte unter der Drohung der absoluten Ausstoßung aus der Gesellschaft der Erlösten anerkannt werden. Den Primat Jablotschkows gegenüber Edison anzweifeln, hieße die Diktatur des Proletariats in Frage stellen. Wir unterstreichen: Diese Verbindung war keine Einbildung, sie bestand wirklich, das heißt, es wurde alles getan, um sie zu realisieren und in eine soziale Tatsache zu verwandeln. Der Stalinismus bevölkerte seine Welt mit immer neuen Göttern, und wer sich weigerte, sie anzubeten, wurde des Atheismus für schuldig befunden. Einen Unterschied zwischen dem Zweifel, der an die Wunder des heiligen Expeditus nicht glauben kann, und der völligen Gottlosigkeit gibt es eigentlich nicht. Parteilichkeit wird in solchem Maße Eigenschaft jedes Dinges, daß manchmal die Naturkräfte an ihr teilzunehmen scheinen: Viele Jahre hindurch erweckte die stalinistische Presse den Eindruck, als wären Naturkatastrophen das Monopol kapitalistischer Länder, Niederlagen ihrer Gesellschaftsordnung.

Wir erinnern an dieses Bild nicht, um uns – was so leicht wäre – über seine karikierenden Züge lustig zu machen, sondern ausschließlich, um die Hauptmerkmale der stalinistischen Epoche zu verstehen, deren Wesen es war, der menschlichen Wirklichkeit auf allen Gebieten des sozialen Lebens das Schema der einzigen Alternative aufzuzwingen. Das Schema funktionierte wirklich und war nicht nur ein Mythos der Beamten. Der Stalinismus hat seine Gegner dadurch bestimmt, daß er sich selber bestimmte. Der ihm eigene Mechanismus nutzte die permanente Konsolidierung seiner Gegner, denn er hüllte sie in eine solche Dunkelheit, daß alle Unterschiede verwischt wurden. Dies ist unter anderem der Grund dafür, daß die stalinistische Partei ihrem Wesen nach außerstande ist, Bundesgenossen um sich zu scharen, und in der Politik zu der chronischen Unfähigkeit verurteilt, eine Volksfront zu bilden. Die Volksfront ist nämlich effektiv nur unter den Bedingungen eines Kompromisses denkbar, das heißt also: Auf gewissen Gebieten räumt man die Verschiedenheit der Auffassungen und Handlungen ein, auf anderen

Gebieten aber, die im gegebenen Moment als grundsätzlich gelten, setzt man eine anerkannte Übereinstimmung voraus. Jedoch in der stalinistischen Interpretation konnte sich die Volksfront nicht auf Kompromisse stützen, sondern ausschließlich auf die totale Hegemonie: Nur diejenigen konnten in sie einbezogen werden, die in entscheidenden Fragen die stalinistischen Auffassungen akzeptierten und in allen übrigen zumindest überhaupt keine Auffassung hatten. Der einzige Kompromiß, auf den sich die stalinistische Partei gegenüber ihren Bundesgenossen einläßt, besteht darin, daß sie ihnen das Recht gibt, sich in zweitrangigen Fragen der Äußerung zu enthalten – jedoch in keiner Frage gibt sie ihnen das Recht, eine abweichende Stellung einzunehmen. Ein Bündnis mit antikolonialen Kräften gegen den Kolonialismus ist zum Beispiel unmöglich, wenn diese Kräfte sich in der Geschichte der Moskauer Prozesse oder des Koreakrieges nicht wenigstens der Stimme enthalten; im besten Fall hat der Bundesgenosse das Recht, angesichts gewisser Dinge zu schweigen. Er kann dann den Ehrentitel eines unreifen und inkonsequenten Bundesgenossen erhalten, ist aber ein Bundesgenosse. Aber wehe ihm, wenn er in irgendeiner Frage seine kritische Stimme erhebt. Dann wird er völlig in das Lager der Feinde verwiesen. Die offizielle Interpretation des Paktes Ribbentrop – Molotow in Zweifel zu ziehen, bedeutet, auf die Seite der Faschisten überzugehen. Die Richtigkeit des Bucharin-Prozesses anzuzweifeln, ist gleichbedeutend mit dem Streben nach der Errichtung eines Polizeistaates, der sich auf das Blut der Arbeiter und Bauern gründet.

Diese alternative Auslegung der Welt war – obwohl es anders scheinen könnte – eine außerordentliche Stärke des stalinistischen Systems. Wir sagen ausdrücklich: obwohl es anders scheinen könnte, denn eine nur oberflächliche Betrachtung würde eher vermuten lassen, daß die systematische Vernichtung der potentiellen Bundesgenossen und die Forderung, sie sollten stalinistische Auffassungen in absoluter und totaler Form annehmen, das beste Mittel wären, Selbstmord zu begehen. In Wirklichkeit hängt das von der sozialen Funktion ab, die die Organisation erfüllt. Die alternde Sekte kann es sich kaum erlauben, Bundesgenossen zu haben, da in ihrem Bewußtsein Aufgaben dominieren, die ihre Selbsterhaltung betreffen und sie beständig in Angst um ihre eigenen Grenzen halten. Je mehr die Sekte Selbstzweck wird, je größer unter den sie bestimmenden Faktoren das Übergewicht der Aufgaben ist, die nur die Existenz der Sekte festigen und ihre Lebensfähigkeit verlängern sollen, um so mehr muß sie jegliche noch so fragmentarische Kritik an sich als eine Bedrohung ihrer Grundpfeiler auffassen. Die ganze Außenwelt wird zu ihrem Feind, nicht deshalb, weil ihr irgend jemand ein solches Bild von der Wirklichkeit aufzwänge, sondern weil die objektive Situation dies tut. Alles, was ›anders‹ ist, ist Feind, weil die Sekte die Fähigkeit zur fortschrittlichen Evolution verloren hat. Deshalb können alle Veränderungen nur die Gefahr eines Zerfalls mit sich bringen.

Der Stalinismus verfügte natürlich auch über die Losung von der Einheit, die ständig mit eiferndem Nachdruck wiederholt wurde. Die Denkungsart, die mit dem stalinistischen System verbunden ist, hat nämlich idealistischen Charakter: Diese ständige Wiederholung des Schlagworts von der Einheit war aus vielen Gründen notwendig. Zeigte es sich aber, daß die wirkliche Einheit dadurch nicht näher rückte und nicht weniger fiktiv als vorher wurde, blieb den Ideologen des Stalinismus nichts weiter übrig, als auf die schwarze Undankbarkeit der Menschen zu schimpfen und seine Vertragspartner des schlechten Willens zu zeihen. ›Wir tun alles, um die Einheit der Arbeiterklasse zu erreichen — wir wiederholen nämlich die Losung von der Einheit; die Sache gelingt nicht, das beweist, daß die andere Seite in ihrem Haß gegen den Fortschritt verhärtet ist.‹ So stellt sich der stalinistische Ideologe die Welt vor. Er ist nicht dazu fähig, die sozialen Gegebenheiten zu untersuchen, die er selber mitbedingt und die bewirken, daß die wirkliche Einheit der Arbeiter ein unerreichbares Ideal bleibt; er muß also nach Gründen im Geistigen suchen, in der Bösartigkeit seiner Gegner, ihrem schlechten Willen oder ihrer Ignoranz, am besten aber in ihrem Bestreben, zu betrügen und Diversion zu betreiben. Eine solche Einstellung ist natürlich; der Ideologe des Stalinismus läßt nämlich den Gedanken nicht zu, daß er in irgendeiner Sache jemals mit Recht kritisiert werden könnte. Er besitzt daher nicht die Fähigkeit, irgendeine seiner Auffassungen zu revidieren, denn sie haben ja einen sakralen Charakter. Die Einheit kann sich ihm nicht anders darstellen als in Form eines freiwilligen Verzichts, den sein Vertragspartner auf alle Prinzipien seines Handelns ausspricht, die nicht mit seinen eigenen Grundsätzen übereinstimmen. Allein seine empörte Verwunderung darüber, daß sein Ruf verhallt, ist ehrlich, denn seine Vorstellungskraft schließt von vornherein jeglichen Schatten eines intellektuellen Kritizismus aus. Im siebzehnten Jahrhundert tauchte in verschiedenen religiösen Bewegungen der Gedanke der Einheit aller Christen auf. Die Anhänger dieser ›irenischen‹ Bewegung hatten die phantastische Utopie, diejenigen Dogmen festzulegen, die allen christlichen Bekenntnissen gemeinsam sind, und aus ihnen eine allgemeine *confessio fidei* zu bilden, die zwar inhaltlich arm, aber moralisch wirksam ist und der Spaltung der christlichen Welt mit ihren Religionskriegen ein Ende setzt. Dieser Gedanke knüpft an die Konzeption Herberts von Cherbury an und fand viele Anhänger: Er wurde von den holländischen Wiedertäufern und Socinianern propagiert, viele der ausschlaggebenden französischen Libertins bekannten sich zu ihm, Leibniz gehörte zu seinen eifrigsten Verkündern. Er gewann sogar Einfluß auf die Fürsten. Man diskutierte diese Ideen am Hofe des preußischen Königs, und an einigen Orten bestanden schon gemeinsame Gotteshäuser für alle christlichen Bekenntnisse. Sogar König Wladislaw IV. war sehr an der Vereinigung der Kirchen interessiert. Man versuchte sich in immer neuen Formulierungen der gemeinsamen christlichen Substanz, die als Fundamente der Einheit dienen sollten. Im Namen der römisch-katholischen Kirche hat der große Bossuet zu diesen Gedanken Stellung genommen. Er erklärte, daß er das Projekt, die Kirchen zu vereinigen, natürlich unterstütze, diese Vereinigung müsse dann darin bestehen, daß die Protestanten ihre Fehler eingeständen, zum richtigen Glauben zurückkehrten und die Autorität des Papstes anerkennten; er fügte hinzu, die katholische Kirche würde selbstverständlich auf keinen Bestandteil ihrer Doktrin verzichten. Diese Stellungnahme hatte nichts Zynisches an sich und ist völlig verständlich. Wenn man Bossuet nämlich fragen würde, warum er nichts von der römischen Doktrin zugunsten der Einheit aufgeben wolle, so würde er bestimmt antworten: ›Diese Doktrin ist doch richtig und keine andere; irgendeinen Teil von ihr preisgeben, hieße die Wahrheit verraten.‹ Die Kirche erstrebt die Einheit mit den Protestanten und ist jederzeit dazu bereit unter der Bedingung, daß die Protestanten sich zum römischen Glauben bekehren. Es besteht kein Grund, die Ursache für diese Denkweise in einer persönlichen Beschränktheit des energischen Bischofs zu suchen. Seine Art zu denken war weder ihm allein eigen, noch war sie im vollen Sinn des Wortes ein Denken; es war die natürliche Reaktion einer politischen Organisation auf Vorschläge, deren Verwirklichung zu einem Verlust ihrer Individualität geführt hätten; die Hauptaufgabe der Römischen Kirche besteht aber eben darin, diese Individualität zu wahren. Denn sie hat als politische Organisation eigene Interessen, und sie beabsichtigt natürlich nicht, um den Religionskriegen ein Ende zu setzen oder zu dem Frieden in der Welt beizutragen, Selbstmord zu begehen.

Es ist klar, daß jede politische Organisation, für die die Aufrechterhaltung ihrer Existenz Selbstzweck geworden ist, nach demselben Schema handeln muß. Sie kann die Einheit nur als Bekehrung des Partners verstehen. Die stalinistische Partei kann ebensowenig Bundesgenossen haben, wie die Römische Kirche ›verbündete‹ Sekten um sich sammeln kann, die sich in dogmatischer Hinsicht ›etwas‹ von ihr unterscheiden. Das heißt zum Beispiel, daß eine von ihnen die Transsubstantiation nicht anerkenne, die andere die Auferstehung ablehne und eine dritte die Trinität. Man schlage einem katholischen Bischof vor, diese ›kleinen‹ Meinungsverschiedenheiten zu übersehen und eine gemeinsame dogmatische Plattform in den übrigen Fragen als Grundlage für die Einheit anzuerkennen! Es ist selbstverständlich, daß für einen gläubigen Katholiken die Unterschiede zwischen Wiedertäufern und Atheisten beinahe bedeutungslos sind im Vergleich zu dem Abgrund, der sie beide von den Orthodoxen trennt. Außerhalb der Kirche gibt es keine Erlösung, die Welt teilt sich nicht in viele Auffassungen, aus denen man eine ununterbrochene Kette von den Gottlosen bis hin zu den rechtgläubigen Katholiken bilden könnte; die Welt zerfällt in Orthodoxe und alle übrigen. Die dualistische, ganz manichäische Vision der menschlichen Wirklichkeit ist die unvermeidliche Denkform des Sektierers. Es hat daher keinen Sinn, sie moralisch zu verurteilen: Naturalia non sunt turpia.

Nur von der moralischen Kraft der Sekte hängt es jetzt ab, in welchem Grad dieses Weltbild der Wirklichkeit entspricht. Der Stalinismus war eine mächtige Sekte, und das Genie der Heuchelei war auf seiner Seite. Er schuf eine Wirklichkeit, deren entscheidende Kriterien seinen eigenen Vorstellungen angenähert waren, d. h. eine Wirklichkeit, in der die Kritik am Stalinismus auf der Hut sein mußte, nicht in eine Apologie des Kapitalismus, zu der sie systematisch gedrängt wurde, verwandelt zu werden. Die Kräfte der sozialen Reaktion waren mächtig, die Kräfte der unabhängigen Linken verschwindend klein. Die Dissidenten des stalinistischen Kommunismus wurden leicht zu Renegaten, da es keine ernst zu nehmende soziale Kraft gab, die in der Lage gewesen wäre, ihre Kritik im Rahmen des sozialistischen Gedankens zu halten. Das Renegatentum ist durchaus kein erfundener Begriff: Renegaten der revolutionären Bewegung sind jene Exrevolutionäre, die faktisch und nicht nur in der Auffassung ihrer ehemaligen Genossen zum Standpunkt der politischen Rechten übergegangen sind, wenn man auch wahrhaftig alles getan hatte, um ihnen diesen Weg zu erleichtern. Ein Renegat war Doriot, ein Renegat ist Arthur Koestler, und zwar durchaus nicht in seiner Eigenschaft als Autor der „Sonnenfinsternis“ – eines Romans, der zweifellos in die Geschichte der modernen Kultur eingegangen ist –, sondern infolge seiner Tätigkeit in den letzten Jahren. Die Tatsache, daß viele Leute auf diesen Weg gedrängt worden sind, ist von diesem Gesichtspunkt aus ohne Bedeutung: sie bestätigt nur den Erfolg der politischen Praxis des Stalinismus. Renegaten des Kommunismus sind jene zahlreichen Menschen, die, haben sie erst einmal mit dem Stalinismus gebrochen, anfangen, in ihm die einzige Gefahr für die Welt zu sehen, und im Kampf gegen ihn bereit sind, mit jedem ein Bündnis einzugehen: mit den Kolonisatoren, mit der kämpfenden Konterrevolution, mit der äußersten politischen Rechten. Erfüllt von dem Bewußtsein ihrer antikommunistischen Sendung, beginnen sie, den Faschismus für ein von den Stalinisten erfundenes Gespenst zu halten. Ihr Antistalinismus genügt ihnen als Grundlage für die Verständigung mit jedem früheren Gegner. Indem sie schweigend die stalinistische Vision der Wirklichkeit und die Theorie vom Nichtbestehen einer dritten Kraft akzeptieren, illustrieren sie selber deren Richtigkeit. Sie werden zu Opfern jener „Erpressung mit der einzigen Alternative", und indem sie die eine Seite verlassen, gehen sie freiwillig zur anderen über. Das Renegatentum ist ein großer Triumph des Stalinismus. Es ist ein Argument, das immer zu seinen Gunsten spricht. Denn die Verwandlung der Dissidenten in Renegaten, wie sie sich an Tausenden von Beispielen beobachten läßt, ist in Wirklichkeit ein Werk dieses Systems. Der Erfolg seiner Tätigkeit äußerte sich darin, daß es keinen Bundesgenossen hatte; daß die Kräfte der unabhängigen Linken, die sich weder integral in seinen Organismus einbeziehen ließen, noch außerhalb der Konterrevolution bestehen konnten, gering an Zahl waren und somit schwer am Leben blieben.

Indem er die Vorzüge dieser Situation ausnutzte und sie durch die Metaphysik von den zwei Kräften und durch die Theorie von der unvermeidlichen Polarisation des sozialen Lebens sanktionierte und jede Kritik als automatischen Beitritt zum Lager der Reaktion diffamierte und dadurch verhinderte, hat der Stalinismus der Linken die fatale Wahl zwischen Himmel und Hölle aufgezwungen. Wer aber der Meinung war, daß dies nur eine Wahl zwischen zwei Formen der Hölle sei, galt nicht als Gegner beider, sondern als Anhänger der feindlichen Hölle.

Es gibt keine größere Gefahr für die Entwicklung der sozialistischen Bewegung in ihrer jetzigen Phase als die, eine neue Vertiefung der politischen Polarisierung in Richtung auf die Situation der einzigen Alternative zuzulassen. Dies ist die Voraussetzung und der Ausgangspunkt für alle Überlegungen, die dem Begriff des ›politischen Realismus‹ in der jetzigen Politik Inhalt verleihen. Durch welche Faktoren auch immer bedingt:

verschwände die soziale Kritik innerhalb des Sozialismus, so wäre die Folge, daß jede Kritik in die Front der effektiven Konterrevolution abgedrängt und von undurchsichtigen klerikalen Kräften, die den Kapitalismus restaurieren wollen, übernommen würde. Außer der Wahl zwischen Renegatentum und loyalistischem Opportunismus bliebe dann als einzige Möglichkeit die Position des Clerk, die jedoch den Verzicht auf ein aktives Verhältnis zum politischen Leben und die Kapitulation vor der politischen Entscheidung bedeutet. Je heftiger die Haltung des Clerk angegriffen wird, um so eindeutiger wird dieser Angriff zum Beweis für die objektive Entwicklung der Ereignisse in Richtung auf eine politische Polarisierung der erwähnten Art. Im Versuch, den alternativen Charakter des politischen Lebens zu überwinden, lassen sich alle Tendenzen zusammenfassen, die bemüht sind, eine Renaissance der revolutionären Bewegung herbeizuführen und die seit langem kompromittierte zu rehabilitieren. Das Absterben dieser Tendenz wäre gleichbedeutend mit der Liquidierung aller Kräfte, die, wie schwach sie auch wären, doch die Verwandlung der demokratischen Kritik in eine konterrevolutionäre verhindern könnten, das heißt, eine Situation verhindern, in der alle wirtschaftlichen Forderungen der Arbeiterklasse als Sabotageakt, jede Stimme der politischen Kritik als Solidaritätserklärung für den Westimperialismus, jede Diskussion über die Grenzen der sozialen Freiheit als Einflüsterung klerikaler Elemente, jede Wirtschaftskritik als Triumph der Händler und Spekulanten bezeichnet werden. Die Möglichkeit einer sozialistischen Kritik ist die unerläßliche Bedingung für eine erfolgreiche Überwindung der konterrevolutionären Kritik; der Mangel einer solchen Möglichkeit ist gleichbedeutend mit dem Anwachsen administrativer Unterdrückungsmaßnahmen. Dieser Vorgang ist unvermeidlich, denn er ist unabhängig vom Willen einzelner. Er entspringt vielmehr der Entwicklung des politischen Lebens, steht aber im Gegensatz zum sozialistischen Aufbau. Die unvorteilhaften wirtschaftlichen Bedingungen steigern diese Gefahr, denn sie erweitern die Kluft zwischen den Forderungen der Arbeiterklasse und den Möglichkeiten des Staates, der ihnen gegenüber als Arbeitgeber auftritt. Sie offenbaren sich in der Vertiefung der Gegensätze zwischen dem Bewußtsein der Volksmassen und der politischen Organisation des Staates und seiner Repräsentanten. Man weiß auch, daß die Anziehungskraft des Kapitalismus in Polen heute sehr groß ist. Dies ist nur möglich auf Grund eines falschen Erinnerungsbildes, das man bedauern, aber nicht korrigieren kann, und das diesen Kapitalismus dem sozialen Bewußtsein nur sehr ungenau präsentiert: nicht als den polnischen Kapitalismus vor 1939 – einen Zwergkapitalismus, der technisch rückständig, kulturell klerikal und politisch vom Faschismus beeinflußt war, sondern als den Lebensstandard Westdeutschlands, als die demokratische Ordnung Großbritanniens, als das technische Niveau der Vereinigten Staaten. Die Feststellung, daß die englische Demokratie nur dann zu verwirklichen ist, wenn man einige Jahrhunderte englischer Geschichte hinter sich hat, ist hundertmal richtig. Aber es ist zweifellos eine Tatsache, daß diese Wahrheit dem sozialen Bewußtsein praktisch kaum einverleibt werden kann. Die Masse der Menschen davon zu überzeugen, daß es unmöglich ist, Polen auf die britischen Inseln zu verlagern, ist beinahe ebenso schwer wie Polen wirklich auf die Britischen Inseln zu versetzen. Die Anziehungskraft des Kapitalismus durch geschichtliche Kenntnisse vernichten zu wollen, ist eine Illusion. Denn diese Kraft entspringt nicht einfach aus der Unkenntnis der früheren Geschichte, sondern aus der Konstellation der Gegenwart. Nur die Anziehungskraft des vorhandenen und sichtbaren Sozialismus ist imstande, die Anziehungskraft des vorhandenen und sichtbaren Kapitalismus auszuschalten. Da der geschichtliche Prozeß, durch den der Kapitalismus in Polen vernichtet wurde, in einem Lande stattfand, das in seiner Entwicklung rückständig und durch den Krieg zerstört war, fiel der sozialistischen Bewegung in diesem Lande die monströse Aufgabe zu, der entwickelten kapitalistischen Welt der Technik nachzujagen und darüber hinaus die beständige und unaufhebbare Trägheit des sozialen Bewußtseins gegenüber dem Kapitalismus zu durchbrechen. Die Schwierigkeit der sozialen Situation in Polen besteht unter anderem darin, daß man die Trägheit des Bewußtseins durch eine unmittelbare Einflußnahme auf das Bewußtsein selbst nicht überwinden kann, sondern ausschließlich durch eine mittelbare, nämlich dadurch, daß man das tägliche Leben sozialistisch und anziehend zugleich macht. Aber diese Trägheit erschwert gerade diese Aufgabe. Beide Schwierigkeiten steigern einander gegenseitig, und außer durch wirtschaftliche Veränderungen, die unmittelbar von den arbeitenden Menschen Polens empfunden werden, kann diesen Schwierigkeiten nur die Kraft des sozialistischen Bewußtseins oder die Unterdrückung entgegenwirken. Da die Kraft des sozialistischen Bewußtseins in hohem Maße direkt proportional dem Umfang der *zugelassenen* sozialistischen Kritik ist und diese wiederum umgekehrt proportional dem Umfang der *wirklichen* konterrevolutionären Kritik, wachsen die Reserven der sozialen Reaktion in dem Maße, wie die effektiven Möglichkeiten der sozialistischen und demokratischen Kritik an Kraft verlieren. Deswegen wächst die Notwendigkeit – nicht nur der Wunsch –, sich der Unterdrückung als Mittel zu bedienen, und auch das Gewicht, das sie im System der Macht hat, muß größer werden. Also: Der Druck, mit dem man die sozialistische Kritik lähmen will, muß Unterdrückungsmaßnahmen gegen die große Masse der Bevölkerung nach sich ziehen, denn er bewirkt, daß jede Kritik zur Waffe der politischen Reaktion wird und nur in ihrem Namen geübt werden kann.

Die Geschichte scheint zu lehren, daß die Komödie der nationalen Einigkeit im Leben einer Generation nur einige Wochen dauert, während das Drama der nationalen Zwietracht das übrige Leben dieser Generation ausfüllt. Es gibt keine wichtigere soziale Aufgabe in Polen, als einen möglichst großen Teil dieser Gegensätze im Rahmen des Sozialismus auszutragen: Das ist auch ein positives Programm für die sozialistische Kritik, die aus Überzeugung kritisch und aus Überzeugung sozialistisch sein will und die sich nur dann zur Stimmenthaltung verführt sieht, wenn ihr die Entscheidung zwischen Opportunismus und Renegatentum aufgezwungen wird. Diese Stimmenthaltung ist aber die Situation des Clerk, die aus der objektiven Ordnung der politischen Welt zu verstehen, was nicht bedeutet, moralisch zu rechtfertigen ist. Die Haltung des Clerk ist eine Kapitulation. Es geht hier aber nicht um die Feststellung dieser Wahrheit, sondern um die Untersuchung einer Wirklichkeit, in der die Idee dieser Kapitulation den Rang einer sozialen Kraft erreichen kann. Die Ideologie des Verzichts auf die politische Entscheidung ist das Resultat einer Konfrontierung, und zwar einer Konfrontierung der Überzeugung der antistalinistischen Linken mit der Realität, die dieser Überzeugung die Aussicht auf ihre Verwirklichung im sozialen Leben verschließt.

Der Clerk läßt sich daher nicht allein durch die Losung vom ›politischen Realismus‹ entwaffnen. Was bedeutet denn diese Losung? Ohne näheren Kommentar hat sie überhaupt keinen sachlichen Inhalt und wird einfach zur Kampflosung, zu einem der tausend ideologischen Geschosse, die politische Gegner aufeinander abfeuern, nicht etwa um ihre Lage verständlich zu machen, sondern um ein taktisches Übergewicht zu erringen. In der Praxis des politischen Alltags wirft der Begriff ›Realismus‹ nicht das geringste Licht auf die Wirklichkeit, er ist ausschließlich ein Werkzeug, um die Gegner zu diffamieren. Die Vertreter des Realismus wollen ihr Publikum davon überzeugen, daß dieser Ausdruck dazu dient, die Haltung der Leute zu charakterisieren, die einfach ›mit den Tatsachen rechnen‹, keinen Hirngespinsten nachjagen, keine Luftschlösser bauen und so weiter; mit anderen Worten: sie wollen sich und anderen einreden, daß sich alles, was sie außerdem in ihrem politischen Programm verkünden, mit Leichtigkeit aus dem trivialen Grundsatz herleiten lasse, man müsse mit den Tatsachen rechnen, und daß ihre Gegner, diese Baumeister von Utopien, die Realität verachteten und nichts weiter seien als Phantasten mit lebhafter Einbildungsgabe, also soziale Schädlinge und Mythenfabrikanten.

In Wirklichkeit ist die Sache nicht so einfach. Wenn die angeblichen Utopisten nur ein Grüppchen von Phantasten wären, die aus ihren Träumen Bilder einer vollendeten Welt entwerfen, würde sich niemand die Mühe machen, sie zu kritisieren. Wenn die Kritik an der utopischen Doktrin aber zu einem wichtigen sozialen Problem wird oder zumindest als ein solches gilt, so beweist das, daß diese utopische Doktrin selbst eine ernst zu nehmende Tatsache im sozialen Bewußtsein ist, also auch ein wichtiger Faktor der sozialen Situation, in der die Vertreter des so verstandenen Realismus wirken und weiter wirken möchten. Die Kampagne gegen den Utopismus erinnert darum in keiner Weise an die Kritik, die Engels an Fourier übte: Sie ist keine Kritik an der sozialen Erfolglosigkeit der Utopie, sondern eben eine Kritik ihrer Wirksamkeit, nämlich der Wirksamkeit, die nach der Auffassung der Kritiker unerwünscht und schädlich ist, weil sie die politischen Anstrengungen hindert, die in der gegebenen Lage möglich sind.

Aus diesem Grunde ist der Streit über die Losung vom politischen Realismus intellektuell fruchtlos und verwandelt sich in eine Reihe leerer Schlagworte, es sei denn, er verwandle sich in eine konkrete Auseinandersetzung über die wirklichen *Grenzen der Anwendung* jenes Begriffes, dessen Nutzen niemand generell in Frage stellt; dann geht es also nicht mehr darum, welche sozialen Forderungen in Wirklichkeit ›real‹ sind und welche utopisch und wieso. Im umgekehrten Fall beschränkt sich die Diskussion auf das Rezitieren allgemeiner Phrasen über den Realismus, die sich für Propagandazwecke eignen und nur dazu dienen, bestehende Meinungsverschiedenheiten zuzudecken. Wir wissen doch, daß man mit Schlagworten alles rechtfertigen kann.*

---

* Vor zehn oder elf Jahren fand in Polen eine große Diskussion über den sozialistischen Humanismus und das Verhältnis der Moral zur Geschichte statt. Die Argumente, die damals gegen Clerks, Utopisten und naive Prediger, die angeblich die historische Analyse durch ihre Phantasien ersetzen wollten, ins Feld geführt wurden, werden heute in derselben Gestalt wieder lebendig, als ob ein Kreislauf der Geschichte abgeschlossen würde und wieder zum Ausgangspunkt zurückkehrte. Mit diesen Argumenten, die hier in der Diskussion mit dem Clerk verkürzt wiedergegeben wurden, operierte damals der Schreiber dieser Zeilen. Inzwischen hat sich jedoch einiges verändert. Einer der Teilnehmer jener Diskussion, der unter dem Pseudonym Pavel Konrad schrieb, wurde in der Zwischenzeit aus dem historischen Umlauf gezogen, da er durch die Missionare der großen geschichtlichen Gerechtigkeit ermordet worden ist. Die Teilnehmer der heutigen Diskussion sollten das beachten, wenn sie zu den Auffassungen von vor zehn Jahren zurückkehren und sie in der gleichen Version wiederholen wollen. Sie sollten daran denken, sage ich, was man alles durch Schlagworte zu rechtfertigen vermochte und also auch in Zukunft rechtfertigen und heiligen kann — durch allgemeine Phrasen vom politischen Realismus und von der einzigen Alternative, zu der die Welt angeblich verurteilt ist.

Die Frage nach den konkreten Grenzen der Anwendung des Begriffes politischer Realismus wollen wir jedoch nicht anschneiden; es genügt uns, daß wir über das Thema, ob man mit der Wirklichkeit rechnen müsse oder nicht, nicht diskutieren wollen. Denn wir halten einen solchen Streit für fiktiv. Sobald man auf irgendeinen Vorschlag die Antwort erhält: ›Die Naturgesetze lassen sich nicht beugen‹, aber keinen Beweis, daß der Vorschlag mit irgendeinem bestimmten und erhärteten Naturgesetz in Widerspruch steht, dann weiß man, daß man es mit einem Kritiker zu tun hat, dem nichts an Beweisen und Argumenten liegt. Das ist dasselbe, wie den Vorwurf, man schreibe unorthographisch, allein damit zu begründen, es gäbe orthographische Regeln.

Statt über das Problem, ob man mit der Wirklichkeit rechnen solle oder nicht, Betrachtungen anzustellen, wollen wir eine andere Frage untersuchen: Kann man einen ganz allgemeinen Grundsatz formulieren, der die Beziehungen zwischen unserem Wissen von der historischen Notwendigkeit und unserer moralischen Überzeugung regelt? Zwischen der Welt des Seins und der Welt der Werte? Zwischen der Wirklichkeit und dem Sollen? Wir formulieren die Präliminarien der Diskussion, um den kläglichen Streit zu beenden, in dem eine Seite, als handelte es sich um eine Entdeckung, erklärt, man müsse mit der Wirklichkeit rechnen, die andere aber leidenschaftlich versichert, sie hätte dieses Gebot nie in Frage stellen wollen.

11 Das Narkotikum des großen Demiurgen

Während Hitlers Armeen im Triumph durch Europa marschierten, hat wohl kein Pole daran gezweifelt, daß dies vorübergehende Erfolge seien, die sehr bald mit einer vernichtenden Niederlage enden würden. Diese Gewißheit schöpften die einen aus der Überzeugung, daß Gott mit einem Wunder die feindliche Armee vernichten und nicht zulassen werde, daß sein treues Volk untergehe, die anderen aus dem Glauben, daß die Gerechtigkeit letzten Endes siegen müsse, noch andere aus dem Vertrauen in das Genie Winston Churchills, und einige schließlich aus dem Vertrauen in das Genie Josef Stalins. In allen diesen Fällen hatte die Gewißheit keine sehr feste rationale Grundlage, war jedoch leicht zu erklären in einer Situation, in der das Grauen und der Schrecken des alltäglichen Lebens ein solches Ausmaß erreicht hatten, daß sich niemand vorstellen konnte, sie könnten unbegrenzt fortdauern.

In anderen Ländern, in denen die Besetzung durch Hitlers Truppen weniger brutal in Erscheinung trat oder der Massenterror nicht einen solchen Umfang annahm wie in Polen, war diese unerschütterliche Überzeugung von der kommenden Niederlage des Diktators durchaus nicht so allgemein. Im Westen gab es Menschen, die zur Situation des ›neuen Europa‹ eine neue Geschichtsphilosophie erfanden und etwa so argumentierten: Der Staat Hitlers ist zwar ein Produkt der Barbarei und als solches entsetzlich, aber das Schicksal hat die Welt dazu verurteilt, das Opfer von zivilisierten Wilden zu werden, damit später einmal auf den Trümmern der gegenwärtigen, zur Vernichtung verurteilten Kultur die humanistische und demokratische Idee sich neu entfalten könne. So schließt sich ein geschichtlicher Zyklus, an dessen Ende wie schon manches Mal große und reiche Zivilisationen ihre schöpferische Kraft verlieren und von den Barbaren vernichtet werden, die dann an ebendieser Stelle die Geschichte von neuem beginnen. Die Unterwerfung Indiens durch die Arier, die mykenische Kultur, Griechenland, Rom — die geschichtsphilosophischen Spekulationen finden in der Vergangenheit nicht wenig Nahrung. Und was kann man heute tun? Praktisch muß man Hitler unterstützen oder ihm wenigstens erlauben, sein Werk ungehindert im Namen der geschichtlichen Notwendigkeit zu vollenden.

Wenn uns eine solche Haltung auch mit Widerwillen erfüllt, so müssen wir uns doch überlegen, wogegen sich eigentlich unsere Empörung richtet. Allein gegen die Tatsache, daß irgend jemand die Möglichkeit der Niederwerfung Hitlers angezweifelt hatte? Schließlich konnte man zu Beginn des Jahres 1942 sehr schwer mit rationalen Argumenten beweisen, daß das Dritte Reich unweigerlich zur Niederlage verurteilt sei. Obgleich wir die Möglichkeit einer allgemeinen historischen Gesetzmäßigkeit anerkennen, die der Veränderung gesellschaftlicher Formationen innewohnt, so ist doch die Kenntnis dieser Gesetzmäßigkeit so vage, daß sie nicht erlaubt, vorauszusehen, wann und unter welchen Umständen, bei welchen Erschütterungen, Kriegen, Revolutionen, Niederlagen und Siegen eine Gesellschaftsform durch eine andere ersetzt werden wird. Es ist leicht, angesichts schon vergangener Ereignisse geschichtsphilosophische Klugheit zu bezeugen, aber an Voraussagen hält sich die Geschichte gewöhnlich nicht. Jedenfalls konnte man die Niederlage des Hitlerreiches damals aus keinem geschichtsphilosophischen Schema deduzieren, und selbst in den schweren Augenblicken des Krieges war es nicht möglich, sie aus dem Verlauf der Kriegsoperationen schlüssig abzuleiten.

Diese Niederlage war nicht von vorneherein bestimmt – sie wurde durch furchtbare Anstrengungen und Entbehrungen der Völker herbeigeführt. Schloß etwa irgendeine Gesetzmäßigkeit der Geschichte die Möglichkeit aus, daß die faschistische Armee als erste das Monopol für Atomwaffen errang? Und hätte sie davor zurückgeschreckt, sie zu gebrauchen?

Wenn ich solche Fragen stelle, habe ich nicht die Absicht, mich über jene Menschen lustig zu machen, die unabhängig von geschichtsphilosophischen Betrachtungen und oft der Realität zum Trotz von der Niederlage des Faschismus unerschütterlich überzeugt waren. Ich stelle sie auch nicht deshalb, weil jene Überzeugung letzten Endes durch die Entwicklung der Ereignisse bestätigt worden ist, sondern vor allem, weil sie selbst ein wesentlicher Faktor des Sieges war.

Wenn sich auch der gesunde Menschenverstand in manchen Augenblicken gegen die Hoffnung empörte, so muß man verstehen, daß für die kämpfende Truppe die Hoffnung wichtiger ist als der gesunde Menschenverstand. Der Defätismus in der Armee kann oft gut begründet sein, aber man muß erkennen und sich damit abfinden, daß er nicht toleriert werden darf. Man muß sich also auch damit abfinden, daß ein Übermaß an gesundem Menschenverstand dem erfolgreichen Kampf selbst dann entgegensteht, wenn es ein Kampf um eine gerechte Sache ist. ›Beati qui non viderunt, et crediderunt.‹ Man darf demjenigen, der, gestützt auf Vernunftüberlegungen, im Kampf die Niederlage der eigenen Seite voraussieht, Schweigen gebieten, denn die Überzeugung von der Erfolglosigkeit der eigenen Anstrengung macht diese doppelt erfolglos. Es ist ein unangenehmer Widerspruch im menschlichen Sein, den man jedoch nicht beseitigen kann.

Trotz alledem ist es unmöglich, das Denken zu verbieten. Auch bei heftigsten Auseinandersetzungen kann man nicht ausschließen, daß sich der eine oder der andere gegenüber den Aussichten der eigenen Sache skeptisch verhält. Der Skeptizismus erscheint manchmal begründet – auf einer der kämpfenden Seiten ist er auf jeden Fall begründet; man konnte in der Septemberkampagne 1939 schon daran zweifeln, daß die polnische Armee blitzartig über die angeblichen ›Pappe-Panzer‹ der Angreifer triumphieren würde.

Kehren wir also zu der vorhin gestellten Frage zurück! Wenn wir von den Skeptikern zuvor mit Recht verlangen, die anderen mit den eigenen Zweifeln nicht anzustecken, so ist es doch unmöglich, jemanden allein dafür moralisch zu verurteilen, daß er selber zweifelt. Man konnte – ich wiederhole es – in schweren Augenblicken des letzten Krieges annehmen, daß Hitler siegen werde. Diese Annahme an sich unterliegt nicht der moralischen Verurteilung. Hingegen unterliegen ihr die praktischen Schlußfolgerungen, die man aus dieser Annahme zieht, und die Stellungnahme, die jemand auf Grund einer solchen Anschauung einnimmt.

Niemand ist von moralischer Verantwortung befreit, wenn er das Verbrechen unterstützt, weil er von seinem unweigerlichen Sieg überzeugt ist. Niemand kann sich von der moralischen Pflicht des Kampfes gegen ein Regierungssystem, eine Doktrin oder eine Gesellschaftsordnung, die er als niederträchtig und unmenschlich ansieht, mit der Begründung loskaufen, er halte sie gleichzeitig für historisch notwendig.

Wir protestieren gegen eine solche Form des moralischen Relativismus, die so tut, als könnte das Kriterium der moralischen Beurteilung aus der Kenntnis des ›Weltgeistes‹ gefolgert werden.

Das richtet sich nicht gegen die These, daß die moralische Überzeugung der Menschen von ihren sozialen Bedingungen abhängig ist, sondern ausschließlich gegen den Versuch einer normativen Interpretation der Geschichtsphilosophie. Das heißt gegen den Versuch, die Pflicht aus der Notwendigkeit abzuleiten und die Kriterien der moralischen Beurteilung aus der vermeintlichen Kenntnis der geschichtlichen Gesetzmäßigkeit zu gewinnen. Es ist ein Protest gegen eine Doktrin, die sich nicht damit begnügt, die Vergangenheit nach ihrer Wirkung auf die Gegenwart moralisch zu beurteilen, die sich vielmehr anmaßt, die Gegenwart auf Grund ihrer Resultate in der Zukunft zu bewerten, die man vollständig und unfehlbar zu kennen sich einbildet. Es ist ein Protest gegen die Auffassung, daß in historischen Auseinandersetzungen – selbst im Maßstab des ›Weltgeistes‹ – der Sieg unweigerlich der gerechten Sache zufallen werde, wobei man unter ›gerechter Sache‹ eben jene Sache versteht, die siegen wird, und damit die Behauptung, ›die Zukunft gehört den Gerechten‹, auf eine Tautologie zurückführt. Denn darüber, was gerecht ist, entscheidet eben das, dem die Zukunft gehört.

Gerade dieses Problem wollen wir näher betrachten. Der Meteorologe, der einen Hagelsturm voraussieht, sagt zu niemand: ›Es wird einen Hagelsturm geben. Wir können ihn voraussehen, aber es liegt nicht in unserer Macht, ihn zu verhindern. Der Hagelsturm kommt unweigerlich, freut euch also über den Hagelsturm, steigert euch in einen Enthusiasmus für diesen Sturm, singt Hymnen zu seiner Ehre und überzeugt die Bauern, daß sie, statt ihre Ernte vor dem Hagelschlag zu retten, ihn mit Sehnsucht erwarten sollen.‹

Der Prophet auf historischem Gebiet ist in einer anderen Lage. Vor allem weiß er von vornherein, daß sich die menschliche Geschichte in Richtung des Fortschrittes bewegt. Dabei ist der Sinn dieses Wortes nirgends erklärt, aber es soll in dem sozialen Bewußtsein als eine Reihe von Situationen verstanden werden, von denen jede ›besser‹ ist als die vorhergehende. In genügend großem Maßstab betrachtet, ist die Geschichte ein fortschrittlicher Prozeß. Das bedeutet praktisch, daß es ›im allgemeinen dem Menschen auf der Welt immer besser geht‹.

Es kann natürlich vorkommen, daß ›der Mensch‹ sich nur schwer von dieser These überzeugen läßt. Dann haben wir verschiedene Möglichkeiten. Meistens muß man feststellen, daß ›der Mensch‹ durch diese Hartnäckigkeit einen platten Empirismus bezeugt, daß er, statt in das Wesen der Dinge einzudringen, die immer besser werden, sich mit den Kleinigkeiten seines eigenen Alltags beschäftigt, der eine solche Verbesserung nicht aufweist. Dann ist ›der Mensch‹ einfach philosophisch nicht vorgebildet. Es kann auch sein, daß das ›empirische Ich‹ des betrachteten ›Menschen‹ im Gegensatz zu dem ›absoluten Ich‹ des sozialen Bewußtseins steht, das heißt, daß ›der Mensch‹ einfach ein Element des Rückschrittes im Leben der Gesellschaft darstellt. Es kann schließlich auch vorkommen, daß das, was ›der Mensch‹ für eine Verschlechterung der Lage hält, nur eine vorübergehende Phase ist, die dann zu einer radikalen Besserung führt, das heißt, daß wir es mit einem dialektischen Rückgang zu tun haben, der den Anlauf zu einem weiteren Sprunge ermöglicht. Wie dem auch sei, ›der Mensch‹ soll überzeugt davon sein, daß die Welt sich zum Besseren entwickelt, zumindest wenn er ihre Entwicklung in zeitlich genügend weitgespannten Abschnitten betrachtet.

Hat man ihn davon überzeugt, so ist die Hauptschwierigkeit überwunden. Jetzt genügt es, bei jeder einzelnen Erscheinung zu beweisen, daß sie auf Befehl des großen Demiurgen der Geschichte – des Fortschrittes – auftauchte, daß sie also einen Schritt auf dem Marsch der Menschheit zu einer besseren Welt bedeutet. Infolgedessen ist es die moralische Pflicht aller, denen das Wohl der Menschheit am Herzen liegt, diese Erscheinung zu unterstützen. Welch besseres Kriterium der moralischen Beurteilung könnten wir finden als die Mitwirkung an der verborgenen Tätigkeit des historischen Fortschrittes!

Es genügt, an die Unvermeidlichkeit des Fortschrittes zu glauben, um gleichzeitig an die Fortschrittlichkeit alles Unvermeidlichen zu glauben. Es genügt, an die Vorsehung zu glauben, um den Ziegel zu segnen, der einem auf den Kopf fällt. Wenn der Geist der Geschichte die schwere Rolle der göttlichen Vorsehung auf sich nimmt, muß er nach ihrem Vorbild Dankbarkeit für jede Ohrfeige verlangen, die er seinem Schützling verabreicht. Der Demiurg des Fortschrittes, der über der Welt wacht, läßt sich in allen seinen Kreaturen und Erscheinungsformen verehren. Und was ist leichter zu beweisen, als daß dieser oder jener Volksführer, dieses oder jenes Regierungssystem, dieses oder jenes soziale System von dem Demiurgen des Fortschritts geweiht wurde, obwohl sie, äußerlich betrachtet, die Menschen durch ihre Fratze entsetzten?

Die katholischen Historiker erkennen doch ebenfalls an, daß Gott manchmal, um seine Gläubigen zu prüfen, die Hauptstadt Petri in die Hände Unwürdiger gegeben hat. Um so größer ist das Verdienst der Gläubigen, wenn sie das Haupt vor der Stimme Gottes senken, obwohl sie aus dem Maul der Eselin Balaams kommt. Wenn der Demiurg des Fortschrittes mit der Stimme Dschingis-Khans zu sprechen wünscht, so wird der Geschichtsphilosoph eine um so größere Einsicht beweisen, je schneller er Dschingis-Khan seine Dienste offeriert. Wenn die Zoologen zu der Einsicht gelangen, daß die Ära des Menschen auf der Erde zu Ende geht und daß die Ära der Ameisen anbricht, hat der Geschichtsphilosoph nichts anderes zu tun, als allen zu empfehlen, sich freiwillig auf den Ameisenhaufen zu setzen, um dort ihr Gerippe zu lassen; das wird sicher von Vorteil für den Fortschritt sein, wenn man einmal festgestellt hat, daß der Fortschritt das Gesetz der Geschichte ist.

In Wirklichkeit ist die Sache jedoch sehr wenig zum Scherzen geeignet und scheint sich die Lage, aus der wir einen Ausweg finden wollen, manchmal rational schwerer erklären zu lassen als das Geheimnis der Trinität. Um das klarer zu machen, wollen wir von einer gemeinsamen Voraussetzung ausgehen und zwei ideologische Extreme annehmen, die sowohl geschichtlich bekannt sind als auch zwei verschiedene praktische Einstellungen zum Ausdruck bringen.

Die gemeinsame Voraussetzung ist folgende: Der Sozialismus repräsentiert – als vorgestelltes und nicht wirkliches System der sozialen Beziehungen – eine gewisse Summe von Werten, die als solche anerkannt werden; diese Werte haben einen moralischen Charakter in dem Sinne, daß sich ihre Verwirklichung dem Bewußtsein als moralische Pflicht darstellt, oder, mit anderen Worten, ein – universelles oder teilweises – Kriterium für die Wertung menschlichen Handelns abgibt.

Bei dieser Voraussetzung unterscheiden wir zwei Einstellungen: den sogenannten ethischen Sozialismus in seiner extremen, historisch bekannten Form und den Stalinismus in der vorteilhaftesten Formulierung, die wir finden können, und in der rein ideologischen Interpretation. Von sozialen Quellen und geschichtlichen Situationen, die sowohl die eine wie die andere Haltung zur Folge haben können, sehen wir ab und betrachten sie ausschließlich auf geistigem Gebiet.

Der ethische Sozialismus läßt sich in der uns interessierenden Frage folgendermaßen zusammenfassen: Der Sozialismus ist die Summe der sozialen Werte, deren Realisierung sich dem einzelnen Menschen als eine moralische Pflicht aufzwingt. Er ist die Summe der Forderungen, die sich der einzelne oder eine gewisse Menge von Einzelpersonen stellt, sofern sie die Beziehungen der Menschen untereinander betreffen. In welchem Maße sich diese Werte praktisch verwirklichen lassen, ist eine Frage, die völlig unabhängig davon ist, ob man für ihre Verwirklichung wirken soll. Die Pflicht muß nach Kant deshalb erfüllt werden, weil sie eine Pflicht ist, nicht aber, weil die tatsächlichen Ergebnisse unserer Handlungen in der Welt, die nicht ganz von uns abhängt, wirklich so sein werden, wie wir es möchten. Wenn wir überzeugt wären, daß der Sozialismus unmöglich ist, so würde unsere Pflicht, für den Sozialismus zu kämpfen, nicht geringer werden, im Gegenteil, dann erst erhielten unsere Bemühungen den Glorienschein des Heroismus, durch den ihr moralischer Wert in vollem Licht erstrahlt. Moralisch handeln bedeutet, einzig aus dem Bewußtsein der Pflicht zu handeln, aus dem reinen Gebot, ohne Rücksicht darauf, ob sich die Wirklichkeit unseren Wünschen fügt. Wer bewußt um eine verlorene Sache kämpft, kann nicht außermoralischer Motive verdächtigt werden. Wer aber in unerschütterlicher Siegeszuversicht in den Kampf um den Sozialismus geht, setzt einfach auf die Nummer, an der seiner Meinung nach das Roulett der Geschichte haltmachen wird. Seine Handlungen sind moralisch wertlos, denn sie sind nur von dem Bestreben geleitet, im Kampf auf seiten des Siegers zu stehen, oder doch wenigstens in ihren Motiven sich nicht von denen eines gewöhnlichen Konjunkturritters zu unterscheiden: die Grenze zwischen der Beteiligung an einem historischen Unternehmen, das hohe Prozente abwirft, und dem Kampf um eine Sache, die man für moralisch richtig hält, ist hier nicht zu ziehen.

Der authentische Sozialismus arbeitet mit dem Risiko des Verlustes – manchmal mit der Gewißheit des Verlustes –, und je größer die Wahrscheinlichkeit der Niederlage ist, um so größer ist das moralische Verdienst der Tat.

Die Pflicht zum Kampf für den Sozialismus hat keinen anderen Grund als den, daß sie eine Pflicht ist, das heißt, daß der Sozialismus als moralische Aufgabe jedes einzelnen verwirklicht wird. Diejenigen, die meinen, daß der Sozialismus ebenso unvermeidlich eintrete wie die für den morgigen Tag berechnete Sonnenfinsternis, können nichts finden, was ihren Handlungen einen moralischen Wert geben würde. Es sind Handlungen, die mit der absoluten Gewißheit des Erfolges in Angriff genommen wurden. Es ist außerdem nicht wahr, daß diese Gewißheit irgend jemanden zum Handeln bewegt, da doch das Ziel, um das es geht, ›auch so‹, unabhängig davon, wie der eine oder der andere handelt, erreicht werden wird. Die politische Partei, die sich den Kampf für den Sozialismus, dessen Kommen sie für zwangsläufig hält, zum Ziel setzt, ist infolgedessen eine Partei der Sonnenfinsternis.

Und nun die Interpretation der moralischen Situation der Sozialisten in der stalinistischen Doktrin, die wir – ich wiederhole – in der vorteilhaftesten Version, die man finden kann, darstellen. Der Sozialismus ist historisch unvermeidlich. Das bedeutet, daß alle, die sich bemühen, sein Kommen zu verhindern, letzten Endes durch jene besiegt werden, die für die neue Ordnung kämpfen. Das heißt jedoch nicht, daß der Sieg des Sozialismus in anderer Weise als durch das Handeln der Masse erreicht werden kann. Die historische Gesetzmäßigkeit führt jedoch dazu, daß die Handlungen der Menschen das Ende der in Klassen aufgeteilten Gesellschaft herbeiführen werden. Die Taten des einzelnen werden durch seine Teilnahme an diesem notwendigen Prozeß moralisch gemessen. Die Notwendigkeit ist fortschrittlich – das ist die Auffassung, die wir voraussetzen. Wenn es so ist, so sind alle Handlungen, durch welche diese Notwendigkeit Wirklichkeit wird, ebenfalls fortschrittlich. Und zwischen dem Ausdruck ›geschichtlich fortschrittlich‹ und ›moralisch gut‹ gibt es eigentlich keinen Unterschied. Genauer gesagt – ein solcher Unterschied kann dann bestehen (obwohl darüber nicht gesprochen wird), wenn wir es mit besitzenden Klassen zu tun haben, die den Fortschritt in irgendeiner historischen Epoche repräsentieren. Der Unterschied verschwindet vollkommen im Falle der Arbeiterklasse, die ihre geschichtliche Mission in der Abschaffung der Klassengesellschaft verwirklicht.

Von dem Augenblick an, in dem das Proletariat zur Macht gelangt, wird die Harmonie zwischen den moralischen Werten der menschlichen Tat und der historischen Tendenz der Gesellschaft absolut.

Mit anderen Worten: Moralisch ist das, was der Entwicklung der sozialistischen Gesellschaft nach ihrer eigenen Gesetzmäßigkeit förderlich ist, z. B. dafür zu sorgen, daß in der Wirtschaft das Primat der Produktion von Produktionsmitteln über die Produktion von Verbrauchsgütern erhalten bleibt, daß die Kollektivierung der landwirtschaftlichen Erzeugung erfolgt, daß das Gesetz der Planmäßigkeit herrscht, daß die Löhne entsprechend der Arbeitsleistung verteilt werden usw.

Der Doktrinär des Stalinismus ist jedoch in einer schwierigen Situation und muß angesichts einiger Fragen schamhafte Ausflüchte gebrauchen. Er verkündet, daß die Ausdrücke ›moralisch richtig‹ und ›geschichtlich fortschrittlich‹ in Wirklichkeit dasselbe bedeuten.

Wenn wir ihn fragen – selbst wird er kaum auf die Frage kommen –, ob in dem fortschrittlichen ökonomischen Prozeß der ursprünglichen Akkumulation in England, der unter Anwendung brutaler Gewalt und Ausbeutung vor sich ging, jeder einzelne Grundbesitzer, der die Bauern von ihrem Boden verjagte, ein moralisches Lob verdient, weil er für den Weltgeist wirkte, hat er darauf zwei Antworten: erstens, daß das eine scholastische Frage sei, zweitens, daß hier ein Widerspruch bestünde. Das Wort ›Widerspruch‹ löst auch eine Menge schwieriger Situationen, denn eine Theorie, die innere Widersprüche hat, rettet sich ausgezeichnet mit der Behauptung, daß auch die Wirklichkeit innere Gegensätze offenbare. Auf diese Weise soll das Gesetz des immanenten Widerspruchs der Welt die Doktrin vor der Anklage der Inkonsequenz retten. ›Einerseits‹ vollzieht sich der ökonomische Fortschritt in den Klassengesellschaften auf Kosten der ausgebeuteten Klassen – ist jedoch ein Fortschritt, hat also den Weltgeist auf seiner Seite. ›Andererseits‹ haben diese ausgebeuteten Klassen recht, wenn sie sich gegen ihre Ausbeutung wehren – also steht die zweite Seele des Weltgeistes auf ihrer Seite.

Widerspruch? Jeder Widerspruch der Doktrin ist ihr Triumph, denn der Widerspruch in der Welt gehört zu ihrem Grundsatz. Wenn der Weltgeist sich gegen sich selbst empört, dann hißt der Doktrinär seine Fahne über seiner zerrissenen Seele: sie bestätigt seine Daseinsberechtigung. Zwar preist der Doktrinär die Konsequenz seines Systems, aber wenn notwendig, preist er ebenso seinen inneren Widerspruch.

›Dieser Widerspruch‹ – fügt er sofort hinzu – ›betrifft doch nur die Klassengesellschaften und verschwindet blitzartig, sobald die neue sozialistische Gesellschaft in das Stadium des Aufbaus tritt.‹ Jetzt wird der Weltgeist seine zerrissene Seele für immer heilen: zwischen dem, was moralisch richtig, und dem, was ökonomisch fortschrittlich ist, entsteht das einfache Verhältnis der Identität. Der Ideologe des Stalinismus triumphiert jetzt als Verfechter geistiger Konsequenz.

Es gibt keine absoluten moralischen Normen – behauptet er –, die allgemein gültig sind; und wenn man beweisen würde, daß solche existieren, so können sie jederzeit ihre Universalität verlieren, wenn sie mit den Aufgaben des Fortschritts in Kollision geraten.

Der Beweis, daß irgendein Verhalten dem sozialen Fortschritt diene, ist gleichbedeutend mit dem Beweis, daß es eine moralische Pflicht ist. Auf diese Weise bestimmen wir den Wert durch sein Verhältnis zum Fortschritt. Dann können wir aber nicht den

Begriff des Fortschritts dadurch begründen, daß wir uns auf ebendiese Werte berufen. Wenn wir den Circulus vitiosus vermeiden wollen, so müssen wir die logische Priorität eines der beiden Begriffe – des sozialen Fortschritts oder der moralischen Werte – anerkennen.

Wenn wir den sozialen Fortschritt durch moralische Werte bestimmen wollten, so kämen wir in Gefahr, dem Begriff des sozialen Fortschritts einen rein moralischen Inhalt zu geben, was im Widerspruch zu den Grundsätzen des historischen Materialismus steht (die Bemerkung, daß die genetische, historische Abhängigkeit der Erscheinungen in keinerlei Beziehung zu der Frage steht, welche dieser Erscheinungen als das Definierende und welche als das zu Definierende in der Theorie auftreten – eine solche Bemerkung läßt der Doktrinär des Stalinismus als scholastisch und formalistisch nicht zu). Zweitens drohte uns, daß wir irgendwelche moralische Werte als absolut gültig annehmen, unabhängig von den geschichtlichen Ereignissen, was der dialektischen Methode widerspricht. Wir haben also keinen anderen Ausweg, als den umgekehrten Weg zu wählen: die moralischen Werte durch Bezugnahme auf die Verwirklichung des geschichtlichen Fortschritts zu bestimmen. Der Begriff des Fortschritts selbst muß daher einen ›rein objektiven‹ Inhalt annehmen. Das bedeutet, daß man nun den Fortschritt seinerseits als das definieren muß, was den Weltgeist verwirklicht, also als die Gesetze der Geschichte, die in ›letzter Instanz‹ von der Entwicklung der Produktionsmittel abhängig sind. Will man somit das moralische Recht irgendeiner Sache beweisen, muß ihre Nützlichkeit für die Entwicklung der Technik in ›letzter Instanz‹ bewiesen werden.

Diese Nützlichkeit ist sowohl eine notwendige als auch eine ausreichende Bedingung für jede Wertung. Allein deshalb, weil die Entwicklung der Produktionsmittel als *primum movens* der Geschichte auftritt, erscheine sie als *finis ultima* des moralischen Handelns. Die Identität dieser beiden Elemente der Weltauffassung wurde schon vor Jahrhunderten durch die Theologen erfolgreich nachgewiesen.

Auf diese Weise wird der Marxismus für die Armen in der

sozialen Theorie durch den Hegelianismus für die Armen in der moralischen Doktrin ergänzt. Eine solche Interpretation der sozialistischen Moral fand unter den Kommunisten Verbreitung, und zwar unter den moralisch empfindlichen Kommunisten, die den Widerspruch zwischen ihrem eigenen Gewissen und der Anerkennung der sozialen Wirklichkeit, in den sie geraten waren, zu lösen suchten. In unzähligen Fällen wiederholte sich in der Epoche des Stalinismus die geistige Situation des jungen Bielinski, der glaubte, daß der russische Zarismus den Geist der Geschichte verkörpere und daß es richtig sei, sich nicht sinnlos im Namen persönlicher Überzeugungen der Geschichte zu widersetzen, sondern ihre wirkliche Tendenz im Gegensatz zu der Unruhe und dem Widerstand des Gewissens des einzelnen zu bejahen. Das moralische Problem des einzelnen sollte nicht darin bestehen, daß er sein eigenes Rechtsgefühl als Maßstab an die geschichtlichen Ereignisse anlegte, sondern ausschließlich darin, daß er sein Gerechtigkeitsgefühl der geschichtlichen Zwangsläufigkeit anpaßte. Wenn der einzelne davon überzeugt wird, daß er nur ein Modus der allgemeinen geschichtlichen Substanz ist, dann besteht seine Pflicht darin, sich mit dieser Situation nicht nur intellektuell, sondern auch moralisch abzufinden; das heißt: jedes Anzeichen einer moralischen Revolte gegen die geschichtliche Notwendigkeit muß als eine Ausschweifung dieses Modus verurteilt werden. Denn er versuchte, sich in eine selbständige Substanz zu verwandeln, was metaphysisch undenkbar ist, und aus dieser historischen Notwendigkeit auszubrechen – ein Experiment, das nicht nur mißlingen (wie die Theorie von der Rolle der Person in der Geschichte lehrt), sondern auch verurteilt werden muß, weil es dem Fortschritt widerspricht.

Diejenigen, die eine solche Geschichtsphilosophie annahmen, versuchten mit ihrer Hilfe, die Wirklichkeit des bestehenden Sozialismus mit der eigenen Vorstellung von ihm in Einklang zu bringen. Der ›Weltgeist‹ half, den geistigen Inhalt des Kommunismus von allen Verbrechen zu trennen, die in seinem Namen begangen wurden. Diese Weltauffassung wurde nicht nur von einigen Geschichtsphilosophen vertreten, die über die Geschicke der Menschheit spekulierten, sondern gewann einen genügend großen Einfluß, um als soziale Erscheinung zu gelten. Das Narkotikum des ›Weltgeistes‹, das in mehr oder weniger populärer Form verabreicht wurde, hat das Gewissen für das moralisch beunruhigende tägliche Leben erfolgreich abgestumpft. Die geschichtliche Substanz hat ihr eigenes Primat den fügsamen Modi aufgezwungen, die davon überzeugt sind, daß ihr versteckter Widerwille und die heimliche Empörung ihres angeekelten Bewußtseins nur normale Begleiterscheinungen jener titanischen Arbeit sind, durch die sich der Wagen der Geschichte voranbewegt. Aber die Modi, welche die Theorie des Weltgeistes annahmen und mit ihrer Hilfe all die unheilverkündenden Schönheitsfehler der Wirklichkeit und den eigenen Opportunismus rechtfertigten, waren durchaus keine unschuldigen Opfer einer falschen Geschichtsphilosophie. Ihr Grundirrtum bestand nicht nur darin, daß sie das Geschichtsfatum annahmen und es von der moralischen Verantwortung freisprachen, so daß auch sie selbst als seine Werkzeuge freigesprochen wurden, sondern vor allem darin, daß die Kommunisten, die an die absolute Immoral der Geschichte zu glauben begannen, nun anfingen, jede Moral für überflüssig zu halten, die von ihnen verlangen könnte, sich von den Forderungen der Geschichte frei zu machen. Sie merkten nicht, daß sie sich nicht für den Inhalt jener geschichtlichen Notwendigkeit interessierten, auf deren Schultern sie ihren eigenen Konformismus abluden. Was aber zum Inhalt jener Notwendigkeit gehöre und was nicht, darüber nachzudenken und zu entscheiden, bemühten sie sich nicht, sondern überließen die schwere Arbeit, in die Absichten des geschichtlichen Demiurgen einzudringen, ihren Vorgesetzten. Sie waren gerne bereit, andere die schlauen Absichten des Weltgeistes erraten und sich von ihnen nachher die Erfolge mitteilen zu lassen. Sie nahmen alles, was man ihnen jedesmal als geschichtlich notwendig einredete, auch so an und erfüllten dann mit gutem Willen die angeblichen oder wirklichen Forderungen des Demiurgen.

Im Königreich des Weltgeistes zollten sie der Geschichte Tribut, ohne zu erwarten, daß sie bei den Entscheidungen mitreden oder auch nur in sie eingeweiht werden dürften, und waren zu dieser Rolle ohne Protest bereit. Der Widerspruch zwischen der Welt des Seins und dem Bewußtsein der anerkannten Werte kam nur in einem unterdrückten Zynismus zum Ausdruck, der immer ein leichtes Gegengift gegen den üblen Beigeschmack des permanenten Konformismus darstellt. Der Zynismus ist nämlich nichts anderes als das klare Bewußtsein des Widerspruchs zwischen dem eigenen Handeln und der Gesamtheit der Werte, die in dem gegebenen gesellschaftlichen Milieu und – schweigend – auch vom Zyniker selbst anerkannt werden. Daher sind die wirklichen Verbrecher keine Zyniker.

Erst in diesem Augenblick kommen wir dem neuralgischen Punkt des Problems nahe, dem Punkt, der zu Beginn dieser Betrachtungen erwähnt worden ist. Wie soll man die Überzeugung sowohl von der Existenz eines geschichtlichen Gesetzes als auch von der Notwendigkeit, es durch brutale, grauenerregende Mittel zu verwirklichen, mit der Anerkennung absoluter Werte in Übereinstimmung bringen, das heißt mit der Überzeugung, daß gewisse Arten des Handelns unter allen Umständen geboten sind und andere verboten? Die moralische Pflicht ist die in einem bestimmten sozialen Milieu gefestigte Überzeugung, daß gewisse menschliche Verhaltensweisen Zweck an sich sind und nicht nur Mittel zum Zweck, daß andere sozusagen Gegenzweck an sich sind, daß heißt um ihrer selbst willen verboten. Wenn die geschichtliche Notwendigkeit entweder als unbegrenzter Prozeß ohne bestimmte Endphase gilt oder man ihr ein Endziel zubilligt, das jedoch noch nicht erreicht ist und nur ein Versprechen für die Zukunft darstellt, und wenn gleichzeitig die moralischen Werturteile der Realisierung dieser Notwendigkeit untergeordnet sind, dann gibt es im gegenwärtigen Leben nichts, was als Selbstzweck gelten könnte. Mit anderen Worten: Die moralischen Werte hören im engeren Sinn des Wortes überhaupt auf zu bestehen. Läßt sich die auf Seinskategorien beruhende Weltanschauung mit ihrer auf Wertkategorien gegründeten Weltanschauung in Übereinstimmung bringen?

Das ist eine Version der Auseinandersetzung zwischen dem extremen politischen Realismus und dem extremen Utopismus. Einen extrem aufgefaßten Realismus nennen wir die Überzeugung von der grundsätzlichen Unvermeidlichkeit aller Einzelheiten des Geschichtsprozesses, unter dem man sein Leben verbringen muß. Demzufolge sind alle Versuche, dieser Wirklichkeit moralische Postulate entgegenzusetzen, hoffnungslos. Ein so verstandener Realismus lehnt jedes Moralisieren gegenüber der bestehenden Welt als fruchtlos und utopisch ab, und zwar im Namen des historischen Demiurgen, der Moralisten nicht ausstehen kann. Der Utopismus in unserem Sinne dagegen besteht darin, daß man gegenüber der Wirklichkeit unaufhörlich die Haltung eines kritischen Moralisten einnimmt, sie nach den willkürlich angenommenen Maßstäben des absolut Guten und absolut Bösen wertet und ausschließlich von diesem Gesichtspunkt aus betrachtet. Der einzige Protest, den der Utopist gegen die soziale Wirklichkeit erhebt, besteht in der Behauptung, daß sie moralisch schlecht sei, die einzige Art seiner Einflußnahme auf ihren Verlauf darin, daß er den Menschen erzählt, wie die Welt aussehen sollte, damit jene Maßstäbe des absolut Guten und absolut Bösen zur Geltung kommen.

Wir setzen voraus, daß in dem Streit dieser beiden Haltungen, die wir, um fruchtlose Diskussionen zu vermeiden, nicht durch Beispiele belegen wollen und die wir für Idealfälle erklären, gewisse gemeinsame Grundsätze gelten. Der Realist nämlich bezweifelt nicht jene moralischen Werte (muß sie nicht bezweifeln), die der Utopist dem Gang der Geschichte entgegensetzen will – er stellt nur die Nützlichkeit dieser Gegenüberstellung in Frage. Der Utopist dagegen bezweifelt im allgemeinen nicht den geschichtlichen Determinismus, sondern nur das Recht, die Ereignisse auf Grund ihrer historischen Unvermeidlichkeit *moralisch* zu beurteilen, denn er ist überzeugt, die moralische Beurteilung hänge nicht von dem Bewußtsein ab, daß die beurteilten Tatsachen sich besser oder schlechter in den geschichtlichen Ablauf, den irgendeine Geschichtsphilosophie vorzeichnete, eingliedern lassen.

Überdies werfen sich beide Seiten gegenseitig die beklagenswerten Folgen ihrer Haltungen vor. Der Realist verhält sich, wie ein Widersacher meint, der Geschichte gegenüber als theoretischer und in jeder aktuellen Situation als politischer Opportunist. Statt eines Programms der Veränderungen hat er nur ein Programm seiner Anpassung an die vorgefundene Ordnung. Er akzeptiert widerspruchslos die Welt der Tatsachen, da es die einzige Welt ist, die existiert, und kann ihr nur die Welt der Werte entgegensetzen, die eine Fiktion ist, von Phantasten ad libitum konstruiert und nicht in der Natur verwurzelt.

Der Utopist als Konstrukteur jener erdachten Welten verurteilt sich – wie sein Gegner meint – praktisch selber zur Fruchtlosigkeit. Denn da er sich unerreichbare, aus der eigenen Vorstellung von der Vollkommenheit entlehnte Ziele setzt, macht er es sich unmöglich, erreichbare Ziele, die sich auf die Analyse der in der Welt der widerspenstigen und starren Dinge enthaltenen Möglichkeiten gründen, zu verlieren. In dieser Art diskutieren der phantastisch-reformatorische Utopist und der fatalistische Realist miteinander, und sie diskutieren schon seit der Zeit, da sich die Menschen zum erstenmal eine bewußte Verbesserung ihres sozialen Daseins zum Ziel gesetzt hatten, das heißt, beinahe von Ewigkeit her. Die Diskussion erinnert in Wirklichkeit an Zurufe, die von beiden Ufern eines Flusses kommen, über den man nicht schwimmen kann. Zwischen Gehorsam und moralischem Imperativ gähnt ein Abgrund, an dessen Rand sich die großen Tragödien der Geschichte abspielen: die Tragödien der Verschwörungen und Aufstände, die von vornherein zur Niederlage verurteilt waren, und umgekehrt die Tragödien der Kollaboration mit dem Verbrechen, die aus der Überzeugung seiner Unvermeidlichkeit entsprangen. An diesem Abgrund spielte sich auch das moralische Drama der letzten Jahre der revolutionären Bewegung ab.

Es war Marx, der eine Brücke über den Abgrund bauen wollte. Auf dieser Brücke sollte die grundsätzliche Überwindung des utopischen Sozialismus erfolgen. Sie läßt sich in den Worten zusammenfassen: ›Man muß diese versteinerten Verhältnisse dadurch zum Tanzen zwingen, daß man ihnen ihre eigene Melodie vorsingt*‹, oder daß die Menschen die Verfasser ihrer eigenen Geschichte sind, aber nicht in willkürlicher Freiheit, sondern bedingt durch den Druck der überkommenen sozialökonomischen

* Marx, ›Zur Kritik der Hegelschen Rechtsphilosophie‹. Einleitung.

Verhältnisse. Der Entdeckung dieser natürlichen Melodie der Geschichte widmete Marx den größten Teil seines Lebens. Und doch mußten diejenigen, welche seine theoretischen Bemühungen weiterführten, sich ununterbrochen mit demselben Problem auseinandersetzen, sie mußten die opera posthuma nach einem unvollendeten Manuskript des ›Kapitals‹ schreiben und angesichts neuer Erfahrungen dieselbe Frage aufwerfen: ›Was tun?‹ Die beiden Männer, die ein Buch unter diesem Titel schrieben – Tschernischewski und Lenin –, repräsentieren zwei Entwicklungsphasen in den Bemühungen einer ständigen Gegenüberstellung von alltäglicher Erfahrung und nur vorgestelltem Ideal, in dem ständigen Dialog der vorgefundenen Wirklichkeit mit der erträumten.

Die Schwierigkeit dieser Arbeit beruht nicht darin, daß man auf eine theoretische Frage noch keine ausreichende Antwort gefunden hat, sie jedoch eines Tages finden kann, womit dann ein für allemal die Angelegenheit erledigt wäre. Wir stehen vor einer Frage, die in jeder neuen geschichtlichen Situation auch wieder von neuem gelöst werden muß, da jede Situation dieser Art einmalig und unwiederholbar ist und sich allein durch Analogie mit einer vergangenen Situation nicht analysieren läßt. Daraus folgt, daß der historische Determinismus von Natur aus vage ist. Ich denke an den ›Determinismus‹ als eine Doktrin, die die Gesetzmäßigkeit der sozialen Veränderungen beschreibt, denen man Gültigkeit hinsichtlich der Vergangenheit beimißt. Die Marxsche Voraussicht bezog sich auf Veränderungen der Wirtschaftsform und war in dieser Weise formuliert. Der natürliche wissenschaftliche Kritizismus erlaubte kein Eingehen auf Einzelheiten, mit denen sich Fourier und die Mehrheit der Utopisten so gerne beschäftigten. Die Programme, die Lenin noch vor der Oktoberrevolution formulierte, gingen indessen weit mehr ins einzelne, wobei wir bis heute nicht genau entscheiden können, was sich in diesen Programmen auf die Besonderheiten der russischen Bedingungen stützte und was wenigstens in der Absicht eine universelle Bedeutung für die Epoche des Übergangs vom Kapitalismus zum Sozialismus haben sollte.

Mit Sicherheit dürfen wir annehmen, daß der Hauptgrundsatz von Marx, daß nämlich der Fortschritt der kapitalistischen

Technik die Tendenz ins Leben rufe, den Produktionsmitteln die Form kollektiven Eigentums zu verleihen, allgemein betrachtet von der geschichtlichen Erfahrung bestätigt wird. Im Laufe wie vieler gewonnener und verlorener Revolutionen, wie vieler Kriege und Krisen, wie vieler Jahre und Jahrzehnte, nach welchen Ordnungen der Chronologie und Geographie, nach wie vielen Aufschwüngen und Abstürzen und in welchen Abwandlungen der Formen sich die sozialistische Gestalt des gesellschaftlichen Lebens verwirklichen wird, das kann man aus der vagen Kenntnis der historischen Gesetze nicht verbindlich ableiten. Auf diese Fragen antwortet die Erfahrung des täglichen Lebens, das, gleich einem geschickten Zauberkünstler, jeden Tag mit neuen Überraschungen aufwartet. Dieser Umstand kümmert jedoch die Geschichtsphilosophen im allgemeinen nicht. Ihnen genügt es zu ihrem Wohlbefinden, wenn sie sich wie seit vielen Jahren damit abmühen, der kapitalistischen Gesellschaft immer wieder dieselbe Grabinschrift zu schreiben, die sie auf der Grundlage ›wissenschaftlicher Voraussicht‹, wie sie meinen, abfassen können. Der Rest jedoch – eben jene Kriege, Revolutionen, Krisen, Jahrzehnte des Kampfes und der Leiden – fällt unter die Kategorie des ›Zufalls‹, er wird frei und unterliegt keinen philosophischen Analysen mehr. Aus den Geheimnissen des Weltgeistes haben die Geschichtsphilosophen Kenntnis über den Endpunkt ihrer Wanderung erhalten. Jedoch entgleiten die verwirrten Gleise, über die er zum Ziele irrt, ihrem prophetischen Auge. Jede durchlaufene Etappe läßt sich ursächlich immer dann interpretieren, wenn sie schon vollendet ist, und das auf mancherlei Art und Weise, die dem Geschichtsphilosophen Thema für langjährige Betrachtungen und Streitgespräche liefert. Jedoch läßt sich keine von ihnen von vornherein voraussehen. Daher erhalten sie eben die Bezeichnung ›Zufälle‹ – ein Wort, das von Ewigkeit her die geistige Indolenz zur Würde einer Theorie erhebt und in unseren Zeiten nicht minder erfolgreich wie in der Epoche Spinozas ein ›asylum ignorantiae‹ bildet. Ungeachtet dessen wird es dem Geschichtsphilosophen nie an Mut fehlen, aus einer solchen Kenntnis der künftigen Geschicke der Welt praktische Vorschriften abzuleiten, die jeden verpflichten und ihn moralisch zur Teilnahme an dem Marsch der Geschichte zwingen. Die Geschichtsphilosophie fühlt sich durch nichts entmutigt. An jeder Wendung der wirklichen Geschichte, die ihre peinliche Kraftlosigkeit der Welt offenbart, stößt die Geschichtsphilosophie Fanfarenklänge des Triumphes aus, und sogar die Selbstkritik wird im Rhythmus eines Marsches ins Horn geblasen. Diese bewunderungswürdige Kraft, die die Geschichtsphilosophie trotz der Erfahrungen all ihrer grausamen Niederlagen zeigt, entspringt natürlich nicht einer angeborenen Gesundheit, sondern daraus, daß sie selbst das Werkzeug des ›listigen Weltgeistes‹ ist, der sie zum Leben beruft, um mit ihrer Hilfe das soziale Bewußtsein zu mystifizieren und es durch sinnlosen Opportunismus zu Illusionen zu verführen und glauben zu machen, daß es die Wirklichkeit wie ein offenes Buch lesen könne und alle Illusionen überwunden habe.

Die Entmythologisierung des Bewußtseins ist selbst zu einem Mythos geworden und kann deshalb, obwohl die Ereignisse die Geschichtsphilosophie Lügen strafen, doch immer wieder ihre Niederlagen für Siege erklären, genauso wie sich das Delphische Orakel immer wieder erfüllt hat. Die Geschichtsphilosophie schöpft ihre Kraft nicht aus sich selbst, sondern aus dem Glauben, den man in sie legt, und dieser Glaube ist oft ein Teil der politischen Praxis und trägt einen halb sakralen Charakter. Ein noch so zerfetztes und geflicktes Kleid kann das Aussehen eines Königsmantels erlangen, wenn es ein vom Volk verehrter Mann trägt.

Die Traumdeuter werden, wenn ihnen bewiesen wird, daß Träume nicht in Erfüllung gehen, niemals an ihrem Glauben irre werden, denn sie haben immer ein oder zwei Beispiele zur Hand, die den umgekehrten Fall illustrieren, und diese genügen, ihren Glauben zu erhalten, der Glaube aber bedarf keiner Begründung, nur einer Illustration und Sanktion. Aber strapazieren wir die Geschichtsphilosophie nicht länger! Wie beschränkt auch ihre Möglichkeiten sein mögen, sie hat doch gewisse bescheidene Verdienste, die sich nicht abstreiten lassen, wenn auch der eine oder andere und selbst ein ganzes soziales System aus ihr ein Werkzeug des moralischen Masochismus gemacht hat. Wir dürfen sie um so weniger schimpflich behandeln, als diese Betrachtungen grundsätzlich zu ihrem Bereich gehören und ihre Potemkinschen Dörfer vermehren. So sei es uns erlaubt, zu bemerken, daß das Denken in geschichtsphilosophischen Kategorien in einem solchen Grade Allgemeingut geworden ist und ein solches Ausmaß angenommen hat, daß es beim besten Willen unmöglich ist, es zugunsten der nackten Empirie, deren Horizonte sich zwischen Morgengrauen und Abenddämmerung schließen, aus dem sozialen Leben auszuschalten. Das Morgengrauen und die Abenddämmerung nicht eines Tages, sondern großer geschichtlicher Epochen und Formationen wurden zum täglichen Brot des menschlichen Denkens, und es ist ein hoffnungsloses und der Mühe unwertes Beginnen, einer großen Anzahl von Menschen das Privileg fortnehmen zu wollen, die Welt von den erhabenen Höhen der Geschichte herab zu betrachten. Allein dieser Umstand würde genügen, wenigstens selber ihre Wohltat zu genießen, wenn man schon die anderen nicht der Lust an der Geschichtsphilosophie berauben kann. Das ist die Entschuldigung für diese Überlegungen, die wir jetzt in die entscheidende Phase führen wollen.

III Das Gewissen und der soziale Fortschritt

Im Streit zwischen Realismus und Utopismus sind die Gründe, die gegen den zweiten sprechen, so oft und so bis ins einzelne formuliert worden, daß wir uns ihre Wiederholung ersparen dürfen. Die ›antirealistischen‹ Argumente hingegen werden wir anführen, da sie uns aus einem gewissen Grunde im Augenblick wichtiger erscheinen.

Wir gehen von folgenden Grundsätzen aus:

ERSTER GRUNDSATZ: *Der ethische Individualismus. Einer moralischen Beurteilung unterliegen ausschließlich einzelne Menschen und ihre Handlungen.* Das kommt daher, daß es keine moralische Beurteilung ohne Berücksichtigung der Absicht des

Handelnden gibt, die Absichten aber sind Sache der einzelnen Menschen. Daraus wiederum folgt, daß es unmöglich ist, einen anonymen historischen Prozeß, sein Gelingen oder Mißlingen, moralisch zu werten. Im engen Sinne des Wortes bewertet man auch Gruppen oder soziale Klassen nicht moralisch, wenn unter sozialer Klasse mehr als eine Summe von Individuen verstanden wird, nämlich ein spezifisches soziales Ganzes – und sie so zu verstehen, scheint uns richtig. Eine solche Einheit reagiert so auf die Ereignisse, daß die Reaktionen der einzelnen durch die Reaktion der Klasse als Gesamtheit bedingt wird und nicht umgekehrt.

Hieraus folgt jedoch nicht – und das halte ich für außerordentlich bedeutsam –, daß die Zugehörigkeit zu einer bestimmten Klasse oder Gruppe oder überhaupt eine Abhängigkeit von der Gesellschaft, in der sich ein Individuum befindet, nicht entscheidend sei für die Bestimmung sowohl seiner moralischen Auffassungen als auch der Haltung, die der moralischen Beurteilung unterliegt und deren Gültigkeitsbereich in der Geschichte sehr verschieden ist. Im Gegenteil, wir können annehmen, daß diese Bestimmung vollständig ist, obwohl es dafür wenig überzeugende Beweise gibt (ich meine die soziale Bestimmung, nicht nur die, die aus der Zugehörigkeit zu der Klasse entspringt). Wir formulieren das in dem zweiten Grundsatz:

ZWEITER GRUNDSATZ: *Der Determinismus.* Die Beurteilung dessen, was moralisch gut oder schlecht ist, und das Verhalten der Menschen im Hinblick auf diese Maßstäbe ist durch die Teilnahme des einzelnen am sozialen Leben bestimmt. Unter ›Teilnahme‹ verstehen wir sowohl die Erziehung und die Einflüsse der Tradition wie die Zugehörigkeit zu allen sozialen Gruppen, aus deren Mischung jenes Einmalige hervorgeht, das man Persönlichkeit nennt. (Die Tradition ist natürlich auch eine soziale Gruppe, nämlich die Gesamtheit der Menschen, auf die eine bestimmte Bewußtseinsform einwirkt, die vor ihnen geschaffen wurde.) Wir gehen nicht darauf ein, wie sich die verschiedenen Formen des sozialen Lebens auf die Gestaltung der Moralauffassungen auswirken, wie viele von ihnen aus den universalen Bedingungen des sozialen Lebens als solchen herrühren und daher ›elementaren‹ allgemein verpflichtenden Charakter haben, wie viele aus den besonderen Bedingungen der Klassengesellschaft abzuleiten sind und daher einen sehr beständigen Charakter haben und welche schließlich aus der Zugehörigkeit zu einer ganz bestimmten Klasse, einem Betrieb usw. entspringen. Diese Fragen sind die Zusammenfassung aller wichtigen Probleme der Soziologie der Moral, und als solche stehen sie hier nicht zur Diskussion.

Es ist wesentlich, daß diese zwei Grundsätze einander keinesfalls widersprechen, obwohl sie in den Augen vieler Moralisten als widersprechend gelten. Zwischen dem sozialen Determinismus, der sogar rigoroser verstanden werden kann, als wir ihn hier verstehen wollen, und der Anerkennung der moralischen Verantwortung besteht gar kein logischer Widerspruch. Das folgt aus dem dritten Grundsatz:

DRITTER GRUNDSATZ: *Die humanistische Interpretation des Wertes.* Obwohl die Anerkennung aller moralischen Wertungen eines Menschen durch sein eigenes moralisches Verhalten bestimmt ist, kann er dennoch aus der Kenntnis der ihn determinierenden Bedingungen keine Schlüsse auf die Richtigkeit oder Unrichtigkeit der von ihm anerkannten Werturteile ableiten. Mit anderen Worten: Aus der Feststellung, daß jemand weiß, daß er dies oder jenes für gut und böse hält, weil diese oder jene Lebensbedingungen ihn dazu bewogen haben, folgt nicht, daß eben dies oder jenes gut oder böse ist. Jeder besitzt gewisse moralische Auffassungen, aber er kann die Richtigkeit dieser Auffassungen nicht mit der Berufung darauf beweisen, daß sie infolge der Einwirkung dieser oder jener äußeren Ursachen entstanden sind. Die Behauptung, daß der einzelne moralisch bewertet werden kann, ist gleichbedeutend mit der Behauptung, daß die anderen *das Recht haben*, ihn zu beurteilen, und diese Aussage hat normativen Charakter.

Folglich hat das Gegenteil ebenfalls normativen Charakter. Wenn wir also behaupten, daß aus dem Grundsatz des Determinismus, der eine theoretische Formel ist, die Unmöglichkeit moralischer Verantwortung entspringe, unterstellen wir schweigend, daß moralische Werturteile aus rein theoretischen Behauptungen deduziert werden können. Wenn wir die Möglichkeit einer solchen Folgerung ablehnen, sind wir gezwungen, anzuerkennen, daß die Frage der Determination oder Indetermination der menschlichen Handlungen keine logische Verbindung mit der Frage der Anerkennung oder Negierung der moralischen Verantwortung des Menschen hat. Denn gerade eine solche Anerkennung oder Negierung ist keine theoretische Feststellung. Auf diese Weise hebt der dritte Grundsatz den angeblichen Widerspruch zwischen dem ersten und dem zweiten auf.

Der dritte Grundsatz erlaubt uns also, die Idee der moralischen Verantwortung ganz unabhängig von der Kenntnis oder besser: von den Postulaten beizubehalten, die wir über die sozialen und alle anderen Determinationen des menschlichen Verhaltens besitzen, und das sogar dann, wenn unsere Kenntnis unvergleichlich vollkommener wäre als jetzt. In Wirklichkeit ist diese Kenntnis in jedem einzelnen Fall sehr gering, auch wenn sie sich im großen Maßstab bestätigt. Daß jemand für eine Tat moralisch verantwortlich ist, bedeutet, daß das soziale Milieu, in dem er lebt, berechtigt ist, jene Tat moralisch zu werten und sich dem Täter gegenüber ablehnend oder billigend zu verhalten: Es bedeutet auch, daß sich das Milieu dieser seiner Berechtigung bewußt ist. Diese Art zu reagieren ist ebenso determiniert wie die Tat selbst, auf die sie sich bezieht; wenn man aber behauptet, die Gesellschaft besitze dieses Recht nicht, so heißt das, ihre Reaktion moralisch zu werten; man vollführt also in demselben Akt etwas, was zu verbieten eben Inhalt des Aktes ist: man verfällt also in eine praktische Antinomie. Wir würden uns dann in der Situation eines Priors der Kartäusermönche befinden, der seinen Brüdern laut vorwirft, daß sie das Schweigegelöbnis gebrochen haben, oder in der Lage eines Menschen, der die Todesstrafe für alle jene fordert, die verlangen, daß die Todesstrafe beibehalten wird.

Überdies erinnert die Behauptung, das gesellschaftliche Leben sei ›nicht berechtigt‹, moralische Urteile herauszubilden, an die Idee, eine Verordnung zu erlassen, die dem Erdbeben das Recht absprechen soll, stattzufinden, oder dem Regen, zu fallen. Wir folgen in dieser Hinsicht dem Gedankengang Spinozas. Die Beurteilung des moralischen Verhaltens der Individuen ist eine soziale Tatsache, deren Existenz man wie Naturgesetze akzeptieren muß. Das scheint im Widerspruch zu dem zu stehen, was wir vorher gesagt haben. Denn wir fordern die Anerkennung der moralischen Verantwortung des einzelnen, erkennen also der Gesellschaft das Recht der moralischen Beurteilung zu; ohne somit das Recht des Regens, zu fallen, in Zweifel zu ziehen, sprechen wir uns positiv darüber aus, daß er dieses Recht besitzt, das heißt, wir geraten in die gleiche Schwierigkeit: Diese Schwierigkeit ergibt sich nämlich nicht aus dem Inhalt der Beurteilung, sondern aus der Tatsache des Aussprechens dieser Beurteilung an sich.

In Wirklichkeit sind die Situationen nicht ganz analog, und zwar deshalb nicht, weil derjenige, der der Gesellschaft ein Recht dieser Art zubilligt, selbst zu dieser Gesellschaft gehört. Wenn er der Gesellschaft ein solches Recht zugesteht, gesteht er damit dieses Recht nicht nur sich selber zu, sondern er ist selbst in gewissem Sinne die Stimme der Gesellschaft, die sich dieses Recht zubilligt. Die moralische Beurteilung ist natürlich nicht ein Akt ›reiner‹ Erkenntnis, sondern die in Worte gefaßte Formel für eine praktische Einstellung, der Auftakt für das Eingreifen in eine Situation, die Objekt der Beurteilung ist. Daß die Dinge ›an sich‹ weder moralisch gut noch moralisch schlecht sind und nur als solche empfunden werden, diese Wahrheit wird seit Jahrhunderten wiederholt, von Ainezydem und den Sophisten über Hobbes und Spinoza bis zu Schlick und Carnap. Wir schenken uns daher die Beweise für diese Auffassung. Wenn wir sie jedoch anerkennen, so behaupten wir damit nicht, daß wir auf die moralische Beurteilung verzichten sollen – diese Behauptung wäre eben ein Akt der erwähnten praktischen Antinomie –, sondern setzen im Gegenteil voraus, daß die deterministische Auffassung, ob sie anerkannt oder abgelehnt wird, auf keinen Fall den Verzicht auf moralische Beurteilung logisch unterstützen oder verhindern kann, da Determinismus und moralische Wertung eigentlich zu heterogenen Welten gehören – zur Welt des Wissens und zur Welt des Sollens. Wenn wir somit die Existenz der moralischen Verantwortung bejahen, so tun wir das ohne jeglichen Bezug auf die Eindeutigkeit, den Charakter oder die Existenz der Determination, der menschliches Verhalten unterliegt.

Aus dem *Ersten Grundsatz* folgt, daß Urteile wie ›dieser Geschichtsprozeß ist fortschrittlich‹, ›diese soziale Klasse repräsentiert den historischen Fortschritt, jene hemmt ihn‹ – keine moralischen Urteile sind, obwohl die Gegenstände unserer Betrachtung damit in gewisser Weise gewertet werden. Es ist eine andere Art der Wertung, die natürlich gewisse Kriterien der Vervollkommnung, des menschlichen Vorteils, der Entwicklung usw. voraussetzt. Wenn wir jedoch – was wir durchaus nicht empfehlen wollen – Kriterien des sozialen Fortschritts *ausschließlich* in den Folgen suchen wollten, die diese oder andere historische Ereignisse auf die Entwicklung und Verbreitung derjenigen moralischen Haltungen in der Gesellschaft haben, die wir selbst propagieren wollen – so würde die Beurteilung des geschichtlichen ›Fortschritts‹ auch dadurch nicht zu einer moralischen Beurteilung werden, obwohl sie die Anerkennung einer gewissen Skala moralischer Werte voraussetzt.

Es ist nämlich etwas anderes, festzustellen, daß ein Verhalten moralisch schändlich sei, oder festzustellen, daß ein gewisser geschichtlicher Prozeß deshalb fortschrittlich sei, weil er dazu führe, die Wahrscheinlichkeit eines solchen Verhaltens in der Gesellschaft durch neue Bedingungen einzuschränken. Es ist etwas anderes, den Diebstahl gesellschaftlichen Eigentums zu verurteilen oder überall laut zu verkünden, das Ansteigen des Wohlstands sei fortschrittlich, weil es den Grund zum Stehlen beseitige. Den ersten Fall formulieren wir ausdrücklich als eine generelle moralische Beurteilung, im zweiten Fall setzen wir sie als gegeben voraus, aber machen nicht den allgemein gesellschaftlichen Prozeß zum Gegenstand der Beurteilung, denn gestohlen wird nur von einzelnen Menschen, nicht von Lebensbedingungen, dem technischen Niveau oder der Gesetzgebung. Die einzelnen Menschen sind Gegenstand der *moralischen*, alles andere Objekte der *historischen* Beurteilung.

Daraus folgt, daß die angeführten Grundsätze eine Situation als frei von Widerspruch gelten lassen, in der ein konkretes Verhalten moralisch negativ, aber von dem historischen Prozeß aus gesehen, an dem es beteiligt ist, positiv bewertet werden muß und umgekehrt.

Wir gehen vorläufig nicht auf die Frage ein, ob solche Situationen wirklich vorkommen, und stellen nur fest, daß sie infolge jener Grundsätze möglich sind, da die beiden Beurteilungen nicht voneinander abhängig sind. Sie wären auch dann möglich, wenn wir die – meiner Überzeugung nach falschen – rein moralisierenden Kriterien des Fortschritts voraussetzten: denn noch ist eine Situation nicht ausgeschlossen, in der durch systematischen Diebstahl soziale Veränderungen begünstigt werden, die zur Abschaffung des Diebstahls als sozialer Erscheinung führen.

Wir kehren also zum Hegelschen Problem zurück oder vielmehr zu dem Problem, das aus der Interpretation Hegels durch alle diejenigen folgt, auf die seine geschichtsphilosophische Vision gewirkt hat: Macht die Theorie des Fortschritts die gleichzeitige Anerkennung moralischer Maßstäbe, die sich von Kriterien der geschichtlichen Fortschrittlichkeit unterscheiden, überflüssig oder gar unmöglich? Es geht uns jedoch jetzt nicht darum, ob eine gewisse Auffassung des Hegelianismus richtig oder falsch ist, sondern um den Inhalt der Frage selbst, so wie sie sich in der Geschichte der Nach-Hegelschen Philosophie herauskristallisiert hat.

›Die Lorbeeren des bloßen Wollens sind trockene Blätter, die niemals gegrünt haben‹ – mit diesen Worten endet der 124. Paragraph der ›Philosophie des Rechts‹, der sich über jene Prediger lustig macht, die die Taten der großen historischen Gestalten ihres Wertes und ihrer Größe berauben wollen, indem sie auf die niedrigen Motive hinweisen. In Wirklichkeit werden die Größe und der Wert durch die Rolle beurteilt, die diese Taten in der Entwicklung des Weltgeistes spielen, zu dessen mächtigem Werkzeug jeder Ehrgeiz, jedes Streben nach Reichtum, jede Sucht nach Eroberungen werden kann. Die Motive sind für die Beurteilung der Tätigkeit unwesentlich, denn nicht der Edelmut oder die Niedertracht der individuellen Motive werden beurteilt, sondern ausschließlich die Ergebnisse, die diese Tätigkeit für die Evolution des historischen Marsches hatten.

Nichts an dieser Auffassung widerspricht aber den oben formulierten Grundsätzen. Diese Einstellung – die Beurteilung der ›Fortschrittlichkeit‹ oder der ›Rückschrittlichkeit‹ gewisser Geschichtsprozesse oder einzelner Taten völlig unabhängig von dem moralischen Widerwillen oder der moralischen Anerkennung, die sie hervorrufen könnten – wurde von Marx vollkommen geteilt. Als Beweis können seine bekannten Bemerkungen über die britische Kolonisierung in Indien gelten, in denen dieser Gesichtspunkt dargelegt ist.

›So sehr es nun auch dem menschlichen Empfinden widerstreben mag, Zeuge zu sein, wie Myriaden betriebsamer patriarchalischer und harmloser sozialer Organisationen zerrüttet und in ihre Einheiten aufgelöst werden, hineingeschleudert in ein Meer von Leiden, wie zu gleicher Zeit ihre einzelnen Mitglieder ihrer alten Kulturformen und ihrer ererbten Existenzmittel verlustig gehen, so dürfen wir doch darüber nicht vergessen, daß diese idyllischen Dorfgemeinschaften, so harmlos sie auch aussehen mögen, seit jeher die feste Grundlage des orientalischen Despotismus gebildet haben, daß sie den menschlichen Geist auf den denkbar engsten Gesichtskreis beschränkten, ihn zum gefügigen Werkzeug des Aberglaubens, zum unterwürfigen Sklaven traditioneller Regeln machten und ihn jeglicher Größe und geschichtlicher Energien beraubten... daß diese kleinen Gemeinwesen durch Kastenunterschiede und Sklaverei befleckt waren, daß sie den Menschen unter das Joch äußerer Umstände zwangen, statt den Menschen zum Beherrscher der Umstände zu erheben . . .‹

›Die Frage ist, ob die Menschheit ihre Bestimmung erfüllen kann ohne fundamentale Revolutionierung der sozialen Verhältnisse in Asien? Wenn nicht, so war England, welche Verbrechen es auch begangen haben mag, doch das unbewußte Werkzeug der Geschichte, indem es diese Revolution zuwege brachte . . .‹

›Erst wenn eine große soziale Revolution die Ergebnisse der bürgerlichen Epoche, den Weltmarkt und die modernen Produktivkräfte, gemeistert und sie der gemeinsamen Kontrolle der am weitesten fortgeschrittenen Völker unterworfen hat, erst dann wird der menschliche Fortschritt nicht mehr jenem scheußlichen heidnischen Götzen gleichen, der den Nektar nur aus den Schädeln Erschlagener trinken wollte.‹

Es ist unmöglich, die Idee klarer auszudrücken, um die es uns hier geht. Die Werte des historischen Fortschritts kommen durch Verbrechen zustande, wobei die Werte nicht aufhören, Werte zu sein, und die Verbrechen Verbrechen. Ebenso wie die großen Kunstwerke dadurch nichts von ihrer Größe verlieren, daß der Künstler von noch so niedrigen Motiven geleitet wurde. Vielleicht hat die Ästhetik Platons ihre Quelle im Päderastentum. Vielleicht wurde das Genie Dostojewskis von epileptischen Euphorien genährt. Vielleicht kann man auf der Leinwand van Goghs Anfälle von Schizophrenie wiedererkennen und die künstlerischen Ausbrüche von Wyspianski als durch seine Syphilis verursacht deuten — die Psychoanalytiker und Anhänger der physiologischen Kunsttheorie entdeckten viele solcher Wahrheiten und wiesen mit dem listigen Ausdruck mutiger Bilderstürmer darauf hin: Seht, was eure Berühmtheiten in Wirklichkeit sind! Aber da die Ästhetik Platons auch viele sexuell Normale anziehen kann, die Werke Dostojewskis auch Nichtepileptiker bezaubern, die Malerei van Goghs Nichtschizophrene und das Schaffen Wyspianskis Nichtsyphilitiker, so ist das der Beweis dafür, daß alle diese Entdeckungen für die Beurteilung des Schaffens, das auf dieser Grundlage entsteht, wertlos sind. Auch wenn man ausgezeichnete Käsesorten im Dung produziert, so behalten doch alle beide, der Dung und der Käse, ihre Natur, ungeachtet der Verbindung zwischen Ursache und Wirkung, die zwischen ihnen besteht.

Die ganze Sache könnte banal erscheinen, aber bedingt in dem uns interessierenden Fall erhebliche Schwierigkeiten. In Wirklichkeit hat die Beurteilung der revolutionären Rolle der britischen Kolonisation durch Marx keinesfalls den Sinn, den britischen Soldaten in Indien ein moralisches Verdienst zuzusprechen. Wenn in vielen Ländern die industrielle Revolution unter Anwendung von Sklavenarbeit erfolgte, so bedeutet das keineswegs, daß der Sklavenhalter Lob verdiene, weil er sich Sklavenarbeit zunutze machte.

Mit anderen Worten: wir haben keinen Grund, die Moral als

ein Werkzeug der großen Geschichte in dem Sinne zu betrachten, daß man in der Verwirklichung des allgemeinen geschichtlichen Fortschrittes moralische Kriterien sucht. Die Verbrechen, die dem ›Weltgeist‹ als Werkzeuge dienten, sind Verbrechen geblieben. Es fällt uns übrigens nicht schwer, diesen Gesichtspunkt im Hinblick auf die Vergangenheit, die in uns keinerlei lebendigere moralische Reaktionen hervorruft, zu akzeptieren. So können alle moralischen Urteile über Vergangenes gleichmütig wie Feststellungen von Tatsachen formuliert werden.

Die Gegenwart und die eben vergangenen Ereignisse sind schwieriger zu beurteilen, und nicht nur deshalb, weil die moralischen Reaktionen unmittelbarer sind. Das moralische Urteil kann in Wirklichkeit genauso gefällt werden, wie man die Temperatur am Thermometer abliest, einfach dadurch, daß man an eine bestimmte Tatsache das Maß einer abstrakten Gerechtigkeit anlegt. Es kann auch ein unmittelbares Gefühl sein, und dann gibt es natürlich Streitigkeiten darüber, ob man eine Tatsache gleichzeitig als moralisch widerwärtig und als historisch fortschrittlich anerkennen soll*.

Aber diese Schwierigkeit ist rein psychologischer Natur. Bedeutend mehr Kopfzerbrechen bei dieser Art Beurteilung abstrakter Erscheinungen macht die Tatsache, daß es hier eben am schwersten ist, jene ›historische Fortschrittlichkeit‹ der Phänomene zu beurteilen. Denn dieser Fortschritt erscheint uns übersichtlicher – was durchaus nicht bedeutet: eindeutiger –, wenn die beurteilten Ereignisse im Brunnen der Vergangenheit ruhen und aus einer entfernten Perspektive sowie in der Vielfalt ihrer Folgen betrachtet werden können. Von diesem Gesichtspunkt aus ist die Gegenwart immer zweideutig und nebelhaft. Diese Zweideutigkeit wird dann besonders gefährlich, wenn man die beiden Beurteilungen – die historische und die moralische – identifizieren oder zugunsten der ersten auf die zweite verzichten will. Wir kennen die Vergangenheit besser als die Gegenwart, weil wir sie

* Um Mißverständnisse zu vermeiden, sei bemerkt, daß die Erwägungen keine Verallgemeinerungen der Erfahrungen sind, die wir mit dem Stalinismus gemacht haben; ich finde nämlich keine zwingende Veranlassung, dieses System, auch wenn wir die moralische Beurteilung seiner Repräsentanten außer acht lassen, für fortschrittlich zu halten.

immer nur in der selektierten Form kennen, während die Gegenwart ein Chaos ist.

Dieses Problem tauchte zusammen mit Hegel auf, das heißt zusammen mit dem Glauben, daß die Menschheit einen Universalschlüssel zu geschichtlichen Prognosen besitzt, den Schlüssel Davids, vor dem die Zukunft keine Geheimnisse hat (ausgenommen ›die Zufälle‹, von denen die Rede war und die das Leben einiger Generationen auf dem Erdball ausfüllen können). Hegel hat als erster auf den berühmten Seiten der ›Geschichtsphilosophie‹ und auch an anderer Stelle die Möglichkeit angedeutet, bei der allgemeingeschichtlichen Analyse die einzelnen menschlichen Taten, aus denen sich die Entwicklung der Menschenwelt ergibt, zu übergehen. Er hat sogar die Überzeugung zum Ausdruck gebracht, daß die Geschichte unmöglich ausschließlich mit Hilfe jener Begriffe dargestellt werden könne, die zur Beschreibung einzelner menschlicher Taten, Leidenschaften, Bestrebungen oder Geschmacksrichtungen dienen. Denn die Menschen verwirklichten das, schreibt er, worum es ihnen gehe, aber was nicht in ihrem Bewußtsein und in ihren Absichten lag.

Aus der ständigen Interferenz der zwei Bewußtseinsformen, die von dem Augenblick an existieren, da der Begriff ›geschichtlicher Fortschritt‹ eine universelle Phrase wurde, entspringt folgendes Problem: Wir erleben die Geschichte als unser eigenes tägliches Leben und betrachten sie zugleich als den Weg des Weltgeistes. Die Verschiedenartigkeit dieser Gesichtspunkte bewirkt, daß man ihren unaufhebbaren Gegensatz schmerzlich empfindet. Dank der theoretischen Arbeit von Marx sind wenigstens gewisse Seiten einer auf das Ganze zielenden Geschichtsbetrachtung Allgemeingut geworden. Beinahe niemand glaubt mehr daran, daß die einzige Aufgabe der Geschichte darin bestehe, wie der hinkende Teufel die Dächer von den Häusern zu reißen und die Menschen in ihren Betten, im Hausrock und beim Geldzählen zu belauschen, oder gar ihre Hirnschalen zu öffnen und dort die versteckten Motive ihrer Leidenschaften und Handlungen zu suchen.

Mit anderen Worten: Das Bewußtsein der Existenz der Geschichte – nicht bloß ihrer Gesetze – als selbständigen Objekts der Betrachtung wurde zum Allgemeingut und ist etwas anderes als das Verhalten der einzelnen Menschen. Dieses Verhalten ist nicht einfach der Rohstoff der Geschichtsschreibung, eine *materia prima*, die man erst mit Hilfe allgemeiner Begriffe und Kategorien formen muß, sondern eher etwas, was erst eine kausale Interpretation erfordert, welche die Tendenzen des menschlichen Kollektivs berücksichtigt.

Dadurch ist die uns interessierende Sache jedoch keinesfalls gelöst, sondern erscheint erst recht als Problem. Wenn es auch wahr ist, daß man das Verhalten der Individuen aus dem Lauf der Geschichte erklären muß und nicht umgekehrt, so bleibt doch jeder, der sich diese Wahrheit angeeignet hat, weiterhin nur ein Einzelwesen, das mit jedem Schritt eine Entscheidung fällen muß und dem jenes vage Wissen die Wahl nicht erleichtert.

Die Entscheidung auf moralischem Gebiet wird dadurch nicht einfacher, daß man das Bewußtsein besitzt, sie sei sozusagen schon vorausbestimmt, oder dadurch, daß beide Seiten der Alternative in eine gewisse geschichtliche Perspektive gerückt wurden.

Genauer gesagt: Die Wahl wird nicht leichter, solange wir uns nicht einbilden, wir besäßen eine unfehlbare und endgültige Kenntnis der Gesetze der historischen Entwicklung und hätten die Zukunft der Welt untrüglich, wie einen Fahrplan, festgelegt. Erst wenn eine so wahnwitzige Vorstellung von uns Besitz ergriffen hat, können wir die Wahl bedeutend leichter treffen. Aber um welchen Preis!

Der Preis ist, daß man die Sinnlosigkeit des Alltags dadurch *scheinbar* überwindet, daß man alles und jedes zur Würde einer allgemeinen geschichtlichen Kategorie erhebt und es zum Exemplar des *universale* macht, aus dem unsere kosmische Vision besteht.

Das tägliche Leben leidet nämlich von Natur aus unter dem Mangel an Zusammenhang zwischen den einzelnen Ereignissen: Es häuft Situationen aufeinander, die nur so viel miteinander zu tun haben, als die einen den anderen unter irgendeinem Gesichtspunkt ähneln. Wir werden dadurch in die Lage versetzt, gewisse Gewohnheiten auszubilden, die in einer scheinbar geordneten, in Wirklichkeit aber gedankenlosen und ganz mechanischen Art unter unseren Reaktionen die Auswahl treffen. Tatsächlich jedoch erschöpft sich jedes Fragment des täglichen Lebens in sich selbst und vergeht schneller, als man es notieren kann; mit den anderen zusammen bildet es jene scheußliche Leere, in der nichts wirklich und nichts tatsächlich erlebt ist, sondern in der sich alles in ein Chaos von Einzelheiten auflöst. Zusammengesetzt aus einzelnen Phänomenen, denen substantielle Bindung fehlt, sucht das tägliche Leben jene Bindungen in zufällig angenommenen Mythologien, die sich ›Lebensziel‹ nennen. Irgendein individuelles ›Lebensziel‹ soll jene Substanz schaffen, die bewirkt, daß die einzelnen Tatsachen ihr gegenüber als ›Modi‹ auftreten und auf diese Weise dem Lauf der täglichen Ereignisse (die in Wirklichkeit früher untergehen, als sie Zeit finden, sich in das Bewußtsein einzugraben, und infolgedessen ein Gefühl der Sinnlosigkeit hinterlassen) den Anschein einer Authentizität verleihen. Dieser Versuch, dem eigenen Leben das Aussehen einer Substanz zu geben, den äußeren Glanz der Konsequenz und einer durch ein Ziel organisierten Ganzheit, kann manchmal gelingen und auf diese Weise die Qual der durch den Alpdruck der eigenen Sinnlosigkeit niedergedrückten Alltäglichkeit übertönen.

Aber die individuellen Lebensziele, jene ephemeren Mythologien, die unter jedem Schlag von außen zusammenbrechen, können durch die eiserne Festung der Geschichtsphilosophie ersetzt werden. Das Bewußtsein, das durchdrungen ist von der Kenntnis der Geschichtsphilosophie, die alle Ereignisse auf Grund allgemeiner ›Gesetze‹ fehlerlos qualifiziert und die Zukunft der Welt untrüglich durchschaut, organisiert sich den Alltag in bewunderungswürdiger Weise als herrliches Gebäude, in dem jedes Teilchen eine genau umrissene Funktion hat und in allgemeinen und äußerst schätzenswerten Kategorien klassifiziert ist. Jedes Ereignis des Alltags verwandelt sie in die Illustration einer gewissen theoretischen Kategorie, der Haufe ungeordneter Eindrücke, aus denen unser Dasein vorher bestand, wird plötzlich zum Paradies reiner Universalien; von der Hölle zusammenhangloser Ereignisfetzen gehen wir zu einer wundervollen Symmetrie der Welt über, in der nur Symbole und Ideen existieren. In dieser Welt gibt es keine Individuen mehr, sie erscheinen nur noch als

Exemplare der Idee und tragen das Mal ihrer Artzugehörigkeit auf der Stirn. In dieser Welt essen wir kein Butterbrot, sondern reproduzieren unsere Arbeitskraft, die bewußt den Zielen des sozialistischen Aufbaus entsprechend organisiert wurde. Wir schlafen auch nicht, sondern regenerieren die Zellen unseres Gehirns, um sie zu schöpferischer Arbeit für die Realisierung des ›Weltgeistes‹ zu gebrauchen. Wir sprechen nicht mit Menschen, sondern mit Abgesandten von Ideen, die selbst ihrerseits Delegationen gewisser sozialer Kräfte darstellen, die auf dem gigantischen Marsch der Geschichte miteinander ringen. Unsere Stimme ist nur das Echo der Idee, jeder Schritt hat eine bestimmte Richtung, die des geschichtlichen ›Fortschritts‹, dessen Absichten von uns entdeckt wurden und nun klar auf der Hand liegen.

Auf diese Weise versetzen wir uns – wie aus dem Bordell ins Kloster – aus dem Sumpf des Alltags in den Wahnsinn des abstrakten Lebens. Das soziale Moralbewußtsein schwankt zwischen zwei extremen Formen, von denen sich jede im Laufe der Zeit als dieselbe Sinnlosigkeit eines Scheinlebens offenbart. Es ist verständlich, und die banale Erfahrung bestätigt es, daß die Niederlage einer dieser beiden Arten der Lebensanpassung den Menschen sofort in die Arme der anderen treibt.

Da wir jedoch nicht beabsichtigen, uns jetzt mit allen Formen des Absurden zu beschäftigen, die in unserem Leben auftauchen, weisen wir nur auf diese eine hin: In welcher Weise kann man die Moral des täglichen Lebens von dem Alpdruck der Geschichtsphilosophie und jener Pseudodialektik befreien, die aus der Moral das Werkzeug der großen Geschichte macht, in Wirklichkeit aber die Geschichte zum Vorwand der Schurkerei nimmt? Dabei machen wir folgenden Vorbehalt: Es liegt uns nicht an jener trivialen Kritik der geschichtsphilosophischen Weltbetrachtung, in der die Welt deshalb als ›entmenschlicht‹ bloßgestellt wird, weil die Ereignisse des täglichen Lebens in ihr theoretisch klassifiziert sind. Trotz alledem ist jener scheinbare Himmel der Idee, in dem sich das Bewußtsein bewegt, das geschichtsphilosophisch erzogen wurde, noch menschlicher und weniger sinnlos als der typische Alltag.

Denn die Gefahr, sich eine Moral zu konstruieren, die in die geschichtsphilosophische Vision montiert wurde und nur in ihrem Rahmen einen Sinn erhält, beruht nicht darin, daß man überhaupt versucht, das eigene Leben als ein Fragment der Geschichte zu interpretieren und ihm auf diese Weise wenigstens durch ein willkürliches Urteil einen gewissen Sinn zu verleihen, den es an sich nicht besitzt; die Gefahr besteht darin, daß man moralische Kriterien völlig durch Kriterien des Vorteils ersetzt, den der Demiurg der Geschichte aus unserem Verhalten erzielt. Das ist um so bedrohlicher, je überzeugter wir davon sind, daß wir seine Absichten und Bestrebungen genau kennen. Der Geist des Sektierertums ist der natürliche Feind des Skeptizismus und der Skeptizismus, der sich allerdings nur schwer zum Gemeingut machen läßt, das beste Gegengift gegen den wahnsinnigen Fanatismus der Visionäre. Diese Wahrheit ist seit Jahrhunderten bekannt. Man muß sie von Zeit zu Zeit auffrischen, wenn sich die geschichtlichen Erfahrungen wiederholen, die sie mit besonderer Deutlichkeit vor Augen führen. Wenn man die unerschütterliche und absolute Gewißheit darüber erringt, daß das Reich Gottes vor der Tür steht, daß sich der ›Dritte Orden‹, von dem Joachim de Fiore schrieb, gerade dem Triumph und der Errichtung einer neuen Ära der Geschichte nähert, wenn man glaubt, daß diese Ära endgültig und ›wirklich‹ sei und in ihrer Einzigartigkeit keiner der vorausgegangenen ähnelt, daß in ihr das Schlangenhaupt zertreten und der menschlichen Qual ein Ende bereitet werden wird – wenn wir also mit der Macht grenzenloser Überzeugung von dem Bewußtsein besessen sind, an der Schwelle einer Parusie zu stehen, dann ist es nicht erstaunlich, daß diese messianische Hoffnung der einzige Gesetzgeber des Lebens, die einzige Quelle moralischer Vorschriften und das einzige Maß der Tugend wird. Der konsequente Messianist muß überzeugt davon sein, daß er nicht zögern darf, alles zu erfüllen, was dazu beitragen kann, die neue Ära herbeizuführen. Die Moral spricht dann mit der Zunge der Apokalypse, ›sie sieht den neuen Himmel und die neue Erde‹.

Sie weiß auch, daß die vier Engel den dritten Teil der Menschen vernichten werden, ehe man zu dem anderen Ufer hinübergelangt, daß die feurigen Sterne herabfallen, der Brunnen des Abgrunds sich öffnet und die sieben Gefäße des göttlichen Zorns auf die Erde ausgegossen werden, während der Sieger, der die Heiden mit eisernem Stock vernichtet, in Ruhm erstrahlt. Die Geschichtstheologie der Apokalypse Joachims de Fiore und Thomas Münzers fand sich in einer gewissen Weise in der kommunistischen Bewegung wieder. Obwohl in diesem Fall ehrliche und schöpferische Analysen angewandt wurden, wirkte sie in der Praxis der Massenbewegung wie eine Vision des Messias. Wahrscheinlich konnte es nicht anders sein, aber auch dieses Bewußtsein kann keine Quelle der Beruhigung bilden, da wir ja gerade zeigen wollen, daß wir aus einer mehr oder weniger glaubwürdigen Kenntnis dessen, was in der Geschichte notwendig ist und was nicht, keine Regeln für unser Verhalten ableiten können.

Notieren wir uns jedenfalls als Anweisung für die Praxis, daß angesichts jeder prophetischen Geschichtsphilosophie, die die Zukunft mit übermäßiger Sicherheit voraussieht, ein gewisser Skeptizismus notwendig ist. Die Erfahrung lehrt, daß die Versklavung der Menschen durch einen von ihnen unabhängigen Geschichtsprozeß, von dem Marx schrieb, nicht an Kraft verloren hat. Andererseits ist die Geschichte nicht nur eine gleichgültige und ferne Kraft wie die Götter des Epikur, sondern die Fortsetzung von Situationen, in die wir faktisch und unabhängig von unserem Willen einbezogen sind. Wenn diese Einbeziehung ein freiwilliger Akt des individuellen Bewußtseins sein soll, so ist er auch ein moralischer Akt, wenigstens in dem Sinne, daß gewisse sonst anerkannte Werte ihn mitbestimmen.

Unsere Frage lautet also so: Vorausgesetzt, daß die Moral des täglichen Lebens nicht aus dem Wissen von den wirklichen oder angeblichen historischen Notwendigkeiten abgeleitet werden kann, sollen wir dann die Verteidigung gewisser willkürlich angenommener oder aus der Macht der überlieferten moralischen Werte entstandener Haltungen noch propagieren, wenn unserer Meinung nach die Geschichte sich gegen sie wendet? Werden wir also eine gegen die Geschichte gerichtete Moral verkünden, wenn wir auf die Moral verzichten, die sich ganz auf die große Geschichte stützt?

Die Antwort darauf kann so lauten: Das wirklich soziale Engagement ist ein moralisches Engagement. Obwohl nämlich die große politische Bewegung, die danach strebt, die menschliche Welt nach ihren Vorstellungen zu gestalten, durch die Bedürfnisse dieser Welt ins Leben gerufen wurde und in ihrer Tendenz durch die Entwicklung der gesellschaftlichen Verhältnisse vorgezeichnet ist, so ist doch die Teilnahme jedes einzelnen Menschen an dieser oder jener Form des politischen Lebens ein moralischer Akt, für den der einzelne vollkommen verantwortlich ist. Niemand ist von dieser Verantwortung befreit, weil seine Handlungen nur ein Fragment eines historischen Prozesses bilden. Der Soldat ist moralisch für das Verbrechen verantwortlich, das er auf Befehl seines Vorgesetzten begangen hat. Um so mehr ist der einzelne für die Taten verantwortlich, die – angeblich oder tatsächlich – auf Befehl einer anonymen Geschichte ausgeführt wurden.

Wenn tausend Menschen am Ufer eines Flusses stehen, aus dem ein Ertrinkender um Hilfe ruft, kann es als sicher gelten, daß einer von ihnen dem Ertrinkenden zu Hilfe eilen wird. Diese quasi statistische Sicherheit betrifft Tausende von Menschen, aber sie beseitigt keinesfalls die Notwendigkeit einer moralischen Wertung gerade jenes Menschen, der von den Tausenden tatsächlich in den Fluß springt. Die Erfahrung kann von vornherein die Gewißheit geben, daß sich ein Retter in der Menge finden wird – diese Gewißheit bildet ein Analogon zur geschichtlichen Prophezeiung in jenen seltenen Fällen, in denen sie sich bewahrheitet: Aber um gerade jener zu sein, der von tausend potentiellen Rettern die Prophezeiung verwirklicht, die sich auf große Zahlen gründet, muß man gewissermaßen ›von sich aus‹ eine Tat vollbringen, die der moralischen Wertung unterliegt.

Ebenso ist es fast sicher, daß sich in einem gesellschaftlichen System, das für gewisse Aufgaben Verbrecher braucht, immer solche Verbrecher finden werden. Aber daraus folgt nicht, daß ein solcher Verbrecher von der Verantwortung mit der Begründung freigesprochen werden kann, er habe sich bloß zum Werkzeug des Systems hergegeben. Er muß ein Schurke ›von sich aus‹

sein. Er muß freiwillig einen gewissen Akt vollziehen, der der moralischen Wertung unterliegt.

Wir bekennen uns daher zur Doktrin der totalen Verantwortung des einzelnen für die eigenen Taten und zur Amoral der geschichtlichen Prozesse. Im zweiten Fall berufen wir uns auf Hegel, im ersten auf Descartes. Er formulierte nämlich das bekannte Gesetz, dessen Konsequenz nicht immer auf den ersten Blick erkennbar ist: Es gebe überhaupt keine so schwache Seele, daß sie bei guter Führung nicht die absolute Macht über ihre Leidenschaften erringen könnte. Das bedeutet, daß man keine seiner Handlungen mit dem Affekt, mit Leidenschaften oder überhaupt mit einer moralischen Unfähigkeit, anders zu handeln, entschuldigen kann. Wir haben kein Recht, unser bewußtes Verhalten auf irgendeinen Faktor abzuwälzen, der unser Verhalten vorherbestimmt, denn wir haben in jedem Fall die Macht, eine Entscheidung zu fällen.

Dieser Grundsatz, der, wie schon oben erwähnt, auch mit der deterministischen Interpretation der Welt vereinbar ist, gilt auch für alle Rechtfertigungen, die wir im Hinblick auf geschichtliche Notwendigkeiten und die historischen Determinierungen unserer Handlungen suchen. Weder die eigenen, angeblich nicht zu überwindenden Affekte (›ich konnte der Begierde nicht widerstehen‹), noch ein Befehl (›ich war Soldat‹), noch der Konformismus gegenüber den Gewohnheiten des Milieus (›alle handelten so‹), noch das aus der Theorie gefolgerte Gesetz des großen Demiurgen (›ich glaubte, daß ich dem Wohl des Fortschritts diene‹) — können als Rechtfertigung angesehen werden.

Damit wollen wir nicht behaupten, daß diese Typen der Determination nicht im Leben wirksam wären, wir sagen nur, daß keine von ihnen den einzelnen von der moralischen Verantwortung befreit, denn keine von ihnen hebt die Freiheit der individuellen Entscheidung auf.

Wir betonen, es geht uns um die moralische Verantwortung. Der Soldat, der den *falschen* Befehl seines Vorgesetzten erfüllt, das heißt einen vom Gesichtspunkt der Kriegstechnik erfolglosen Befehl, ist damit nicht verantwortlich für die verlorene Schlacht. Der Soldat, der auf Befehl an einem Massenmord der

Zivilbevölkerung teilnimmt, ist für diesen Massenmord mitverantwortlich. Seine moralische Pflicht ist es, den Befehl nicht auszuführen. Nur auf dieser Grundlage konnte man die SS-Leute verurteilen. Deswegen werden wir auch, ungeachtet dessen, welche Geschichtsphilosophie wir uns aneignen, mit Recht für alles verurteilt werden, was wir in ihrem Namen begangen haben und was der moralischen Wertung unterliegt.

Es ist nicht wahr, daß die Geschichtsphilosophie die wesentlichen Entscheidungen unseres Lebens bestimmt. Diese gehen auf unser moralisches Empfinden zurück. Wir sind nicht Kommunisten, weil wir in dem Kommunismus eine geschichtliche Notwendigkeit erkannt haben; wir sind deshalb Kommunisten, weil wir auf der Seite der Unterdrückten gegen ihre Unterdrücker stehen, auf der Seite der Elenden gegen ihre Herren, auf der Seite der Verfolgten gegen ihre Verfolger. Und obwohl wir wissen, daß die theoretisch richtige Einstellung der Gesellschaft nicht eine Einteilung in ›Reiche‹ und ›Arme‹ und auch nicht in ›Verfolger‹ und ›Verfolgte‹ ist, so werden wir doch immer dann, wenn wir außer der theoretischen Wahl auch eine praktische Entscheidung treffen, das heißt, etwas einsetzen müssen, uns von moralischen Motiven leiten lassen und nicht vom theoretischen Bewußtsein. Anders kann es auch nicht sein, denn die überzeugendste Theorie ist nicht in der Lage, uns von sich aus zu bewegen, auch nur einen Finger zu rühren. Die praktische Entscheidung ist eine Wahl der Werte, das heißt ein moralischer Akt, also etwas, wofür jeder allein die persönliche Verantwortung trägt.

IV *Die Hoffnung und die historische Materie*

In der Praxis fallen die Entscheidungen in einer Welt, die durch das ›Sollen‹ und nicht durch das ›Sein‹ bestimmt wird. Diese beiden Kategorien charakterisieren zwei Haltungen und zwei Arten, die Wirklichkeit zu betrachten, zwischen denen wir ständig bemüht sind, eine stets wieder abreißende Verbindung zu knüpfen. Dieselbe Frage wiederholt sich in immer neuer Version: Wie kann man erreichen, daß die Alternative ›Sollen – Sein‹ nicht zu den Alternativen Utopismus oder Opportunismus, Romantizismus oder Konservatismus, nutzloser Wahnsinn oder Kollaboration mit dem als Nüchternheit maskierten Verbrechen wird? Wie kann man eine fatale Wahl verhindern zwischen der Szylla des Sollens, die ihre willkürlichen Losungen in der Wüste verkündet, und der Charybdis der Unterwerfung unter die vorgefundene Welt, die am Ende das Schrecklichste freiwillig gutheißt? Wie soll man diese Wahl verhindern, wenn man – und das scheint uns wesentlich – doch annehmen muß, daß wir nie in der Lage sein werden, wirklich und mit einiger Wahrscheinlichkeit die Grenzen dessen zu ermessen, was wir die ›historische Notwendigkeit‹ nennen, daß wir also nicht mit Sicherheit sagen können, welche konkreten Tatsachen des gesellschaftlichen Lebens ein Bestandteil des geschichtlichen Fatums sind und welche nicht und welche Möglichkeiten sich in der vorgefundenen Wirklichkeit verbergen?

Um eine genauere Antwort auf diese Frage geben zu können, gehen wir von folgender Voraussetzung aus:

VIERTER GRUNDSATZ: *Die historische Interpretation des Wertes. Das Sollen ist eine Form des Seins.* Das bedeutet, daß ein gewisses moralisches Bewußtsein allein dadurch, daß es gesellschaftlichen Charakter annahm, zu einem Teil des historischen Prozesses wurde, zu einem Faktor, der auf den Verlauf dieses Prozesses einwirkt. Überdies wurde die in ihm enthaltene Überzeugung von einem Sollen ein objektives Bedürfnis des gesellschaftlichen Lebens. Verschiedene soziale Gesetzmäßigkeiten kommen im sozialen Bewußtsein nicht in Form theoretischen Wissens zum Ausdruck, sondern in Form wertender Überzeugungen, in der Auffassung, daß dies oder jenes moralisch ›gut‹ oder moralisch ›böse‹ sei, daß man dies oder jenes ›tun solle‹ oder ›nicht tun dürfe‹. Wenn wir uns nicht, wie die ganze positivistische Literatur, mit Überlegungen über die Eigenheiten der Wortformen zufriedengeben wollen, in denen die Moralauffassungen ausgedrückt werden, und unsere Kenntnis nicht auf die Wahrheit beschränken wollen, daß normative Urteile nicht aus konstatierenden Urteilen deduziert werden können, wenn wir uns also nicht mit der schon trivialen Erkenntnis begnügen wollen, daß uns keine Theorie in der Welt allein instand setzt, eine gültige Werttheorie aufzustellen, so müssen wir das eine wie das andere, sowohl die Kenntnis der sozialen Erscheinungen wie die Welt der Werte, als Phänomene des sozialen Lebens betrachten, die in verschiedener Weise seine Gesetze, Tendenzen und Forderungen zum Ausdruck bringen. Dabei interessiert uns weniger die Frage, ob die Sätze, die eine moralische Wertung enthalten, der Dichotomie von Wahrheit und Lüge ebenso unterliegen wie andere (was wir ebenso wie die Positivisten verneinen), vielmehr gilt unser Interesse mehr der Art der Verbindung, die zwischen dem wertenden Bewußtsein und dem theoretischen Bewußtsein – den beiden Formen desselben sozialen Prozesses – besteht. In Wirklichkeit sind Theorien über soziale Erscheinungen nämlich sehr häufig – und man muß sich beinahe schämen, diese Wahrheit zu wiederholen – eine getarnte Ideologie, das heißt ebenfalls (obwohl nicht nur) eine getarnte Sammlung von Werten, die der Gesellschaft mit dem Nimbus wissenschaftlicher Uneigennützigkeit aufgezwungen werden. Aber auch das wertende Bewußtsein ist – sofern es ein soziales Ausmaß annimmt (und das Kriterium dafür, wann das eintritt, ist sehr schwer zu finden) – eine entartete Darstellung gewisser Tatsachen des gesellschaftlichen Lebens und seiner im Zerrspiegel der Interessen erscheinenden Gesetzmäßigkeiten. Wenn eine bestimmte Norm allgemein anerkannt wird, so zeugt sie, selbst wenn sie nicht ganz eingehalten wird, allein durch die Tatsache ihres Bestehens davon, daß die Bedürfnisse der Gesellschaft oder eines gewissen entscheidenden Teils der Gesellschaft verlangen, daß dem Verstoß gegen diese Norm Grenzen gesetzt werden. *Das ›Sollen‹ ist nur der Ausdruck eines gesellschaftlichen Bedürfnisses*, und in diesem Sinne ist die Welt der Werte nicht nur ein eingebildeter Himmel über der wirklichen Welt des Seins, sondern ein Teil dieser Welt, nämlich jener, der nicht nur im sozialen Bewußtsein besteht, sondern zugleich in den materiellen Bedingungen der sozialen Existenz verwurzelt ist. Daraus folgern wir:

FÜNFTER GRUNDSATZ: Die *Negierung der pseudorealistischen Utopien.* Eine soziale Bewegung, deren Programm moralisch begründet ist, wird dadurch, daß ihre moralischen Postulate kaum Chancen haben, in sichtbarer Zukunft verwirklicht zu werden, nicht erfolglos. Die Gesellschaftssysteme, die unter attraktiven, in moralischer Glorie erstrahlenden Losungen erkämpft werden, erinnern denn nur sehr wenig an den Inhalt dieser Losungen – die ganze Menschheit erfährt das täglich mehrmals am eigenen Leibe. Mit anderen Worten: Wir müßten klug genug sein, nicht an eine schnelle Verwirklichung des himmlischen Königreichs zu glauben. Im allgemeinen stellt es sich jedoch heraus, daß uns diese Klugheit fehlt, obwohl sie keine allzu große geistige Anstrengung erfordert. Dieser Mangel führt aber dazu, daß wir von unserer Mutter – der Geschichte – von Zeit zu Zeit Schläge versetzt bekommen, die um so empfindlicher treffen, als sie unsere Naivität zu verhöhnen scheinen.

Und doch ist es – obwohl es der menschlichen Art scheinbar kein gutes Zeugnis ausstellt – bei näherer Betrachtung eine äußerst kluge Selbstverteidigung der Natur, daß der Einfluß der jahrhundertealten geschichtlichen Erfahrungen auf jede neue Generation so gering ist und daß erst die eigene Erfahrung in ihr Bewußtsein dringt. Die einfachsten Verbesserungen in den gesellschaftlichen Beziehungen erfordern nämlich eine so unerhörte Anstrengung der Gesellschaft, daß es das öffentliche Bewußtsein, könnte es dieses Mißverhältnis in seinem vollen Ausmaß erkennen, in einem Maße entmutigt, die jeden sozialen Fortschritt unmöglich macht. Die Anstrengung muß verschwenderisch groß sein, wenn das Resultat überhaupt sichtbar werden soll. Wohl bei allen Lebewesen muß die Zahl der bestehenden Keime die Zahl jener millionenfach übersteigen, in denen die Art dann wirklich fortlebt. Warum soll es im sozialen Leben, wo es nicht um eine einfache Reproduktion der Art geht, sondern um eine Evolution, die fortschrittlich und vervollkommnend sein soll, nicht analoge Verhältnisse geben?

Es ist gar nicht sonderbar, daß jenes fürchterliche Mißverhältnis im Bewußtsein der Menschen sehr abgeschwächt werden muß, damit die soziale Energie aufgebracht werden kann, die notwendig ist, um Veränderungen in den menschlichen Beziehungen zustande zu bringen. Man erreicht das, indem man die zu erwartenden Ergebnisse bis zum Mythos aufbauscht, so daß sie Ausmaße annehmen, die den bereits unmittelbar spürbaren Anstrengungen etwas mehr entsprechen. Diese, von außen betrachtet, phantastische Übertreibung ist eben das Werk der Ideologien, die somit eine unerläßliche Voraussetzung für den sozialen Fortschritt darstellen.

Die Ideologien zeigen wie eine Fata Morgana wunderbare Länder, um die Kraftanstrengung der Karawane so zu steigern, daß sie dann trotz der Qualen gerade die nächste kleine Quelle erreicht. Wenn sich der erschöpften Karawane keine solchen lockenden Luftspiegelungen zeigten, müßte sie in ihrer Hoffnungslosigkeit unweigerlich im Sandsturm zugrunde gehen.

Wenn der Unterschied zwischen unserer jetzigen Lage und jener, die wir tatsächlich erreichen könnten, sehr gering ist, die Anstrengung, eine Verbesserung herbeizuführen, jedoch gigantisch, so kann der natürliche Ausgleich, der dieses Verhältnis zwar fälscht, dennoch sehr nützlich sein. Sie ist es, wenn man von der Voraussetzung ausgeht, daß es sich trotz alledem ›lohnt‹, diesen Unterschied zu erkämpfen. Da sich jedoch der soziale Fortschritt aus solchen Unterschieden zusammensetzt, so ist die Frage danach, ob es sich ›lohnt‹, sie mit solcher Anstrengung zu erringen, eigentlich von vornherein positiv beantwortet.

Es gibt einfach keine andere Möglichkeit, und die Dinge selbst sind, wie man weiß, nicht meßbar. Genauer gesagt: Die Frage, ob sich der soziale Fortschritt ›lohnt‹, ist nicht eindeutig, und es ist sinnlos, sie zu stellen, weil die Dinge nicht meßbar sind, weil jede Generation von den Anstrengungen der vorangegangenen profitiert, selbst aber für die nachfolgende tätig ist. Man kann also die Frage, für wen es sich lohnt, nicht beantworten. So ist die Tatsache zu erklären, daß auf dem Gebiet des sozialen Lebens die allgemeinen Absichten und Losungen den Ergebnissen nicht entsprechen dürfen, damit sie dem erforderlichen Energieaufwand entsprechen können. Alle Projekte sozialer Umformungen ereilt, besonders was ihren moralischen Inhalt anbelangt, dasselbe Schicksal. Obwohl nämlich – wie aus unserem ersten Grundsatz folgt – kein Gesellschaftssystem und keine Gesellschaftsordnung im engen Sinn moralisch gewertet werden können, weil sie keinen Personcharakter besitzen, kann doch die Haltung, die jeder einzelne Mensch ihnen gegenüber einnimmt, eine moralische Haltung sein und ist es meistens auch. Sie unterliegt also nach allgemeiner Auffassung der moralischen Beurteilung. Das ist kein Widerspruch, denn auch jener Mensch, der den Ertrinkenden aus dem Fluß rettete, wird moralisch beurteilt, obwohl der Fluß einer solchen Beurteilung nicht unterliegt. Wir sind also moralisch engagiert, wir können moralisch gewertet werden und handeln meist auch aus moralischen Motiven, wenn wir ein gesellschaftliches System bekämpfen oder festigen wollen, obwohl dieses System selbst im eigentlichen Sinne moralisch indifferent ist. (Moralisch kann man es nur im übertragenen Sinne einer Bedeutungserweiterung nennen, die bei den Thomisten *›analogia attributionis‹* hieß: wenn wir nämlich eine bestimmte Eigenschaft auf ein Objekt übertragen, das selbst diese Eigenschaft nicht besitzt, aber zur Herausbildung dieser Eigenschaft bei anderen beiträgt, z. B. wenn wir sagen, Wodka sei ungesund und damit ausdrücken wollen, daß Menschen, die ihn trinken, krank werden, so kann man ein Gesellschaftssystem, das ein schändliches Verhalten fördert, selbst ›unmoralisch‹ nennen.) Wir formulieren diesen Gedanken wie folgt:

SECHSTER GRUNDSATZ: *Die Möglichkeit der ethischen Wertung politischer Entscheidungen. Die wichtigsten politischen Entscheidungen, die wir fällen, unterliegen der moralischen Beurteilung.* In einer Welt, in der jedes Teilchen politisch zugeordnet und der Kampf der Partei total geworden ist – in einer solchen Welt bedingt die beschriebene Situation eine tiefe Veränderung des Lebens. Unser Grundsatz lehnt die manchmal vertretene Auffassung ab, nach der die Gruppensolidarität einer moralischen Beurteilung unterliege, aber die freiwillige Entscheidung für die eine oder andere Gruppe nicht. Und da gerade die Politisierung des sozialen Lebens eine bisher unerhörte Intensität erreicht hat, bekommt auch unser Verhalten, das zu einer anderen Zeit als moralisch indifferent gelten konnte, im großen ganzen ebenfalls eine moralische Färbung. Daher folgt der Schatten der Unruhe den kleinsten Ausdrucksformen des täglichen Lebens. Sie alle quält das Bewußtsein, in die entscheidenden politischen Auseinandersetzungen verstrickt zu sein. Diese universale Verbindung der gesellschaftlichen Handlungen kann man ungeachtet dessen, was man für ihre Ursache hält und ob man Lust hat, sie anzuerkennen, nur schwer verhindern.

Man kann als ›anständiger Mensch‹ gelten. Aber auf wie viele Arten kann man ein ›anständiger Mensch‹ sein! Und wieviel von dieser Verschiedenheit hängt von der Situation ab, in die man unabhängig von seinem Willen geraten ist! Was bedeutet es, ein ›anständiger Mensch‹ zu sein, wenn man als Mitglied der auserwählten Rasse in Hitlerdeutschland lebt? Was bedeutet es, ein ›anständiger Mensch‹ zu sein und gleichzeitig Mitglied einer sozialistischen Partei, die den kolonialen Terror unterstützt? Was ist ein ›anständiger Mensch‹ in der stalinistisch-kommunistischen Partei in der Epoche der schrecklichsten Verbrechen des Stalinismus? Wer ist es während des Krieges? Wer während der Wahlen? Und doch gibt es in allen diesen Situationen wirklich ›anständige Menschen‹, und wir haben keine Ursache, auf diese zwar nebelhafte und unbestimmte, in gewissen Grenzen aber sehr dankbare Kategorie zu verzichten. Es ist bekannt, daß die politische Entscheidung totalen Charakter angenommen hat; wir müssen das zugeben, auch wenn wir nicht davon entzückt sind. Das Bewußtsein der Bindung, die im Rahmen jener totalen Alternative das tägliche Leben mit den Ereignissen der großen Geschichte verquickt, ist von dem Augenblick an, da die politische Entscheidung aufhört, sich mit der Eindeutigkeit aufzuzwingen, die das Leben so vereinfacht, gleichbedeutend mit dem Bewußtsein von Unglück.

Diese Situation kann man Wahnsinn nennen, aber – um mit den Worten Pascals zu sprechen: ›Die Menschen sind so unweigerlich wahnsinnig, daß nicht wahnsinnig zu sein nur bedeuten würde, auf eine andere Art wahnsinnig zu sein.‹ Das Bewußtsein, an großen Konflikten teilzuhaben, über deren spätere Entwicklung man keine Sicherheit besitzt, wurde zu einer beständigen Qual des menschlichen Lebens. Das Gefühl der Unsicherheit besteht nicht darin, daß der Sieg ungewiß ist – denn eine solche Unsicherheit ruft kein moralisches Angstgefühl hervor –, sondern darin, daß es ungewiß ist, in welchem Maße die Ergebnisse des großen Geschehens, in das wir uns verwickelt fühlen und für das wir einen Teil der Verantwortung tragen, morgen oder schon in diesem Augenblick moralisch gerechtfertigt sein werden.

Es ist nicht wahr – obwohl man das heute manchmal für ein Heilmittel gegen die Verbrechen des Systems hält –, daß es genügt, im trivialen Sinn dieses Wortes ein ›anständiger Mensch‹ zu sein, um dieser Verantwortung zu entgehen oder ihr immer fehlerlos gerecht zu werden. Die Verkündung eines solchen Grundsatzes bedeutet nichts weiter, als daß man nicht an die Möglichkeit einer vernünftigen politischen Entscheidung glaubt. Dieser Unglaube hat zwar seine Gründe in der Erfahrung, aber da solche Entscheidungen in so vielen selbst ganz bescheidenen Lebenslagen unumgänglich sind, wäre es bedeutend schwerer und hoffnungsloser, sie zu umgehen, als sie bewußt zu fällen.

Machiavelli bemerkt in seiner bekannten Betrachtung über die erste Dekade von Livius, daß ›die Menschen, die sich oft über die allgemeinen Ergebnisse eines Unternehmens irren, sich weniger irren, wenn es um eine einzelne Tatsache geht‹. Das wäre tröstlich, wenn wir es in unserem Leben ausschließlich mit einzelnen greifbaren Tatsachen zu tun hätten, die leicht auf ihren Inhalt hin zu prüfen sind. Jedoch die Stimme der Götter verfolgt uns bis in die vier Wände unseres Zimmers, und die Luft, die wir atmen, ist vom Staub des Kampfes vergiftet, der auf dem Olymp ausgefochten wird. Wenn sich jemand in dieser Lage mit der Überzeugung trösten will, daß er seine Seele durch persönliche Anständigkeit erlösen kann und daß ›das Ganze von allein ins Lot kommt‹, so wird er bitter enttäuscht sein, wenn man ihm auf der anderen Seite des Styx die Rechnung für die Verbrechen vorlegt, von denen er gar nichts gewußt hat. Das ganze Drama besteht darin, daß wir, selbst bei hoffnungsloser Unkenntnis ihrer Ergebnisse, zu moralischen Entscheidungen gezwungen sind.

Denn – auch das ist wert, betont zu werden – Unkenntnis befreit nicht von Verantwortung; es gibt Situationen, in denen wir moralisch verpflichtet sind, *zu wissen*. Es gab – das ist keine

Lüge — Deutsche, die nichts von deutschen Konzentrationslagern gewußt haben. Wer anders als sie ist für diese Unkenntnis verantwortlich! In welchem Sinn konnten sie ›anständige Menschen‹ sein, wenn sie — und sei es auf Grund ihrer Staatsangehörigkeit — die Vorteile ihrer Zugehörigkeit zu dem Volk genossen, das die Hälfte Europas unterdrückte? Es waren die anständigsten Kommunisten, die von den Verbrechen des Stalinismus keine Ahnung hatten; niemand wird sie von der Verantwortung für diese Ignoranz lossprechen. Diese Ignoranz war insofern selbstverschuldet, als ihre Überwindung nicht schwierig gewesen wäre. Sie waren einfach deswegen schuldig, weil sie zur wirklichen Kenntnisnahme der Lage, in der sie sich befanden, keinen Willen gezeigt haben. Aber das genügt nicht: Es gibt Fälle, in denen es nicht in unserer Macht steht, die Kenntnis zu erringen, die notwendig ist, um eine Entscheidung zu fällen; dennoch fühlen wir uns für die unerwarteten Ergebnisse verantwortlich. Man kann auch sagen, daß moralische Beurteilungen die Absicht und nicht die Ergebnisse unserer Handlungen betreffen und daß die ›objektive Schuld‹ — eine der beliebten Kategorien des politischen Stalinismus — ein in sich widerspruchsvoller Begriff ist. Wir sind mit dieser jesuitischen Haltung, die kein Mittel zur praktischen Kontrolle der menschlichen Verantwortung besitzt, nicht einverstanden: Bei wie vielen Eisenbahnkatastrophen besteht schon die ›Absicht‹, ein Unglück herbeizuführen? Jedoch wird beinahe immer jemand zur Verantwortung gezogen. Es ist nicht wahr, daß die Schuldigen nur der Pflichtversäumnis geziehen werden und man sie nicht für die Katastrophe und ihre Folgen verantwortlich macht. Denn die durch den Arbeitsvertrag festgelegte Pflicht wird jeden Tag verletzt, und die Pflichtverletzungen unterscheiden sich nur wenig voneinander. Sie lassen sich in ihren Folgen vergleichen, und das Ausmaß der Folgen bestimmt die Schuld.

Wenn jemand dieses System der sozialen Verantwortung für unvernünftig hält, so möge er berücksichtigen, daß bisher kein anderes, das praktisch anwendbar wäre, ausgedacht worden ist. Es bleibt ihm nur übrig, Jehova um eine bessere Welt anzuflehen. (Wenn wir das sagen, wollen wir natürlich nicht das Motiv der Tat unterschätzen, das ein wichtiges und notwendiges Element der Beurteilung ist. Wir meinen nur, daß es nicht das ausschließliche Kriterium für die Feststellung der Verantwortung sein kann.) Wenn alles, wofür wir verantwortlich sind, von unseren Absichten abhängen würde, und wenn diese Absichten wenigstens für uns selbst immer feststellbar wären, würde das menschliche Leben so einfach sein wie die Grammatik des Esperanto. Aber diese Einfachheit können nur Sprachen erreichen, die in Wirklichkeit niemand spricht.

Die Folgerungen aus diesen letzten Grundsätzen sind wert, formuliert zu werden:

Den bestehenden gesellschaftlichen Beziehungen ein Programm entgegenzusetzen, das sich in seinem grundsätzlichen Teil auf moralische Postulate stützt, ist an und für sich in sozialer Hinsicht nicht unnütz (um so weniger schädlich), auch dann nicht, wenn die Verwirklichung dieses Programmes – sofern man die Möglichkeiten berücksichtigt, die objektiv in diesen Beziehungen vorhanden sind – äußerst zweifelhaft ist. Wenn bei dieser Gegenüberstellung der Gegensatz zwischen dem ›Sollen‹ und dem ›Sein‹ außerordentlich scharf zum Ausdruck kommt und der Abstand zwischen ihnen sehr groß ist, so verurteilt das soziale Leben selbst diese Programme, die rein moralisierend sind, zur Unfruchtbarkeit. Es läßt dann nicht zu, daß sie ein realer Faktor innerhalb der gegebenen menschlichen Gesellschaft werden. Sooft diese Programme als lebensfähiges Element des sozialen Bewußtseins zutage treten, als ein Faktor, der sichtbar auf die öffentliche Meinung wirkt, beweisen sie damit ihren nicht-utopischen Charakter im traditionellen Sinn, d. h., daß sie die Antwort auf irgendein wirkliches Bedürfnis des sozialen Bewußtseins sind.

Das bedeutet natürlich nicht, daß sie schon allein dadurch ›real‹ werden, d. h., daß das soziale Leben die Möglichkeit enthält, diese Programme in ursprünglicher Form und schnell zu verwirklichen. Die Losungen, die das kollektive Bewußtsein organisieren, müssen, wenn sie an die moralischen Gefühle appellieren, die in jeder Zeit verbreitet sind, weit über die Möglichkeiten der bestehenden Welt hinauswachsen, und deshalb sind sie keine schimärischen Illusionen. Die abstrakte und moralisierende Losung von der Freiheit ist während der ganzen modernen Geschichte der Kampfruf ungezählter sozialer Bewegungen. Natürlich wurde sie niemals in eben dieser abstrakten und moralisierenden Form Wirklichkeit. Dennoch hat sie viele Phasen unvollkommener und fragmentarischer Verwirklichung durchlaufen, die zu unterschätzen, weil sie fragmentarisch sind und die maximalen Forderungen nicht erfüllen, töricht wäre. (Abgesehen davon, daß diese Losung ebenso wie jede andere auch betrügerische und reaktionäre Formen annimmt, die man jedoch erkennen kann.) Und dennoch, so betonen wir nochmals, gelingt die teilweise Realisierung nur dann, wenn die Postulate die ›Potenz‹ der Wirklichkeit übersteigen, denn nur dann sind sie fähig, genügend kollektive Energie zu entfalten und zu organisieren, um erreichbare Fortschritte zu erzielen.

Dieses Mißverhältnis zwischen Absicht und Möglichkeit hat ein gewisses Optimum, das schwer zu bestimmen ist – oberhalb desselben gilt der Vorwurf des Utopismus. Da jedoch ein Mißverhältnis für jede Wirksamkeit notwendig ist, charakterisiert es alle sozialen Bewegungen der Linken.

Die Hoffnungen und Forderungen müssen größer sein als die Möglichkeiten, wenn die Wirklichkeit dazu gezwungen werden soll, alle Möglichkeiten, die in ihr enthalten sind, auszunützen und alle Quellen, die noch verborgen sind, emporschießen zu lassen.

Übermäßige Hoffnung birgt das Risiko der Enttäuschung in sich, das ist wahr. Es ist aber auch wahr, daß Enttäuschungen zu weiteren Anstrengungen unlustig machen und so ihrerseits verhindern, daß jene soziale Energie gesammelt wird, die zur Ausnützung aller wirklich bestehenden Möglichkeiten erforderlich ist, und daß die gemeinsame Anspannung nicht hinter diesen Möglichkeiten der Welt zurückbleibt. Aber die Enttäuschung begleitet naturgemäß die Verwirklichung aller Absichten sowohl der einzelnen Menschen als der Kollektive. Daher schwankt das Allgemeinbewußtsein – sich unaufhörlich hebend und senkend – zwischen zwei Punkten, die gleichermaßen den wirklichen Möglichkeiten ihrer Lage nicht entsprechen. Diese zwei Punkte charakterisieren zwei Phasen der äußeren Resultate, die in jeder

Etappe der gesellschaftlichen Umwandlungen erzielt werden. Illusionen sind unerläßlich, damit die nicht-illusorischen Möglichkeiten voll ausgenützt werden; die Enttäuschung ist unvermeidlich, denn sie ist die Konfrontierung, die nach Abschluß der Arbeit zwischen Illusion und Resultat eintritt; die Enttäuschung hemmt das weitere Ausnützen nicht-illusorischer Möglichkeiten.

Zwischen der Illusion und der Enttäuschung vergeht eine gewisse Zeit, in welcher die schmerzliche, schwierige und langsame Entwicklung des sozialen Fortschritts stattfindet. Denn die Enttäuschungen sind ebensowenig ewig wie die Illusionen, und sie überlassen ihren Platz einmal neuen Illusionen, die wahrscheinlich in ihren Forderungen weiter gehen, aber auch einen etwas besseren Ausgangspunkt haben. Im Verlauf welcher Zeit sich dieser Zyklus unter den verschiedenen Bedingungen vollendet, kann niemand voraussagen. Wenn seine zweite Hälfte – vom Niedergang bis zum Aufschwung – das Leben einer Generation erfüllt, so hat diese Generation das Gefühl eines verlorenen Lebens: ein Gefühl, das vom Standpunkt der Geschichtsphilosophie aus wahrscheinlich falsch ist, aber unmöglich überwunden werden kann.

Dies wäre also die nächste Folgerung aus den vorgeschlagenen Grundsätzen: *Unterschätzen wir die positive Rolle der Heuchelei nicht.* Ein Gesellschaftssystem, das sich auf Unrecht, Unterdrückung und Unglück stützt, wird – entgegen dem Schein – dadurch, daß es sich mit einer humanistischen Phraseologie tarnt, auf die Dauer nicht erfolgreicher. Eines Tages wendet sich die Fassade gegen das System, denn sie war ihm immer fremd und nur durch den Zwang historischer Umstände oktroyiert. *Eine Zunahme der Heuchelei ist generell genommen ein Beweis für den moralischen Fortschritt,* denn sie beweist, daß man das, was man früher, ohne sich vor einer Bloßstellung zu fürchten, tun konnte, heute nicht mehr ohne dieses Risiko tun kann, das heißt: Das moralische Bewußtsein der Gesellschaft reagiert empfindlicher auf Dinge, auf die es früher gar nicht reagierte.

Im zwanzigsten Jahrhundert foltert man die Menschen ebenso wie im fünfzehnten, doch die Tatsache, daß man das nicht mehr auf öffentlichen Plätzen tut und daß kein Regierungssystem zugeben will, daß es die Folter anwendet, zeugt davon, daß das moralische Gefühl der Gesellschaft diese Maßnahmen nicht mehr als System toleriert. Militärische Aggression gibt es immer noch, aber die Tatsache, daß jeder genügend Phrasen zur Hand hat, um die Aggression zu verurteilen, und daß niemand Angreifer genannt sein will, beweist, daß der Nichtangriff im öffentlichen Leben als positiver Grundsatz Wurzel gefaßt hat. Mussolini fürchtete sich noch nicht davor, festzustellen, daß er eine Eroberungspolitik betreibe – unter den heutigen Politikern wird sich keiner zu etwas anderem bekennen wollen als zur Verteidigung. Der Grundsatz der Selbstbestimmung der Völker war neu, als er vor dem Ersten Weltkrieg von Lenin und der bolschewistischen Partei verkündet wurde. Nach dem Zweiten Weltkrieg ist er von den Vereinten Nationen anerkannt worden, darunter auch von Regierungen, die die schändlichste koloniale Ausbeutung betreiben. Hitler verkündete die Unterwerfung der Völker im Namen der Rechte des höherstehenden Volkes, heute ist es unmöglich, den Völkern etwas anderes anzubieten als Freiheit und zivilisatorischen Fortschritt.

So – wir wiederholen es – ist die Fassade humanistischer Phraseologie, die sogar ein verbrecherisches System bemäntelt, nicht nur Zeugnis und Produkt eines gewissen Fortschritts im Bewußtsein der Gesellschaft, sondern auch selbst ein positiver Faktor dieses Fortschritts. Die Fassade des Systems beginnt manchmal ein eigenes Leben zu leben, und falls sie im Widerspruch zu ihm steht, entwickelt und nährt sie den Samen seiner Vernichtung. Wenn das System durch übermäßige Bindung an die Tradition nicht in der Lage ist, diese Fassade abzuwerfen, riskiert es, daß die betrügerische Maskierung zum Kleid der Deianira wird. Der Widerspruch zwischen Fassade und Inhalt verwandelt sich jedesmal, wenn die Fassade mit dem Inhalt unvereinbar wird, in einen Widerspruch innerhalb des Systems – und das ist der natürliche Entwicklungsweg menschlicher Angelegenheiten. Die Maranen, die unter Zwang den Kult einer fremden Gottheit annehmen, aber in der Tiefe ihrer Keller die Texte des Talmud verbergen und Jehova preisen, riskieren, daß ihre Kinder wirklich Christen werden und die eigenen Eltern dem Heiligen Offizium ausliefern. Das Ritual des Stalinismus enthielt immer das Risiko, daß eines Tages die naiven Gläubigen die Priester vor das Gericht ihrer eigenen Doktrin stellen, ihre Praxis mit ihren wörtlich aufgefaßten Grundsätzen konfrontieren und jene verurteilen würden, die im Namen dieser Grundsätze einer schlechten Sache dienten. Daher kann die falsche Fassade eines sozialen Systems nichts anderes sein als ein erzwungener Pakt mit dem Teufel, der einmal in unheilvoller Weise seine Rechte fordern wird.

Die allgemeine Schlußfolgerung aus unseren Betrachtungen lautet daher, daß die Regeln des moralischen Verhaltens aus keiner Theorie des geschichtlichen Fortschritts abgeleitet werden können und daß der geschichtliche Fortschritt nicht als Vorwand für die Verletzung von Regeln benutzt werden darf, die in unserer Überzeugung Gültigkeit behalten.

Die Untersuchung irgendeiner moralischen Evolution der Gesellschaft mit Hilfe wertender Kategorien ist eine Operation, bei der die Untersuchung in ungewöhnlich sichtbarer Weise das Objekt der Untersuchung nicht nur verändert und deformiert, sondern es sogar erzeugt; es gibt nämlich kein anderes Mittel zur Beurteilung der Vergangenheit als die Anwendung eigener Kriterien, die unter Einwirkung gegenwärtiger Auffassungen, Vorstellungen, Vorurteile usw. gebildet wurden, und die Frage nach dem Vorhandensein oder Nichtvorhandensein eines moralischen Fortschritts ist daher immer eine Frage danach, ob und in welchem Ausmaß die Geschichte meine eigene Auffassung über die Moral verwirklicht hat, oder auch danach, ob meine Auffassungen über diese Fragen sich nach und nach in der Gesellschaft verbreitet haben.

Wenn ich die Sache so ansehe, kann ich im allgemeinen eine bestätigende Antwort erwarten. Denn da ich in meinen Auffassungen selbst ein Produkt der Geschichte bin, bemerke ich, daß die Gesamtheit der von mir anerkannten Werte heute verbreiteter ist als früher – schon daher, weil ich mich ja dieser Verbreitung wegen selber zu ihnen bekenne. Die Frage ist daher müßig.

Aber unser Widerspruch gegen einen gewissen Hegelianismus oder eher gegen einen Pseudo-Hegelianismus auf dem Gebiete der Moral führt nicht zu der Überzeugung, daß unsere moralischen Auffassungen – und sei es in unserem Bewußtsein – von unserer Kenntnis der Gesellschaft unabhängig sein können. (Es geht mir nicht um eine ursächliche Abhängigkeit, die ist immer vorhanden, ob wir uns ihrer bewußt sind oder nicht: Unsere Werte sind immer ein historisches und ein soziales Produkt; vielmehr geht es darum, in welchem Maße wir auf gewisse Forderungen des historischen Prozesses, in den wir verwickelt sind, gefaßt sein müssen, wenn man uns zwingt, Probleme moralischen Charakters zu lösen.)

In dieser Frage können wir nur ganz allgemein formulieren. Die führenden Werte sind zwar unserem dritten Grundsatz gemäß im engen Sinne des Wortes unbeweisbar, das heißt, wenn es im Konflikt zwischen zwei Werturteilen keine Möglichkeit mehr gibt, sich auf allgemeinere, gemeinsame Werte zu berufen, wird die Diskussion unmöglich. Diese Situation erscheint uns jedoch in der Praxis ungefährlich, da die Werte entsprechend dem zweiten Grundsatz ein historisches Produkt sind und immer eine gewisse Summe sehr verbreiteter Werte vorhanden ist, die allgemein anerkannt werden und die als übergeordnete Instanz dienen können.

Die wirkliche Schwierigkeit liegt in den ständigen Konflikten, die aus der konkreten Anwendung theoretisch nicht in Frage gestellter Werte entstehen und sich oft nicht beseitigen lassen. Da unsere wichtigsten politischen Entscheidungen, wie es im sechsten Grundsatz heißt, einen moralischen Charakter haben, müssen sie dem individuellen Bewußtsein als Hasardspiel erscheinen. Dieses Hasardspiel betrifft das Urteil über Tatsachen, nicht irgendwelche Wertungen; es ist eine Art Einsatz, bei dem man von der Wahrscheinlichkeit der Realisierung der Werte ausgeht – aber der Einsatz ist immer sehr hoch und immer moralisch verpflichtend, denn er zieht die Verantwortung für schwer vorauszusehende Folgen des eigenen Engagements nach sich. Da jedoch das Hasardspiel gewisse Urteile über Tatsachen oder historische Prozesse enthält, die wirklich eintreten sollen, ist eines unsere ständige Pflicht: die unablässige Verifizierung unserer Entscheidung durch die Untersuchung der Tatsachen, die mit ihr verbunden sind, und das immer wache Bewußtsein, daß unsere Wahl nur die Wahrscheinlichkeit, nicht die Gewißheit für sich hat. Sie bleibt also immer in Frage gestellt und kann durch die Tatsachen umgestoßen werden.

Die Unkenntnis der wirklichen Folgen jener Form des sozialen Handelns, die wir auf Grund der Werte, von denen wir ausgingen, in Kauf nahmen, ist nie gerechtfertigt. Unsere Faulheit und schläfrige Indolenz gegenüber der Notwendigkeit, unsere Entscheidung ständig zu kontrollieren, können uns nicht entlasten. Wenn die Folgen der Ignoranz in der Duldung des Verbrechens bestehen, ist sie keine Entschuldigung. Die Grenze zwischen unverschuldeter Ignoranz und freiwilliger Blindheit ist nicht zu ziehen: Am Ende sind wir für das eine wie für das andere verantwortlich.

Da jede Entscheidung durch das Zusammenwirken der von uns anerkannten Werte (über diese Anerkennung legen wir der Gesellschaft ebenfalls Rechenschaft ab, aber der Akt selbst ist nicht von uns abhängig) und durch die Überzeugung von ihrer Realisierbarkeit unter den gegebenen Umständen zustande kommt, muß diese Überzeugung stets sorgfältig und schonungslos kontrolliert werden, indem man alles berücksichtigt, was im Widerspruch zu ihr steht. Wir sind verpflichtet, zu wissen, was gegen uns spricht. Jede Entscheidung enthält ein Risiko und kann nicht allein dadurch, daß sie einmal getroffen ist, als endgültig und unwiderruflich gelten.

Bei alledem sind weder schwere Fehler noch die unheilvollen Konflikte zwischen den anerkannten Werten ausgeschlossen. Keine Morallehre kann solche Konflikte beseitigen, denn keine kann in der Anwendung Widersprüche vermeiden. Wir sind also machtlos gegen Situationen, die niemand beabsichtigt hat und für die doch alle moralisch verantwortlich sind.

Mit anderen Worten: Die Welt, in der wir leben, enthält immer die Möglichkeit der Tragödie. Wenn wir der Bigotterie, die sich als Treue tarnt, den Skeptizismus entgegensetzen; dem Konformismus, der sich als theoretischer Relativismus tarnt, das Prinzip der Verantwortung; der opportunistischen Geschichtsphilosophie, die sich als Realismus maskiert, die Pflicht zur individuellen Entscheidung; dem abergläubischen Kult ungeprüfter ›geschichtlicher Gesetze‹ den Rationalismus; der Demut und dem Gehorsam den Grundsatz des aktiven Engagements – so haben wir nicht die Absicht, diese Gegenüberstellungen für Lösungen tatsächlicher Konfliktsituationen zu halten, in die wir geraten, wenn wir uns auf die von uns angenommenen allgemeinen moralischen Regeln unseres Handelns berufen. Diese sind nämlich, wenn sie aus dem Konfliktcharakter der sozialen Wirklichkeit selbst herrühren, nicht mehr mit einem theoretischen Risiko zu lösen, sondern mit einem moralischen, das jeder persönlich auf sich nimmt.

Wir sind uns klar darüber, daß die hier berührten Fragen einen beschränkten sozialen Gültigkeitsbereich haben, wenigstens in der Form, in der sie hier dargestellt wurden. In diesem Bezirk jedoch sind sie die Spiegelung von Konflikten, die sehr allgemein und in latenter Form ständig wirksam sind und an geschichtlichen Höhepunkten wie Dynamit explodieren: des Konflikts zwischen dem sozialen Gerechtigkeitsgefühl und dem sozialen Gefühl der Notwendigkeit, zwischen den politischen Forderungen und den faktischen Möglichkeiten, sie zu erfüllen; zwischen dem ›Sollen‹ und dem ›Sein‹ in allen ihren Manifestationen.

Die Unvermeidlichkeit dessen, was ist, ist die Unvermeidlichkeit der Vergangenheit, denn alles, was wirklich ist, ist Vergangenheit. Die Wahrheit von der Unvermeidlichkeit der Vergangenheit ist eine Tautologie und unbestreitbar. Die Unvermeidlichkeit dessen, was noch nicht besteht, ist immer zweifelhaft; sie festzustellen, ist im allgemeinen ebenso unsicher wie das Roulettspiel, jedenfalls läßt sich der Anteil dessen, was von unseren Entscheidungen abhängt, nur schwer bestimmen. Die Misere der prophetischen Geschichtsphilosophie liefert täglich den Beweis dafür. Insofern können die Entscheidungen, für die wir die moralische Verantwortung tragen, nicht auf dem Vertrauen zu ihren Urteilen beruhen. Die Geschichtsphilosophie, die der Aufmerksamkeit wert ist, beschreibt nur das, was in gewisser

Weise schon zur Existenz gelangte, das heißt eben die Vergangenheit und nicht die Schöpfungen künftiger Geschichtsprozesse. Daher gleichen diejenigen, die ihr Engagement auf diese Schöpfungen stützen wollen, Touristen, die ihre Namen in die Mauern ausgestorbener Städte ritzen. Jeder kann sich, wenn er will, selber historisch interpretieren und Vorausbestimmungen entdecken, denen er unterlag, als er zu dem wurde, was er jetzt ist, das heißt in seiner Vergangenheit. Aber er kann das nicht im Hinblick auf den tun, der er noch nicht geworden ist. Er kann nicht im Vertrauen auf die Voraussagen der Geschichtsphilosophie die Zukunft seiner eigenen Veränderungen deduzieren. Ein solches Wunder zu vollbringen, würde bedeuten, restlos zur Vergangenheit zu werden oder den Fluß des Todes zu überschreiten, von dem der Dichter sagt, daß ihn niemand zweimal sehen kann.

Der Sinn des Begriffes ›Linke‹

Jedes menschliche Werk ist ein Kompromiß zwischen Material und Werkzeug. Das Werkzeug entspricht niemals völlig dem Material, das heißt, es gibt kein Werkzeug, das nicht vervollkommnet werden müßte. Angesichts der vorhandenen menschlichen Geschicklichkeit ist das Produkt das Ergebnis der gegenseitigen Beschränkung durch die Unvollkommenheit des Werkzeugs und den Widerstand des Materials, jedoch ist ein gewisses Minimum an Übereinstimmung zwischen Werkzeug und Material unerläßlich, damit das Produkt nicht monströs werde; man kann nämlich die Zähne nicht mit einer Bohrmaschine putzen oder mit einem Bleistift eine Gehirnoperation durchführen; zwar versucht man manchmal, es zu tun, aber die Ergebnisse sind höchst unbefriedigend.

Die Linke und die Negierung

Man wird sagen, daß ich mit dieser Beobachtung keine neue Wahrheit entdecke. Das ist auch nicht meine Aufgabe. Übrigens sind alte Wahrheiten in Vergessenheit geraten.

Die sozialen Revolutionen sind ein Kompromiß zwischen Utopie und historischer Wirklichkeit. Die Utopie ist das Werkzeug der Revolution, und die vorgefundene Gestalt der menschlichen Welt, der man eine neue Form verleihen will, ist das Material. Auch hier muß das Werkzeug zu einem gewissen Grad dem Material entsprechen, wenn das Produkt nicht monströs werden soll. Man kann z. B. einem Neugeborenen nicht das Gehen beibringen.

Es besteht jedoch ein wesentlicher Unterschied zwischen der physischen Bearbeitung von Gegenständen und der geschichtlichen Gestaltung; die Geschichte, die das Material bildet, schafft nämlich auch selbst das Werkzeug, mit dem man sie gestaltet. Die Utopien, die bemüht sind, der Geschichte eine neue Gestalt zu verleihen, sind selbst ein Produkt dieser Geschichte, sie selbst aber ist ein anonymes Wesen. Deshalb ist auch dann, wenn sich das Werkzeug als denkbar ungeeignet für das Material erweist, niemand daran schuld, und es hat keinen Sinn, nach einem Verantwortlichen zu suchen.

Andererseits ist die Geschichte ein menschliches Produkt, und obwohl der einzelne für das Ergebnis des historischen Prozesses nicht verantwortlich ist, so trägt doch jeder für sein eigenes Engagement in diesem Prozeß die Verantwortung. Er ist also auch für seine Teilnahme an der Vorbereitung jener geistigen Werkzeuge verantwortlich, mit denen die Wirklichkeit zum Zweck ihrer Veränderung bearbeitet werden soll, also für die Annahme oder Ablehnung einer bestimmten Utopie und die Art ihrer Verwirklichung.

Eine Utopie zu konstruieren, heißt immer die vorgefundene Wirklichkeit verneinen, ihre Umwandlung wünschen. Aber die Negierung steht nicht im Gegensatz zur Konstruktion – nur im Gegensatz zur Befürwortung des bestehenden Zustandes. Es ist deshalb falsch, jemandem vorzuwerfen, daß er negiere und nicht konstruiere, denn jede Konstruktion bedeutet notwendigerweise eine Negierung der bestehenden Ordnung. Man kann jemandem höchstens vorwerfen, daß er die vorgefundene Wirklichkeit nicht befürworte, sondern sie verändern wolle – oder umgekehrt, daß er sie uneingeschränkt bejahe und nicht nach ihrer Veränderung strebe – oder schließlich, daß er Veränderungen anstrebe, die schädlich sind. Aber eine negierende Haltung an sich ist nur der Gegensatz zu einer konservativen Haltung der Welt gegenüber, denn die Negierung an sich ist nur das Streben nach Veränderung. Der Unterschied zwischen destruktiver und konstruktiver Arbeit besteht nur in Worten, die man benutzt, um den Unterschied zwischen der Veränderung auszudrücken, die man für schädlich, und jener, welche man für nützlich hält. In Wirklichkeit ist nämlich jede Veränderung ein Akt, der notwendigerweise gleichzeitig eine Negierung und eine Konstruktion bedeutet und der nur im

Gegensatz zur Bejahung steht. Die Sprengung eines Hauses ist ebenso negativ wie der Bau eines Hauses. Das bedeutet natürlich nicht, daß es gleichgültig ist, ob man ein Haus zerstört oder ob man es baut. Der Unterschied zwischen diesen Arbeiten besteht darin, daß die erstere für den Menschen meist unvorteilhaft ist und die andere beinahe immer nützlich. Der Gegensatz zur Sprengung eines Hauses ist nicht der Bau eines neuen Hauses, sondern die Erhaltung des bestehenden.

Diese Bemerkung ist Voraussetzung, wenn man die Bedeutung charakterisieren will, die wir dem Begriff der sozialen *Linken* beimessen. Denn die Linke ist – und das ist ihre unveränderliche und unerläßliche, wenn auch ungenügende Eigenschaft – eine Bewegung, welche die vorgefundene Welt negiert. Aus dem eben Angeführten ersieht man jedoch, daß sie dadurch eine konstruktive Tätigkeit ist, einfach das Streben nach Veränderung.

Daher *weist die Linke den Vorwurf zurück, den man ihr manchmal macht: sie sei nur eine Negierung und kein konstruktives Programm.* Sie kann sich mit Vorwürfen auseinandersetzen, die sich auf die eventuelle Schädlichkeit oder den eventuellen Nutzen beziehen, die aus der von ihr vorgeschlagenen Negierung erwachsen; sie kann sich auch mit der konservativen Haltung auseinandersetzen, d. h. mit jener Haltung, die danach strebt, den bestehenden Zustand in unveränderter Form beizubehalten. Aber sie wird sich nicht mit dem Vorwurf auseinandersetzen, daß sie ausschließlich eine Negierung sei, denn jedes konstruktive Programm bedeutet eine Negierung und umgekehrt. Eine Linke, die kein konstruktives Programm besitzt, könnte auch keine Negierung sein, denn diese beiden Ausdrücke bedeuten das gleiche. Der Mangel an Programm ist gleichzeitig ein Mangel an Negierung, das heißt das Gegenteil von Linkssein, das heißt Konservatismus.

Aber das Negieren allein kennzeichnet die Linke noch nicht; es gibt nämlich auch Bestrebungen nach rückschrittlichen Veränderungen. Der Nationalsozialismus war eine Negierung der Weimarer Republik und deshalb doch nicht links; in Ländern, die nicht von der Rechten beherrscht werden, negiert die extrem konterrevolutionäre Bewegung immer die bestehende Ordnung. Die Linke wird also durch die Negierung gekennzeichnet, *aber nicht nur durch sie:* auch durch die Richtung der Negierung, das heißt eben durch den Charakter ihrer Utopie.

Ich gebrauche das Wort ›Utopie‹ bewußt und durchaus nicht, um der absurden Überzeugung Ausdruck zu verleihen, daß alle sozialen Veränderungen irreale Hirngespinste seien. Ich wende es auch nicht in abfälligem Sinn an. Unter Utopie verstehe ich jenen Zustand des sozialen Bewußtseins, der einer sozialen Bewegung entspricht, die auf radikale Veränderungen der menschlichen Gesellschaft hinzielt, diesen Veränderungen aber nicht genau entspricht, sondern sie in idealisierter und mystifizierter Weise versinnbildlicht und so der wirklichen Bewegung den Sinn einer Realisierung eines Ideals verleiht, das in der reinen Sphäre des Geistes entsteht und nicht aus der *gegenwärtigen* geschichtlichen Erfahrung. Die Utopie ist also das mystifizierte Bewußtsein der tatsächlichen geschichtlichen Tendenz. Solange diese Tendenz nur ein geheimes Leben lebt und keinen Ausdruck in den gesellschaftlichen Massenbewegungen findet, erzeugt sie Utopien im engeren Sinne, das heißt individuell konstruierte Modelle einer Welt, wie sie *sein sollte.* Mit der Zeit jedoch wird die Utopie zum sozial aktualisierten Bewußtsein, das heißt, sie dringt in das Bewußtsein der Massenbewegungen ein und gehört zu ihren wesentlichen Triebkräften. Die Utopie geht dann aus dem Gebiet des theoretischen und moralischen Denkens in das Gebiet des praktischen Denkens über und beginnt, selber das Handeln des Menschen zu bestimmen.

Das heißt jedoch nicht, daß sie verwirklicht werden kann. Die Utopie bleibt weiter eine Erscheinung der Gedankenwelt, und obwohl sie die Macht der sozialen Bewegung hinter sich hat – ja, zum Bewußtsein dieser Bewegung wird –, so ist sie doch ein nicht-adäquates Bewußtsein, ein Bewußtsein, das weit über die sichtbaren Grenzen dieser Bewegung hinauswächst, in gewissem Sinn ein ›pathologisches‹ Bewußtsein (jedoch nicht ganz, denn das utopische Bewußtsein ist eben eine natürliche gesellschaftliche Erscheinung), ein mißratener Versuch, der geschichtlichen Wirklichkeit der Bewegung ein außergeschichtliches Ziel zu verleihen.

Und doch – und das ist wesentlich für das Verständnis der inneren Antinomie der linken Bewegungen – kann die Linke nicht ohne Utopien bestehen. Die Linke scheidet Utopien aus, wie die Bauchspeicheldrüse Insulin ausscheidet – auf Grund einer angeborenen Gesetzmäßigkeit. Die Utopie ist das Streben nach Veränderungen, die sich ›in Wirklichkeit‹ nicht durch sofortiges Handeln realisieren lassen, außerhalb der sichtbaren Zukunft stehen und keiner Planung unterliegen. Und doch ist die Utopie Werkzeug zur Einwirkung auf die Wirklichkeit und zur Vorausplanung gesellschaftlichen Handelns. Es entsteht also die Gefahr, daß die Utopie mit der Wirklichkeit so wenig übereinstimmt, daß der Wunsch, sie der Welt aufzuzwingen, die Form einer finsteren Groteske annimmt und zur monströsen Verunstaltung der Welt führt, also zu Veränderungen, die gesellschaftlich schädlich sind und die Freiheit des Menschen bedrohen. Dann würde die Linke, der solche Veränderungen gelängen, sich in ihr Gegenteil verwandeln, zur Rechten werden; aber dann hört auch die Utopie auf, eine Utopie zu sein, sie wird zu einer Phrase, die jede Aktion rechtfertigt.

Andererseits kann die Linke nicht auf die Utopie verzichten, das heißt, sie kann nicht darauf verzichten, sich Ziele zu setzen, die im Augenblick unmöglich zu erreichen sind, aber den jetzigen Veränderungen ihren Sinn verleihen. Ich sage: die soziale Linke insgesamt, denn obwohl der Begriff der Linken relativ ist – links ist man nur im Verhältnis zu etwas und nicht absolut –, so ist doch der extreme Teil jeder Linken die revolutionäre Bewegung. Die revolutionäre Bewegung ist die Summe aller endgültigen Forderungen an die bestehende Gesellschaft, sie ist die totale Negierung des vorgefundenen Systems, also auch ein totales

Programm. Ein totales Programm der Veränderungen, das ist eben eine Utopie. Die Utopie ist ein notwendiger Bestandteil der revolutionären Linken, und die revolutionäre Linke ist das notwendige Produkt der gesellschaftlichen Linken als Ganzes.

Warum ist jedoch die Utopie Bedingung für die revolutionäre Bewegung? Weil es eine große historische Erfahrung gibt, die mehr oder weniger verschwommen im sozialen Bewußtsein lebt – eine Erfahrung, die lehrt, daß Ziele, die sich jetzt nicht verwirklichen lassen, niemals verwirklicht werden können, wenn sie nicht zu jenem Zeitpunkt verkündet werden, an dem sie sich nicht verwirklichen lassen; mit anderen Worten, daß das, was jetzt unmöglich ist, nur dann überhaupt möglich werden kann, wenn es zu einer Zeit verkündet wird, da es noch als unmöglich gilt. Die Tatsache, daß man durch die Aneinanderreihung von Reformen niemals ein revolutionäres Ziel erreicht und eine konsequent reformistische Partei niemals unbemerkt die Revolution verwirklichen kann, ist ein indirekter Beweis dafür. *Das Bestehen der Utopie als Utopie ist eine unerläßliche Bedingung dafür, daß sie einmal aufhört, eine Utopie zu sein.*

Die revolutionäre Bewegung kann nicht gleichzeitig mit dem Akt der Revolution selbst entstehen, denn wenn es keine revolutionäre Bewegung gäbe, so könnte es niemals zu Revolutionen kommen, solange aber der revolutionäre Akt noch nicht zur vollendeten Wirklichkeit oder wenigstens zu einer unmittelbar und jetzt erkennbaren Sache geworden ist – ist er eine Utopie. Die soziale Revolution ist für die heutigen Proletarier Spaniens eine Utopie, aber die Proletarier Spaniens werden nie eine Revolution machen, wenn sie sie nicht zu einem Zeitpunkt verkünden, da sie noch unmöglich ist. Darauf beruht auch die außerordentliche Rolle, die die Tradition in der revolutionären Bewegung spielt: Diese Bewegung könnte keine Siege feiern, wenn sie in früheren Phasen keine Niederlagen erlitten hätte, das heißt, wenn sie nicht in solchen geschichtlichen Situationen revolutionäre Handlungen begangen hätte, da ein Erfolg unmöglich war.

Das Streben nach einer Revolution kann nicht erst dann entstehen, wenn die Wirklichkeit reif geworden ist für die Revolution, denn dazu sind unter anderem die revolutionären For-

derungen an die unreife Wirklichkeit notwendig. Die dauernde Einwirkung des Bewußtseins gehört zu den unerläßlichen Bedingungen für das Heranreifen der Geschichte zu radikalen Veränderungen – die Utopie ist die Voraussetzung für soziale Umwälzungen, irreale Bestrebungen sind die notwendige Voraussetzung für reale. Daher kann sich das revolutionäre Bewußtsein nicht damit begnügen, an Veränderungen teilzunehmen, die schon stattfinden, es kann nicht nur dem Lauf der Ereignisse folgen, sondern muß ihnen zu einem Zeitpunkt vorauseilen, zu dem sie sich weder planen noch voraussehen lassen.

Daher – und das ist die erste praktische Folgerung – *läßt die Linke den Vorwurf nicht gelten, daß sie nach einer Utopie strebe.* Sie kann sich mit dem Vorwurf auseinandersetzen, der Inhalt ihrer Utopie wäre für die Gesellschaft schädlich, aber nicht mit dem Vorwurf, daß sie überhaupt für eine Utopie eintrete.

Die Rechte braucht keine Utopie, jedenfalls nicht in einer konservativen Situation, denn für die Rechte ist die Bejahung der Gegenwart kennzeichnend, die Tatsache und nicht Utopie ist, oder das Streben nach einer Rückkehr, also zu einem Zustand, der schon verwirklicht war. Die Rechte strebt nach Aufrechterhaltung des gegenwärtigen Zustandes und nicht nach seiner Veränderung, sie bedarf also keiner Utopie, sondern nur des Betrugs.

Die Linke kann nicht auf die Utopie verzichten, denn die Utopie ist auch dann eine reale Kraft, wenn sie eine Utopie ist. Utopisch war der Aufstand der deutschen Bauern im 16. Jahrhundert, utopisch war die Bewegung der Babuvisten, utopisch war die Pariser Kommune. Ohne solche utopische Unternehmen wäre jedoch, wie sich später zeigte, keine fortschrittliche, soziale Veränderung zustande gekommen. Es folgt daraus natürlich nicht, daß es die Aufgabe der Linken ist, in jeder beliebigen historischen Situation für extreme Kampfformen einzutreten, sondern nur, daß es konservativ ist, wenn man die Utopie allein deswegen verurteilt, daß sie eine Utopie ist, denn das hemmt ihre Verwirklichung. Wir formulieren übrigens in diesem Augenblick keine sozialen Aufgaben und betrachten den Begriff ›Linke‹ ganz abstrakt, wobei wir uns bemühen, etwas festzustellen und nicht zu postulieren. Das um so mehr, als die Linke ebenso eine ›normale‹ soziale Erscheinung ist wie die Rechte und die fortschrittlichen sozialen Bewegungen ebenso normal sind wie die reaktionären. Ebenso normal ist es also auch, daß die Linke, die sich in der Minderheit befindet, von der Rechten verfolgt wird.

Die Linke und die sozialen Klassen

Bis jetzt bleibt der Begriff ›Linke‹ weiterhin unklar. Dieser Begriff hat, obwohl seine Tradition nur etwa anderthalb Jahrhunderte zurückreicht, einen universalgeschichtlichen Charakter angenommen und wird in erweiterter Bedeutung auch auf das Altertum angewandt. In diesem Sprachgebrauch wird der Inhalt des Begriffes sehr nebelhaft und muß mehr herausgefühlt als verstanden werden. Eins ist sicher: Es fällt uns leichter, festzustellen, was – welche Bewegungen, Programme, Einstellungen – im Verhältnis zu anderem links ist, als ohne Bezugnahme auf anderes zu bestimmen, wo die Grenze zwischen der Linken und der Rechten im politischen Kräfteverhältnis der Gesellschaft als Ganzem verläuft. Man spricht von einer Linken in der Partei Hitlers, aber das bedeutet doch nicht, daß die Rechte in Hitlerdeutschland sich auf die Rechte innerhalb der NSDAP beschränkte, alles andere aber, einschließlich der Linken innerhalb dieser Partei, sich als absolut links bezeichnen ließ. Die Gesellschaft läßt sich nicht in Linke und Rechte einteilen: man kann im Verhältnis zu einer Bewegung links und gleichzeitig im Verhältnis zu einer anderen rechts stehen, nur in einer solchen relativen Bedeutung kann man sich also dieser Worte sinnvoll bedienen.

Woran denken wir aber, wenn wir eine Bewegung oder eine Einstellung als links im Verhältnis zu einer anderen charakterisieren? Genauer, welches Moment im Begriff der Linken kann allgemein, auf alle gesellschaftlichen Situationen gemeinsam, angewandt werden? Meinen wir, wenn wir z. B. von der Linken der Radikalen Partei in Frankreich sprechen, von der Linken in der Sozialdemokratie, der katholischen Linken oder der kommunistischen Linken, überhaupt etwas, was ihnen allen gemeinsam ist, oder stellen wir, wenn wir dieses Wort in so verschiedenen Verbindungen anwenden, nur einfach fest, daß in jeder politischen Situation gewisse menschliche Handlungen von uns entweder befürwortet oder doch für weniger verurteilungswürdig angesehen und daher als ›links‹ bezeichnet werden können? (Ich sage ›von uns‹, denn die Einteilung in Rechte und Linke wird von der Linken vorgenommen und von der Rechten ebenso systematisch wie erfolglos bekämpft; erfolglos deshalb, weil die Selbstbestimmung der Linken dazu reicht, auch die Rechte zu bestimmen, auf jeden Fall aber dazu, die Teilung fortzusetzen.)

Es steht außer Zweifel, daß der Begriff ›Linke‹ einen positiven Klang erhalten hat und auch von eindeutig reaktionären Gruppen für sich in Anspruch genommen wird. Daher kann die Linke nicht allein durch die Anwendung des Wortes definiert werden. Man braucht Faktoren, die es erlauben, die Einteilung zu präzisieren. Sicher gehören solche Losungen wie ›Freiheit‹ und ›Gleichheit‹ zur Tradition der Linken, sind jedoch von dem Augenblick an, da sie zum Slogan geworden sind, dem jeder einen anderen Sinn verleiht, inhaltslos. Im Laufe der Zeit muß die Linke immer genauer definiert werden, denn je größer der Einfluß ist, den sie im sozialen Bewußtsein ausübt, je mehr also ihre Losungen sich in diesem Bewußtsein mit positiven Vorstellungen verbinden, desto mehr werden sie gezwungenermaßen auch von der Rechten übernommen und verlieren ihren festumrissenen Sinn: niemand tritt heute gegen solche Losungen wie ›Freiheit‹ oder ›Gleichheit‹ auf, deshalb können sie auch zu Mitteln des Betruges werden, und es ist verdächtig, sie ohne eine weitere Erklärung anzuwenden. Ja, was noch schlimmer ist: auch das Wort ›Sozialismus‹ wurde vieldeutig.

Natürlich kann die Linke leicht allgemein definiert werden. Es ist das gleiche wie mit dem Begriff ›Fortschritt‹. Aber eine allgemeine Definition muß irreführend sein und ist im Fall konkreter Entscheidungen schwer anzuwenden. Man kann z. B. sagen, Links-stehen bedeute die Teilnahme an einer gesellschaftlichen Entwicklung, die danach strebt, jeden sozialen Zustand aufzuheben, in dem die Möglichkeit einer Befriedigung menschlicher Bedürfnisse von den sozialen Verhältnissen gehemmt wird. Aus einer solchen Charakterisierung läßt sich eine gewisse Anzahl ebenso unbestimmter Losungen folgern, die jedoch in dieser vagen Gestalt so allgemeingültig sind, daß sie keinen erfolgreichen Faktor politischer Einteilungen abgeben. Denn der Begriff der Linken, des Fortschritts, der Freiheit, enthält eine Unzahl innerer Widersprüche, und politische Kämpfe entstehen nicht dadurch, daß man einen dieser Begriffe an sich akzeptiert oder ablehnt.

Deswegen ist es bedeutend besser, statt leicht faßbare, aber kaum erfolgversprechende Begriffe einer Linken, die für alle Epochen gelten können, zu konstruieren, die bestehende soziale Wirklichkeit, so wie sie ist, zu akzeptieren und die grundlegenden, die gegenwärtige Geschichte kennzeichnenden Konflikte in ihr zu suchen. Diese Konflikte sind zunächst Klassenkonflikte und dann erst politische Konflikte. Doch ist der politische Kampf nicht der auf die Beziehungen zwischen den Parteien übertragene Kampf der Klassen. Er ist es schon deshalb nicht, weil die Einteilung in Klassen nicht die einzig mögliche Einteilung ist und diese in dem Maße schwieriger wird, wie innerhalb der Klassen wieder Teilungen auf Grund der Nationalität, der Weltanschauung und schließlich politische Teilungen erfolgen (wenn die Klassen verschiedene Formen der Verselbständigung annehmen). Unter diesen Bedingungen kann das politische Leben das Bild der Klasseninteressen nicht in reiner und unmittelbarer Form wiedergeben, sondern muß es immer mittelbarer und verwirrter zum Ausdruck bringen. Es war übrigens niemals anders – sonst wären alle historischen Konflikte schon seit Jahrhunderten gelöst. Daher ist auch die Behauptung, daß die Zugehörigkeit zur Linken im Interesse der Arbeiterklasse liegen muß, nicht unbedingt immer richtig. Einerseits ist es eine Eigenschaft der Linken, danach zu streben, daß man die Interessen der Menschen nicht gegen ihren Willen verwirklicht und sie nicht mit Gewalt dazu zwingt, Wohltaten anzunehmen, die sie nicht wünschen. Andererseits kann es geschehen, daß in einem bestimmten Land die Arbeiterklasse in großem Maße den Einflüssen des Nationalismus unterliegt – und doch wird die Linke nationalistische Forderungen nicht unterstützen; in anderen Ländern ist die Arbeiterklasse tief in religiösen Traditionen verwurzelt – und doch ist die Linke eine weltliche Bewegung. Selbst wirkliche Forderungen der Arbeiterklasse können im Widerspruch zu den Forderungen der Linken stehen: Die englische Arbeiterklasse zog lange Zeit hindurch ihren Vorteil aus der kolonialen Ausbeutung – und doch ist die Linke ein Feind des Kolonialismus.

Deswegen läßt sich die Linke nicht durch die Feststellung definieren, sie sei rücksichtslos und werde in jedem Fall die Forderungen der Arbeiterklasse unterstützen, oder sie stehe immer auf der Seite der Mehrheit. Deswegen muß man die Linke auf Grund einer bestimmten Geisteshaltung definieren, was die Möglichkeit offenläßt, daß sie sich in vielen Fällen in der Minderheit befinden wird. Und obwohl es in der Welt von heute keine Linke gibt, die nicht mit dem Kampf um die Interessen der Arbeiterklasse verbunden wäre, obwohl keinerlei linke Einstellung außerhalb der Klassen verwirklicht werden kann und obwohl nur im Kampf der unterdrückten Klassen die Linke zu einer materiellen Kraft wird, so definiert man die Linke doch in geistigen Kategorien und nicht etwa in Klassenkategorien, wobei man allerdings voraussetzt, daß das geistige Leben als bestehendes Konkretum keine genaue Kopie der Klasseninteressen ist oder sein kann.

Auf dieser Basis kann die Frage nach den Eigenschaften der linken Geisteshaltung in den verschiedenen Gesellschaftsordnungen gestellt werden.

In den kapitalistischen Ländern ist der Kampf um die Abschaffung sozialer Privilegien ein Kampf der Linken. In den nichtkapitalistischen Ländern ist die Abschaffung der Privilegien, die auf der Grundlage nichtkapitalistischer Verhältnisse entstanden sind, eine Forderung der Linken.

In den kapitalistischen Ländern ist der Kampf um die Abschaffung aller Formen kolonialer Unterdrückung ein Kampf der Linken. In den nichtkapitalistischen Ländern ist die Abschaffung der Ungleichheit, der Diskriminierung und Ausbeutung der einen Länder durch die anderen eine Forderung der Linken.

In den kapitalistischen Ländern ist der Kampf gegen die Beschränkung der Freiheit, das Eintreten für die Freiheit der Meinungsäußerung ein Kampf der Linken. Er ist es auch in den nichtkapitalistischen Ländern. Er ist es hier und dort mit allen Antinomien der Freiheit, die auf Grund beider Arten der gesellschaftlichen Beziehungen entstehen; wie weit kann man in der Forderung nach Toleranz gehen, damit sie sich nicht gegen die Idee der Toleranz selbst richtet? Wie soll man bewerkstelligen, daß die Toleranz nicht zum Sieg derjenigen Kräfte führt, die jede Toleranz ersticken? Es ist das ein großes Problem aller linken Bewegungen, wobei die Linke natürlich Fehler begehen und Mißerfolge erleiden kann, also auch Situationen herbeiführen, die sich gegen sie selber auswirken. Jedoch ist nicht die fehlerhafte Taktik der Linken für sie kennzeichnend, denn, wie bereits erwähnt, das Kriterium für sie wird auf ideologischer Ebene bestimmt.

In den kapitalistischen Ländern ist der Kampf um die Verweltlichung des sozialen Lebens eine Forderung der Linken. Er ist es auch in nichtkapitalistischen Ländern.

In den kapitalistischen Ländern ist die Vernichtung des Rassenhasses ein Ziel der Linken. Sie ist es auch in nichtkapitalistischen Ländern.

Hier wie dort kämpft die Linke gegen das Vordringen aller Arten von Obskurantismus im sozialen Leben. Hier wie dort kämpft sie für den Sieg des rationalen Denkens, das durchaus kein Luxus für Intellektuelle ist, sondern ein integraler Bestandteil des gesellschaftlichen Fortschritts in unserem Jahrhundert, derjenige Bestandteil, ohne welchen jede Form des Fortschritts eine Parodie auf seine Grundsätze bedeuten würde.

Hier wie dort, schließlich, verzichtet die Linke im Notfall nicht auf die Anwendung von Gewalt, denn die Anwendung von Gewalt ist keine Erfindung der Linken, sondern eine unvermeidliche soziale Lebensform. Die Linke nimmt die Antinomie der Gewalt an, aber nur als Antinomie und nicht als ein Geschenk des Schicksals.

Hier wie dort ist die Linke zu Kompromissen mit den historischen Gegebenheiten bereit, aber ideelle Kompromisse lehnt sie hier wie dort ab, das heißt, sie verzichtet nicht darauf, mit lauter Stimme und unabhängig von der jeweiligen politischen Taktik die Grundthesen ihrer Existenz zu verkünden.

Hier wie dort ist die Linke frei von sakralen Gefühlen. Keine der vorgefundenen geschichtlichen Situationen wird von ihr als heilig empfunden. Die Linke ist die Haltung des permanenten Revisionismus gegenüber der Wirklichkeit – für die Rechte ist der Opportunismus gegenüber der bestehenden Welt charakteristisch. Die Rechte ist der Ausdruck des Beharrens bei der geschichtlichen Wirklichkeit – deswegen ist die Rechte ebenso ewig wie die Linke.

Hier wie dort strebt die Linke danach, ihre Perspektiven auf die Erfahrungen der Geschichte und ihre Entwicklungstendenz zu stützen, während die Rechte vor der augenblicklichen Situation kapituliert. Daher kann die Linke eine politische Ideologie – die Rechte aber nur eine Taktik haben.

Hier wie dort weiß die Linke, daß jede menschliche Freiheit die Befriedigung eines bestimmten Bedürfnisses ist, aber daß es auch das Bedürfnis nach Freiheit an sich gibt.

Hier wie dort hat die Linke keine Angst vor der Geschichte. Hier wie dort glaubt sie an die Flexibilität der menschlichen Natur und der gesellschaftlichen Beziehungen – an die Möglichkeit ihrer Veränderung. Hier wie dort ist sie nicht bereit, sich vorgefundenen Bedingungen, Autoritäten und Doktrinen, der Mehrheit, Vorurteilen oder materiellem Druck zu beugen. Hier wie dort kämpft sie gegen die verschiedenen Formen der Militarisierung des sozialen Lebens und Denkens, die den schärfsten Ausdruck der Herrschaft des Obskurantismus darstellen. Hier wie dort schließt eine linke Einstellung die Anwendung von Gewalt nicht aus, die Linke schämt sich dessen nicht, aber sie nennt die Gewalt auch nicht ›Erziehung‹, ›Wohltätigkeit‹ oder ›Sorge um die Kinder‹ usw. Sie schließt jedoch solche Mittel politischen Kampfes aus, die zu Ergebnissen führen, die ihren Grundsätzen widersprechen.

Die ganze Zeit über charakterisiere ich die Linke als eine geistige und moralische Haltung, denn sie ist keine bestimmte politische Bewegung oder Partei, sie ist auch keine Summe von Parteien. Sie ist eine Eigenschaft, die in kleinerem oder größerem Maße einzelnen Parteien oder Bewegungen eigen sein kann, aber auch einzelnen Menschen, menschlichen Handlungen und Weltanschauungen. Man kann in einer Hinsicht links sein und in anderer Hinsicht nicht. Es gibt nur selten politische Bewegungen, die total, in jeder Beziehung und während der ganzen Zeit ihres Bestehens links sind. Ein links gerichteter Mensch nimmt am politischen Kampf teil und kann Politiker in einer linken Partei sein, aber er muß es ablehnen, Handlungen und Auffassungen zu unterstützen, die offensichtlich im Gegensatz zu einer linken Haltung stehen. Was natürlich nicht bedeutet, daß diese selbst nicht auch schon zu Konflikten und inneren Gegensätzen führt.

Aus diesem Grund kann die Linke als solche nicht im ganzen eine organisierte politische Bewegung sein. Die Linke ist immer in gewisser Hinsicht, im Verhältnis zu irgendwelchen politischen Bewegungen links. Jede Partei hat ihre Linke, das heißt, eine Strömung, die infolge einer der als Beispiel angeführten Eigenschaften linker ist als der Rest der Partei. Das bedeutet jedoch nicht, daß die linken Kräfte aller Parteien zusammen eine einheitliche Bewegung darstellen oder daß sie mehr miteinander verbunden sind als mit den Parteien, in denen sie entstanden sind. Es wäre so, wenn sie die Grundsätze der Linken in vollendeter Weise und in jeder Hinsicht erfüllen würden, aber dann wären sie eben nicht Bestandteile der verschiedenen Parteien mit den verschiedensten Programmen. Die Linke der christlich-demokratischen Partei hat zumeist bedeutend mehr mit der christlich-demokratischen Partei gemein als mit der sozialistischen Linken, daher ist sie die Linke der christlich-demokratischen Partei. Ihr Charakter als Linke kann sich in der Haltung zu dem einen oder anderen aktuellen politischen Problem offenbaren, so daß sie in dieser Angelegenheit der Linken anderer Parteien näherkommt (z. B. in der Ablehnung des Kolonialismus oder des Rassenhasses). Jedoch werden die Forderungen der Linken von verschiedenen Parteien in verschiedenem Maß erfüllt, die sich infolgedessen als mehr oder als weniger links bezeichnen lassen.

Kann man von einer absolut linken Partei sprechen, und wenn ja, dann in welchem Fall? Ist die Kommunistische Partei eine solche Partei? Da es unmöglich ist, jetzt die kommunistischen Parteien überhaupt zu charakterisieren, stellen wir diese Frage im Hinblick auf die polnische Partei. In Polen ist die Partei keine absolute linke Kraft, weil sie selbst innerlich zerissen ist. Wo sich bei dieser Spaltung die rechte und die linke Seite befindet, kann man mit Hilfe der angeführten Kennzeichen feststellen.

Es gab in der Partei lange Zeit keine politische Einteilung in eine Rechte und eine Linke, obwohl zweifellos manche Mitglieder mehr und manche weniger links waren; es gab keine solche Einteilung, da die Partei praktisch kein politisches Leben besaß, weil die Ideologie der Partei nicht aus ihren wirklichen geschichtlichen Erfahrungen erwuchs, sondern ihr in großem Maß unabhängig von ihren Erfahrungen aufoktroyiert wurde. Die Einteilung in Rechte und Linke zeichnete sich also erst dann ab, als sich in der Partei ein politisches Leben entfaltete.

Die Einteilung ergab sich aus der Haltung, die man angesichts der Probleme einnahm, die eine Bewegung stets in eine Rechte und in eine Linke scheiden. Die Linke der Partei, das waren jene, die den Kampf um die Abschaffung verschiedener Privilegien im sozialen Leben aufnahmen, den Kampf um die Anerkennung des Grundsatzes der Gleichberechtigung in den Beziehungen zwischen den Ländern, um die Überwindung des eigenen und des fremden Nationalismus und darum, diesen Nationalismus beim Namen zu nennen. Es waren jene schließlich, die den Kampf für eine Entlarvung aller Formen des Antisemitismus in Polen führten, den Kampf um Presse- und Diskussionsfreiheit, den Kampf um die Überwindung der Dogmen, der stumpfen Doktrinen und des magischen Denkens im politischen Leben, um Recht und Gesetz in den öffentlichen Beziehungen, um die maximale Erweiterung der Teilnahme der Arbeiterklasse an dem Regierungssystem, den Kampf um die Beseitigung der polizeilichen Willkür und darum, daß man Verbrechen nicht ›Kommunismus‹ und Gangster nicht ›Kommunisten‹ nennt, sowie um viele andere Dinge, die allgemein bekannt sind. Ich führe sie ganz summarisch an, ohne auf Einzelheiten einzugehen, nur um die Richtung der Veränderungen aufzuzeigen, die grundsätzlich zum Sieg der sozialistischen Demokratie führen sollten und die innerhalb der Partei von den Kräften der Linken inspiriert wurden, denn ihre Forderungen decken sich in allen wesentlichen Punkten tatsächlich mit dem, was wir eine linke Haltung nennen. Die Kräfte der Rechten in der Partei sind die Kräfte, die beim Stalinismus beharren, also diejenigen, die das System verteidigen, das den Verzicht auf die polnische Souveränität und die Unterstützung eines fremden Nationalismus befürwortet. Es sind die Kräfte, die die Diktatur des doktrinären Schemas im geistigen, die der Polizei im öffentlichen Leben und die militärische Diktatur im Wirtschaftsleben vertreten, die die Unterdrückung der Meinungsfreiheit fördern, die Phraseologie von der Volksherrschaft im Munde führen, hinter der sich die Herrschaft des Apparats verbirgt, die sowohl die Meinung der Bevölkerung als auch ihre Bedürfnisse mißachtet. Die Kräfte des Stalinismus konzentrierten und konzentrieren in der Partei alle Eigenschaften, die zur Bestimmung der Begriffe Rechte, Konservatismus, Rückschritt beitragen.

Jedoch befinden sich die Kräfte der Linken in der polnischen kommunistischen Bewegung in einer besonderen Lage, d. h. einer Lage, in der die politischen Tendenzen nicht konsequent ›von links nach rechts‹ eingeteilt werden können, sondern in eine Menge von Komplikationen verwickelt sind; die Kräfte der Linken befinden sich nämlich zwischen zwei rechten Tendenzen: der innerparteilichen Reaktion und der traditionellen Reaktion. Das ist eine neue historische Situation, deren man sich erst in den letzten Jahren bewußt wurde. Ihre Bedeutung ist zwar noch sehr bescheiden, aber international. Wir verzichten darauf, die geschichtlichen Ursachen dieser Situation zu besprechen, die in einer bestimmten Phase ihrer Entwicklung zu einer Krise in der kommunistischen Bewegung geführt haben, und beschränken uns darauf, festzustellen, daß die neue Linke innerhalb dieser Bewegung in jenem Augenblick entstand, da man sich des Bestehens einer neuen Rechten bewußt wurde. Auf welche Weise die frühere Linke degenerierte und sich als Rechte etablierte – wofür die Geschichte des Stalinismus ein lehrreiches Beispiel bietet –, wollen wir jetzt nicht untersuchen. Die Tatsache, daß die Linke die Macht errang, scheint jedoch nicht allein die Ursache dafür zu sein – d. h. es scheint nicht, daß die Linke nur als Opposition existieren kann –, daß der Besitz der Macht der Natur der Linken zuwider ist und unbedingt zu ihrer Entartung führen muß. Obwohl nämlich die Negierung der Wirklichkeit zu ihrem Wesen gehört, so folgt daraus doch nicht unbedingt, daß es eine Wirklichkeit sein muß, die im Gegensatz zu ihrer Tätigkeit steht. Die Geschichte bekräftigt diese Auffassung zwar mit einer Fülle von Erfahrungen und verführt auf diese Weise dazu, daß man die Linke als eine Haltung auffaßt, die zur ›ewigen Opposition‹ verurteilt sei. Aber die Geschichte verzeichnet im Verlauf der Jahrhunderte die Niederlagen einiger sozialer Forderungen (z. B. der Forderung nach der Gleichheit vor dem Gesetz), die später doch verwirklicht worden sind. Der Linken ist die Liebe zum Märtyrertum und der bewußt nutzlose Heroismus fremd, ebenso wie ihr der Opportunismus angesichts der gegenwärtigen Situation und der Verzicht auf Ziele fremd ist, die im Augenblick utopisch erscheinen. Die Linke ist ein Akt des Protestes gegen die bestehende Welt, aber sie ist keine Sehnsucht nach dem Nichts. Die Linke ist eine Sprengstoffladung, welche die Verhärtung des sozialen Lebens aufbricht, aber sie führt nicht ins Leere.

Die Schwächen der Linken

Die Hauptschwäche der Linken bestand nicht darin, daß sie aus der Negierung erwuchs, sondern daß ihre Negierung nur das Niveau eines *moralischen Protestes* erreichte und nicht das Niveau praktischen Denkens. Eine linke Haltung im moralischen Bereich führt praktisch kaum zu etwas. Katzenjammer ist keine politische Einstellung.

Ein anderer, unter unseren Bedingungen nicht zu verhindernder Mangel der Linken war, daß sie keine organisierte Bewegung sein konnte, sondern nur ein unklares und zersplittertes Bewußtsein – im Gegensatz zur Rechten, die keine Loyalitäts-Skrupel besaß, wenn es sich darum handelte, politische Fraktionen in der Partei zu bilden. Die Linke wurde auch nicht zu einer politischen Bewegung im wahren Sinne des Wortes, sondern bildete nur die Summe spontan entstandener moralischer Einstellungen.

Eine Schwäche der Linken waren die in der internationalen Lage eingetretenen rückläufigen Umstände, deren Einzelheiten ich übergehe und die sich für die Bestrebungen der Rechten als ausgesprochen nützlich erwiesen haben.

Eine Schwäche der Linken waren jene Elemente der heutigen Situation, aus denen die Bestrebungen der Rechten Kraft schöpfen konnten. Die Rechte wendet skrupellos jede Form der Demagogie an, jede politische und ideologische Losung, die es ihr jetzt erleichtert, die Lage zu beherrschen. Wenn nötig, greift sie zum Antisemitismus und gewinnt mit diesem Mittel Bundesgenossen aus dem Lager der Spießbürger in und außerhalb der Partei. Es geht der Rechten vor allem um die Macht. Im Kampf um die Macht ist sie bereit, zur gegebenen Zeit sogar linke Losungen zu verkünden, die Anklang finden könnten. Sagen wir es offen: Die Verachtung für die Ideologie kann eine Stärke der Rechten sein, denn sie ermöglicht ihr eine elastischere Praxis und die Anwendung aller Wortfassaden, die für die Erringung der Macht nützlich sein könnten. Nicht nur die Trägheit der alten Gewohnheiten und Institutionen, sondern auch die Macht der Lüge hilft der Rechten. Ihre Wirkung ist zwar kurzfristig, aber sie reicht für jene Zeitspanne, die notwendig ist, um die Situation zu meistern. Es kommt der Moment, da sich die Losungen als taktische Spiegelfechtereien erweisen werden, aber die Rechte ist bemüht, diesen Augenblick so lange hinauszuschieben, bis die Lage gemeistert ist und man mit Hilfe der Polizei vorgehen kann. Deswegen ist es wichtig, daß die Linke stets Kriterien zur Hand hat und ihre Stellung zu jenen aktuellen politischen Fragen verkündet, bei denen die Rechte aus dem einen oder anderen Grund gezwungen ist, sich als Rechte zu entlarven. Zur Zeit liegen diese Kriterien vor allem auf internationalem Gebiet.

Eine Schwäche der Linken war es, daß der allgemeine Protest der Gesellschaft gegen die kompromittierten Regierungsformen sich zu häufig mit reaktionären Forderungen verband, die für die Linke unannehmbar waren, und daß sie bei dem Stand ihrer Entwicklung nicht in der Lage war, die Führung zu übernehmen.

Die Folge war, daß die Linke (im internationalen Maßstab) zu einer politischen Niederlage verurteilt wurde. Jedoch muß sich die Linke, wenn sie existieren will, vor allem über die Gefährlichkeit ihrer *ideologischen* Situation im klaren sein.

Die Gefahr beruht auf der doppelt gefährlichen Stellung, die sie zwischen den beiden Formen der politischen Rechten einnimmt. Die Linke muß besonders bedacht darauf sein, sich beiden Kräften *immer gleichzeitig* entgegenzustellen. Sie muß ständig und eindeutig ihre doppelt negative Haltung gegenüber den beiden rechten Strömungen bekunden, von denen eine der Ausdruck des stalinistischen und die andere des kapitalistischen Beharrungsvermögens in seiner rückständigsten und obskursten Form ist. Eine Gefahr für die Linke liegt in der Einseitigkeit der Kritik, die ihren politischen Standort zu verdunkeln droht. Ihre Haltung muß in einer Negierung nach zwei Seiten hin zum Ausdruck kommen. Die Linke muß ihre Absage an den polnischen Nationalismus ebenso deutlich formulieren wie ihre Absage an den fremden Nationalismus, der Polen bedroht; sie muß eine ebenso eindeutige, klare, rationale Haltung gegenüber der verkalkten Frömmelei der stalinistischen Version des Marxismus einnehmen wie gegenüber der Gefahr des klerikalen Philistertums; sie muß gleichzeitig die sozialistische Phraseologie ablehnen, die dem Polizeiregime, und die demokratische Phraseologie, die der Herrschaft der Bourgeoisie als Tarnung dient. Nur auf diese Weise kann die Linke ihre besondere Stellung behaupten. Es ist die Stellung einer Minderheit, jedoch wünscht die Linke nicht, um jeden Preis ins Lager der Mehrheit zu gelangen.

In der jetzigen Situation ist das wichtigste Bestreben der Linken ideologischer Natur. Genauer ausgedrückt: die strikte Unterscheidung zwischen der Ideologie und der *jeweiligen politischen Taktik*. Die Linke lehnt es nicht ab, Kompromisse mit der Wirklichkeit einzugehen, aber sie fordert, daß man sie Kompromisse nennt. Die Linke wird sich dem widersetzen, daß die Ideologie je nach den Forderungen des Augenblicks zurechtgebogen wird, sie ist gegen Anpassung der Ideologie an die jeweils notwendigen Kompromisse und taktischen Schachzüge. Die Linke weiß, daß man manchmal dem Verbrechen gegenüber machtlos ist, aber sie will das Verbrechen nicht eine Wohltat nennen.

Das ist durchaus keine unwichtige und zweitrangige Sache. Eine politische Partei, die sich nicht auf wirklich ideelle Bindungen stützt, kann lange Zeit im Zustand schwerfälligen Dahinvegetierens verbleiben, aber in einer schwierigen Situation fällt sie zusammen wie ein Kartenhaus. Die ungarische Partei ist ein Beweis dafür. Eine kommunistische Bewegung, die ihre Ideologie der täglichen Taktik unterordnet, ist zur Entartung und zur Niederlage verurteilt. Sie kann nur mit Hilfe der Staatsmacht und des Zwangs existieren. Die intellektuellen und moralischen Werte des Kommunismus sind kein Luxus, keine Verzierung seiner Tätigkeit, sondern die Bedingungen seiner Existenz. Deswegen ist es auch so schwer, in einem rückständigen Land einen linken Sozialismus zu schaffen. Eine kommunistische Bewegung, deren Existenzform die nackte Taktik ist und die es zuläßt, daß ihre ursprünglichen intellektuellen und moralischen Grundsätze vergessen werden, hört damit auf, eine Bewegung der Linken zu sein. Daher hat das Wort ›Sozialismus‹ aufgehört, eindeutig zu sein und eindeutig mit dem Wort ›Linke‹ verbunden zu werden. Eine Regeneration des Begriffes Linke ist auch zur näheren Bestimmung sozialistischer Losungen notwendig. Wir schlagen die Bezeichnung ›Linker Sozialismus‹ vor.

Die Linke verzichtet auf keine der Voraussetzungen ihrer Existenz, ist aber bereit zu Bündnissen mit allen nichtkonsequenten Kräften, zu jedem Bündnis mit Linksstehenden, wo immer sie auftauchen. Sie wird hingegen jeder Tätigkeit der Rechten ihre Unterstützung verweigern und, wenn sie sich mit Zwangssituationen abfinden muß, nicht darauf verzichten, sie Zwangssituationen zu nennen und ihnen keine Ideale unterschieben, die sie rechtfertigen sollen.

Die Linke weiß, daß diese Forderung nur scheinbar bescheiden ist, und rechnet damit, daß sie die Ursache neuer Niederlagen werden kann, aber sie ist der Meinung, daß diese Niederlagen fruchtbarer sein werden als eine Kapitulation.

Daher fürchtet sich die Linke nicht, in der Minderheit zu scin (sie ist es zur Zeit im internationalen Maßstab), denn sie weiß auch, daß die Geschichte selbst in jeder Situation eine linke Haltung hervorruft, die einen ebenso notwendigen Bestandteil des sozialen Lebens bildet wie die konservative Position.

So können die Widersprüche des Lebens nicht beseitigt werden, das heißt, die Menschheitsgeschichte existiert so lange wie die Menschen selbst. Die Linke ist nämlich das Ferment in jeder noch so verhärteten Masse einer geschichtlichen Gegenwart. Obwohl sie manchmal schwach und unsichtbar ist, ist sie doch gerade jene hoffnungsvolle Bewegung, die den Druck der erstarrten Systeme, Institutionen, Sitten, geistigen Gewohnheiten und verhärteten Doktrinen sprengt; sie vereinigt ihre oft versteckten und zerstreuten Atome, deren Bewegung schließlich das ist, was wir den sozialen Fortschritt nennen.

Wovon leben die Philosophen?

Wovon leben die Philosophen? Das ist eine scheinbar nichtige und für niemanden außer den Philosophen interessante Frage. Aber ihre Belanglosigkeit entspringt nur einer gewissen Gewohnheit, auf Grund deren viele soziale Einrichtungen und Situationen von uns nur deshalb widerspruchslos hingenommen werden, weil sie älter sind als wir selbst. Oft kann ein Auge, das nicht durch die Dressur der Konvention und Tradition gegangen ist, mit seinem naiven Skeptizismus Dingen, die man allgemein für erloschen hält, wieder den Glanz der Frische verleihen. Und wenn man diese Frage mit unvoreingenommenem Blick betrachtet, so wundert man sich, daß die gesellschaftliche Teilung der geistigen und körperlichen Arbeit so weit gehen konnte, daß Tausende von Menschen in der ganzen Welt und unter allen politischen Staatsordnungen ihren Lebensunterhalt mit einer so abstrakten Tätigkeit, wie es die Philosophie ist, erwerben können. Dieser Zweifel, diese Verwunderung verlangen nach einer Erklärung; ich will nicht erforschen, wer die Philosophen für ihre Tätigkeit bezahlt, sondern warum und wofür man sie bezahlt. Die Frage läßt sich daher auch anders formulieren: Welchen Platz nimmt die Philosophie in der sozialen Arbeitsteilung ein?

Da die Budgets aller Staaten bestimmte Summen für die Philosophie vorsehen, so scheint sie doch zu irgend etwas nützlich zu sein und irgendwelche soziale Bedürfnisse zu befriedigen. Das ist jedoch nicht überzeugend, denn es gibt Einrichtungen, die ausschließlich auf Grund des Beharrungsvermögens bestehen, und allein die Tatsache, daß die Philosophie von der Gesellschaft bezahlt wird, schließt die Möglichkeit noch nicht aus, daß nur die Kraft der Tradition dahintersteht, ebenso wie hinter den bunten Uniformen der Schweizer Garde an den Toren des Vatikans. Außerdem gibt es Institutionen, die bestimmte reale Bedürfnisse auf illusorische Art und Weise, manchmal sogar zum Schaden der Gesellschaft, befriedigen: Die Menschen zahlen doch z. B. auch

Geld an Wahrsager, Wunderdoktoren und ähnliche Leute, die es überall zur Genüge gibt.

Die Entdeckung von Marx, daß die Philosophie ein Instrument des Klassenkampfes ist, bedeutete sicher eine Revolution in der Selbsterkenntnis ihrer sozialen Aufgaben, und der Umstand, daß sie zur Lehrbuchweisheit wurde, darf uns nicht davon abhalten, die Bedeutung dieser Entdeckung zu würdigen. An und für sich kann sie jedoch noch keine befriedigende Antwort auf die anmaßende Frage geben, die wir eingangs stellten. Eine Reihe anderer Probleme taucht auf: Worin besteht die soziale Funktion der Philosophie als einer Wissenschaft von der Welt? Auf welche Weise wird der Klasseninhalt der philosophischen Erkenntnis wirksam, und wie gewinnt er praktische Gültigkeit? (Ich denke an das, was die Deutschen die »Philosophie als solche« nennen, und sehe von der Problematik der Soziologie ab, die als Teil der philosophischen Wissenschaft gilt.) Bedeutet die Anerkennung des Klassencharakters des philosophischen Denkens, daß die Philosophie in der klassenlosen Gesellschaft abstirbt?

Über den Wert der Phantasie

Die erste Frage betrifft die besondere Eigenart der philosophischen Erkenntnis in der Gesamtheit des menschlichen Wissens. Man bemerkte schon vor Jahrhunderten – was übrigens eine Erkenntnis des gesunden Menschenverstandes ist –, daß das Philosophieren freie Zeit erfordert (die moderne Erfahrung bestätigt das in drastischer Weise). Es war daher natürlich, daß sich eine von der religiösen Mythologie emanzipierte philosophische Problematik nur unter der Bedingung herausbilden konnte, daß die geistige Arbeit sich von der körperlichen getrennt hatte, das heißt, unter den Bedingungen der Klassengesellschaft. Nicht minder natürlich war es, daß sich – in dem Maße, wie sich der Prozeß der Trennung des intellektuellen Lebens von der Technik vertiefte – die Auffassung festigte, zum Wesen der Philosophie gehöre ihre völlige praktische Nutzlosigkeit, was diese Tätigkeit geradezu erhob und ihr einen gewissen Adel verlieh. Aristoteles sagt, daß alle Wissenschaften nützlicher seien als die Philosophie, aber keine sei besser. (Erinnern wir uns, daß er ein Denker war, dessen Philosophie in besonders intimer Berührung mit der Naturwissenschaft stand und ausgesprochen naturalistisch orientiert war.) Diese Auffassung läßt sich in der Geschichte der Philosophie häufig und durchaus nicht nur in idealistischen und rückständigen Doktrinen finden. Die zweite Richtung im Hinblick auf die Aufgaben, die man der Philosophie stellt, stammt von den Stoikern und Epikureern, und das Wesentliche an ihr ist die Überzeugung, daß die Philosophie nur praktische Aufgaben habe, nämlich Aufgaben moralischer Natur, daß ihre eigentliche Berufung die Lehre von der Tugend sei, die entweder als Bedingung des Glücks oder als identisch mit ihm galt. Dort, wo es im antiken Geistesleben zu deutlichen programmatischen Formulierungen über die Aufgaben der Philosophie kam, kreisten sie meist um diese beiden miteinander konkurrierenden Auffassungen: die Philosophie als Wissenschaft von der Welt, aber bar jeglichen Nutzens und praktischer Anwendbarkeit, oder die Philosophie als normative Disziplin oder zumindest beschränkt auf jenes Gebiet der Erkenntnis, das sich zur Errichtung einer normativen Ethik verwerten läßt.

Bei dieser Kontroverse tauchen folgende Überlegungen auf: Jahrhundertelang hat die Philosophie die Lücken der exakten Wissenschaften ausgefüllt und die Erfahrungen, die fehlten, um ein abgerundetes Weltbild zu erhalten, durch Spekulationen und Vermutungen ersetzt. Es besteht kein Grund, sie dafür der Unreife zu zeihen; solche Tätigkeit gehört nämlich zu den natürlichen Bestandteilen des intellektuellen Fortschritts: Wie vor Jahrhunderten, so kann man sich auch heute keine geistige Entwicklung ohne das Risiko schlecht begründeter Verallgemeinerungen vorstellen und ohne Versuche, Fragen, auf die keine empirischen Antworten gefunden werden, mit Hilfe der Phantasie zu beantworten. Die tägliche Beobachtung zeigt auch deutlich, daß pedantisch-vorsichtige Geister, die dazu neigen, jedes theoretische Risiko zu vermeiden, und sich nicht auf unklare Probleme einlassen wollen, zur Unfruchtbarkeit verurteilt sind und nur einen nutzlosen Bodensatz in der geistigen Entwicklung der Gesellschaft bilden. Die Überspitzung des wissenschaftlichen Verantwortungsgefühls kann geradezu lähmend wirken. Im Bereich des als Ergänzung zur fehlenden Empirie aufgefaßten Philosophierens beruht der Fortschritt der Erkenntnis vor allem darin, daß wir uns heute dieser Art spekulativer Lösungen für Fragen, die nicht durch die Erfahrung beantwortet werden konnten, bedeutend leichter bewußt werden und daß diese Fragen auf verschiedenen Gebieten mit der Zeit überflüssig werden, obwohl ständig neue auftauchen, bei denen die Kraft der Spekulation den Mangel an Erfahrung ergänzen muß. (Der letzte Umstand ist vielleicht ein Argument gegen die Theorie, die den Tod der Philosophie prophezeit.) Die von uns kritisierten philosophischen Doktrinen der Vergangenheit haben nicht deswegen, weil sie die geringen positiven Kenntnisse durch Vermutungen ergänzten, ein spekulatives Gepräge gehabt, sondern weil und insofern sie erfundene, nicht wirklich aus der Praxis der menschlichen Erkenntnis hervorgegangene Probleme stellten. Wir erwähnen häufig die Atomistik des Altertums oder die antiken Versuche, die evolutionäre Entstehung des Lebens und des Menschen zu beschreiben, und bezeichnen sie als »geniale Vermutungen«; wir sehen also darin gerade ihren Vorzug, obwohl die Grundlage für den Beweis dieser Ideen überaus bescheiden war. Ebenso richtig wurde die fruchtlose Leere der philosophischen Systeme demonstriert, die sich damit beschäftigten, gewissenhaft alle Einzelheiten der Dämonologie zusammenzutragen. Der spekulative und idealistische Charakter der letzteren kam vor allem daher, daß sie auf kein wirkliches Problem Antwort gaben und durchaus keine Lücke in dem wissenschaftlichen Weltbild ausfüllten. Hingegen hat sich die Funktion des philosophischen Denkens, die darin besteht, daß sie die fehlenden Glieder in der Kette des Wissens durch Vermutungen ersetzt, als wichtiger und schöpferischer Gärstoff für den Fortschritt der Erkenntnis erwiesen. Man darf also bezweifeln, daß die Philosophie schon begraben ist.

Über die Impulse der Philosophie

Kenner der naturwissenschaftlichen Problematik versichern, daß das philosophische Denken zur Zeit eine nicht geringe Rolle in der Entwicklung der Naturwissenschaften spiele oder doch zumindest fähig sei, eine solche Rolle zu spielen. Wer, wie der Verfasser, auf diesem Gebiet nicht zu Hause ist, hat keine Berechtigung, eigene Auffassungen darüber zu haben, obwohl ihm bei oberflächlicher Betrachtung der Dinge gewisse skeptische Gedanken kommen. Sie liefern leicht einen Beweis für die hemmende Rolle philosophischer Spekulationen auf verschiedenen Gebieten der Naturwissenschaft, lassen aber nur schwer Beispiele erkennen, in denen man für das Papiergeld allgemeiner philosophischer Phrasen die Goldmünzen naturwissenschaftlicher Entdekkungen eintauschen könnte. Wenn man jedoch in dieser Angelegenheit den kompetenten Auffassungen recht gibt, entsteht die nächste Frage: Sind die *sozialen Impulse*, auf Grund derer das philosophische Denken in die Entwicklung der exakten Wissenschaften eingreift, von derselben Art wie die Impulse, die die Naturwissenschaften ins Leben rufen und ihnen Triebkraft verleihen? Die letzteren Impulse – es ist schwer, daran im Ernst zu zweifeln – liegen in den Bedürfnissen nach technischem Fortschritt, jedenfalls wenn man die Entwicklung der Wissenschaft in *sozialem Maßstab* in Betracht zieht und einen *genügend großen Zeitabstand* verfolgt, denn im Einzelfall wird sich eine solche These nicht immer bestätigen. Gilt das auch vom Fortschritt des philosophischen Denkens und in dem Bereich, in dem sich sein Einfluß auf die Naturwissenschaften feststellen läßt? Verschiedene geschichtliche Erscheinungen lassen daran zweifeln, daß der Fortschritt des philosophischen Denkens durch die Bedürfnisse des technischen Fortschrittes wesentlich beeinflußt wurde. Andererseits kann man feststellen, daß es wohl kein Gebiet der theoretischen Naturwissenschaft gibt, das nicht historisch auf die Philosophie zurückzuführen wäre; auch wird sich im intellektuellen Stammbaum jedes Naturwissenschaftlers immer ein Philosoph finden. Die Gegenüberstellung dieser beiden Tatsachen gibt zu denken. Die Philosophie ist ein fruchtbarer Morast, in dem ständig neue Ideen und neue Wissensgebiete entstehen, die mit der Zeit selbständiges Leben bekommen. Man kann tatsächlich feststellen, daß schon im Laufe der letzten Jahrzehnte die neuen Wissensgebiete Psychologie und Logik sich von der Philosophie getrennt haben und selbständig geworden sind. Das gibt jedoch noch keine Antwort auf die oben formulierte Frage: Sind die sozialen Impulse der philosophischen Entwicklung die gleichen wie jene, die zur Entwicklung der einst etwas ungeschickt ›die positiven‹ genannten Gebiete führen? Unter diesem Gesichtspunkt nämlich – und nicht nach dem Grade des wirklichen oder möglichen Einflusses der Philosophie auf die Entwicklung der Wissenschaft – muß die Hauptfrage entschieden werden: Wovon lebt die Philosophie als soziale Erscheinung? Es gibt, wie erwähnt, Gründe, die jene philosophisch wichtigen sozialen Impulse von dem richtunggebenden Ursprung des naturwissenschaftlichen Fortschritts unterscheiden. Dort, wo die philosophische Abstraktion entweder die Lücken in der Wissenschaft ausfüllt oder ihre Inspiration anregt, ist sie nicht mehr in der Lage, irgendeine Wissenschaft im Hinblick auf die führende Mission ihrer sozialen Funktion zu ersetzen, d. h. in der Errichtung der theoretischen Grundlage für die technische Verwandlung der Natur.

Ihre Berufung ist es, ein geschlossenes Weltbild zu schaffen, das für die Herausbildung der sozialen Haltungen der Menschen wichtig ist. Dieses Weltbild wird – machen wir uns darüber keine Illusionen – nie so exakt sein wie die einzelnen wissenschaftlichen Disziplinen, und es ist ungewiß, ob die Elemente des utopischen Denkens oder die ewig verfrühten Synthesen sich aus ihm restlos verdrängen lassen.

Lohnt es sich zu philosophieren?

Und doch ist es eher die nebelhafte Intuition als der logisch fordernde Intellekt, was auf den Ausdruck ›geschlossenes Weltbild‹ reagiert. Woran denken wir eigentlich, wenn wir von der Philosophie eine solche Konstruktion verlangen? Welche Kenntnisse von der Welt sind für den Philosophen von Interesse und aus welchem Grunde?

Wir sagen gern, daß die Philosophie sich mit der Analyse gewisser allgemeiner Gesetze beschäftigen solle, das heißt mit solchen, die für alle Gebiete der Wirklichkeit gelten (z. B. dem Gesetz der Entstehung qualitativer Veränderungen infolge quantitativer Anhäufung), oder mit der Analyse allgemeiner, das heißt überall vorkommender Beziehungen (wie Ursache und Wirkung) oder mit den Eigenschaften der materiellen Welt (wie Raum und Zeit). Eine solche Charakteristik kann jedoch nicht befriedigen. Inwiefern ist nämlich das allgemeine Gesetz von der Entwicklung der Welt durch das Aufeinanderprallen der Gegensätze allgemeiner als die Gesetze der Mechanik, die den Philosophen als solchen nur mittelbar interessieren und die festzustellen er auf keinen Fall in der Lage ist, ebensowenig wie er die Grenzen ihrer Anwendbarkeit zu untersuchen vermag? Andererseits interessiert die Abstammung des Menschen vom Affen – an sich weit weniger allgemein als z. B. die physiologischen Gesetze der Verdauung – die Philosophie bedeutend unmittelbarer, obwohl sie auch bei dieser Frage nur der Initiator und nicht der eigentliche Forscher sein kann. Nicht die Allgemeingültigkeit als solche erregt daher die soziale Vorstellungskraft der Philosophie. Der Bereich der wirklichen Erscheinungen, der die Aufmerksamkeit der Philosophie anzieht, wird durch andere Faktoren bestimmt: durch die Wichtigkeit, die ihre Erkenntnis für die Herausbildung der moralischen Haltung des Menschen in der Gesellschaft hat. Diese Haltung und das Verhalten, das sich moralisch einschätzen läßt, müssen sehr breit verstanden werden. Es ist vielleicht überflüssig, gegen die manchmal vertretene Meinung zu polemisieren, nach der das Verhältnis des Menschen zu der von ihm gewählten Umgebung oder der Gruppe, an deren Aktivität und an deren Kampf er sich beteiligt, einer moralischen Beurteilung unterliege – die Wahl der einen oder anderen Gruppe selbst aber nicht Gegenstand moralischer Beurteilung sein könne: Aus einer solchen Auffassung müsse man schließen, daß es moralisch gleichgültig ist, ob man Faschist oder Kommunist sei...

Es ist klar, daß die politische Haltung zu Dingen gehört, die moralisch beurteilt werden können. Dazu gehört aber auch – und das Bewußtsein dieser Tatsache ist wichtig für die Analyse der Beziehungen zwischen Philosophie und exakten Wissenschaften – die Einstellung des Menschen als Angehörigem einer mit der Erkenntnis beschäftigten Schicht und sein soziales Verhalten. Die Überzeugung, die den Erkenntnismöglichkeiten des menschlichen Verstandes unüberwindliche Grenzen setzt, und die andere, die das ablehnt, können die Entwicklung des wissenschaftlichen Denkens sehr beeinflussen. Die Tätigkeit der Menschen, die konsequent davon überzeugt sind – und eine solche Auffassung bildet einen integralen Bestandteil allen religiösen Denkens –, daß es Behauptungen gibt, die man als wahr anerkennen muß, obwohl man sie gar nicht begreift, muß eine Beschränkung für den Wissensdrang und die intellektuelle Ehrlichkeit bedeuten. Es ist eine andere Erkenntnishaltung, ob man glaubt, daß die von der Wissenschaft entdeckten Naturgesetze ein Produkt der organisierenden Kraft des Denkens sind, oder ob man sie für der Natur immanent und ihr wirklich eigen hält. Von diesem Gesichtspunkt aus steht es der philosophischen Überzeugung zu, in die wissenschaftliche Tätigkeit einzugreifen, jedoch nicht um in irgendeiner Form den Inhalt der wissenschaftlichen Ergebnisse im voraus zu bestimmen, sondern um die verschiedenen moralischen Haltungen zu beeinflussen und dadurch zu bewirken, daß auch der Erkenntnisprozeß in gewisser Hinsicht moralisch beurteilt werden kann.

An dieser Stelle ist es nötig, gewisse ergänzende Erklärungen hinzuzufügen. Es wurde gesagt, daß ungeachtet dessen, was die Ausgangsbasis des Philosophierens ist (und sie kann auch aus den faktischen Ergebnissen verschiedener Wissensgebiete bestehen), es im wesentlichen dazu berufen ist, den breit verstandenen moralischen Fortschritt intellektuell auszuführen, was natürlich nicht bedeutet, daß sich das philosophische Wissen aus normativen Äußerungen zusammensetze. Moralische Haltung ist auch das Ergebnis vom Wissen über die Welt; ohne auf den ewigen Streit über die Möglichkeiten einer wirklichen Begründung moralischer Urteile und normativer Gesetze sozialen Handelns mit Hilfe des sogenannten positiven Wissens und auf Grund der Logik einzugehen, ist es doch leicht festzustellen, daß die Einwirkung dieses Wissens auf moralische Erscheinungen nach den Gesetzen der sozialen Psychologie vor sich geht. Ich glaube daher, daß das philosophische Denken soziale Selbsterkenntnis ist, bei der die Gesellschaft und die sozialen Gruppen sich der Verbindung bewußt werden, die zwischen der errungenen Kenntnis über die Welt, dem sozialen Handeln und dem moralischen Verhalten der Menschen besteht. Es folgt daraus nicht, daß die Entwicklung der Philosophie in der Geschichte keinen Einfluß auf den Fortschritt der Wissenschaft gehabt habe; man muß nur fragen, in welcher Form diese Einwirkung erfolgte, und sich dazu der vielen möglichen Formen bewußt werden, die in der Geschichte überliefert sind. Die *erste* mögliche Form ist die Konstruktion allgemeiner methodologischer Postulate, die sich in der Forschungsarbeit effektiv benützen lassen. Meine Zweifel – ich drücke sie nicht in einer fertigen Theorie darüber aus – beziehen sich eben auf diese Funktion der Philosophie. Ich stelle die Frage: Gleicht die allgemeine Methodologie der Wissenschaften nicht jener Eule der Minerva, die in der Dämmerung ausfliegt? Kann sie Regeln der wissenschaftlichen Forschungsarbeit formulieren, ehe sie wirklich angewandt werden? Besteht ihre Funktion nicht vor allem in der Formulierung bereits angewandter Methoden? Zwei große und sehr verschiedene Methodologen, Bacon und Descartes, haben zwei Typen einer solchen allgemeinen Methodologie geschaffen, die sich im zweiten Fall auf das Vorbild der Mathematik und im ersten auf das Vorbild der Chemie gründete. Ich könnte jedoch nur schwer beweisen, daß sie mit Hilfe eben dieser allgemeinen Methodologien einen wesentlichen Einfluß auf die Entwicklung dieser Wissenschaften gewonnen hätten. Die *zweite* Art der Einwirkung ist die Entstehung neuer wissenschaftlicher Erkenntnisse infolge von Forschungen philosophischer Natur. Von diesem Gesichtspunkt aus liefern die philosophischen Spekulationen manchmal einen fruchtbaren Anreiz für wissenschaftliche Forschungen, auch wenn sie gelegentlich danebengreifen. Eine solche Einwirkung ist dabei häufig etwas Zufälliges, und es ist zweifelhaft, ob man sie in Form eines Programmes voraussehen könnte. Die *dritte* Art einer möglichen Einflußnahme der Philosophie auf die Wissenschaft beruht auf der Schaffung einer geistigen Atmosphäre, die ihrem Fortschritt förderlich ist, indem sie den Glauben an die Erkenntnismöglichkeiten des Menschen weckt und an den Wert der wissenschaftlichen Forschungen. Dabei muß vor allem das Verdienst von Francis Bacon erwähnt werden, der unermüdlich darum kämpfte, die Vorurteile zu zerstreuen, die die Natur des Verstandes oder die Natur selbst mit den Sünden der eigenen Unfähigkeit belasten. Die ganze Entwicklung des materialistischen Gedankens hat sich, von diesem Standpunkt aus betrachtet, um die Fortschritte des positiven Wissens verdient gemacht. Die *vierte* Funktion des Philosophierens ist mit der tiefen und klugen Bemerkung von Engels verbunden, der Materialismus sei nichts anderes als die Betrachtung der Natur, so wie sie ist, ohne irgendwelche Zugaben. Seine Rolle in der Geschichte der Wissenschaft bestehe unter anderem auch in der Beseitigung der ›überflüssigen Zugaben‹ zur Natur, wenn der Glaube an sie die Entwicklung des wissenschaftlichen Denkens hemme. Das ist eine negative Tätigkeit, deren – heute sicher geringstes – Gewicht man besonders in Zeiten schätzt, in denen das weltliche Wissen langsam den Höcker der theologischen Vorurteile abwirft und das Recht selbständiger Existenz erkämpft, also eben das Recht, die Natur so wie sie ist zu betrachten. Die Geschichte des Materialismus ist im Bereich dieser Art sozialer Einwirkung auf den wissenschaftlichen Fortschritt jedoch nicht eine Geschichte der besonderen Methodologie der Wissenschaften, sondern die Geschichte des *moralischen Fortschritts des Intellektuellen,* die Geschichte der Herausbildung einer wissenschaftlichen Haltung im Denken, die Geschichte der negativen Freiheit des erkennenden Menschen – der Freiheit vom organisierten Terror des Aberglaubens, von den Vorurteilen und dem Zwang der dogmatischen Traditionen. Ich glaube, daß der Materialismus in der Wissenschaft wirklich mehr eine wissenschaftliche Haltung ist als eine Doktrin, mehr eine intellektuelle Aufrichtigkeit als ein

System. Die *fünfte* mittelbare Art der Einwirkung des philosophischen Denkens auf die Entwicklung der Wissenschaften ist der allgemeine Einfluß der Philosophie auf den sozialen Fortschritt; die Rolle, die sie bei der Veränderung der sozialen Verhältnisse und bei der Zerstörung der veralteten Einrichtungen im gesellschaftlichen Leben spielt, die ebenfalls der Intensivierung des geistigen Lebens förderlich ist – denn der Fortschritt des Wissens ist ein integraler Bestandteil des allgemeinen Fortschritts; das ist keine Einwirkung, die für die Philosophie charakteristisch ist oder unmittelbar erfolgt, obwohl die entsprechende weltanschauliche Gestaltung der sozialen Lage eine unerläßliche Bedingung für alle sozialen Umwälzungen ist. Diese Unterscheidungen, die vielleicht nicht erschöpfend sind, erlauben uns zu verstehen, weshalb die Auffassung, die soziale Funktion der Philosophie müsse sich vor allem auf die Bedürfnisse des moralischen Lebens konzentrieren, nicht bedeutet, man wolle auf ihre wissenschaftlich schöpferischen Werte verzichten. Die Philosophie besitzt nämlich auch die Macht, jene moralischen Situationen zu gestalten, die für eine Entwicklung des wissenschaftlichen Gedankens wichtig sind. Die Geschichte hingegen scheint die Auffassung zu bestätigen, daß jedesmal, wenn ein methodologisches Problem wirklich wichtig für die Entwicklung der Wissenschaft wird, es sehr bald den Händen der Philosophen entgleitet. Es ist auch äußerst zweifelhaft, ob die außermenschliche Welt eine besondere philosophische Daseinssphäre besitzt, d. h., ob es in demselben Sinne, wie es ein Gebiet der chemischen oder biologischen Erscheinungen in der Wirklichkeit gibt, auch ein besonderes philosophisches Gebiet gibt. Die dargelegten Gedanken sind nur Reflexionen über wirkliche und historisch nachweisbare Fähigkeiten der sozialen Wirksamkeit des philosophischen Bewußtseins; insofern sind sie auch der Versuch, den chimärischen Charakter einiger Programme aufzuzeigen, besonders desjenigen, das die wichtigste Mission der Philosophie darin erblickt, die exakten Wissenschaften zu leiten und ihre Entwicklung mit Hilfe eines universellen, selbstzufriedenen Dilettantismus zu kontrollieren. Es gibt in der Philosophie ebenso wie überall eine illusorische Hoffnung, die sich auf Spekulationen über das platonische Wesen der Philosophie stützt, es gibt auch eine Hoffnung der Geschichte, die sich – wie jede reale Hoffnung – auf ihre bisherigen Erfahrungen und die in ihnen zutage getretenen Tendenzen stützt. In dieser Hinsicht richten sich unsere Ausführungen auch gegen jene Denkart, die sich vorstellt, daß die erfolgreichste Methode der Welterkenntnis nicht darin bestehe, daß man sich eine wirkliche Kenntnis der Geschichte aneigne, sondern darin, daß man deduktiv ihre Wesenheit erkenne, der gegenüber jede Empirie eine der Beachtung unwerte, zufällige »Abweichung« darstelle, deren Kenntnis sich nur auf die Tradition schlechter Lehrbücher stütze.

Wir haben oben gesagt, daß die Philosophie jene Erscheinungen behandelt, deren Kenntnis auf die Herausbildung einer moralischen Haltung einwirken kann. Auf Grund dieser Tatsache läßt sich die Unvermeidbarkeit jener Züge theoretisch begründen, die der Klassenkampf philosophischen Doktrinen verleiht, d. h. die Feststellung, daß solche Doktrinen auf Klassen zurückgehen, die bemüht sind, moralische Haltungen zu verbreiten und zu festigen. Man kann aus diesem Grund prophezeien, daß die sozialen Funktionen der Philosophie unter Bedingungen, unter denen ihre Klassenfunktionen absterben, selbst durchaus nicht abzusterben brauchen.

Die wesentlichste Funktion der philosophischen Weltanschauung bei der Entstehung moralischer Haltungen und Verhaltensweisen des Menschen in der Gesellschaft kommt besonders in jenen philosophischen Fragen zum Ausdruck, deren sozialer Gültigkeitsbereich am größten ist. Die Bewertung des Lebens und der Welt ist abhängig davon, ob der Mensch weiß, daß alles, was ihn umgibt, einschließlich seiner selbst, einst aus dem Urschlamm der Erde entstanden ist, oder ob ihn der Reiz der Mythen verführt, die ihn an die Vorsehung des Schöpfers und an seine Lenkung des Erdendaseins glauben läßt. Die Konsequenz der ersten Auffassung läßt eine ganz andere Hierarchie der Werte entstehen – die Überzeugung, daß man das am höchsten achten soll, was das wertvollste Produkt der Materie ist: den Menschen, seinen Verstand, seine Fähigkeit, sich durch die Anstrengung der eigenen Hände und des eigenen Verstandes zu vervollkommnen; die Konsequenz der anderen Auffassung ist die Übertragung der höchsten Werte in die außermenschliche Welt, deren grenzenlose Vollkommenheit man nicht nur nicht erreichen, sondern auch nicht verstehen kann. Das moralische Ergebnis der Überzeugung, daß es das Schicksal der Menschen sei, auf der Erde zu leben und zu sterben, ist eine Haltung, die uns den Wert der menschlichen Handlungen und des menschlichen Lebens, den Edelmut oder die Niedertracht der Menschen, nur im Hinblick auf den irdischen Menschen und seine Bedürfnisse beurteilen läßt, also im Hinblick auf das einzige Dasein, das es gibt. Umgekehrt läßt uns der Glaube, daß der Mensch mit seiner spezifisch menschlichen Natur aus einem anderen und besseren Material geschaffen wurde als alle anderen Kreaturen der Natur und aus einem schlechteren als eine Menge anderer unsichtbarer und übermenschlicher Wesen, das am wenigsten achten, was den Menschen mit dem eigenen und sozialen Erdenlos verbindet. Allein das Bewußtsein, daß die Welt von autonomen und ihr von nirgendwem aufgezwungenen Gesetzen regiert wird, kann uns dazu befähigen, in schwierigen Situationen, die nach einer Veränderung verlangen, den Ausweg in der rationalen Erkenntnis der Lage und in dem Versuch zu finden, sie nach den Gesetzen zu verändern, denen sie unterliegt. Die Vorstellung, daß sich die natürliche Umgebung des Menschen zielbewußt verhalten und aus ihren Gesetzen ausbrechen könne, hat zur Folge, daß man mit der Möglichkeit einer nichtmateriellen Einwirkung auf die materielle Wirklichkeit rechnet, und führt zu der Annahme, daß sie sich unabhängig von der Anstrengung des Menschen günstig oder ungünstig auswirken könne. Die Auffassung, daß das Wesen der Persönlichkeit sich im letzten weder beschreiben noch anderen mitteilen läßt, führt unweigerlich zu der Schlußfolgerung, daß die wichtigsten Werte, die die menschliche Persönlichkeit zu erringen fähig ist, unabhängig von ihren sozialen Bindungen und ihrer Gemeinsamkeit mit anderen errungen werden müssen. Die Echtheit dieser Bindungen, die durch Jahrhunderte menschlicher Geschichte und manchmal auf unheilvolle Art bestätigt worden ist, wird unangefochten bleiben, sooft auch katholische Schriftsteller versichern mögen, die Theologie trage unermeßliche Werte in das soziale Leben hinein.

Ist die Philosophie eine Wissenschaft, die sich mit allem beschäftigt?

Von der oben dargelegten Auffassung über die soziale Rolle des philosophischen Denkens aus gesehen, kann man nun den Versuch machen, auf die Frage zu antworten: Ist die Philosophie eine humanistische Wissenschaft?

Die humanistischen Wissenschaften, die auf Grund des Gegenstandes, den sie behandeln, ausgesondert wurden, sind jene Wissenschaften, die sich mit dem Menschen als einem sozialen Wesen befassen und mit seinen Produkten als mit sozialen Produkten. Wenn sich ein Philosoph als Philosoph für die Geschichte der Entstehung des lebendigen Eiweißes in der toten Materie interessiert, für den objektiven Charakter der physikalischen Gesetze, für die Existenzart mathematischer Gegenstände, für die Beziehung der Bestandteile eines lebendigen Organismus zu seiner Gesamtheit (und er muß das tun, wenn er das Bild der Welt nicht ausschließlich aus dem Nebel der Phantasie weben will, ›wie die Seidenraupe aus ihrem Inneren‹), obwohl er unfähig ist, diese Fragen selbständig zu lösen, kann man dann den Gegenstand der Philosophie innerhalb der Geisteswissenschaften unterbringen?

Meiner Meinung nach ist die Philosophie eine humanistische Wissenschaft; sie ist es in dem Sinn, daß sie ›anthropozentrisch‹ ist; natürlich kann man das in gewisser Hinsicht von allen Wissenschaften sagen, denn die Entwicklung aller ist durch die verschiedenen menschlichen Bedürfnisse bestimmt, und in diesem Sinne ist der Ausspruch von Hume richtig, daß es keine wichtige Frage gebe, deren Lösung nicht zur Wissenschaft vom Menschen gehöre. Jedoch ist das philosophische Denken dadurch gekennzeichnet, daß es sich auf die soziale Praxis der Menschen als moralische Subjekte konzentriert. Bestandteile der Welt, die philosophisch wichtig sind, interessieren die Philosophie nicht deswegen, weil das Wissen von ihnen für die Beherrschung der Natur wichtig ist, sondern weil es auf die Beziehungen zwischen den Menschen als sozialen Wesen Einfluß hat. Dieser ›anthropozentrische‹ Charakter der philosophischen Erkenntnis bewirkt, daß es unmöglich ist, generell und ein für allemal zu bestimmen, welche Kenntnisse von der Welt par excellence zum philosophischen Wissen gehören (denn es gibt solche, die gleichzeitig aus einem anderen Grund zu anderen Wissenschaften gehören): Ihr Bereich ist in gewissem Grad veränderlich, abhängig von der sozialen und intellektuellen Situation verschiedener geschichtlicher Epochen, und man unterscheidet sie nach ihrer Bedeutung für die Verwandlung des sozialmoralischen Verhaltens der Menschen.

Wenn es also richtig ist, daß alles in der Welt, *jede Tatsache die Chancen hat, unter gewissen geschichtlichen Bedingungen in das Gravitationsfeld der philosophischen Erkenntnis zu gelangen* (was dieses Gebiet eben von anderen humanistischen Disziplinen unterscheidet), so ist es jedoch eine besondere Eigenschaft der philosophischen Erkenntnis, daß in ihr jedes Objekt der Erkenntnis humanisiert wird, daß also *der eigentliche Sinn jeder Erkenntnis von der Philosophie erst dann entdeckt wird, wenn ihr praktischer und menschlicher Sinn entdeckt worden ist.* Das unterscheidet das philosophische Denken eben von der Naturwissenschaft; denn obwohl diese von den Bedürfnissen der menschlichen Praxis in ihren Beziehungen zur Natur bestimmt wird, fordert sie keineswegs von den Behauptungen der Philosophie, daß sie, um sinnvoll zu werden, auch praktisch anwendbar seien.

Im Gegenteil – der praktische, moralische und politische Charakter der philosophischen Wissenschaft bewirkt, daß ihr Sinn hinsichtlich der praktischen Werte für das moralische Leben einer gewissen Relativierung unterliegt. Sonst wäre im buchstäblichen Sinn alles ein Objekt der Philosophie, sie hätte also praktisch überhaupt kein Objekt. Gewisse Wahrheiten werden zum Bestandteil des philosophischen Wissens nicht durch ihren ›nackten‹ Inhalt, sondern durch eine geschichtlich bestimmte – also veränderliche – Möglichkeit der Einflußnahme auf die moralische Haltung des Menschen. Daher sind die philosophischen Wahrheiten immer – um einen scholastischen Ausdruck zu gebrauchen – reine ›Aktualität‹, ihre Existenz als Erkenntnis wird nur in ihrer sozialen Anwendung realisiert.

In diesem Sinn haben wir das Recht, die Philosophie zu den Geisteswissenschaften zu zählen. In welchem Sinn sie auf Grund der von ihr angewandten Erkenntnismethoden zu diesem Bereich gehört, ist eine andere Frage, auf die wir jetzt nicht eingehen und die vor allem festzustellen hat, wie das wirkliche Verhältnis der philosophischen Abstraktion zur Empirie ist.

Zum Schluß zwei Vorbehalte: Wenn ich diese programmatischen Formulierungen, die sich auf die Aufgaben der Philosophie beziehen, für die treffendsten halte, die in der Tradition der europäischen Philosophie vor allem in den Gedanken der antiken Zyniker, Epikureer und Stoiker enthalten waren und die, wie ich denke, in der philosophischen Praxis allgemein realisiert wurden – so will ich natürlich nicht sagen, wie das zahlreiche Denker dieser Schulen getan haben, daß das wichtigste moralische Ergebnis der philosophischen Erkenntnis die friedliche Anpassung des Menschen an die vorgefundenen Bedingungen sei, die infolge universeller Ereignisse unvermeidbar sind.

Zweitens folgt aus obigen Ausführungen nicht, wie leicht zu bemerken ist, daß die Aufgaben und moralischen Postulate – wie bei Kant – den *Inhalt* der philosophischen Wissenschaft bestimmen. Das heißt, es folgt nicht, daß die ›praktische Vernunft‹ wirklich in diesem Sinne das Primat über die ›reine Vernunft‹ habe – nicht als ihr Inspirator also, sondern als ihr Befehlshaber. Im Gegenteil, die philosophische Erkenntnis übt ihre soziale Mission dank der Wahrheit ihrer Einsichten aus. Keinerlei normative Grundsätze können die Urquelle für die Wissenschaft von der Welt sein, sondern nur ihre sozialen, psychologischen – vielleicht auch logischen Ergebnisse. Aus dem ›woran man glauben soll‹ und ›wie es sein sollte‹ kann man niemals folgern ›wie es ist‹. Die sozialen und moralischen Aufgaben der philosophischen Erkenntnisse sind für die Philosophie ein Prinzip, nach dem die Auswahl der Objekte erfolgt, aber nicht die Quelle ihres sachlichen Inhalts.

Wenn man prophezeien wollte, so könnte man hinzufügen, nichts in der Geschichte des philosophischen Denkens lasse darauf schließen, daß es in Zukunft buchstäblich absterben werde. Man muß im Gegenteil annehmen, daß sich seine Aufgaben mit der fortschreitenden wissenschaftlichen Spezialisierung erweitern werden, denn diese bewirkt, daß man in immer geringerem Maße ein allgemeines und umfassendes Weltbild von den immer genauer präzisierten und spezialisierten Disziplinen erwarten kann.

Auch in einer Gesellschaft, die nach Engels die Klassenkämpfe nicht nur überwindet, sondern sie in der Praxis des Lebens vergißt und der ›wirklich menschlichen Moral‹ die Herrschaft in der Gesellschaft sichert, kann das Bedürfnis nach philosophischer Erkenntnis nicht erlöschen, da seine eigentliche Quelle — das moralische Leben des Menschen — nicht versiegen wird. Denn wir wollen es ja nicht nur zum Zweck politischer, wirtschaftlicher und technischer Veränderungen revolutionieren, sondern auch um seiner selbst willen. Die Freiheit des Menschen ist auch ein Programm für alle Gebiete des Lebens — auch für das Leben der Menschen —, die die Natur und sich selbst erkennen und für die Befreiung des sozialen Bewußtseins von dem Alpdruck der religiösen Einbildungen und der Angst vor den Chimären der Idealismen kämpfen wollen. Die Freiheit ist jedoch nicht eine Situation, die in irgendeinem Lebensgebiet durch einen einmaligen Akt errungen wird. In der Vorstellung der Materialisten ist ihre Verbreitung ein Prozeß, dem man kein endgültiges Ziel setzen kann. Die Freiheit, an deren Fortschritt das philosophische Bewußtsein teilhat, das heißt die Verbreitung der menschlichen Fähigkeit, über ihr eigenes soziales und moralisches Leben zu herrschen, weicht von diesem allgemeinen Grundsatz nicht ab. Von diesem Gesichtspunkt aus können wir annehmen, daß die soziale Arbeitsteilung auch in Zukunft Platz für philosophische Aktivität hat. Da aber jede erfolgreiche Aktivität die Erfahrung zur Grundlage hat und die Geschichte für die Geisteswissenschaften das entsprechende Terrain der Erfahrung darstellt, muß die Geschichte der Philosophie — das kristallisierte soziale

Gedächtnis vieler Jahrhunderte ideologischen Kampfes – die Grundlage für die philosophische Wissenschaft sein.

Mit diesen Bemerkungen beabsichtigen wir natürlich nicht, ein allgemeines philosophisches Programm aufzustellen. Sie sind nur Reflexionen über die soziale Rechtfertigung des Philosophen.

Die Antisemiten

Fünf keinesfalls neue Thesen als Warnung

Sie zerfallen in verschiedene Arten wie schädliche Insekten: Die einen fordern das Abschlachten der Juden und studieren Broschüren über Ritualmorde, andere sprechen von einer niederen Rasse und einige nur von ›kultureller Fremdheit‹, noch andere begnügen sich mit einer oft kaum wahrnehmbaren Abneigung, die im Alltag leicht ohne Theorie auskommt.

Jedoch besteht zwischen den verschiedenen Arten des Antisemitismus – und das ist die ERSTE THESE dieses Artikels – nur ein quantitativer, ein gradueller Unterschied. Die Voraussetzung für die blutigen Judenpogrome, für die Morde und Grausamkeiten war immer ein bestimmtes Klima, in dem man den Antisemitismus, und sei es in seiner mildesten oder am meisten verwässerten Gestalt, tolerierte. Durch Diskriminierung und Mißtrauen, die scheinbar ganz ungefährlich waren, wurde jene destruktive soziale Energie angehäuft, die später das Verbrechen nährte. Der gemäßigte Antisemitismus der zwanziger Jahre in Polen hat, obwohl er sich auf den ›wirtschaftlichen Boykott‹ der jüdischen Händler beschränkte, doch die Atmosphäre geschaffen, in der die Falanga und Leute wie Fürst Trzeciakow, die später zu Spitzeln der Gestapo und Erpressern der nazistischen Besatzungsmacht wurden, entstehen konnten. Die Nürnberger Gesetze enthielten bekanntlich kein Programm, das die Ausrottung der Juden vorsah, sondern nur den Grundsatz ihrer rassischen Minderwertigkeit. Als man im Warschauer Getto die Pferdebahn einführte, erschien in der Besatzungspresse ein Artikel, der ›bewies‹, daß diese Maßnahme das Ziel verfolge, die Bedingungen im Getto dem Geist der jüdischen Rasse anzupassen, denn die Pferdefuhrwerke entsprächen der Natur des Ostens besser als die elektrische Straßenbahn. Die Nürnberger Gesetze feierten ihren grauenhaften Triumph während des Aufstandes in den Wochen nach Ostern 1943 und hinter dem Stacheldraht des Lagers Maidanek. Aber Morde und Pogrome können nicht unaufhörlich stattfinden. Die antisemitische Haltung der Gesellschaft ist das ständige Reservoir der Reaktion, ein Speicher sozialen Dynamits, das im passenden Augenblick zum Explodieren gebracht werden kann. Hier sind die reaktionären politischen Führer seit Jahrhunderten emsig bemüht, das Maximum der negativen Spannung, die in der Gesellschaft vorhanden ist, aufzufangen, um zu verhindern, daß sie am richtigen Ort explodiere.

Auf diese Weise fördern die gutmütigen Antisemiten das Auftreten der antisemitischen Häscher, die friedlichen Antisemiten züchten Antisemiten heran, die mit Schlagringen und Messern ausgerüstet sind, und die zurückhaltenden Antisemiten ebnen den Weg für die Organisatoren der Pogrome. Die zerstreuten und anscheinend ungefährlichen, einzeln genommen schwachen Atome des Antisemitismus kann man unter entsprechenden Bedingungen blitzartig zu einem Gemenge vereinigen, das sich in einem Verbrechen entlädt. Die heutige Tolerierung der schwächsten Erscheinungsformen des Antisemitismus bedeutet daher die Tolerierung der Pogrome von morgen. Man muß den Schatten des Verbrechens an der Gurgel fassen, ehe er Fleisch wird. Wir erinnern daran, weil die Existenz antisemitischer Herde heute ein offenes Geheimnis ist.

Der unorganisierte Antisemitismus ist allerdings oft schwer zu erkennen. Denn – und das ist die ZWEITE THESE – *der Antisemitismus ist keine Theorie*. Und zwar nicht nur deshalb nicht, weil er in intellektuellen Kreisen, also unter jenen, die die Theorien schaffen, kompromittiert ist. Er ist vor allem deswegen keine Theorie, weil er, wie die meisten Erscheinungen, die im Kampf gegen den Fortschritt entstehen, dem Wesen nach irrational ist und daher jeder Kritik unzugänglich, hoffnungslos sinnlos. Er ist keine Doktrin, die kritisiert werden kann, sondern eine Haltung, deren soziale Wurzeln so geartet sind, daß sie keine Begründung erfordert. Man kann ihm keine Argumente entgegensetzen, denn er ist mit einer Reaktionsart verbunden, der die Beweisführung als Denkform fremd und verhaßt ist. Er ist ein Mangel an Kultur und Menschlichkeit, etwas, was im

Gegensatz zu Theorie und Wissenschaft steht. Davon hat sich jeder überzeugt, der Gelegenheit hatte, mit einem Antisemiten eine jener hoffnungslosen Diskussionen zu führen, die immer dem Versuch ähneln, einem Tier das Sprechen beizubringen.

Die antisemitische Haltung ist nicht einfach eine andere Weltanschauung – denn jede Weltanschauung kann Objekt einer Kritik sein –, sondern höchstens die Artikulierung irrationaler Zustände, die man nicht zu begründen braucht. Der Gegensatz zum Antisemitismus ist nicht eine rationale Theorie, sondern das rationale Denken an sich, keine Wissenschaft, sondern die menschliche Haltung.

Kann man z.B. einem Antisemiten erklären, daß der Begriff des Judentums als Rassenzugehörigkeit und nicht als religiöse, nationale oder sittliche Zugehörigkeit selber schon höchst fragwürdig ist? Daß selbst die Definition des Juden, die in den Nürnberger Gesetzen enthalten ist, ein circulus vitiosus ist (›Ein Jude ist derjenige, der von vier volljüdischen Großeltern stammt‹), daß dadurch der Begriff des Judentums in der nazistischen Praxis zu einem religiösen Begriff wurde und nicht zu einem anthropologischen? Aber das sind zu subtile Feinheiten für antisemitische Geister. Ebensowenig kann man die unzähligen Beispiele für die Unterdrückung anderer nationaler Minderheiten in den verschiedenen Ländern anführen, wo immer dieselbe primitive Prozedur angewandt worden ist: nämlich der bekämpften Minderheit alle negativen Eigenschaften, für die sich immer leicht Beispiele finden lassen, zuzuschreiben, und alle umgekehrten Beispiele zu verschweigen.

Wenn man darauf hinweist, daß sich unter den Juden, die sich von den Vorurteilen ihrer Religion befreit haben, die Schöpfer der modernen Kultur befinden, wie Spinoza, Heine, Marx, Ehrlich, Picasso oder Freud, Bergson, Husserl, wenn man erwähnt, daß Proust, Tuwim, Chagall Juden waren, so ist das für einen Antisemiten nur ein Grund, diese Menschen von nun an zu hassen. Es ist zwecklos, zu betonen, daß das Christentum (die Antisemiten sind im allgemeinen gute Christen) ein rein jüdisches Produkt ist und daß zur Zeit der Verfolgungen durch die römischen Behörden die Christen mit Hilfe derselben seit Jahrhunderten unveränderten Schlagworte bekämpft wurden, deren sich heute die Antisemiten bedienen. Der jüdische Rassenhaß ist genauso sinnlos, grausam und stumpfsinnig wie der antijüdische Rassenhaß und die mosaische Religion für das rationale Denken ebenso fremd und vorurteilsvoll wie die christliche. Man mag sagen, was man will, der Antisemitismus ist kein Ergebnis einer Analyse der Juden, nein, jeder Unsinn reicht völlig aus, ihm als unerschütterliche Stütze zu dienen. Denn er bedarf keines Beweises, sondern nur einer Sanktion.

Es ist natürlich, daß die Antisemiten manchmal nach einer quasi theoretischen Hilfe suchen und daß man Auswirkungen des Antisemitismus manchmal auch bei großen Gelehrten finden kann. In solchen Fällen haben wir es aber eher mit einem zersetzenden Einfluß des Irrationalismus innerhalb der Wissenschaft selber zu tun. Der Antisemitismus ist in einem solchen Ausmaß Bestandteil des sozialen Lebens, wie dieses Leben antiintellektuell ist. Es wird nicht nur infolge seiner politischen Berufung, sondern auch durch seine krasse geistfeindliche Einstellung unweigerlich zur Waffe der sozialen Reaktion, denn er ist gegen alle Angriffe des Geistes gewappnet.

Aus diesem Grunde wird der Antisemitismus, wenn er kein politisches Programm hat, oft zu einer schwer erkennbaren Erkrankung. Er kann verborgene Gestalt annehmen, auf Programmerklärungen verzichten und sich auf dunklen Wegen Bahn brechen, um die moralische Atmosphäre mit jener besonderen Mischung von Dummheit, Grausamkeit, Fanatismus und Haß zu vergiften. Niemand wird auf dem Verstandeswege zum Antisemiten: Man ist es zumeist auf Grund einer Erziehung, die im frühesten Kindesalter begonnen hat und daher später schwer zu überwinden ist. Die Trägheitsgesetze der Tradition wirken auch dann, wenn die ursprüngliche Quelle, die ihn zum Leben berufen hat, versiegt ist. Aber der heutige Antisemitismus wirkt nicht nur infolge der Macht der Tradition. Wo immer ein Kampf zwischen der Reaktion und dem sozialen Fortschritt stattfindet, wird der Antisemitismus geschürt, denn er ist eine der Formen, deren sich das Verbrechen bedient, für das seit Jahrhunderten die Dummheit immer das beste Werkzeug abgab.

Denn – das ist die DRITTE THESE – *der Antisemitismus ist ein Mittel zur Herausbildung sozialer Symbole.* Der Kampf gegen die Juden ist selten ein Ziel an sich. Vom Standpunkt seiner sozialen Funktion aus gesehen soll der Judenhaß ein Brandherd sein, von dem aus das eigentliche Kampfziel beeinflußt wird, das die Organisatoren des Antisemitismus mit dem Judentum in Verbindung zu bringen trachten. Meistens werden die Losungen des Kampfes gegen die Juden mit anderen gekoppelt, die den eigentlichen politischen Sinn des Kampfes ausdrücken. Die Geschichte liefert viele Beispiele für solche Verbindungen, bei denen man etwa die Juden und Christen, die Juden und die Kommunisten, die Juden und die Demokraten zusammen bekämpfte.

An der Verbreitung des Antisemitismus ist der politischen Reaktion besonders dort gelegen, wo es darum geht, die Aufmerksamkeit der Bevölkerung von den wirklichen Ursachen sozialer Mißstände abzulenken. Die Geschichte des Antisemitismus zeigt, daß er seine Wurzeln oft im unmittelbar wirtschaftlichen Interesse hat: Die blutigen Judenpogrome, die im Mittelalter in vielen Städten Deutschlands, Spaniens und Frankreichs stattfanden, haben ebenso wie die zahlreichen Massenvertreibungen der Juden auch ganz gewöhnliche Raubgier zur Ursache gehabt; man wollte die jüdischen Kaufleute und Bankiers ausplündern. Diese Motive fehlten auch nicht im nazistischen Antisemitismus, den Lion Feuchtwanger in seinen Romanen von diesem Standpunkt aus analysierte. In beiden Ländern wurden zu diesem Zweck jene Konflikte ausgenützt, die durch die Konkurrenz in Handel und Industrie entstanden waren.

Aber nicht das bestimmte das Wesen der Bewegung. Die sozial wichtigste Mission des Antisemitismus besteht darin, ein universelles Symbol des Bösen zu schaffen, das man dann versucht, in den Köpfen der Menschen mit jenen Erscheinungen in Politik, Kultur und Wissenschaft zu verbinden, die man bekämpfen will. Man muß aus dem Judentum einen Schimpf machen, mit dem man dann alles brandmarken kann, was vernichtet werden soll, den Träger nicht eines bestimmten Übels, sondern des Übels schlechthin – ein abstraktes, negatives Symbol, das sich in jeder

Situation verwenden läßt, wenn man sie der Welt als negativ präsentieren will. Alles, was dann in der Welt, in der Kultur, in der Politik, im Leben schlecht gemacht und als Gegenstand des Hasses dargestellt werden soll, kann als ›jüdisch‹ bezeichnet werden. Dazu jedoch ist es notwendig, daß in der Gesellschaft möglichst viel von jenem antisemitischen Irrationalismus erhalten bleibt. So schafft der Antisemitismus eine Art magisch wirkenden sozialen Systems: Alles wird unrein und als solches verboten, was man auf irgendeine Art als von den Juden entweiht bezeichnen kann. Daß dabei den Juden und dem Judentum die widerspruchsvollsten Eigenschaften zugeschrieben werden, ist kein Hinderungsgrund, denn Verachtung für das Gesetz des Widerspruchs liegt in der Natur der Magie.

Auf dem ersten polnischen Philosophenkongreß im Jahr 1923 hielt Wincent Lutoslawski das Referat, und er erklärte, daß der jüdische Geist zum Determinismus neige und eine Vorliebe für das Herdendasein habe, in dem es keinen Platz für die Freiheit der Individualität gäbe. Papini hat in seinem ›Gogu‹ das Judentum für den Träger eines umstürzlerischen Individualismus erklärt, der danach trachte, alle sozial anerkannten Werte zu vernichten. Die antikapitalistische Demagogie der Faschisten sah sowohl in der Plutokratie wie in der Arbeiterbewegung ein jüdisches Werkzeug; man beschuldigte die Juden gleichzeitig, daß sie Säuglinge mordeten und daß sie den nationalen Geist mit der Doktrin des ›faulen Humanismus‹ zersetzten. Juden galten als Schöpfer der bürgerlichen liberalen Demokratie und als die Urheber des Bolschewismus. In allen Fällen trat das Judentum als abstraktes Symbol auf, dem man erfolgreich jeden beliebigen Inhalt unterschieben konnte – es genügte, daß es zum Gegenstand eines abstrakten Hasses gemacht wurde.

Daher hat der Antisemitismus für alle reaktionären Bewegungen, insbesondere in Zeiten sozialer Kämpfe, bei Niederlagen oder Unglücksfällen einen unschätzbaren Wert. Die großen Seuchen des Mittelalters hat man bekanntlich auch als das Werk der Juden bezeichnet und zum Anlaß für Pogrome genommen. Es ist nämlich kaum möglich, sich einen Unsinn vorzustellen, der den Antisemiten zu unsinnig vorkommen würde.

Die historischen Umstände haben bewirkt, daß es wirklich kein besseres Objekt für die Rolle eines solchen Symbols geben kann als die Juden. Über die ganze Welt verstreut, nehmen sie am leichtesten den Charakter einer universellen und internationalen ›bösen Kraft‹ an. Da sie überall eine hilflose Minderheit darstellten, konnten sie am erfolgreichsten zu Opfern der Grausamkeit und des Verbrechens gemacht werden. Infolge des krassen Unterschieds in ihren Gebräuchen, ihrer Religion, ihrer Sprache und auf Grund der kulturellen Isoliertheit, in der sie sich von der übrigen Gesellschaft befinden, konnte man die Skrupel und überhaupt alle menschlichen Gefühle ihnen gegenüber am schnellsten überwinden. Sie ließen sich auch am leichtesten unter den anderen erkennen, man konnte mit den Fingern auf sie weisen. Die teilweise Assimilierung der Juden vermehrte ihre symbolische Wirkung sogar noch. In den verschiedenen Kreisen, Völkern, Klassen, politischen Parteien, Berufen und Weltanschauungen assimiliert, lieferten sie genügend Objekte für jeden Kampf: Wogegen man immer ankämpfte, es konnte als ›Judenwerk‹ angeprangert werden. Es gab Juden, die Kommunisten, und Juden, die Anarchisten waren, es gab Juden, die Liberale, und Juden, die Rassenhetzer waren, Juden, die Fabrikanten, und Juden, die Arbeiterführer waren. Überdies hatte das Schicksal einen großen Teil der jüdischen Bevölkerung zu Berufen gezwungen, die den öffentlichen Unwillen besonders leicht hervorrufen. Muß man den Vorteil erklären, den man dadurch erhält, daß man einen jüdischen Händler nicht als einen Händler, sondern als einen Juden darstellt? Muß man an jene Dorfschankwirte des adligen Polen erinnern, deren Existenz immer eine willkommene Handhabe für die antisemitische Propaganda gewesen ist? Der Antisemitismus war in seiner Primitivität und Wirkungskraft immer unersetzlich, ein nicht zu überschätzendes Programm, das ohne einen Augenblick der Überlegung angenommen und verstanden werden konnte und gleichzeitig in allen Situationen und unter allen Bedingungen alles entschied.

Mit einem Vorbehalt allerdings: Obwohl die Verbreitung des jüdischen Volkes und seiner spezifischen Lebensbedingungen es erlaubte, das Jüdische in jedem Kampf zum Symbol zu machen, so konnte es sich doch – ganz gleich, gegen wen der Kampf geführt wurde – immer nur um einen Angriff handeln, der von rechts, aus der politischen Reaktion kam. Das ist die VIERTE THESE : *Der Antisemitismus kann nur ein Werkzeug der Reaktion sein.* Es könnte scheinen, als ließe sich ein mythologisches Symbol von einer so universellen Verwendbarkeit in jedem politischen Kampf gebrauchen. In Wirklichkeit ist das natürlich unmöglich, wenn man beachtet, daß dieses Symbol auf einem Grundsatz basiert, dessen Konsequenzen der geschichtlichen Tendenz der Arbeiterbewegung zuwiderlaufen: dem Grundsatz von der angeborenen Ungleichheit der Menschen, von einem unüberwindbaren biologischen Konflikt zwischen ethnischen oder nationalen Gruppen – also einem krassen Irrationalismus. Deshalb schließt die Tradition der revolutionären Bewegung den Kampf gegen alle Formen der nationalen Diskriminierung und Verfolgung ein, auch dann, wenn sich diese Diskriminierung gegen einige Teile der Bourgeoisie oder des Kleinbürgertums richtet. Ein Beispiel dafür ist die Affäre Dreyfus. In seiner ›Zeitgenössischen Geschichte‹ führt Anatole France eine Diskussion der Arbeiter über diese Affäre an. Der Tischler Roupart erzählt von einer sozialistischen Arbeiterversammlung, in der jemand sagte: ›Sollen sich doch die Kapitalisten unter sich zanken – faltet die Hände und wartet auf die Antisemiten ... Wenn es zum Enteignen kommt, warum sollten wir nicht mit den Juden beginnen?‹ – ›Und dann gingen die Genossen mit den Fäusten vor ... denn mir scheint, daß der Sozialismus auch Wahrheit und Gerechtigkeit und Güte ist, und was gerecht und gut ist, entsteht ohne Wunder, wie der Apfel vom Apfelbaum. Hier gibt es keine Ausflüchte ... gegen die Ungerechtigkeit zu kämpfen, bedeutet für uns, für die Proletarier, auf denen die Ungerechtigkeit der ganzen Welt lastet, zu arbeiten.‹

France drückt hier den Grundsatz der sozialen Existenz des Proletariats als Klasse aus, die, um mit Marx zu sprechen, eine völlige Verneinung des Menschen darstellt, also nur durch dessen völlige Wiederherstellung sich selbst wiedergewinnen kann.

Es gibt keine Form der nationalen Unterdrückung oder Diskriminierung, die nicht gleichzeitig den Kommunismus in seinem innersten Wesen verneinen würde. Das nationale Problem besteht für die Arbeiterbewegung darin, die Diskriminierung und die Unterdrückung einer Nation durch eine andere abzuschaffen. Der Grundsatz ›nationaler Einigkeit‹ kann insofern im Interesse des Sozialismus wirken, als er gegen die Versuche einer nationalen Unterdrückung von außen gerichtet ist. Eine ›nationale Einigkeit‹, die mit Hilfe des nationalen Hasses erreicht wird, kann nur das Werk der Konterrevolution sein, ein Mittel, um die wirklichen sozialen Bedingungen und wirkliche Konflikte zu verdecken und das soziale Bewußtsein auf eine falsche Fährte zu führen.

Solange der Schatten der antisemitischen Tradition das Leben der Menschen bedroht, darf die Bekämpfung rassischer Vorurteile nie von der Tagesordnung der sozialistischen Erziehung verschwinden ...

Schließlich als FÜNFTE THESE: *Der Träger des Antisemitismus ist der Pöbel.* Dieses Wort ist zwar weit davon entfernt, eindeutig zu sein, aber dafür mit großem emotionalem Inhalt geladen. Der Antisemitismus wäre natürlich überflüssig, wenn er das Bewußtsein der Menschen nicht trüben würde, deren wirkliche Interessen den sozialen Zielen des Antisemitismus zuwiderlaufen. ›Die Rassenideologie kann auf dem Wege der Massensuggestion auf Gruppen und einzelne Menschen einwirken, die keinerlei vernünftige Gründe für einen Rassenhaß haben. Eine Ideologie, die auf der Grundlage wirtschaftlicher Konflikte entstand, kann zu einer Kraft werden, die unabhängig von den Dingen wirkt, die sie ins Leben gerufen haben.‹ (Stanislaw Ossowski: *Die soziale Bindung und das Erbe des Blutes.*)

Träger des Antisemitismus ist der Pöbel. Der Pöbel ist nicht dasselbe wie die ›überflüssigen Menschen‹, womit man zuweilen eine Schicht bezeichnet, die einen bestimmten Platz in der sozialen Struktur einnimmt, auch wenn dieser Platz negativ bestimmt wird. Der Pöbel hat keine Klassenzugehörigkeit, und seine Zusammensetzung wird nicht auf Grund einer Klassenzugehörigkeit bestimmt, aber er hat eine soziale Aufgabe, auch wenn er aus sozialen Elementen besteht, die verschiedenen Klassen angehören. Der Pöbel erhält seine Gestalt erst in der Masse; wird sie zerstreut, so bewahrt er kein Solidaritätsgefühl, sondern nur ein unklares Bewußtsein der Bereitschaft, diese Bindung wieder aufleben zu lassen, die weder eine Klassen- noch eine nationale Bindung ist und die nur von Fall zu Fall entsteht, oft mit anderem Inhalt. Die Bindung, die der Pöbel schafft, ist unfähig, ein bestimmtes Programm hervorzubringen, sie ist rein negativ und destruktiv, bar jeden Klassenbewußtseins drückt sie nur eine allgemeine, desorientierte Unzufriedenheit aus. Der Pöbel kann nicht vernünftig reagieren, er verträgt keine Diskussion, unterliegt nur den primitivsten Einflüssen, ist jeder Demagogie gegenüber hilflos und nur zu schätzen als Werkzeug eines in fremdem Namen vollführten Verbrechens.

Im Pöbel gipfelt eine negative Spannung, die ihre eigene Ursache nicht kennt und sich daher willkürlich in beinahe jede Richtung dirigieren läßt, wenn diese Richtung nur genügend einfach und konkret ist, keine Überlegung oder Selbständigkeit erfordert und alle Hemmungen, sowohl die der Überlegung wie die der Moral, außer Kurs setzt. Der Pöbel kann entgegen den augenscheinlichen Interessen der Mehrzahl seiner Teilnehmer wirken, er wird meist bewußt von außen gelenkt und ist selbst nicht in der Lage, die Form seines Handelns zu bestimmen oder zu organisieren, denn es gehört zu den Grundsätzen seiner Existenz, jede innere soziale Disziplin zu leugnen.

Es war der Pöbel, der sich in der Bartholomäusnacht austobte, in den Tumulten gegen Andersgläubige und in den Judenpogromen. Der Pöbel kann nur das Werkzeug des Rückschritts sein. Er tritt nur in Aktion, wenn der Erfolg und das zahlenmäßige Übergewicht gesichert sind, und er weicht nur der Gewalt. Der Antisemitismus ist die beliebteste Form, die man seinem getrübten Bewußtsein verleihen kann.

Das sind fünf Thesen, die nicht neu sind, leider aber auch nicht veraltet. Machen wir uns nichts vor: Der Antisemitismus widersetzt sich den Propagandisten, er existiert trotz ihrer freudigen Berichte über die Erfolge der sozialistischen Erziehung. Er verschwindet nicht dadurch, daß man die Augen schließt.

Die Weltanschauung und das tägliche Leben

Über den Begriff ›Sinn des Lebens‹

Von allen überlieferten Themen der Philosophie ist die Frage nach dem ›Sinn des Lebens‹ das geläufigste. Diese Grundfrage philosophischen Denkens sucht ihre Antwort mehr als andere in jedem Ereignis der menschlichen Geschichte und ist der geheime Lebensnerv der Philosophie. Jede Weltanschauung berührt erst dann, wenn sie auf mehr oder weniger gewundenen Pfaden zu dieser Frage gelangte, die Wurzel des täglichen Lebens. Es ist nicht erstaunlich, daß die akademische Philosophie diesen Teil ihrer Wissenschaft, auf den man nur im Alltag eine Antwort finden kann, schamhaft verschweigt, und daß jede als Wissenschaft aufgefaßte Philosophie die Frage nach dem Sinn des Lebens mit jenen Fragen auf eine Stufe stellt, die höhere Töchter so ausgiebig beschäftigen: ›Was ist Liebe?‹ oder ›Was ist Glück?‹

Es liegt sicher eine gewisse Berechtigung in dieser Verachtung: Sie hat ihre Ursache nicht nur in der spontanen Selbstverteidigung gegen eine hoffnungslose Aufgabe, sondern auch vor allem darin, daß die Frage nach dem Sinn des Lebens erst dann akut wird, wenn das Leben selbst nicht mehr in genügendem Maße das Gefühl vermittelt, sinnvoll zu sein. Wenn das intellektuelle Bedürfnis danach entsteht, einen Ersatz für verlorene Werte zu schaffen, wenn also das Schicksal die Bindung zerreißt, die zwischen dem aktiven Erleben der Welt und ihrer moralischen Bejahung besteht, wenn die Selbstverständlichkeit der in ihm selbst enthaltenen Gründe, die für das Leben sprechen, undeutlich wird, dann verwandelt sich der ›Sinn des Lebens‹ in ein Problem. Dieses Problem erfreut sich vor allem in Zeiten des Niedergangs, aber auch in Zeiten der Vorahnung eines Umschwungs oder in Zeiten, die von einer Atmosphäre des Schreckens beherrscht sind, einer besonderen Beliebtheit. Das ist natürlich, wenn man bedenkt, daß eine Frage nur dann auftaucht, wenn es keine Antwort gibt, und daß im Leben der Gesellschaft keine Probleme entstehen, deren Beantwortung allein in der Bejahung der augenscheinlichen Wirklichkeit bestünde. Niemand fragt nach dem Sinn des Lebens, wenn er nicht das Bedürfnis nach seiner Veränderung fühlt. Es ist eine Frage, die für alle diejenigen gefährlich ist, die den Sinn ihres Daseins in der Erhaltung des jetzigen Zustandes sehen, es ist also eine für Bürokraten und Konservative unerträgliche Frage. Mit anderen Worten: Diese Frage muß all jenen fremd sein, denen ihr Ziel gegeben wurde, oder die es, ohne eine Unruhe zu verspüren, angenommen haben und als natürlichen Bestandteil ihrer Existenz auffassen, denn sie suchen nicht nach ihm, sondern nur nach Mitteln es zu erreichen.

Über Fragen, die scheinbar Scheinfragen sind

Denn ›Sinn des Lebens‹ und ›Ziel des Lebens‹ bedeutet dasselbe. Wenn man sich dessen bewußt wird, so kann man, wenigstens dem Anschein nach, jene Fragen ausschalten, die den ›Sinn‹ außerhalb einer zielbewußten Tätigkeit suchen. Sie sind falsch gestellt. Eine Antwort auf die Frage nach dem Sinn des Daseins als solche zu verlangen, scheint von vornherein unmöglich zu sein, wenn diese Forderung etwas anderes bedeuten soll als die Suche nach dem Sinn des menschlichen Lebens. Selbst denjenigen, die den Daseinszweck der Existenz der Welt in den Absichten Gottes sehen möchten, würde dieses Unterfangen nicht wenig Schwierigkeiten bereiten, wenn man voraussetzt, daß Gott autark ist und die Welt nicht zur Befriedigung seiner Bedürfnisse oder nur zum eigenen Vergnügen geschaffen hat. Von den Scholastikern, die in diesem Punkte zwischen dem Grundsatz der Zweckbestimmtheit göttlichen Handelns und dem seiner moralischen Autarkie schwankten, haben einige schließlich den ersten verworfen: Sie stellten fest, daß die Welt entstanden sei, weil das Gute die natürliche Neigung besitze, sich auszubreiten – bonum est diffusivum sui –, woraus sich ergibt, daß die Entstehung der Welt eine wirkende, aber keine zweckbestimmte

Ursache hatte, oder auch, daß die letztere für den menschlichen Verstand ein Rätsel bleiben müsse. Das Abstrakte an dieser Auffassung bewirkt aber, daß die Einfältigen sich daran gewöhnten, sie in einer verdaulichen, traditionellen Version aufzunehmen: Gott hat die Welt zu seinem Ruhm geschaffen, und obwohl die Ruhmsucht nicht als eine Tugend gilt, soll sie in diesem Ausnahmefall die höchste Gunstbezeigung für die Kreatur bedeuten. Wenn aber die von der Vision des Jenseits berauschten Geister mit einer so fundamentalen Frage nicht fertig werden, was sollen dann die phantasiearmen Rationalisten tun, deren Denken von dem unheilbaren Krebs der Säkularisation zerfressen ist! Die Frage nach dem ›Sinn des Daseins‹ so generell zu stellen, ist so offensichtlich falsch und die Wahrheit, daß das Dasein als solches keinen Sinn hat, nicht nur für die Geister des 20. Jahrhunderts, sondern für die Materialisten aller Jahrhunderte so augenscheinlich, daß es vielleicht nicht lohnt, sich mit ihr zu beschäftigen.

Jedoch haben diejenigen, die hartnäckig irgendeinen Sinn oder irgendwelche Vernunftgründe, sei es in der Natur oder in der menschlichen Geschichte, entdecken wollen, manchmal etwas anderes im Auge: Nicht die Zweckmäßigkeit im Sinne der Verwirklichung einer bewußten Absicht, sondern im Sinne einer gesetzmäßigen und in einer deutlich abgezeichneten Richtung verlaufenden Evolution; also sozusagen einer dem Leben innewohnenden Zweckmäßigkeit oder Vernunft, in dem Sinne ungefähr, wie Hegel von ihr spricht, wenn er sagt, die Vernunft regiere die Geschichte; in demselben Sinn, in dem die Vernunft das Planetensystem regiert, obwohl kein Planet das Bewußtsein dieser Vernunft besitzt. Der in einer bestimmten Richtung verlaufende geschichtliche Fortschritt verwirklicht nach dieser Auffassung eine immanente Zweckmäßigkeit.

Es ist zweifelhaft, ob sich eine so verstandene Vernunft der Welt auch auf das außermenschliche Dasein sinnvoll anwenden läßt, wenn man in Betracht zieht, wie unklar die Kriterien des Fortschritts in bezug auf die Natur sind. Man sagt manchmal, die Entstehung des Menschen bedeute einen Fortschritt in der Natur, weil neue Gesetzmäßigkeiten entstanden, die in der Tierwelt unbekannt waren und die Subtilität und Vielfalt der Lebensfunktionen bereicherten. Bei nüchterner Betrachtung dieser verbreiteten Ansicht wird man jedoch leicht feststellen, daß es keine überzeugenden Gründe dafür gibt, ein solches Kriterium für den Fortschritt anzunehmen, und daß es recht willkürlich ist. Genausogut könnten wir annehmen, daß das Lebewesen Mensch im Verhältnis zur übrigen Natur eine Art wuchernden Zellgewebes, ein pathologisches Geschwür ist, das sich der Kontrolle des Gesamtorganismus entzogen hat. Einer der Gründe, die für diese Auffassung sprechen, ist die Ausrottung der Natur durch den Menschen, die Deformierung der ihr eigenen Entwicklungswege und die Vernichtung ganzer Tier- und Pflanzengattungen. Diese Tatsache drängt uns den Gedanken auf, daß der homo faber, die technische Intelligenz, obwohl Produkt der Natur, gleichzeitig zum Werkzeug ihrer Selbstvernichtung wird. In diesem Lichte betrachtet, kann man die Entfesselung der Naturkräfte, die es dem Menschen erlauben, sich als Art selber auszurotten, als einen – hoffentlich erfolglosen – Vergeltungsversuch der Natur ansehen, die dem rebellischen Kind selbstmörderische Mittel in die Hand gibt, um sich auf diese Weise von seiner feindseligen Eroberungssucht zu befreien. Was außerdem den Gedanken an einen im Verhältnis zur Natur degenerierten Charakter des menschlichen Daseins aufkommen läßt, ist der Umstand, daß Ereignisse, die physiologisch ganz natürlich sind, in den Augen des Menschen die Gestalt feindlicher Kräfte angenommen haben und zur Quelle des Unglücks wurden. Das ist vor allem das Ereignis des Todes. Wenn der Tod in unserem Empfinden seine gütige Natürlichkeit verloren hat, ohne jedoch auch nur um einen Deut weniger unvermeidlich zu werden, so haben wir den Beweis für den drastischen Mißklang zwischen der Natur und den menschlichen Bestrebungen: einen Beweis dafür, wie die Natur des Menschen als Vernunftwesen es ihm unmöglich macht, etwas zu bejahen, was zu seiner Natur als biologischem Wesen gehört, ein Beispiel, wie der Intellekt zur Gegennatur wird und wie die Naturgesetze die menschlichen Empfindungen verhöhnen. Es folgt daraus, daß es keine überzeugenden Gründe dafür gibt, einen ›Sinn‹ oder einen ›Zweck‹ in der außermenschlichen Welt zu suchen, selbst dann nicht, wenn dieses Wort in abgeschwächter Bedeutung gebraucht wird, also im Sinn einer inneren Vernunft. Man kann sie in der menschlichen Geschichte suchen, die sicher Grund zu einem gewissen gemäßigten Optimismus gibt und in der der Begriff des Fortschritts ohne entartete spekulative Konstruktionen anwendbar ist. Die Tatsache, daß sich der Bereich der menschlichen Freiheit, das heißt, der Gesamtheit der Mittel, die zur Herrschaft der Gesellschaft über die Bedingungen des eigenen Lebens dienen, ausdehnt, oder daß soziale Einrichtungen entstehen, die die Möglichkeiten des einzelnen, sein Schicksal selbst und ohne Schaden für die Allgemeinheit zu wählen, erweitern, dürfen wir als Zeichen für eine Evolution ansehen. Wenn wir vorschlagen, das Phänomen des Fortschritts als ein rein menschliches Phänomen anzusehen, das außerhalb der Menschenwelt sinnlos wäre, so dürfen wir auch mit der so verstandenen Vernunft der Geschichte einverstanden sein.

Aber auch darum geht es uns nicht, wenn wir nach dem ›Sinn des Lebens‹ fragen. Dieses Wort hat, wenn es im täglichen Leben auftaucht, einen engeren Geltungsbereich. Nur das bewußte Handeln hat in dieser Bedeutung ›Sinn‹. Die Geschichte, die in einer gesetzmäßigen Richtung verläuft, strebt zu keinem von vornherein bestimmten Ziel und wird von keiner Absicht geleitet. Die Geschichte als Ganzes hat keinen ›Sinn‹, sie hat nur eine Richtung. Das klare Bewußtsein dessen genügt dem einzelnen vielleicht, sich nicht gerade als Passagier eines blind gelenkten Schiffes zu fühlen, kann ihn aber nicht davor bewahren, das Einzeldasein als sinnlos zu empfinden. Denn dadurch, daß er sich als Teil einer bestimmten geschichtlichen Entwicklung fühlt, erhält er noch nicht automatisch ein eigenes ›Ziel‹. Mit anderen Worten: Der Sinn des Lebens kann – da er bewußte Bejahung erfordert – keinem Menschen ohne seine Beteiligung gegeben werden. Da der ›Mensch die Wurzel des Menschen‹ ist und da überdies nur das menschliche, sozial herangebildete Einzelwesen ein bewußtes Subjekt ist, ist der Sinn des Lebens immer so, wie jeder ihn sich selbst gibt. Niemand kommt mit einem fertigen Sinn des Lebens zur Welt: Der Lebenssinn ist eine Sache der Wahl.

Inwiefern ist diese Wahl frei?

Um auf diese Frage zu antworten, notieren wir eine evidente Tatsache: Das Gefühl dafür, daß das Leben sinnvoll ist, ist identisch mit seiner bewußten oder unbewußten Bejahung. Jene, denen das Leben kein solches Gefühl gibt, können es mit rein geistiger Anstrengung nicht erringen. Das heißt, sie können nicht das Leben, das so ist und so verläuft, wie es eben verläuft, ohne eine praktische Reform seines bisherigen Verlaufs bejahen. Die Störung des Gleichgewichts zwischen dem persönlichen Schicksal und der psychischen Bejahung seines Ablaufs kann nicht allein durch geistige Anstrengung beseitigt werden; sie erfordert *eine Revision des Lebens* und nicht *eine Revision des bewußten Verhaltens zum Leben.* Die Aussöhnung mit der Wirklichkeit durch moralische Resignation gibt manchmal das Gefühl eines Lebenssinns zurück, aber sie tut es auf künstliche und trügerische Weise; der Betrug bleibt fühlbar, wie die Tiefe des Abgrunds fühlbar ist, wenn man an seinem Rande steht; die Resignation gibt dem Leben den Sinn so zurück wie das Morphium dem Leidenden die Gesundheit: Sie heilt nicht, sondern betäubt. Auf diese Weise hat der junge Wissarion Bielinski seinem Leben einen scheinbaren Sinn verliehen, als er seine Geschichtsphilosophie zusammenspekulierte und sich mit der widerwärtigen russischen Wirklichkeit abfand, indem er die Verzweiflung auf dem Grunde seines Herzens zu übertönen versuchte – aber den wirklichen Sinn des Lebens fand er erst dann wieder, als er das Joch der Demut, das er sich selbst aufgezwungen hatte, abwarf und an den Wert eines erfolgreichen Kampfes gegen das Böse zu glauben begann. Den betäubenden Anschein eines sinnvollen Lebens erweckt auch die Religion, dieser unersättliche Schmarotzer des Geistes, wenn sie den Widerspruch zwischen dem Leben und den menschlichen Bestrebungen durch die Einbildung zu lösen versucht, daß unser Erdendasein nicht *alles*, sondern nur ein Beginn sei. (Darin besteht der Irrtum Pascals: Es ist nicht wahr, daß wir nur ein endliches Leben riskieren und dafür die

Ewigkeit gewinnen können, wenn wir auf die Existenz Gottes setzen und, wenn wir auf seine Nichtexistenz setzen, die Ewigkeit für die Endlichkeit preisgeben: denn wenn wir fälschlich rechnend den Einsatz eines endlichen Lebens verlieren, verlieren wir damit auch alles, was wir haben.)

Wenn jedoch die Bejahung der individuellen Wirklichkeit eines Lebens, das als etwas Sinnloses erlebt wird, nur ein Surrogat ist, um enttäuschte Hoffnungen vergessen zu machen, und wenn es nicht stimmt, daß ›alles, was wirklich ist, vernünftig ist‹ – dann entsteht sofort die Frage: Kann das persönliche Leben, dem man das Gefühl, sinnvoll zu sein, wiedergeben muß, auf Grund irgendwelcher allgemeingültiger Kriterien reformiert und verwandelt werden? Gibt es *objektive* Anzeichen, die erkennen lassen, welche Bedingungen und welche Art menschlicher Handlungen dem Leben einen subjektiv verstandenen Sinn verleihen? Kann man, anders gesagt, feststellen, daß ein Lebensziel besser ist als ein anderes und mehr wert, erstrebt zu werden?

Seit Jahrhunderten geht in der Philosophie der Streit um die Objektivität der moralischen Werte, um die Perspektiven einer rationalen Begründung der Grundsätze moralischen Verhaltens. Sollen wir denn die Möglichkeit, einen Lebenssinn zu finden, von den unsicheren Ergebnissen dieser chronischen Diskussion erwarten, die eine tausendjährige Vergangenheit und sehr unklare Aussichten für die Zukunft hat? Es wäre ebenso unvernünftig, eine solche Vorsicht zu empfehlen, wie einem Flieger bei unsicherem Wetter zu raten, mit seinem Flug so lange zu warten, bis die Meteorologen absolut sichere Wettervoraussagen geben können. Man muß sich sofort, tagtäglich entscheiden und ein Risiko auf sich nehmen, muß wählen mit dem Bewußtsein, daß nicht nur die Folgen unserer Handlungen oft unabsehbar sind, sondern daß es auch für die absehbaren Handlungen niemals Kriterien gibt, die so untrüglich sind wie die Sibyllinischen Bücher.

Nichts zwingt uns dazu, das ›Lebensziel‹ so zu wählen, daß alle unsere Handlungen ihm restlos untergeordnet werden. Ein rationalisiertes oder, besser, hierarchisch so vollkommen geordnetes Leben, das ganz in einer Aufgabe aufgehen würde, ein

Leben also, in dem nur eine einzige Sache einen Wert an sich darstellte, wäre selbst im Idealfalle nur selten erreichbar und würde zuviel Fanatismus erfordern, um allgemein empfehlenswert zu sein. Wir kennen solche Biographien aus der Geschichte und manchmal auch aus eigenen Begegnungen, und wir sollten es uns angelegen sein lassen, die Kunde über die ehrwürdigen Vorbilder zu verbreiten, deren Leben oft sehr schöpferisch war. Wir kennen jedoch auch umgekehrte Fälle, bei denen große Werte von Personen geschaffen wurden, deren Leben chaotisch, diffus und sehr vieldeutig war. Man kann bezweifeln, ob irgendein konkretes Beispiel, das doch einmalig und nicht wiederholbar ist, immer zur Nachahmung empfohlen werden kann. Die Erfahrung lehrt übrigens, daß Hartnäckigkeit in der Verfolgung eines ausschließlichen Ideals eine Art Automatismus herausbildet, der mechanisch alle Ereignisse und alle eigenen Handlungen nur unter dem Gesichtspunkt dieses Ideals betrachtet und die Gefahr in sich birgt, fruchtlos zu werden und schließlich sogar dem Hauptziel zu schaden. Beispiele dafür bietet häufig die Spezialisierung der Wissenschaften, die sich auf einer gewissen Stufe, wenn sie den Kontakt mit anderen Gebieten verliert, hemmend auszuwirken beginnt. Wir vermuten, daß es auf den verschiedenen Gebieten des sozialen Lebens ebenso wie im gesamten persönlichen Leben ein Optimum an Spezialisierung geben muß, das sich nur für jeden einzelnen Fall bestimmen läßt, wobei immer Fehler vorkommen werden und niemals völlige Genauigkeit erzielt werden kann.

Wir dürfen also wohl annehmen, daß ein Leben, das nicht von einer einzigen Aufgabe besessen ist, das also verschiedene Werte als Zweck an sich und nicht nur als Mittel betrachtet, nicht nur weniger Risiko enthält, weil es, wenn sich das Hauptziel als Chimäre erweisen sollte, keine so katastrophale Niederlage zu befürchten hat, sondern auch den natürlichen Neigungen der Menschen und den geschichtlichen Erfahrungen mehr entspricht. Die bewußte Bejahung einer Vielfalt voneinander unabhängiger Ziele, also der Verzicht darauf, die Freude des täglichen Lebens mit etwas anderem zu begründen als mit dieser Freude selbst, ist nicht dasselbe wie die Haltung ›carpe diem‹. Die Bejahung setzt nämlich nicht voraus, daß man auf die bewußte Wahl zwischen Werten, die untereinander kollidieren, verzichten kann. Keineswegs schließt die Bejahung die Möglichkeit der Tragödie aus, das heißt Situationen, in denen ein Zwang zur wechselweisen Wahl zwischen großen moralischen Werten besteht, in der also jede Entscheidung gleichzeitig eine Niederlage vieler anderer Werte bedeutet, so daß *das Böse einen moralischen und nicht nur einen materiellen Sieg erringt.* In solchen Situationen spielt die Einordnung der Werte nur im Falle eines Konfliktes eine Rolle. Wer im Namen des sozialen Kampfes auf seine Ruhe verzichtet oder zugunsten des materiellen Wohlstands auf die Wissenschaft oder um der Redlichkeit willen auf die Liebe, oder umgekehrt, braucht doch nicht vorauszusetzen, daß die Güter, auf die er verzichtete, an sich unwert sind, errungen zu werden, sondern nur, daß sie weniger wert sind als andere.

Banales über das Unvermeidliche im Leben

Wiederholen wir es noch einmal in aller Deutlichkeit: Wenn die einzelnen Bestandteile des Lebens, die einzelnen Handlungen und Maßnahmen der Menschen dadurch einen Sinn erhalten, daß sie allgemeineren und ferneren Absichten dienen, wenn das menschliche Leben als Ganzes aber keinen ›Sinn‹ hat, der objektiv gegeben ist, und ein solcher Sinn nur von dem einzelnen Menschen selbst gewählt oder geschaffen werden kann – so folgt daraus durchaus nicht, daß es ›zu leben sich nicht lohne‹. Die Bejahung des Lebens muß nicht im Hinblick auf irgendwelche transzendenten Werte erfolgen; im Gegenteil, dann gerade wird sie zu Trug und Illusion; es genügt, wenn sie im Hinblick auf das Leben selbst erfolgt. Es geht uns nur darum, ob sich von dem einzelnen Menschen selbst abhängende Bedingungen anführen lassen, unter denen das Leben das Gefühl verleiht, es sei wert, gelebt zu werden, es sei ein Ziel an sich, habe also jenen immanenten zweckmäßigen Inhalt, der zwar nicht alle Wünsche befriedigt, aber doch ein Minimum an Glück spendet. Wir übergehen bei diesen Überlegungen jene langwierigen Diskussionen, in denen ergründet werden soll, ob überhaupt und, gegebenenfalls, welches Lebensziel objektiv besser sei als ein anderes; wir fragen nur, ob man die objektiven und psychischen Bedingungen bestimmen kann, unter denen auf Grund uns nicht näher bekannter Gesetze der menschlichen Psychologie die größte Chance besteht, das maximal intensivste Gefühl eines sinnvollen Lebens für den einzelnen zu schaffen. Nichts ist nämlich sinnvoll und zweckmäßig ohne den Menschen und ehe der Mensch ihm einen Sinn verleiht – das gilt auch für den Menschen selbst; man kann lediglich die Frage stellen, weshalb die Veredelung des Lebens, jenes ›Sinnvollmachen‹, den einen besser, den anderen schlechter und einigen schließlich gar nicht gelingt.

›Von den Dingen sind die einen von uns abhängig, die anderen nicht‹ – sagt Epiktet, und an diese scheinbare Banalität sollten wir uns gut gewöhnen. Es gibt eine Menge von Situationen, die nach unserem Willen zu gestalten wir gar nicht in der Lage sind: Es ist unmöglich, in einer anderen Geschichtsepoche zu leben, als man lebt, unmöglich, Tote wieder lebendig zu machen, daß die Vergangenheit nicht mehr Vergangenheit ist oder daß man unsterblich wird oder daß sich das Antlitz der Erde in einer Stunde verändere, ja selbst nicht, daß der Regen, der fällt, nicht mehr falle. Wir wissen genau, daß es viele solche unvermeidlichen Dinge, solche Gegebenheiten des Lebens, solche Bedingungen, die man akzeptieren muß, gibt und daß ihrer immer viel mehr sind, als man wünscht – von vielen wissen wir aber niemals genau, ob sie wirklich unvermeidlich sind. Der offensichtlichen Unvermeidlichkeit müssen wir uns anpassen. Jedoch – und das ist eine Regel, die sich genau bestätigt hat – *ist das Gefühl, ein sinnvolles Leben zu führen, um so größer, je weniger Situationen wir für unvermeidlich halten, und gleichzeitig, je entschiedener wir die unzweifelhaften Unvermeidlichkeiten bejahen.* Der zweite Teil dieser Regel stammt aus dem Gedankengut der Stoiker, der erste steht im Gegensatz dazu. Die Leitidee der stoischen Moral war nämlich der Grundsatz, daß alles unvermeidlich ist, was uns umgibt, und daß die Seelenruhe nur dann erreicht wird, wenn wir Wunschträumen entsagen; also nur die absolute, freiwillige und vollkommene Anerkennung der ganzen bestehenden Wirklichkeit gibt Freiheit und Glück, weil sie unabhängig von der Welt macht: Der Sklave ist glücklich, wenn er die irrige Hoffnung auf eine Veränderung seines Schicksals überwunden hat und seine Kette für ein Naturgesetz hält. Das ist, wie erwähnt, eine Lösung, die immer mit einem traurigen und falschen Konformismus verbunden ist, der nur dann als einziger Ausweg natürlich erscheint, wenn das geschichtsbedingte Gefühl der Ratlosigkeit gegenüber der Welt die Hoffnungen paralysiert und hartnäckige Anstrengungen unmöglich macht. Das Auftauchen einer solchen Haltung in den Morallehren der verschiedenen Epochen beweist, daß immer ein Bedürfnis danach bestanden hat, den Sinn des Lebens in der Erhaltung von Werten zu suchen, die sich erhalten lassen: In diesem Fall sind alles innere Werte — die Tugend, die Ehrlichkeit, die Überzeugungen, die Beständigkeit. Allerdings ist das Streben, das unumgänglich Notwendige so weit wie möglich zu reduzieren, Bedingung für das Gefühl eines sinnvollen Lebens. Es ist jedoch immer nur eine beschränkte Reduzierung. Man muß davon überzeugt sein, daß man viel wählen kann, aber daß die Möglichkeit der Wahl Grenzen hat, die im Verlauf des Lebens immer enger gezogen werden. Je weiter das Leben voranschreitet, um so weniger Möglichkeiten der Wahl haben wir. In einem bestimmten Alter ist die Wahl eines Berufes beinahe unmöglich, die Wahl der Umgebung, der Freunde, der Sitten erschwert — die Zeit raubt dem einzelnen immer mehr die Fähigkeit, die Welt, in der er sich bewegt, entsprechend zu verarbeiten, und bewirkt, daß sich die Welt in ihm verhärtet und versteinert zeigt und daß alles, was er einst leicht, mit der leisesten Berührung gestalten konnte, heute selbst den Schlägen einer Axt Widerstand leistet. Je mehr Entscheidungen man getroffen hat, um so enger wird der Raum für neu zu Entscheidendes. *Was gewählt wurde, wird unwählbar.* Daß diese Tatsache nicht immer klar erkannt wird, ist schuld an vielem Unglück, und von hier aus gesehen kann der stoische Grundsatz nützlich sein: Situationen, die sich in der Praxis des Lebens als offenbar unelastisch erweisen, als unerbittlich eindeutig, müssen — und das ist nicht einfach — vernünftigerweise in einem solchen Maß anerkannt werden, daß sie aufhören, Verzweiflung, Trauer und Hoffnungen hervorzurufen, die blind machen für die wirklichen Möglichkeiten. Das ganze — leicht zu empfehlende, aber schwer auszuführende — Kunststück besteht darin, nicht unüberlegt etwas als unvermeidbar aufzufassen. Übertriebener Optimismus hinsichtlich der Möglichkeit, das Schicksal zu beeinflussen, droht im Falle der Enttäuschung stets in einer überaus empfindlichen Niederlage zu enden; freiwilliger Verzicht ist die Gefahr, reale Möglichkeiten zu verpassen; zwischen dem sorglosen und naiven Abenteurertum, das allzubald eine Schlappe erleidet, und dem ängstlichen und unsicheren Eskapismus ist es schwer, einen vernünftigen Weg nichtresignierenden Mutes zu finden. Und doch ist das eben der Rahmen, innerhalb dessen unser tägliches Leben verläuft.

Über den Wert der Veränderung

Jene unaufhörliche Wachsamkeit, die es verbietet, sich mit scheinbar unvermeidlichen Situationen leicht und zu schnell abzufinden, betrifft nicht nur unerträgliche und schmerzliche Unvermeidlichkeiten, sondern auch solche, die ohne Widerspruch akzeptiert wurden und im Augenblick keinen Grund zur Unzufriedenheit geben. Denn — und auch das ist eine triviale Wahrheit, die durch die Erfahrung nur zu oft bestätigt wird — die befriedigenden Situationen werden häufig allein schon dadurch unerträglich, daß sie zu lange anhalten, und das Gefühl, ein sinnvolles Leben zu führen, ist um so intensiver, je mehr man auf eine Veränderung eingestellt ist, je mehr Grund man hat, auf etwas Unerwartetes zu hoffen, je weniger also das Los des einzelnen vorauszusehen ist. Suchen wir jetzt nicht nach den Ursachen dieses Gesetzes und notieren wir es nur als ein Phänomen der sozialen Psychologie. Es steht nicht im Widerspruch zu der vorhergehenden Regel, die verlangt, anerkannt Unvermeidliches zu beschränken, denn die Bejahung des Unvermeidlichen hat nur in bezug auf bekannte Situationen einen Sinn, und unser künftiges Schicksal zu lieben, weil es verborgen ist, bedeutet nicht, daß man alle Situationen dieses Schicksals für unvermeidlich hält. Das Bedürfnis nach Veränderung bedeutet nicht Bereitschaft zur willenlosen Unterwerfung unter das Schicksal, sondern den Wunsch nach einem neuen Stoff, den man nach seinem Willen formen kann. Das Leben, das man in allen seinen Einzelheiten vorauszusehen vermag und dessen unveränderliche Perspektiven man kennt, ist auch dann trist, wenn es von großen Schicksalsschlägen verschont bleibt. Deshalb sind Zeiten, in denen es keine Veränderung gibt und die Menschen ein gleichförmiges Leben führen, besonders von eskapistischer Haltung gekennzeichnet, und es wird nach erfundenen Hoffnungen und fiktiven Spannungen gesucht, die den Mangel an realen Erlebnissen ersetzen sollen. Der physische Ausdruck für die Stagnation ist Langeweile, das Gespenst Baudelaires:

Nous voulons, tant le feu brûle le cerveau,
Plonger au fond du gouffre, Enfer ou Ciel – qu'importe?
Au fond de l'Inconnu pour trouver du nouveau!

Das alles bedeutet natürlich nicht, daß die Leidenschaft, Abwechslung zu suchen, die sündige libido novi, mit deren Verurteilung die berühmte Enzyklika Leos XIII. ›Rerum novarum‹ beginnt, eine universell verbreitete Haltung ist und daß es wenig Menschen gibt, denen gerade die Einförmigkeit, der ständig sich wiederholende Rhythmus, die geschlossene und kühle Welt der Alltäglichkeit, die immer in gleicher Weise reproduziert wird und deren Reaktionen abgestumpft und von jeder Überraschung frei sind, als ein reizvolles Ideal erscheint und das offene Leben als Abgrund der Versuchung. Wir fragen auch nicht danach, welche dieser Einstellungen an sich, objektiv betrachtet, besser ist als die andere: Das Gefühl eines sinnvollen Lebens kann genausogut in der Beständigkeit seiner Bedingungen gefunden werden. Dieses Gefühl ist vielleicht der objektiven Rangordnung der Werte nach nicht schlechter als andere, es ist nur ärmer, weniger intensiv, weniger schöpferisch als das entsprechende Gefühl in einem Leben, das immer provisorisch, der Kritik ausgesetzt und ständig von der Negation bedroht ist. Vom Standpunkt des Strebens nach einem ›sinnvollen Leben‹ aus ist dieser Gegensatz zwischen der kleinbürgerlichen und der revolutionären Haltung, zwischen der geschlossenen und der offenen Art der Assimilierung der Außenwelt, zwischen der Tendenz nach Beibehaltung und Bejahung des gegenwärtigen Zustands und dem Geist der Verneinung und Kritik – der Ausdruck eines universellen Antagonismus', der sich in jeder Epoche, in jeder Sphäre des sozialen Lebens findet. Er ist der Antagonismus zwischen den Kräften des Bewahrens und denen des eruptiven Schaffens, von denen jede ihre eigenen moralischen Ideale und sozialen Erscheinungsformen besitzt, in denen der einzelne seine persönliche Existenz erlebt. Für den einzelnen Menschen ist die völlige oder fast völlige Voraussicht der Zukunft eine Art von Tod, und zwar eine der schmerzlichsten, denn er beraubt sich selber der Zukunft.

Das Unvermeidliche, mit dem wir uns auf Grund der sozialen Gewohnheit abgefunden haben oder auf das wir uns einstellen mußten, ist jedoch anders geartet. Manches daran ist auf Zufall zurückzuführen, der den Menschen in seinem Einzeldasein berührt; wenn dessen Einfluß zu groß wird und die Möglichkeiten der Einwirkung auf das Schicksal zu gering, entsteht das natürliche Bedürfnis, irgendeinen beliebigen Lebensinhalt zu finden, denn nur so läßt sich das Leben ertragen. Da hat zum Beispiel ein Mensch, den eine unheilbare Krankheit ans Bett fesselte, seine letzten Jahre damit verbracht, eine immer genau gehende Taschensonnenuhr zu konstruieren. Gewiß, eine traurige Geschichte, aber sie braucht keineswegs pessimistisch zu machen. Eine Leidenschaft ist, auch wenn sie für die Gesellschaft nutzlos bleibt, schon allein dadurch wertvoll, daß sie dem Leben des einzelnen, der unheilbar krank ist, einen Inhalt verleiht. Es ist nämlich ein Wert an sich, das persönliche Leben, das scheinbar aller Perspektiven beraubt ist, sinnvoll zu machen. Aber wir kennen auch Fälle, in denen das Ringen großer Leidenschaften mit einem Schicksal, das, wie es schien, zu einer tragischen Ohnmacht verurteilt war, für die Gesellschaft äußerst schöpferisch wurde: Beethoven, Nicolai, Ostrowski. Das läßt die Auffassung zu, daß es Mittel gibt, einem noch so gequälten Leben ›einen Sinn zu verleihen‹, obwohl man das leider nicht mit Hilfe von Moralvorschriften bewerkstelligen kann und auch nicht ohne lebendige Inspiration, die sich in einem solchen Menschen verbirgt und elementar hervorbrechen kann.

Was den Menschen im allgemeinen das Gefühl raubt, ein sinnvolles Leben zu führen, sind jene Bedingungen des sozialen Daseins, die mit aller Deutlichkeit das unerträgliche Bewußtsein erzeugen, dem Schicksal, das sich als unverständige und blinde Kraft erweist, schutzlos ausgeliefert zu sein: Epochen ohne Hoffnung, Zeiten anhaltender Tyrannei oder großer Schrecken. Auch sie lassen häufig beständige Werte entstehen: Die Hoffnungslosigkeit im zaristischen Rußland erweckte die vulkanischen Talente Ssaltykow-Schtschedrins, Gogols und Dostojewskis zum Leben. Aber im großen sozialen Maßstab bringt das Gefühl der Ohnmacht gegenüber den Bedingungen des sozialen Lebens den Menschen naturgemäß zu unterschiedlichen fatalistischen Haltungen, es zwingt ihm die Vision einer Welt der finsteren Absurditäten auf, produziert ein Leben, das als sinnlos empfunden wird, oder macht, umgekehrt, anfällig für betrügerische und falsche Losungen; der Mensch unterliegt leicht faschistischen Ideologien, die unter anderem eine Technik hervorgebracht haben, wie man den Hunger auf Hoffnung, der in der Gesellschaft lebendig ist, mit Mythologie und Verbrechen stillt.

Über die Rationalisierung der Welt

Worauf wollen wir hinaus? Wir bemühen uns zu zeigen, daß sich der einzelne Mensch mit Hilfe geistiger Anstrengungen ein intensives Gefühl für den Sinn des Lebens schaffen kann, daß jedoch die jeweilige soziale Situation bestimmt, in welchem Maß ihm solches in der Gesellschaft gelingt. Es gibt gewiß weite Gebiete im Einzelleben, auf denen der Mensch, wenn er die Möglichkeit der Wahl hat, sich von rein persönlichen Gründen leiten läßt, die keiner weiteren Erklärung bedürfen, Gebiete, auf denen der ›Eros‹ wirken muß, von dem man keine Rechenschaft darüber fordern darf. Die Wahl des Berufes, der Geliebten, der Freunde, der künstlerischen Neigungen kann niemals rationell begründet werden; es ist unmöglich, die Frage zu beantworten, welcher Beruf etwa an sich objektiv besser sei oder mehr als andere das Gefühl eines Lebensinhalts vermittele. Obwohl auch das Bewußtsein eines sinnvollen Lebens nie ohne Liebe entsteht, also nicht ohne eine Wahl, die von Leidenschaft bestimmt wird, sind wir doch auf manchen Gebieten des Lebens in der Lage, annähernd zu erklären, welche Wahl größere Chancen für ein sinnvolles Leben bietet.

Da das Bewußtsein der Sinnlosigkeit des Lebens oft als Folge der Irrationalität der Geschichte entsteht, liegt also eines der wichtigsten Mittel, dem Leben einen Sinn zu verleihen, darin, daß man die Geschichte rational macht, das heißt, die Ursachen ihres jetzigen Zustandes erklärt und seine Bedeutung für die – sei es noch so entfernte – Zukunft interpretiert. In diesem Zusammenhang ist es besonders wichtig, eine Möglichkeit zur Teilnahme an der Gestaltung der geschichtlichen Wirklichkeit zu finden. Daher verleiht der Kommunismus, der im Bewußtsein des einzelnen nicht einfach als Teil der persönlichen Existenz erlebt und assimiliert wird, sondern als ihr integraler Bestandteil, der den Chemismus seiner Persönlichkeit gründlich verändert, dem Leben am intensivsten das Gefühl, sinnvoll zu sein. Das kommunistische Bewußtsein ist nämlich nicht nur eine Rationalisierung der menschlichen Geschichte, sondern auch eine Verpflichtung, an ihren Veränderungen teilzunehmen, die Übernahme einer Verantwortung für ihren Verlauf. Es ist die Bejahung des Lebens, so wie es ist – aber nicht als Objekt einer rationalen Betrachtung verstanden, sondern als Stoff, der dank der ihm innewohnenden Vernunft einen gewissen Grad an Elastizität besitzt und als Objekt zu verstehen ist. Die ganze Wirklichkeit unterliegt der Humanisierung, sie wird zu einer menschlichen Welt, das heißt zu einer Welt, die nur als Gegenstand der Verwandlung und nicht ausschließlich als Objekt der Betrachtung besteht. Der Begriff der Wirklichkeit selbst erfährt im Verhältnis zum sozialen Objekt gewissermaßen eine Relativierung – nicht im idealistischen Sinn natürlich, sondern im Sinn einer so weitgehenden Integration des Menschen in sein soziales und natürliches Milieu, daß dieses in der Lage ist, seine ontologische Fremdheit zu verlieren, und aufhört, Ding an sich und für sich zu sein. Das Milieu verwandelt sein selbständiges Dasein in ein Dasein als Objekt der menschlichen Praxis. Das kommunistische Bewußtsein wird zum Bewußtsein der aktiven Koexistenz mit der Geschichte. Es ist ein menschliches Bewußtsein par excellence. Es macht das Leben nicht durch spontane und unmittelbare Assimilierung sinnvoll wie das Leben der Termiten, die ja keine Fragen nach dem Sinn des Lebens stellen, sondern durch eine über die Reflexion vermittelte Assimilierung, die auf geistigem Wege errungen wurde und die Bindung an das Leben durch das Verstehen dieses Lebens wiederherstellt. Die Termiten akzeptieren das vorgefundene Leben, und ihre Klugheit besteht darin, daß sie sich so gut wie möglich der Umgebung anpassen. In der menschlichen Welt taucht die Reflexion über den Sinn des Lebens immer dann auf, wenn das abstrakte Denken von der menschlichen Arbeit getrennt ist und eine eigene Welt schafft, die dem täglichen Leben entfremdet wird. Die Reflexion führt in ihrem ersten Stadium leicht zu einer Negierung des Lebenssinns und nimmt dem Menschen die Fähigkeit, sich die Bedingungen seines Daseins unmittelbar anzueignen. Reflexion, die darauf abzielt, den denkenden Menschen wieder in seine Umgebung zu reintegrieren, indem sie in ihm Verständnis für die Geschichte weckt, wird nämlich dadurch, daß die Fähigkeit, ein sinnvolles Leben zu führen, auf intellektueller Ebene zurückkehrt, gewissermaßen zu einer Negierung der Negierung. Die Frage nach dem Sinn des Lebens ist vielleicht ein Luxus der Natur, ist sie jedoch einmal aufgetaucht, kann man sie nicht mehr zurückziehen, läßt sie sich nie mehr vergessen. Es ist dann schon zu spät, zur Unmittelbarkeit des Tieres zurückzukehren; wenn die Frage lange Zeit hindurch offenbleibt, wird sie zum Schrei; sie sucht dann eine Befriedigung für ihre Sehnsucht, gibt sich oft mit Betrug zufrieden, findet in falschen Kulten eingebildete Werte, die jenseits des menschlichen Lebens liegen, und läßt sich unter dem Einfluß dieser religiösen Narkotika von dem kleinsten Licht, das in der Dunkelheit aufleuchtet, in die Irre führen. So kann es leicht zu einem verlorenen oder betrogenen Leben kommen, wenn nicht in einem solchen Augenblick der Intellekt interveniert und das erschütterte Gleichgewicht zwischen den Bestrebungen des einzelnen und den äußeren Bedingungen des Schicksals wiederherstellt, indem er sie interpretiert. Allerdings läßt sich dieses Gleichgewicht nicht immer völlig wiederherstellen, da der Widerstand der äußeren Bedingungen sich häufig als mächtiger erweist als die Bestrebungen des einzelnen, die unerläßlich sind. Diese Situation zu erfassen, heißt nicht unbedingt, sich mit ihr auszusöhnen, im Gegenteil: ›Wer das Wissen vergrößert, vergrößert das Leid‹, sagt der Prediger. Die Erweiterung des Wissens von der Welt erweitert die Kontaktfläche mit ihr, macht also auch empfindlicher für Schmerz und Unannehmlichkeiten, die vorher unterhalb der Empfindungsschwelle lagen. Sie erhöht das Bewußtsein nicht nur der Möglichkeiten, sondern auch der Unmöglichkeiten und Schwierigkeiten des Menschen, die vorher nicht erkannt wurden: Die Termiten streben nicht nach der Freiheit, die noch in den Fesseln einer reaktionären Gesellschaftsordnung liegt, sie streben nicht danach, das Rätsel des Denkens zu erforschen oder die Sterne im Flug zu erreichen. Daher ist die Reintegration des Lebens des einzelnen in die menschliche Geschichte, die symbiotisch als eigene Geschichte empfunden wird, obwohl sie die größte Chance für die Rückkehr zu einem sinnvollen Leben bietet, durchaus nicht gleichbedeutend mit dem Übergang zu einem Zustand unaufhörlicher Freude. Die Erde ist selten ein Paradies, und das Leben wird dadurch, daß man ihm einen Sinn verleiht, noch nicht fröhlicher. Es wird nur in der Welt verwurzelt und orientiert sich, indem es das Unvermeidliche anerkennt, im Hinblick auf die wichtigsten Dinge; es wird sich seines Verhältnisses zur übrigen Welt bewußt, seine Forderungen erhalten Dynamik und seine Ziele sind klar umrissen. Das ist nicht wenig, und wenn es auch nicht genügt, um eine Lebenseinstellung zu bedingen, die in immerwährender Begeisterung und ständigem Enthusiasmus bestünde, so kann es doch das Bewußtsein der Wertlosigkeit des eigenen Lebens wesentlich mildern.

Das Gefühl, bewußt an einer rational verstandenen Geschichte teilzunehmen, macht gerade den Wert des kommunistischen Bewußtseins aus. Die Bejahung des Lebens auf Grund der kommunistischen Weltanschauung ist auch, wie die Erfahrung lehrt, besonders intensiv und beständig, denn sie hört selbst nach großen Niederlagen nicht auf. Es gab Kommunisten, die sogar vor dem Selbstmord zurückschreckten und freiwillig einen hundertmal schrecklicheren Tod aus der Hand des Feindes entgegennahmen.

Jedoch kann sich jede Art der Lebensbejahung unter gewissen Umständen in eine ungedeckte Währung verwandeln, z. B. wenn die objektive Situation jede Einwirkung auf sie unmöglich macht und dadurch das Gefühl einer aktiven Koexistenz mit der sozialen Wirklichkeit vernichtet, also zu einem Versiegen der Verantwortung für den Gang der Geschichte führt, zum Absterben der Initiative und zur allgemeinen Unlust. Dann wird der Kontakt des Bewußtseins mit der Umwelt unterbrochen, die tätige Haltung verwandelt sich wieder in die beobachtende zurück, und das eigene Dasein wird als sinnlos empfunden. Solche Gefahren entstehen auch im sozialistischen Lager, und zwar jedesmal dann, wenn in ihm Beweise konservativer Ohnmacht auftreten, Elemente der Monopolisierung im sozialen Schaffen, Elemente und Zeichen für eine Wirkungslosigkeit der Masseninitiative. Von diesem Gesichtspunkt aus gesehen, ist das Problem des ›Lebenssinns‹ als Erscheinung, die soziologisch bedingt ist, ein politisches Problem. Die Verbreitung von Einstellungen, in denen das Gefühl einer Lebensleere dominiert, ist in sozialer Hinsicht auch abhängig von der Art der politischen Herrschaft; sie ist moralisch gefährlich, denn sie hat Verzweiflung zur Folge, und die Medizin für die Verzweiflung ist der Zynismus; sie ist intellektuell gefährlich, denn sie verführt dazu, das Bedürfnis nach Lebensinhalt auf leichte Weise, d. h. irrational, zu befriedigen. So betrachtet, kann der Sozialismus, wie die Erfahrung lehrt, den sozialen Ausgangspunkt für religiöses Denken schaffen.

Denn der Mensch erlebt sein Leben dann sinnvoll, wenn er

fühlt, wie in ihm selbst und durch seine freie Tätigkeit der Puls der Geschichte schlägt.

Denn das mehr oder weniger klare Bewußtsein aktiver Koexistenz mit der geschichtlichen Wirklichkeit begleitet jedes authentische, also freie, menschliche Schaffen – das politische, künstlerische, wissenschaftliche, alltägliche und jedes andere –, und jeder Wert, jede Leidenschaft, die dem Leben einen Sinn verlieh, verleiht ihn durch das Gefühl der Teilnahme an dem Rhythmus der Geschichte.

Denn das Bedürfnis, einen Sinn im Leben zu finden, ist ein allgemeines Bedürfnis und ein wirklich menschliches, solange menschliche Handlungen von Intellekt und Hellsicht gelenkt werden.

Denn es steht außer Frage, daß die Freiheit das höchste Gut des Menschen ist und die freie rationale Tätigkeit die Grundbedingung für den Sinn des Daseins.

Über die Rationalisierung des Todes

Wenn wirklich das Empfinden, daß das Leben sinnvoll ist, eine Bejahung des zweifellos Unvermeidlichen in ihm bedeutet, so ist die Bejahung des Lebens zugleich eine Bejahung des Todes. Was bedeutet eigentlich diese Verbindung? ›In unserem Leben und in unserem Universum gibt es nur ein Ereignis, das zählt: unser Tod.‹ So schrieb Maurice Maeterlinck in seiner bekannten Studie über den Tod. ›Ein freier Mensch denkt an nichts weniger als an den Tod, und seine Klugheit ist nicht sein Denken an den Tod, sondern an das Leben.‹ So schrieb Benedikt Spinoza in seiner ›Ethik‹. ›Es gibt nach dem Tode nichts, und der Tod selbst ist nichts.‹ So schrieb Seneca. ›Der Tod existiert nicht für die Lebendigen, und die Toten existieren nicht für den Tod.‹ So sagte Epikur. ›Erlaube den Toten, ihre Toten zu begraben.‹ So sagte der Evangelist Lukas. ›Die Gotteskinder dürfen nicht nach dem Tod verlangen, aber sie sollten es tun, denn nur dadurch bezeugen sie eine wirkliche Bejahung ihres Glaubens, wenn sie danach streben, aus dieser Welt fortzugehen.‹ So schrieb Johannes Calvin. ›Damit also die Seele ohne Hindernis mit ihrem ganzen Wesen in der Fülle der Wahrheit versenkt werden könne, beginnt sie, als höchste Gabe, nach der völligen Flucht und Befreiung vom Körper zu verlangen, nach dem Tod . . .‹, so schrieb Augustinus.

Den Abschluß dieser Aussprüche bilde das Urteil Ludwig Feuerbachs: ›Der vernünftige und natürliche Drang nach Glück geht nicht über das Wesen des Menschen hinaus, über das Wesen des Lebens auf dieser Erde . . . die Negierung des Lebens nach dem Tode zieht die Bejahung des diesseitigen Lebens nach sich.‹

Der erste dieser Sätze Feuerbachs ist nur beschränkt richtig. Der ›natürliche‹ Drang, das heißt, der aus der biologischen Natur des Menschen entsprungene Wunsch nach Glück, geht sicher nicht über seine biologische Existenz hinaus; jedoch hat die Angst vor dem Tod zwei Ursachen, die heterogen sind und oft sogar in ihren Folgen nicht miteinander übereinstimmen.

Es gibt eine Furcht vor dem *konkreten* Tod. Das auch in der Tierwelt wirkende instinktive Orientierungssystem, das dem Schutz des Lebens vor Gefahr dient, ist in der menschlichen Natur ebenfalls allgemein vorhanden, wenn es auch hinsichtlich seiner geschickten Anwendung ungleichmäßig verteilt wurde. Es gibt aber auch eine Angst vor dem *abstrakten* Tod, dem Tod überhaupt, die aus der intellektuellen Vorstellung stammt und ganz unabhängig von der aktuellen Gefahr eintritt. Die Furcht vor dem konkreten Tod verbindet sich mit einer elementaren Bejahung des biologisch notwendigen Todes, die als natürliches Ergebnis der individuellen Entwicklung des Menschen zustande kommt. Auf dem Niveau der geistigen Entwicklung, auf dem nur die Furcht vor dem konkreten, physiologischen Tod laut wird, drückt diese Furcht zugleich ihr schweigendes Einverständnis damit aus, daß man überhaupt sterben muß. Verbindet sich mit ihr der religiöse Glaube an die individuelle Unsterblichkeit, dann nimmt sie in der Regel die Gestalt der populären jüdisch-christlichen Mythologie an. Daher der Kult mit toten Körpern und Gräbern und der Reichtum des Begräbnisrituals. Auf diesem Niveau stellt sich die Unvermeidlichkeit des Todes im allgemeinen als übereinstimmend mit den Naturgesetzen dar.

Die abstrakte Angst vor dem Tode ist etwas völlig anderes. Oft schränkt sie sogar die erstere ein — die Intelligenz wirkt häufig zersetzend auf den Instinkt —, denn sie verbindet sich mit einer Intellektualisierung des täglichen Verhaltens und veranlaßt also dazu, die konkret erlebte Furcht äußerlich nur in beschränktem Maße zu bezeugen, also auch nur in beschränktem Maße zu erleben (infolge der scheinbar absurden und dennoch richtigen Theorie von James, nach der das Bezeugen eines emotionellen Zustandes seinem Erleben vorangeht). Die abstrakte Angst vor dem Tode ist unheilverkündend, denn der konkrete Tod, das heißt der Tod in einem bestimmten Augenblick, ist absolut vermeidlich, bis er eingetreten ist, hingegen der Tod im allgemeinen ist absolut unvermeidlich. Diese Angst kann, wie erwähnt, als Entartung gelten, da sie sich mit einer in der Natur unbekannten Empörung gegen das Unvermeidliche verbindet. Trotzdem ist es schwer, sie, wenn sie einmal im Leben auftrat, auf rationalem Wege zu überwinden. Man kann Reflexbewegungen unterdrücken, aber es ist schwierig, das mit Erlebnissen zu tun, die auf Grund abstrakter Erkenntnisse entstanden sind. Das Bewußtsein, daß ›mein Leben Wind ist‹ und daß es keinen Ort auf den Sternen gibt, wo die Menschen in tausend Jahren ihre Freunde und Nächsten wiedertreffen werden, macht traurig, und niemand wird einen Trost dafür in dem Gedanken finden, daß vielleicht in einer anderen Epoche oder in einem anderen Planetensystem eine ähnliche oder ebensolche Menschheit als kosmische Fortsetzung unserer Menschheit entstehen wird. Ein Übermaß an Zukunftsphantasien kann so in Gegensatz zu dem Gefühl eines sinnvollen Lebens geraten.

Jedoch ist die Furcht vor dem physischen Tod keine Furcht vor dem Verlust der Zukunft. Sie ist die Furcht des einzelnen, das Bewußtsein seiner selbst zu verlieren. Dieses Bewußtsein aber ist — wie Bergson richtig sagt — identisch mit der Summe der Erinnerungen an alle bisherigen Erlebnisse. Das Gedächtnis ist die bewußt gewordene Vergangenheit. Daher ist die *Furcht vor dem Tode die Furcht vor dem Verlust der Vergangenheit;*

von diesem Gesichtspunkt aus gesehen, unterscheidet sich die vollkommene Amnesie – ein zwar seltener, aber doch vorkommender Fall – nicht von dem Tode, den wir fürchten. Die Vergangenheit verlieren, heißt die Kontinuität mit dem ganzen bisherigen Leben verlieren, also völlig vernichtet zu werden. Demjenigen, der Angst vor dem Tod als dem Verlust seiner Person hat, würde die Nachricht keinen Trost geben, daß er wiedererstehen kann, wenn er sein ganzes bisheriges Leben vergißt. Die Furcht vor dem konkreten Tod betrifft den biologischen Tod. Die abstrakte Angst vor dem Tod betrifft den geistigen Tod, den Verlust des Gefühls der Persönlichkeit. Auf einem gewissen intellektuellen Niveau der Entwicklung des Menschen entsteht die paradoxe Situation: Infolge jahrhundertelanger Einwirkung religiöser Mythologien verbindet sich der Glaube an die persönliche Unsterblichkeit mit der einer primitiven vorwissenschaftlichen Art, zu denken, die sich in Bildern bewegt. Daher ist der Glaube an die Unsterblichkeit der *Seele* in Wirklichkeit fast immer der Glaube an die Unsterblichkeit des *Körpers* und ist mit einem Kult des sinnlichen Daseins verknüpft. Seit Jahrhunderten richten die Materialisten, die sich mit diesem Problem beschäftigen, ihre Aufmerksamkeit auf die tiefe moralische Verderbnis, die durch den Glauben an die persönliche Unsterblichkeit entsteht, und auf die unendliche Überlegenheit der moralischen Haltung, die einem Verzicht auf die phantasievollen Illusionen über ein außerirdisches Leben folgt. Wir finden Andeutungen darüber bei Lukrez, in den ›Consolationes‹ von Seneca, in der Betrachtung von Poponazzi, im Traktat von Uriel da Costa, im Testament von Meslier und bei vielen anderen. In der Tat entlarvt die gesunde Überlegung mit Leichtigkeit jene sonderbare Ungereimtheit des Erlebens, die in einer *Angst vor dem Nichts* besteht, in der also das ›Nichts‹ zum Objekt der Angst wird. Obwohl es für die Grundlosigkeit der Angst vor dem abstrakten Tod augenscheinliche Beweise in großer Zahl gibt, reichen sie oft nicht aus, diese Angst zu bekämpfen. Das wird begreiflich, wenn man berücksichtigt, daß diese Angst, obwohl sie eine verhältnismäßig fortgeschrittene Fähigkeit rationalen Denkens voraussetzt, doch keine natürliche Folge dieser Fähigkeit ist, sondern irrationale Ursachen hat und sich daher einer rein intellektuellen Rhetorik widersetzt. Die Erfahrung scheint jedoch dafür zu sprechen, daß die abstrakte Angst vor dem Tode, die man nur schwer widerlegen und kaum gründlich ausmerzen kann, dennoch zugänglich für Erziehung und Selbsterziehung ist. Es geht hier nicht darum, primitive wissenschaftliche Behauptungen aufzustellen, die nur auswendig gelernt werden müssen, damit dieser Zweck erreicht wird. Die Sache ist vielmehr die, daß das Gefühl des Lebenssinns nur scheinbar, nur in der ideologischen Mystifizierung durch das Bewußtsein der Kurzfristigkeit des Lebens und durch die Drohung der Nichtexistenz gestört wird. In Wirklichkeit ist es umgekehrt: Die abstrakte Angst vor dem Tode ist ein sekundäres Phänomen, das Ergebnis des Gefühls der Sinnlosigkeit des Lebens, ein Produkt der Entfremdung des Bewußtseins des einzelnen von der geschichtlichen Wirklichkeit der Menschheit, die Folge eines Unbehagens gegenüber der Außenwelt. Die Sinnlosigkeit des Lebens ist nicht die Folge des quälenden Gedankens an den Tod, sondern eben seine eigentliche Ursache; daher wird die abstrakte Angst vor dem Tod, selbst wenn sie im Bewußtsein eine schmerzende Stelle zurückläßt, doch geringer und nimmt proportional zur Intensität eines sinnvoll erlebten Lebens ab. Das ist natürlich, denn das Gefühl der Sinnlosigkeit des Lebens ist das Bewußtsein des Individuums, seinem äußeren Dasein entfremdet zu sein und daher einen Sinn in sich selbst und außerhalb des eigenen menschlichen Daseins suchen zu müssen. Das Wissen vom Tod macht ihm solches jedoch unmöglich, denn eine endliche Dauer des individuellen Bewußtseins, das auf sich selbst beschränkt und gerichtet ist, kann ihm nicht das Gefühl eines Sinnes geben. Ein endliches Dasein läßt sich nur dann sinnvoll erleben, wenn es in aktiver Koexistenz mit der Welt steht, die dieses Bewußtsein wirklich und unabhängig vom Willen des einzelnen determiniert.

Das Gefühl, ein sinnvolles Leben zu leben, ist nicht identisch mit irgendeiner Überzeugung, die sich in Gestalt einer These festhalten ließe; es gehört vielmehr zu den Erlebnissen, an denen intellektuelle und emotionelle Kräfte teilhaben und deren Entstehen sowohl von den Bedingungen des sozialen Lebens des einzelnen abhängt, wie von seinen objektiven Möglichkeiten. *Es ist das Gefühl der frei gewählten und frei realisierten Solidarität mit dem Rhythmus der menschlichen Geschichtswerdung*, in deren Gewebe man versponnen wurde. Und obwohl die freie Wahl nicht frei von dem Risiko großer Irrtümer ist, ist es wert, sie zu treffen, denn wir fühlen, daß dieses Risiko geringer ist als das Risiko, auf die Freiheit der Wahl, also in Wirklichkeit auf ein sinnvolles Leben zu verzichten. Somit wachsen die sozialen Chancen für ein sinnvolles Leben im Verhältnis zu den Möglichkeiten, sein Schicksal frei zu wählen.

Das Gefühl des Lebenssinns ist, wie gesagt, eine rein menschliche Angelegenheit, aber diejenigen, die dieses Gefühl besitzen, übertragen es von ihrem eigenen isolierten Dasein auf das allgemein geschichtliche Sein und selbst auf die außermenschliche Wirklichkeit. Der Mensch verleiht durch sich selbst der ganzen menschlichen Welt einen Sinn, aber er verleiht ihn auch der Natur, die neu beleuchtet wird und, durch seine Erkenntnis assimiliert, gewissermaßen eine humane Gestalt annimmt. Es entsteht eine spontane Sympathie zur Natur, das Dasein als solches gewinnt einen Sinn – einen Sinn, der nur im menschlichen Bewußtsein erlebt wird, schwer zu beschreiben ist und dennoch sekundär auf das Leben des Individuums einwirkt, indem er ihm das Licht wiedergibt, das vorher von ihm ausgegangen ist.

Das Wissen von diesen Dingen und ihrer Abhängigkeit, die hier nur flüchtig berührt und halb diskursiv beschrieben wurden, ist jedoch wichtig. Es ist nämlich schwer, sich eine umfassendere und wichtigere Aufgabe vorzustellen als die, Bedingungen für ein soziales Leben zu schaffen, das seinen Mitschöpfern einen wirklichen und von Selbstbetrug freien Lebenssinn bietet.

Das Bedürfnis danach ist allgemein menschlich und auch dann spürbar, wenn der Mensch von den Schwierigkeiten des Alltags erdrückt wird – vielleicht ist es dann sogar besonders dringend. Ein solches Bedürfnis zu leugnen, heißt sich selbst oder andere zu betrügen und entspringt häufig reinem Snobismus.

Programmäßige Lebensverachtung ist nicht die Haltung eines freien Menschen. Lebensverachtung ist anti-intellektuell oder zeugt von Eitelkeit wie der durchlöcherte Mantel des Antisthenes.

Der Platonismus, die Empirie und die Öffentliche Meinung

Der boshafte Geist Platons, von uns Marxisten so oft verdammt und mit dem Bann belegt, rächte sich grausam an seinen Gegnern: Der Platonismus drang in das Denken des Marxismus ein und verrichtet dort sein zerstörendes Werk. Die Methode des platonisierenden Denkens wurde zu einer drohenden Gefahr, zu einem inneren Feind, mit dem der Kampf sich als bedeutend notwendiger erwies als mit dem historischen, aus den Lehrbüchern der Philosophie bekannten Plato. Wir geben das Alarmsignal – nicht in allgemein-theoretischer Gestalt, sondern nur in illustrierender –, indem wir auf eines der vielen Beispiele des Platonismus hinweisen, von dem die tägliche Praxis des marxistischen Denkens durchdrungen ist. Das Beispiel betrifft zwei Begriffe: den Begriff ›öffentliche Meinung‹ und den Begriff ›Bewußtsein der Massen‹ – und zwar in jener Version, in der sie in der täglichen Umgangssprache, in der Presse und Publizistik verwendet werden. Man kann den Unterschied zwischen ihnen in folgender Weise charakterisieren:

Mit dem Begriff ›öffentliche Meinung‹ sind *einmalige* Reaktionen der Gesellschaft auf einzelne Erscheinungen gekennzeichnet; die öffentliche Meinung drückt immer die Haltung der Gesellschaft gegenüber einer bestimmten Tatsache aus. Der Begriff ›Bewußtsein der Massen‹ dient zur Bezeichnung einer *allgemeinen* und beständigen Situation, eher eines Zustandes als eines besonderen Ereignisses. Er charakterisiert eine *Veranlagung* zu einer bestimmten Reaktion, nicht die einzelnen Reaktionen der Gesellschaft selbst.

Die ›öffentliche Meinung‹ kann sich, zweitens, auf Erscheinungen beziehen, die von beliebiger Wichtigkeit, also auch sehr geringfügig, sein können; der Ausdruck ›Bewußtsein der Massen‹ ist hingegen eher der Reaktion auf Ereignisse vorbehalten, die von besonderer Wichtigkeit für das soziale Leben sind. Man kann sagen, die öffentliche Meinung verurteile den Mangel an

Teekesseln im Staatshandel, die regelmäßigen Verspätungen im Eisenbahnverkehr oder die Versuche der internationalen Reaktion, einen Weltkrieg zu entfachen. ›Das Bewußtsein der Massen‹ ist die Art, in der sich die Gesellschaft gegenüber den wichtigsten und entscheidendsten Geschichtsprozessen verhält. Genauer: Das Bewußtsein der Massen ist gewissermaßen die ›verborgene Qualität‹, die in der öffentlichen Meinung ›erscheint‹, dann nämlich, wenn sie auf wesentlichere Ereignisse reagiert.

Der dritte Unterschied, den man besonders beachten muß, betrifft sowohl die Feststellung des wirklichen Inhalts der ›öffentlichen Meinung‹ und des ›Bewußtseins der Massen‹, wie auch den Nutzen, der aus solchen Feststellungen gezogen wird. Die ›öffentliche Meinung‹ ist eine empirische und feststellende Kategorie, hingegen das ›Bewußtsein der Massen‹ – wenigstens so, wie ihn die Mehrheit derjenigen, die den Ausdruck verwenden, versteht – eine teleologische Kategorie, die deduktiv und normativ ist. Diese Unterscheidung ist es gerade, die uns besonders interessiert.

Beginnen wir mit einem Beispiel. Während des Besuchs der Führer der Sowjetunion in Jugoslawien 1955 konnten die Hörer des polnischen Rundfunks folgende Beschreibung von der Ankunft Chruschtschows und Bulganins auf dem Flugplatz in Belgrad hören (ich zitiere aus dem Gedächtnis, also nicht wörtlich, aber inhaltlich richtig): ›Den größten Eindruck machte auf die Versammelten die Erklärung Chruschtschows, daß die Sowjetunion entschlossen den Frieden in der ganzen Welt verteidige.‹ Die Absurdität dieses Berichts beruht in der konsequenten Anwendung der Beschreibungsart, wie sie bei uns für soziale Ereignisse bindend ist. Der Berichterstatter wußte natürlich genau, daß durchaus nicht dieser Teil der Rede Chruschtschows den größten Eindruck auf die Hörer gemacht hatte. Aber die Denkart, die er sich angeeignet hat, verläuft, wenn man sie rekonstruieren würde, etwa folgendermaßen: Im geschichtlichen und internationalen Maßstab ist die Tatsache, daß die Sowjetunion eine Friedenspolitik führt, wichtiger und *allgemeiner* als die, daß sie die friedlichen Beziehungen zu Jugoslawien wiederherstellen will. Denn das letztere ist nur ein Einzelfall des generellen Grundsatzes der internationalen Sowjetpolitik. Daher ist es auch in *diesem besonderen* Fall objektiv wichtiger, jene Behauptung mit allgemeinem Charakter festzuhalten. Es folgt daraus, daß sich auch die psychologischen Reaktionen der Menschen nach der gleichen Rangordnung gestalten *sollten.* Der Berichterstatter brauchte bei solcher Art des Denkens die wirklichen Ereignisse gar nicht zu *beachten;* er konnte sie mit Erfolg aus der Kenntnis der historischen Gesetze *deduzieren* (wobei er natürlich von vornherein wußte, daß er falsch deduzierte, was jedoch in diesem Fall weniger von Bedeutung ist).

Ein anderes Beispiel: Es gehört oder gehörte wenigstens noch vor kurzem zu den allgemeinen Gewohnheiten unserer Presse, daß sie, wenn sie irgendwelche wichtigen Dinge aus dem öffentlichen Leben bekanntgab, gleichzeitig berichtete, daß die polnische öffentliche Meinung mit größter Empörung (oder mit Enthusiasmus, mit größter Zufriedenheit, mit dem Gefühl des Stolzes usw.) davon erführe. Diejenigen, die die Presseinformationen in dieser Art abfassen, wissen natürlich, daß die ›polnische öffentliche Meinung‹ die Nachricht über die besprochene Angelegenheit gerade erst aus diesem Pressekommuniqué erhält, also erst nach der Veröffentlichung Zeit hat, ihre Meinung zu äußern. Das stört jedoch ihre Ruhe nicht; sie wissen von vornherein, wie die öffentliche Meinung *ist,* denn sie wissen, was im Interesse der polnischen Gesellschaft liegt und wie sie daher auf das betreffende Ereignis reagieren *soll.* Sie brauchen dazu das Leben der Gesellschaft nicht zu erforschen, sie deduzieren es aus der Kenntnis der allgemeinen Grundsätze der Staatsmacht. Die objektive Rangordnung und die objektive Funktion der Ereignisse verwandeln sich automatisch in ein Schema zur Beschreibung der wirklichen menschlichen Reaktionen auf die Ereignisse und ihre Rangordnung. Auf diese Weise kommen in jedem Akt der Presse die charakteristischen Eigenschaften des Begriffs ›öffentliche Meinung‹ in mystifizierter Form zur Anwendung – und zwar als deduktiver, normativer und teleologischer Charakter. Als deduktiver Charakter, weil man die Tatsachen des sozialen Bewußtseins nicht aus den Erscheinungen der sozialen Psychologie, nicht aus den Ereignissen, auf die das soziale Bewußtsein reagiert – sondern aus den allgemeinen Grundsätzen des objektiven Wissens ableitet. Als normativer Charakter, weil die schweigende Voraussetzung dieses Systems nicht in dem Bestreben nach Information besteht, sondern in einer erzieherischen Maßnahme, nämlich in der Belehrung des Lesers darüber, wie er eigentlich auf die vorhandene Situation zu reagieren habe. Als teleologischer Charakter, weil die Verfasser solcher Informationen – bewußt oder unbewußt – davon überzeugt sind, das Ziel der sozialen Erziehung sei es, zu erreichen, daß die menschliche Psyche eine genaue Kopie der allgemeinen geschichtlichen Gesetze sei, also auch, daß sie am stärksten auf Tatsachen reagiere, die objektiv für die Geschichte am wichtigsten sind. Aus demselben Grund bringen die Redakteure der Zeitungen auch nicht jene Nachrichten, die wirklich neu sind und die Leser am meisten interessieren, an bevorzugter Stelle, sondern jene, die ihrer Meinung nach auf dem ökonomischen, also dem für den Staat wichtigsten Gebiet, den höchsten Rang einnehmen. Diese Redakteure betreiben einen gewissen unbewußten Platonismus: Sie beschreiben ein Konkretum nicht auf Grund seiner Analyse, sondern auf Grund der Deduktion aus dem von ihnen normativ angenommenen Vorbild; sie beschreiben die psychischen Reaktionen der Menschen nicht nach einer wirklichen Beobachtung, sondern gestützt auf die allgemeine Kenntnis über den Rang, den die betreffenden Ereignisse im Geschichtsprozeß einnehmen; so beschreiben sie auch soziale Einrichtungen, indem sie sie aus dem ›Wesen‹ der sozialistischen Gesellschaft ableiten, beschreiben den Überbau, indem sie ihn aus der Basis deduzieren, beschreiben die Psychologie, indem sie sie aus der Kenntnis der Beziehungen ableiten, die zwischen dem sozialen Bewußtsein und dem sozialen Dasein bestehen. So hat das Lackieren der Wirklichkeit und der Schematismus in Presse und Literatur einen unbewußten Platonismus zur Grundlage: die Ableitung einer besonderen *Existenz* aus dem allgemeinen *Wesen* der Sache; was in den menschlichen Reaktionen, das heißt, in der empirischen ›öffentlichen Meinung‹ nicht von theoretischen Schemen vorgezeichnet, also bisher nicht in die Theorie einbezogen wurde, wird übergangen; was diesen Schemen widerspricht, wird als eine zufällige Abweichung vom Ideal aufgefaßt, das keine Beachtung verdiene. Dieser Mechanismus hat zu jenen Methoden geführt, die glücklicherweise jetzt langsam überwunden werden. Aber zahlreiche Relikte dieser Methoden treten ständig in den offiziellen Berichten und Informationen zutage: Wenn man die UdSSR für die führende Kraft des Fortschritts in der Welt hält, dann ist jede einzelne Lebenssphäre der Sowjetunion automatisch führend im Hinblick auf die analogen Lebenssphären überall in der Welt, daher ist jeder Sowjetfilm kraft seiner Teilnahme an dem allgemeinen Wesen ›Sowjetunion‹ a priori führend in der Filmproduktion; da das polnische Volk sich auf einer höheren Stufe der geschichtlichen Entwicklung befindet als irgendein kapitalistisches Land, so ist das Niveau der Lebenshaltung des polnischen Volkes höher als das Niveau der Lebenshaltung in jedem beliebigen kapitalistischen Land. Wenn man auch nicht wörtlich so formulierte, bewirkte doch das System der Information, daß ähnliche Vorstellungen entstanden; denn die Tatsachen, die mit dem vermuteten ›Wesen‹ der betreffenden Erscheinungen unvereinbar waren, wurden systematisch übergangen und nur jene bekanntgegeben, die das ›Wesen‹ bestätigten. Dies geht übrigens auf ein System zurück, das seit Jahrhunderten von den katholischen Kirchenhistorikern angewandt wird: Die Kirche ist heilig und unfehlbar, denn das gehört zu ihrem Wesen. Hingegen die Päpste und Kardinäle sind Menschen und unterliegen menschlichen Schwächen, ohne die Reinheit der Institution zu verletzen. So entstand die platonisierende Geschichtsschreibung, die platonisierende Soziologie, die platonisierende politische Ökonomie, die platonisierende Politik ... In der Geschichtsschreibung wurden geschichtliche Tatsachen so ausgewählt, daß nur das übrigblieb, was mit dem allgemeinen Wesen der gegebenen gesellschaftlichen Formation oder Staatsordnung übereinstimmte. Was im Widerspruch zu ihr stand, konnte als der Beachtung unwerte Abweichung übergangen werden (abgesehen davon, daß schon eine Auswahl gewöhnlich zur Fälschung wird). In der Geschichte der Philosophie verdienten nur jene Tatsachen beschrieben zu werden, die man entweder zum ›Wesen‹ des Materialismus oder zum ›Wesen‹ des

Idealismus, als zu den beiden profilierten Standpunkten rechnen konnte: infolgedessen waren alle Materialisten in der Geschichte einander so ähnlich wie alle Idealisten – denn nur das, was das Wesen der platonischen Doktrin verwirklicht, ist der Beachtung wert. Bei der Beschreibung politischer Ereignisse galt einst ein Gesetz, das die internationale Bedeutung eines Staates ausschließlich auf Grund der in ihm herrschenden Gesellschaftsordnung einschätzte: alle kapitalistischen Länder gehörten automatisch zur selben Klasse. Es ist ebenso überflüssig, hinzuzufügen, daß in dieser Einteilung etwas Richtiges liegt, wie zu erwähnen, daß es verderblich wäre, sie zum führenden Grundsatz der internationalen Politik zu machen.

Wir sprechen von Dingen, von denen viele der Vergangenheit angehören. Die Langlebigkeit der übrigen ist jedoch von solcher Bedeutung, daß es wichtig ist, sie weiterhin zu entlarven, und dies um so mehr, als einzelne Erscheinungsformen der oben charakterisierten Denkart überwunden werden, ohne daß man das System als Ganzes beseitigt. Der empirische Begriff ›öffentliche Meinung‹ wird weiter durch den deduktiv und normativ verstandenen Begriff (nicht immer durch den Ausdruck) ›Bewußtsein der Massen‹ ersetzt. Immer aber, wenn diese platonische Praxis angewandt wird, ist sie ein Ausdruck dafür, daß die Art der sozialen Führung antidemokratisch ist. Betrachten wir nämlich die bei uns häufig angewandte Art der Machtausübung: die Leute, die einen größeren oder kleineren Abschnitt des öffentlichen Lebens leiten – sei es in der Wirtschaft, der Politik oder der Kultur –, stellen fest, daß man auf dem Gebiet, für das sie verantwortlich sind, gewisse Dinge tun muß, weil sie im allgemeinen Interesse liegen. Neben Maßnahmen, die allgemein wünschenswert sind, gibt es andere, die sich nicht durchführen lassen, weil das ›Bewußtsein der Massen‹ nicht reif genug dafür ist, und wieder andere, für die dieses Bewußtsein über die entsprechende Reife verfügt. Das ›Bewußtsein der Massen‹ wird nach einem idealen Vorbild eingeschätzt, das praktisch dem Bewußtsein jener gleichkommt, die auf diesem Lebensgebiet in dieser sozialen Gruppe die Führung haben – dem einzigen faßbaren Modell, das in der Praxis angewandt werden kann. Das ›Bewußtsein der Massen‹ tritt als etwas auf, das im Hinblick auf jenes Modell gewertet wird, und die praktische Aufgabe besteht darin, sich ihm so weit wie möglich zu nähern. Das empirisch wirkliche Bewußtsein der Gesellschaft wird daher praktisch zu einem negativen Faktor, zum widerstrebenden Material, das man um so mehr bearbeiten muß, je weiter es vom Ideal abweicht – es ist nicht die Quelle, aus der die soziale Praxis ihre Inspirationen schöpfen könnte. Die empirische Kenntnis der öffentlichen Meinung wird zur Kenntnis der *Bedingungen* für die politische *Tätigkeit*, die unabhängig von ihr geplant wurde – nicht zur Quelle der Erkenntnis über die Art der notwendigen *Veränderungen*. Diese Kenntnis antwortet nicht auf die Frage: Was muß man im Interesse der Allgemeinheit tun?, sondern auf die Frage: Unter welchen Bedingungen werden die Maßnahmen getroffen, die im allgemeinen Interesse beabsichtigt sind? Von allem, was als allgemeines Interesse gilt, muß die ›öffentliche Meinung‹ nur informiert oder überzeugt werden, denn ihr Inhalt ist höchstens durch die Möglichkeit einer erfolgreichen Tätigkeit auf irgendeinem Lebensgebiet definiert: Sie ist das soziale *Material für die Betätigung* und nicht der Impuls für sie; *Objekt und nicht Subjekt* der Veränderungen. Dieses System, das sich auf allen Stufen der staatlichen Verwaltung durchsetzt, muß gleichzeitig bewirken, daß die unteren Stufen Objekt der höheren und ihr Bewußtsein oder ihre Meinung Material für das Bewußtsein oder die Meinung der nächsthöheren werden. Infolgedessen wird das ›Bewußtsein der Massen‹ und der Begriff der Masse selbst relativiert: Das, was von oben gesehen ›Masse‹ ist, ist für diejenigen, die von unten schauen, ein Ideal und Vorbild. Das Ergebnis ist, daß der Umlauf der geistigen Materie im sozialen Organismus, die Bewegungen der Gedanken, der Initiative, der Schöpferkraft, der erzieherischen Tätigkeit eingleisig werden und in ihrer Richtung den Gesetzen des freien Falls der Körper entsprechen.

Nebenbei bemerkt, es ist nicht wahr, daß ein solcher Mechanismus des Regierens, in dem die Theorie vor dem Leben den Vorrang hat – infolgedessen also nur die Lebenserscheinungen als natürlich gelten, die mit der Theorie übereinstimmen, und alles, was nicht mit ihr übereinstimmt, als pathologisch –, daß dieser Mechanismus die schöpferischen Kräfte festigt und die Autorität des theoretischen Denkens fördert. Er stützt sich nicht einmal auf eine besondere Hochachtung vor der Theorie. Man muß eine soziale Praxis, die theoretisch ausgerüstet ist, von der doktrinären Praxis unterscheiden. Die Methode der Einschränkung des sozialen Lebens auf theoretische Postulate verbindet sich mit einer Verachtung des theoretischen Denkens, denn jede scheinbare Unterordnung der Praxis unter theoretische Grundsätze ist in Wirklichkeit eine Mystifikation, die die Unterordnung der Theorie unter praktische Absichten verbergen soll. Eine soziale Theorie, die auf die Empirie verzichtet, entartet faktisch zu einem reinen Werkzeug der sozialen Technik, das heißt, sie ordnet ihren Inhalt nicht den wirklichen Gegebenheiten des sozialen Lebens unter, sondern der aktuellen Politik. Niemand kann so naiv sein, anzunehmen, daß die entartende Wucherung des Unterdrückungsapparates in der Sowjetunion die *Folge* des theoretischen Grundsatzes von der Verschärfung des Klassenkampfes unter den Bedingungen des sozialistischen Aufbaus war; im Gegenteil, es ist leicht zu begreifen, daß dieses Gesetz das Werkzeug war, das den wirklich durchgeführten Unterdrückungsoperationen angepaßt wurde. In einer solchen Version *verliert* die Theorie den Charakter einer Erkenntnis und wird Gebrauchsmittel; sie hört auf, eine *Begründung* für die Praxis zu sein, und wird zum *Mittel ihrer Heiligsprechung*, sie hört auf, eine Theorie zu sein, und wird Mythologie. Die Erkenntnis gerät unter die Herrschaft des Pragmatismus in seiner reinsten Form: Richtig ist das, was von der Praxis gerechtfertigt wird. In dieser Situation kann man die Philosophie Hegels so interpretieren, wie es der aktuelle Stand des ›deutschen Problems‹ gerade erfordert, man kann die Geschichte der einzelnen Länder je nach dem Stand der internationalen Beziehungen auslegen und die Geschichte der Technik dem Programm der nationalen (genauer: der chauvinistischen) Politik anpassen. Der Pragmatismus zeigt sich auf diese Weise als Kehrseite des Platonismus: Dort, wo die Theorie auf die Begründung durch die Praxis verzichtet, verzichtet die Praxis jedoch nicht auf die Rechtfertigung durch die Theorie; eine Gesellschaftstheorie, die a priori errichtet wird, ist gegen Angriffe der Praxis wehrlos und läßt sich zu allen Dienstleistungen herab.

Es ist unnötig, hinzuzufügen, daß sie dann sehr vieldeutig sein muß, um entsprechend den Umständen in die verschiedensten Häute zu schlüpfen, ohne dabei den Schein der Unveränderlichkeit zu verlieren, die den platonischen Ideen eigen ist.

Der Verlust der Achtung vor der theoretischen Wahrheit steht übrigens im Einklang mit dem dogmatischen Kult der Mythologie, die sich in eine Schatzkammer verschiedenster Losungen verwandelt, die je nach Bedürfnis herausgeholt werden. Scheinbar hart wie Kristall geworden, erweist sich die Theorie als weich wie Wachs. Wie übrigens die Jesuiten schon lange gezeigt haben, kann man den extremsten Dogmatismus leicht mit geistigem Konformismus vereinen. Es entsteht daraus sogar die innigste Allianz. Die Verbindung des Dogmatismus und des Konformismus in der geistigen Haltung, des Platonismus und Pragmatismus in der Erkenntnismethode –, spiegelt auf dem Gebiete des Denkens das wider, was im öffentlichen Leben die Verbindung zwischen Bürokratismus und Rechtsbruch ist, in der Moral die Verbindung von Demut und Karrierismus. Die Bemühungen, die unternommen werden, um zu demokratischen Formen des Gemeinschaftslebens zurückzukehren, erfordern auch unbedingt, daß die platonisch-pragmatische Haltung im Denken und die christliche Haltung in der Moral – vor allem die Demut – überwunden werden. Das platonische Denken spiegelt, wie immer in der Geschichte, antidemokratische Erscheinungen wider: die Trennung von Macht und Gesellschaft, den Bürokratismus und die Hierarchie in der Verwaltung und alle Anzeichen der Entfremdung der Regierungsgewalt. Diese Erscheinungen gehören nicht zum ›platonischen Wesen‹ des Sozialismus, ganz im Gegenteil; sie sind auch nicht unüberwindbar. Da sie bestehen, können sie auch überwunden werden. Die Aufgabe ist, dem Begriff der ›öffentlichen Meinung‹ seinen empirischen Sinn wiederzugeben.

Über die Richtigkeit der Maxime ›Der Zweck heiligt die Mittel‹

Es ist kein sehr reizvolles Unterfangen, eine moralische Losung zu verteidigen, die allgemein als die Quintessenz des Zynismus, der Niedertracht und jeder antihumanistischen Haltung betrachtet wird und die geschichtlich eng mit der Doktrin einer Institution verknüpft ist, die ich zu denen rechne, die moralisch am meisten kompromittiert sind – der Gesellschaft Jesu; sie noch dazu in einer Epoche zu verteidigen, da das Bewußtsein der Kommunisten ständig in der Erinnerung der Verbrechen lebt, die angeblich im Namen der kommunistischen Sache begangen wurden, und zwar, wie man meint, unter der schwarzen Flagge eben dieses Grundsatzes.

Betrachten wir doch genauer, was die Moralisten im Auge haben, die sich gegen die Losung ›Der Zweck heiligt die Mittel‹ empören. Sie sagen ungefähr folgendes: Wenn man dieser Maxime im praktischen Leben folgt, so läßt sich alles rechtfertigen – Grausamkeit und Untreue, der Mord Unschuldiger und die Anwendung von Provokation, Verrat und Erpressung; jede Tat wird sofort ihre moralische Sanktion erhalten, wenn man beweist, daß sie den Interessen der kommunistischen Sache dienlich ist. Und wenn es sich herausstellt, daß wir den Aufbau des Sozialismus fördern, wenn wir eine gewisse Menge kleiner Kinder verspeisen? Dann an die Arbeit: Schlachtet Säuglinge!

Die Voraussetzung, von der hier ausgegangen wird, lautet also folgendermaßen: Alle erwähnten Maßnahmen – die Grausamkeit, der Betrug, das Verbrechen – *können den kommunistischen Zielen erfolgreich dienen,* man darf sie jedoch anderer moralischer Grundsätze wegen nicht anwenden.

Diejenigen, die sich für die Geschichte der moralischen Doktrinen interessieren, meinen im allgemeinen, der Glaube, ein würdiger Zweck heilige alle angewandten Mittel, sei nicht eine Erfindung der Jesuiten, sondern leite seine eigentliche Herkunft von den Schriften Machiavellis ab. Dieser Schriftsteller, ein schonungslos nüchterner Mann, Rationalist und Skeptiker, lehrte wirklich, daß ein Herrscher, der seine Absichten verwirklichen will, auf alle Skrupel verzichten müsse; daß er verschiedene Tugenden vorgeben, sie aber nicht besitzen dürfe; daß man sich in entsprechender Weise der Grausamkeit bedienen solle, nur der Macht der Waffen vertrauen könne und daß es nur ein Kriterium für die Beurteilung der Taten und Lebenssituationen gebe: nämlich ob sie vom Standpunkt der Interessen des Herrschenden von Vorteil sind oder nicht. Diese Ratschläge, die sich auf eine intelligente und illusionslose Beobachtung des Lebens stützten, haben Machiavelli als einen Verkünder des rücksichtslosen Zynismus und einer prinzipien- und hemmungslosen Wolfsmoral berühmt gemacht.

In Wirklichkeit tut die öffentliche Meinung hier, wie in vielen ähnlichen Fällen, dem Autor des ›Principe‹ unrecht. Machiavelli hat überhaupt keine Moral gelehrt; er war kein Apostel der sittlichen Erziehung, sondern zeichnete ausschließlich die Techniken des Regierens auf. Er stellte sich nicht die Frage: Welche Taten sind moralisch würdig?, sondern: Welche Methoden sind im Kampf um die Erringung und Erhaltung der Macht am erfolgreichsten? Seine Werke gehören nicht in das Gebiet der Moralistik, sondern der besonderen Technologie. Er betrachtete die Praxis der politischen Handlungen, wie ein Bauingenieur die Technik eines Schiffes betrachtet, dabei ganz davon absehend, ob sein Projekt dem militärischen Aggressor dienen wird oder dem Befehlshaber der gerechten Verteidigung. Machiavelli war sich dabei durchaus der traurigen moralischen Aspekte des politischen Lebens bewußt, das er beschrieb. Zwischen dem, was in der Welt geschieht – so schrieb er –, und dem, was geschehen sollte, besteht ein so großer Unterschied, daß derjenige, der die Wirklichkeit im Interesse des Ideals der Wirklichkeit vernachlässigt, eher den eigenen Untergang herbeiführt als eine Verbesserung des Schicksals: Der Mensch nämlich, der sich nur von den Gesetzen des Guten leiten läßt, muß in der Umgebung von Menschen, die sich von andern Gesetzen leiten lassen, untergehen.

Es ist ein Verdienst Machiavellis und nicht seine Schuld, daß er nicht versuchte, die politische Tätigkeit irgendwelchen moralischen Idealen unterzuordnen. Damit hat er der täglichen Praxis der Politiker die Maske der scheinheiligen Doktrin heruntergerissen und den Mechanismus des räuberischen Kampfes um die Macht entlarvt, der sich hinter der Fassade christlicher Moral verbirgt. Die wirklichen Vorbilder für seine Theorien waren bekanntlich Papst Alexander VI. und sein Sohn Cesare Borgia, die gleichermaßen durch die Zahl ihrer Verbrechen wie durch die Geschicklichkeit, mit der sie sie ausführten, berühmt geworden sind. Machiavelli beschrieb und analysierte die Methode ihrer Handlungen, ohne sie einer moralischen Wertung zu unterziehen. Sein Werk war es, die Politik schonungslos zu verweltlichen und das Leben seiner Epoche frei von aller ideologischen und moralischen Mystifizierung vorzuführen. Er war weder ein Propagandist des Verbrechens noch sein Richter: er war nur ein Kriminologe. Daher verkündete er im engen Sinne des Wortes nicht den Grundsatz, daß der Zweck die Mittel heilige; denn die Anerkennung eines solchen Grundsatzes bedingt die Annahme, daß das Ziel moralisch richtig sei; das jedoch behauptete Machiavelli nicht.

Vermerken wir diese Haltung, die für die wissenschaftliche Analyse ihren Wert durchaus nicht verloren hat. Sie kann jedenfalls nicht genügen, wenn man eine Maxime analysieren will, deren Sinn normativ und nicht beschreibend ist. Diese kann nur auf der Grundlage einer normativen Doktrin betrachtet werden, also nur unter der Voraussetzung, daß ein gewisses Ziel *moralisch richtig* ist. Versuchen wir, sie von diesem Gesichtspunkt aus zu analysieren.

Die Unzulänglichkeit der Kritik, die sich gegen diesen Grundsatz richtet, beruht auf zwei Fehlern, die von einem Mißbrauch der Abstraktion und dem unwillkürlichen Glauben an die Zweckmäßigkeit der sozialen Entwicklung herrühren.

Die kommunistische Gesellschaft ist das Produkt natürlicher Gesetze des Geschichtsprozesses; aber für das Bewußtsein des einzelnen muß sie sich außerdem als ein moralisch richtiges Ziel darstellen, wenn sie ein soziales Engagement bewirken soll. Niemand wird nämlich ausschließlich auf Grund der Überzeugung Kommunist, daß der Kommunismus geschichtlich unvermeidlich ist: Man muß diese Unvermeidlichkeit überdies mit dem Glauben an ihren moralischen Wert verbinden, also glauben, daß die der gesellschaftlichen Entwicklung innewohnenden Gesetze eine Vervollkommnung und nicht eine Degenerierung bedeuten. Wäre es anders, so müßte man eher einen hoffnungslosen Kampf gegen diese Unvermeidlichkeit führen und ihr Kommen verzögern, als mit eigenen Händen dem Bösen zu helfen, da es sich letzten Endes doch erfüllen muß. Wenn man den Kommunismus nur als einen Keim auffaßt, der in der heutigen Gesellschaft enthalten ist, so gibt man zwar dem Kampf um sein Kommen das Bewußtsein des Erfolges; aber das genügt nicht, um der Aufforderung zu diesem Kampf eine zwingende Anziehungskraft zu verleihen.

Unter den Bedingungen des politischen Kampfes neigt der Begriff des Kommunismus dazu, inhaltlich zu verarmen. Wenn die Forderungen des Kampfes um die Macht und das Programm des wirtschaftlichen Aufbaus ihm ihr erdrückendes Primat aufzwingen, wird er zu einem Begriff von ausschließlich politischem und ökonomischem Inhalt: nämlich zu einem System der Produktionsverhältnisse, das die Befriedigung materieller Bedürfnisse erleichtert. Erst damit aber entsteht das Problem eines möglichen Gegensatzes zwischen den politischen Zielen und den Mitteln, die angewandt werden, um es zu erreichen: Es kann geschehen, daß das generelle Ziel, das auf die Erhaltung der die neuen Produktionsverhältnisse organisierenden Macht abzielt, die Versuchung schafft, Mittel anzuwenden, gegen die sich die primitive moralische Empfindlichkeit zur Wehr setzt und die doch durch den Anschein unmittelbarer Wirksamkeit bestechen. Man kann von dem Feind durch Foltern Geständnisse erpressen, man kann unschuldige Menschen zu Zwangsarbeit verurteilen: eine unangenehme Sache zwar, die jedoch ihre Vorteile hat, da die Notwendigkeit des Aufbaus so dringend ist ... Erst wenn das Ausmaß der Verbrechen das Gewissen zu sehr belastet und durch seine schrecklichen Folgen entsetzt, ruft der Moralist: Lieber den Kommunismus verzögern als seine Bausteine mit Blut aneinanderkitten!

Und eben diese Alternative beruht auf falschen Voraussetzungen. Der Kommunismus stellt sich nämlich nur dann als ein Ziel dar, dem das Verbrechen dienlich sein kann und dessen Erringung daher durch Verzicht auf Verbrechen verzögert wird, wenn der Begriff des Kommunismus nichts außer Produktion und Macht einschließt. Kommunisten, die zu Verbrechen gezwungen werden, sind Verbrecher: Sie können zwar der Erhaltung der Macht dienen, die sich auf Angst und Lüge stützt, aber nicht dem sozialistischen Aufbau. Der Begriff des Kommunismus umfaßt jedoch auch andere Güter und Werte des Lebens als die Produktionsverhältnisse und die Vermehrung des Wohlstandes – Werte, die würdig sind, als *Ziel an sich* und nicht nur als Mittel zu gelten. Es gibt nichts Unentbehrlicheres als das Brot, und doch ist es eine wesentliche Wahrheit, daß der Mensch nicht von Brot allein lebt. Die allgemeinen Formeln, die seit Jahren zur Definierung des Sozialismus gebraucht werden, sagen in der Regel, daß es in dieser Ordnung darum geht, den ›materiellen und geistigen Bedürfnissen gerecht zu werden‹. Was sind das jedoch für geistige Bedürfnisse? Ästhetische Erlebnisse? Aber haben wir nicht von der Kunst verlangt, daß sie als Mittel zur Hebung der Produktivität diene? Edle Beziehungen des moralischen Zusammenlebens der Menschen? Aber behaupteten wir nicht, daß alle menschlichen Taten im Hinblick auf ihren Wert für den sozialistischen, politischen und wirtschaftlichen Aufbau zu beurteilen seien? Die wissenschaftliche Kenntnis der Welt? Aber gilt sie nicht entweder als Werkzeug der Produktionstechnik oder der Technik der sozialen Organisation? Es gebe keine Kunst für die Kunst, keine Wissenschaft für die Wissenschaft, keine Moral für die Moral – keine geistigen Werte also, die als Zweck an sich und nicht als Mittel für die Errichtung des materiellen Wohlstands zu betrachten seien?

Diese Art des Denkens, die sich auf eine scheinbar wissenschaftliche Erklärung der Genesis der verschiedenen Formen gesellschaftlichen Lebens stützt – der Kunst, der Moral und der Wissenschaft –, mißachtet eins der wesentlichen Gesetze der menschlichen Geschichte: das Gesetz des natürlichen Beharrungsvermögens der sozialen Einrichtungen oder, besser: das Gesetz der Verselbständigung der neuen Lebensformen und der wachsenden Vielgestaltigkeit des gesellschaftlichen Seins. Wenn es wahr ist, daß das künstlerische Leben ein Kind der Arbeit ist, so folgt daraus doch nicht, daß der ›natürliche Platz‹ des Kindes allein der Dienst für die Eltern sei; es ist unmöglich zu bestreiten, daß die Kunst zu einer Lebensform wurde, die sich in hohem Maße verselbständigte und zu einem neuen menschlichen Bedürfnis geworden ist, das keiner anderen Begründung bedarf. Wenn es wahr ist, daß die Bedürfnisse der Technik den Hauptantrieb für den technischen Fortschritt bedeuten, so ist es auch wahr, daß das Bedürfnis nach Wissen existiert und ebenfalls zu einem menschlichen Bedürfnis wurde, das wert ist, um seiner selbst willen befriedigt zu werden. Die moralische Pflicht hat ihren fernen Ursprung sicher in dem Bedürfnis der Solidarität einer sozialen Gruppe, deren materielles Bestehen sie bedingte; aber der Versuch, zu beweisen, daß dieselben Bedürfnisse es erlauben, sich die Gesamtheit der moralischen Gesetze als Werkzeuge dienstbar zu machen, wäre hoffnungslos. Alle diese Formen der menschlichen Existenz bewahren mehr als nur unklare Erinnerungen an ihre Ursprünge und können niemals ganz von ihnen abweichen: Sie unterliegen einer beständigen Determinierung, entziehen sich aber gleichzeitig entschieden einer völligen Unterordnung. Sie verwandelten sich in selbständige Lebensbedürfnisse und haben dem Menschen eine ganze Anzahl neuer Existenzformen verliehen. Auf diese Weise kommt eine der wichtigsten Tendenzen des geschichtlichen Fortschritts zur Geltung – die Entfaltung der Vielseitigkeit der menschlichen Natur.

Diese Dinge sind nicht neu, aber für das behandelte Thema wesentlich. Der Begriff des Kommunismus umfaßt auch den des kommunistischen Menschen, an dem man verschiedene moralische wie intellektuelle Eigenschaften ausbilden möchte. Postulieren wir diese Eigenschaften oder Tugenden nur deshalb für ihn, weil sich mit ihrer Hilfe mehr materielle Werte produzieren lassen? Das ist kaum anzunehmen. Wenn wir das menschliche Wissen vermehren und zum Gemeingut machen möchten, so dies nicht nur deshalb, weil die Gebildeteren in gesellschaftlicher Hinsicht produktiver sind – sondern auch, weil das Wissen einen selbständigen Wert darstellt, der keiner Begründung bedarf und den man auch um seiner selbst willen erringen muß. In der sozialistischen Gesellschaft müssen feindliche Beziehungen der Menschen untereinander nicht unbedingt einen negativen Einfluß auf die Produktion haben; sie zu beseitigen, genügt das Bewußtsein, daß sie die Summe des Leids vermehren.

Mit anderen Worten: Der Kommunismus, den wir uns als Ziel vorstellen, kann nicht durch mißbräuchliche Abstrahierung auf kommunistische Produktionsverhältnisse reduziert werden. Er dient einer Vervollkommnung der moralischen Gesetze, die innerhalb des gesellschaftlichen Lebens ein Ziel an sich darstellen; einem Fortschritt von Bildung und Wissen, die man um ihrer selbst willen erringen muß; einer Steigerung der ästhetischen Empfindlichkeit, um die man sich, unabhängig von ihren instrumentalen Funktionen im Hinblick auf andere Lebenssphären, bemühen muß. Es ist übrigens leicht zu zeigen, wie diese Lebenssphären sich gegenseitig stützen und wie gut man in gewissem Sinne jede von ihnen als ein Mittel für die übrigen benützen kann.

Der *so* verstandene Kommunismus ist ein Zweck, der die Mittel heiligt. Es ist nicht schwer einzusehen, daß er sich nicht mit Hilfe von politischen Maßnahmen verwirklichen läßt, die die Bürger der sozialistischen Gesellschaft in Lüge und Angst erziehen; denn Lüge und Angst sind schlecht an sich. Sie erfordern Gegenmaßnahmen, weil sie mit den Zielen des sozialistischen Aufbaus unvereinbar sind, und nicht etwa, weil sie ihm vielleicht dienlich wären, anderer moralischer Grundsätze wegen aber als verurteilungswürdig gelten. Die Erhaltung der Macht mit Hilfe verbrecherischer Mittel steht den Zielen des sozialistischen Aufbaus im Wege. Man darf nicht vergessen, wie viele Aspekte der Begriff Kommunismus erfaßt. Die bekannten Worte Lenins: ›Für uns ist die Moral den Interessen des Klassenkampfes des Proletariats untergeordnet‹ wurden in abschreckend vulgärer Art interpretiert und daher von vielen angezweifelt. Sie erhalten ihren humanistischen Glanz wieder, wenn man sich daran erinnert, daß ›das Interesse des Kampfes des Proletariats‹ nicht einfach in der Erringung und Erhaltung der Macht besteht; daß das Proletariat keine von der ganzen Menschheit gesonderten Interessen hat und seine Diktatur nur ein Mittel und kein Ziel ist, das sich selbst rechtfertigt. Die moralischen Werte wären auch dann würdig, errungen zu werden, wenn man dadurch nichts weiter gewinnen würde als ihren Besitz – in diesem Sinne ist der Gedanke der Stoiker, das Gebot eines Epiktet, Seneca und Spinoza richtig: Der Preis für jeden moralischen Wert ist der Wert selbst, praemium virtutis ipsa virtus.

Wenn aber jemand sagt, daß es nicht lohne, Überlegungen über die Selbständigkeit der geistigen Bedürfnisse des Menschen anzustellen, ehe die elementarsten materiellen Bedürfnisse befriedigt sind, und daß die Kunst keine Kleidung für die Frierenden sei, dann antworten wir: Die Verselbständigung des Menschen als denkendes und fühlendes Wesen, d. h. die Verwandlung seiner emotionalen und rationalen Zentren aus gewöhnlichen, der sozialen wie biologischen Lebenserhaltung dienenden Fähigkeiten in selbständige Organe, die eigene Bedürfnisse und Aspirationen haben, obwohl sie nicht aufhören, auch Werkzeuge zu sein – diese Verwandlung ist schon weit früher erfolgt, als die Geschichte die Idee des wissenschaftlichen Sozialismus ins Leben gerufen hat. Diese Situation muß man als einen Naturfaktor annehmen, als datum vitale, mit dem der Aufbau höherer Formen der Gesellschaft zu rechnen hat, wenn er nicht der Entartung anheimfallen will.

Das also ist der erste Irrtum der Moralisten, die gegen die Maxime ›Der Zweck heiligt die Mittel‹ protestieren – ein Irrtum, der aus dem Mißbrauch der Abstraktion und der Beschränkung der sozialen Aufgaben des Kommunismus auf ein Elementarprogramm herrührt, dem gegenüber alles andere nur Werkzeugcharakter haben soll und das deshalb mit Erfolg auch durch unlautere Mittel unterstützt werden kann, wenn eine außerhalb dieses Programms stehende Moral sie nicht zügelt.

Und hier ist der zweite Irrtum, der aus der teleologischen Interpretation der Geschichte entspringt: Der Begriff des Kommunismus als Ziel einer Tätigkeit enthält allgemein – sicher nicht in den Deklarationen, aber in der Praxis des Denkens der Kommunisten – die schweigende Voraussetzung, daß das tägliche Leben als Mittel zu einem einzigen und endgültigen Ziel betrachtet werden könne. Vor einigen Jahren machte jemand auf die finstere Absurdität eines Plakats aufmerksam, das in unseren

Straßen hing und die Losung verkündete: ›Die Tuberkulose verzögert den Aufbau.‹ Dieses Plakat entlarvte eben eine solche Art von Denken: Die Bekämpfung der Tuberkulose bedarf einer Rechtfertigung als Mittel zur Beschleunigung des Aufbaus. Es ist zweifellos wahr, daß ein Ziel, das den Sinn des einzelnen Menschenlebens transzendiert, die besten Kräfte aktiviert und daß große Werke nicht ohne ein solches Ziel entstehen; es ist aber andererseits ebenso wahr, daß man nur in einer unzulässigen Utopie einen Grundsatz anerkennen kann, der rücksichtslose Unterwerfung der gegenwärtigen Angelegenheiten unter die auch für die besten Augen kaum erkennbare Zukunft fordert. Die tägliche Arbeit für langwährende soziale Umgestaltungen erfordert die Anerkennung der täglichen Erfolge als Ziel an sich, und nicht nur als ein Mittel, das durch ein zukünftiges Ziel gerechtfertigt wird. Es ist ein Ziel an sich, jemanden von der Tuberkulose zu heilen – obwohl es auch ein Mittel für anderes ist. Ein Ziel an sich kann jede kleine tägliche Freude sein; für sie braucht man keine Theorie zu suchen, in deren Namen sie sich fernen und erhabenen Zielen unterordnen ließe. In diesem Sinn ist auch alles, was irgendeines dieser kleinen täglichen Ziele unmöglich macht, ein – man könnte sagen – Gegenziel, das in Widerspruch zu den Werten steht, die nicht nur im Hinblick auf andere gegeben sind. Wenn wir also die Maxime ›Der Zweck heiligt die Mittel‹ annehmen, so erweitern wir den Begriff des Zweckes (oder des Zieles) nicht nur um die Vielfalt der Aspekte, die die Vorstellung der fernen Zukunft miteinschließt, sondern auch um die Vielfalt der gegenwärtigen Ziele, wie überhaupt um alles, wonach zu streben sich lohnt, ohne es durch höhere Gründe legitimieren zu müssen.

So verstanden jedoch – und wir müssen uns dessen bewußt sein – bietet uns dieser Grundsatz noch keinerlei Hilfe für die Lösung irgendeines Konfliktes. Denn so unterschiedlich verstandene ›Ziele‹ geraten auf Schritt und Tritt in Konflikt – sowohl die gegenwärtigen unter sich wie diese mit den zukünftigen; und was haben wir davon, wenn man das, was gestern ein Konflikt zwischen Zweck und Mittel genannt wurde, heute als einen Konflikt zwischen zwei unvereinbaren Zielen deutet? Auch wenn nach dem Verzicht auf einen Teil des gegenwärtigen materiellen Wohlstandes nur ein einziges Bedürfnis zugunsten von Zielen entstehen würde, die erst in Zukunft Früchte tragen, so behält es doch seine Konfliktnatur bei, ungeachtet dessen, welchen Namen es trägt. Ebenso verhält es sich bei einem Zusammenstoß infolge des Gegensatzes, der zwischen der Freiheit des einzelnen und dem Allgemeininteresse besteht; ebenso schließlich im Fall jedes beliebigen Konflikts im individuellen Leben überhaupt.

Eine solche Betrachtungsweise ist aber nur scheinbar richtig. In Wirklichkeit ist es unmöglich, ein normatives System zu schaffen, das erfolgreich alle moralischen Konflikte lösen könnte. Genauer – ein solches System wäre nur in Gestalt einer primitiven Doktrin möglich, die alle komplizierten Verwicklungen und Situationen mit der Axt durchhauen möchte. Ähnlich ist die katholische Doktrin auf dem Gebiet des Sexuallebens: Sie enthält aus dem Blickwinkel des Theologen im Grunde keine moralischen Konflikte, d. h. keine Konflikte zwischen positiven Werten oder Pflichten, sondern stellt nur einen Konflikt zwischen Pflicht und Leidenschaft dar, der in der Moraltheorie von vornherein gelöst ist. Wir sprechen hier jedoch von einem Lebensbereich, in dessen Konflikte nur verhältnismäßig wenig Menschen einbezogen werden und bei denen die Folgen der getroffenen Entscheidungen am leichtesten abzusehen sind. In anderen Bezirken sind die Konfliktsituationen bekanntlich bedeutend komplizierter. Bilden wir uns nicht ein, die Präzisierung moralischer Systeme könnte viel zu ihrer Lösung beitragen. ›Die Existenz‹ – sagt einer der Helden von Sartre – ›hat kein Gedächtnis.‹ Diese Bemerkung enthält etwas Richtiges, wenn sie sich auch nicht verallgemeinern läßt: Sie bedeutet unter anderem, daß die konkrete Situation eines moralischen Konflikts sich in vielen Fällen nicht durch die Anwendung eines allgemeinen Grundsatzes lösen läßt.

Wenn es jedoch unmöglich ist, das Übermaß an unterschiedlichen Konfliktsituationen in ein einheitliches normatives System einzubeziehen, dann kann das gesellschaftliche Leben nicht frei von einer Menge moralischer Verwicklungen sein. Die Überzeugung, daß es bei solchen Verwicklungen zumeist nicht um eine Wahl zwischen den wirksamsten Mitteln geht, sondern um eine solche zwischen wirklichen Werten, von denen jeder um seiner selbst willen bejaht zu werden verdient – diese Überzeugung erschwert bekanntlich die Entscheidungen. Dennoch ist sie nützlich für die Erkenntnis jener banalen Wahrheit, daß jede Wahl zugleich einen Verzicht bedeutet, den wir jedoch vor allem dort, wo moralische Werte mitspielen, nach Möglichkeit auf ein Mindestmaß beschränken sollten. Wenn auch der Grundsatz Kants, daß jeder Mensch als ein Ziel an sich betrachtet werden soll, natürlich nicht die Situationen beseitigt, in denen man mit schmerzlichen Mitteln operieren muß, kann er zumindest die zynische Einstellung zu ihnen beheben. Ohne das Schlimme zu verhindern, kann er doch das Unrecht verhindern, indem er das Bewußtsein vertieft, daß kein Unrecht im eigentlichen Sinn des Wortes wiedergutzumachen ist, obwohl man den Opfern manchmal nachträglich scheinbar alles oder zumindest Teile dessen wiedergeben kann, was ihnen fortgenommen wurde.

Auf diese Weise schließt die wachsende Erinnerung an die Tatsache, daß der Kommunismus nicht nur ein Fernziel ist, sondern auch das Ziel eines jeden Tages, und daß in beiden Fällen alle selbständigen Werte des Lebens einbezogen sind, alle Mittel vom Bau der neuen Gesellschaft aus, die mit dem so verstandenen Ziel unvereinbar sind. Die Mißhandlung eines Menschen wird nicht nur deshalb verurteilt, weil sie das elementarste moralische Empfinden verletzt, sondern auch weil sie ihrer Natur nach den Aufgaben des Kommunismus nicht dienlich sein kann; denn sie vergewaltigt und vergiftet die moralischen Beziehungen, ohne deren Umgestaltung der Kommunismus nur eine Parodie wäre – trotz ihrer genetischen Abhängigkeit von den materiellen Bedingungen des gesellschaftlichen Seins.

In diesem und nur in diesem Sinn behält die Maxime, daß der Zweck die Mittel heiligt, ihren vollen Wert. Sie wirkt übrigens faktisch mehr oder weniger bewußt in allen Morallehren. Die Gegensätze kohärenter moralischer Auffassungen offenbaren sich auch nicht in der Annahme oder Ablehnung dieser wenig beliebten Maxime, sondern in der Definition dessen, worin man eigentlich das ›Ziel‹* in moralischem Sinn sieht, d. h. was als wertvoll an sich und ohne Rechtfertigung durch etwas, dem es dienen soll, gilt. Es ist wohl unnötig, hinzuzufügen, daß der Begriff ›Ziel‹ hier im Vergleich zum sonstigen Gebrauch des Wortes eine gewisse Beschränkung erfährt: Das ›Ziel‹ ist in dieser Bedeutung nicht relativ, nicht irgendein beabsichtigter Zustand, sondern ein solcher, den das Bewußtsein für würdig hält, um seiner selbst willen, also absolut errungen zu werden. Es ist leicht festzustellen, daß in dem Maße, wie man die Inhalte des so verstandenen ›Ziels‹ abstrakt und unpersönlich definiert, die Gefahr der moralischen Abstumpfung und der sittlichen Entartung zunimmt. Denn damit vergrößert sich die Möglichkeit, menschliche Dinge nur als Mittel aufzufassen – was im moralischen Verhalten den eigentlichen Unterschied zwischen dem, was menschlich und was unmenschlich ist, darstellt. Das ist in vielen Fällen durchaus kein leicht anwendbares Kriterium; gelingt es allerdings, diesen Standpunkt in der sozialistischen Erziehung oder Umerziehung zu festigen, verspricht das großen Nutzen.

Es scheint jedenfalls nicht, daß es im Streit um den eigentlichen Sinn der in Frage gestellten Maxime nur um eine geschickte Kasuistik geht; auch nicht um utopische Hoffnungen, daß man das dornige Schicksal des Sozialismus leicht mit dem hölzernen Schwert der Moralistik säubern kann. Aber die Ausdehnung des moralischen Bewußtseins auf früher wenig beachtete Bereiche innerhalb des sozialistischen Lebens und die Intensivierung seines moralischen Reaktionsvermögens haben durchaus reale Möglichkeiten. Dieser Prozeß erfolgt nicht allein durch eine Umorganisierung des gesellschaftlichen Lebens, da die geistigen Gewohnheiten und moralischen Haltungen zumeist das Organisationssystem überleben, mit dem sie verbunden waren. ›Fällt den Wald und nicht einen Baum, denn aus dem Wald fließt die Furcht‹, sagt ein buddhistisches Sprichwort. Die eschatologische Haltung gegenüber dem Kommunismus ist ebenso eingewurzelt und ebenso gefährlich wie ihr scheinbares Gegenteil – ein Ver-

---

* In dem polnischen Wort ›cel‹ ist sowohl der Begriff ›Ziel‹ als auch der Begriff ›Zweck‹ im Sinne des behandelten Grundsatzes enthalten.

lust der weiten Horizonte, die unter dem Druck des täglichen Lebens entschwinden. Wir sagen ›scheinbarer Gegensatz‹ – in Wirklichkeit nämlich wird die Praxis des Alltags bald blind gegenüber den großen und fernen Perspektiven, wenn sie aus ihnen nackte, abstrakte Symbole macht. Die moralische Erziehung hat die Aufgabe, die sich gegenseitig beschränkenden Tendenzen, die ausschweifende Eschatologie und die zwerghafte Praxis miteinander in Einklang zu bringen, genauer: das Bewußtsein zu schaffen, daß für einen Kommunisten nicht nur der Kommunismus ein Ziel ist, sondern auch der Weg zu ihm. Um so mehr als dieser Weg keine sichtbaren Grenzen hat – genauso wie die Marschroute des Wanderers, für den doch auch der Weg selbst ein Ziel und der bloße Begriff des ›Endziels‹, wenn man ihn wörtlich versteht, nur eine mythologische Fiktion ist. Die Evolutionen erfolgen nach angeborenen Gesetzen, sie kennen nur die Richtungen der Entwicklung, nicht ihren Schlußpunkt.

Wiederholen wir noch einmal den so bekannten Gedanken von Marx: ›Der Kommunismus ist für uns nicht ein Zustand, der hergestellt werden soll, ein Ideal, wonach sich die Wirklichkeit zu richten hat. Wir nennen Kommunismus die wirkliche Bewegung, welche den jetzigen Zustand aufhebt.‹ (Deutsche Ideologie.) Man muß also den Horizont vor Augen haben, der die Wege vorzeichnet, aber auch das Bewußtsein, daß es keinen Ort gibt, der dieser Horizont ist, obwohl jedes heute auf ihn vorbereitet. Auf diese Weise ›heiligt der Zweck die Mittel‹; der morgige Tag heiligt den heutigen Tag als die Hoffnung auf ihn, aber der heutige Tag wird zur Nacht, wenn er nicht ein Ziel an sich ist, d. h. der Horizont des schon zurückgelegten Weges, das Erlöschen der gestrigen Hoffnung dank ihrer Erfüllung.

Lob der Inkonsequenz

Im folgenden spreche ich von der Konsequenz, allerdings nur insofern, als sie sich auf die Übereinstimmung von Verhalten und Denken bezieht oder auf die innere Übereinstimmung zwischen den allgemeinen Grundsätzen und ihrer Anwendung im Denken. Konsequent nenne ich also einfach denjenigen, der über eine Anzahl allgemeiner, widerspruchsfreier Grundsätze verfügt und sorgfältig bemüht ist, in allem, was er tut, wie auch in allen seinen Anschauungen über das, was man tun müsse, in völliger Übereinstimmung mit diesen allgemeinen Grundsätzen zu bleiben. Konsequent ist also derjenige, der den Totschlag für ein Übel hält und daher den Kriegsdienst verweigert; der von der Überlegenheit der Monogamie über andere Formen der Familie überzeugt ist und daher seine Frau oder seinen Mann nicht betrügt; konsequent ist der Polizist, der glaubt, daß man Verordnungen einzuhalten hat, und daher jeden Fußgänger bestraft, der die Straße außerhalb der genau angegebenen Stellen überquert, usw.

Es gibt in der Kulturgeschichte eine ganze Reihe großer Talente auf der extremen Rechten, deren Schriften stets ein unschätzbares Material für Reflexionen über das Prinzip der Konsequenz bieten werden: In Frankreich sind das die Bossuet, de Maistre, Maurras. Das waren Menschen von einem gewissen intellektuellen Mut, die sich nicht scheuten, ihre Grundsätze bis zur äußersten Konsequenz zu befolgen und in jeder Sache, auf die die von ihnen vertretenen Prinzipien Anwendung finden konnten, mit voller Lautstärke ihr Urteil zu verkünden. Joseph de Maistre weiß, welches die beste, von Gott gewollte Weltordnung ist, er kennt auch den obersten Wert und die Hierarchie dieser Ordnung. Er demonstriert seine erstaunliche Konsequenz, indem er jene allgemeinen Prinzipien auf alle konkreten Fälle anwendet. Die Welt ist so beschaffen, daß es das Böse in ihr geben muß; da das Böse besteht, muß es bestraft werden; ist es so, dann muß jemand die Strafe vollstrecken. Dieser Jemand ist ein unerläßlicher Faktor der Gesellschaftsordnung und deswegen wert, geachtet zu werden. So schreibt denn de Maistre ein Lob auf den Henker: ›Alle Größe, alle Macht und alle Unterordnung stützen sich auf den Henker: Er ist der Schrecken und der Halt der menschlichen Gemeinschaft. Nehmt der Welt diesen unbegreiflichen Faktor, und im selben Augenblick weicht die Ordnung dem Chaos, die Throne geraten ins Wanken, und die Gesellschaft geht unter. Gott, der die Macht geschaffen hat, ist auch der Schöpfer der Strafe.‹ Der Henker ist also, weil sein Beruf mit Schrecken verbunden ist, ›ein außerordentliches Wesen, und dafür, daß es ihn in der menschlichen Familie geben kann, bedarf einer besonderen Verfügung, eines FIAT der Schöpferkraft. Er ist geschaffen wie die Welt‹.

Ebenso: Geistige Verbrechen sind gefährlicher als materielle, denn das Gute des Geistes hat größeres Gewicht; sie sind auch schmachvoller, denn sie beleidigen die Majestät Gottes, die größer ist als die Majestät irdischer Souveräne; de Maistre schreibt daher ein Lob auf die spanische Inquisition. Oder: Galilei war selber schuld an seinem Prozeß, weil er trotz seines Versprechens weiterschrieb, weil er die Übereinstimmung zwischen dem System des Kopernikus und der Bibel vertrat, weil er in der Sprache des Volkes schrieb und nicht lateinisch; de Maistre schreibt daher ein Lob auf das Tribunal, das Galilei verurteilte.

Wir müssen das Haupt neigen vor diesem glänzenden Beispiel der Konsequenz, die ihre Augen vor der Anwendung der eigenen Grundsätze nicht verschließt – aber wir müssen gleichzeitig feststellen, daß die Menschheit nur dank der Inkonsequenz noch weiterlebt. Was verlangt man von dem Soldaten, der in den Krieg zieht? Nur, daß er konsequent den Grundsatz der gerechten Verteidigung seines Vaterlandes einhält. (Ich sage ›Verteidigung‹, denn im Krieg gibt es bekanntlich nur Verteidigung und nur eine gerechte.) Schlachten, die von konsequenten Soldaten geführt werden, können erst dann zu Ende sein, wenn auf einer der beiden Seiten der letzte Soldat seinen Geist aufgegeben hat. Was verlangt man von einem Staatsbürger? Daß er dem Staat oder der Staatsordnung konsequent die Treue hält. Ein konsequenter Bürger wird daher immer in voller Selbstachtung mit der Geheimpolizei zusammenarbeiten, denn er weiß, daß sie für das Bestehen des Staates, seinen Glanz und seine Entwicklung notwendig ist. Es ist die leichteste Sache von der Welt, zu beweisen, daß dem so ist, und jeder Bürger, der zögert, systematisch Denunziationen an die Geheimpolizei zu liefern, ist sicher ein inkonsequenter Staatsbürger. Nehmen wir an, daß wir eine Sache für die wichtigste Sache von der Welt halten, zum Beispiel, Zylinderhüte zu tragen – was berechtigt uns dann, davor zurückzuschrecken, anderen unsere Auffassung mit Hilfe von Kriegen, Aggression, Provokation, Erpressung, Meuchelmord, Einschüchterung, Terror und Folter aufzuzwingen?

Die Rasse der Wankelmütigen und Weichen, die Rasse der Inkonsequenten, eben jener, die ohne Bedenken Koteletts zum Mittagessen verspeisen, für die es aber völlig unmöglich ist, ein Huhn zu schlachten; die sich den Gesetzen des Staates gegenüber nicht illoyal verhalten wollen, aber niemanden bei der Geheimpolizei denunzieren; die ebenfalls in den Krieg ziehen, aber in einer hoffnungslosen Lage sich lieber gefangen geben, als die Stellung bis zum letzten Mann zu halten; die die Wahrheit achten, aber einem bekannten Maler nicht sagen, daß er Kitsch gemalt hat, sondern im Gegenteil sein Werk mit unsicherer Stimme loben, ohne recht an die eigenen Worte zu glauben – mit einem Wort, die Rasse der inkonsequenten Menschen ist es, die die Hoffnung zuläßt, daß die Menschheit vielleicht doch noch erhalten bleibt. Es ist nämlich dieselbe Rasse, von der ein Teil an Gott und an den Vorrang der ewigen Seligkeit über das jetzige Wohlergehen glaubt und doch nicht verlangt, daß man wieder Scheiterhaufen für die Häretiker errichte, und von der ein anderer Teil nicht an Gott glaubt und revolutionäre Mittel sozialer Veränderungen befürwortet, aber Handlungen ablehnt, die zwar im Dienste solcher Veränderungen zu stehen scheinen, aber gewissen moralischen Traditionen, in denen er erzogen wurde, widersprechen.

Mit anderen Worten: Die völlige Konsequenz ist praktisch gleichbedeutend mit Fanatismus, die Inkonsequenz ist die Quelle der Toleranz. Welchen Grund hat einer, der von der ausschließlichen Richtigkeit seiner Auffassungen unerschütterlich überzeugt ist, freiwillig andere Auffassungen zu tolerieren? Was kann er von einer Situation erwarten, in der man ungestraft Auffassungen vertreten darf, die zweifellos falsch, also so oder so sozial schädlich sind? In wessen Namen darf er auf Mittel verzichten, die seiner Meinung nach dem Zweck dienen, den er für richtig hält?

Man könnte darauf erwidern, daß alle Toleranz erzwungen ist, daß nur das toleriert wird, was aus Mangel an Mitteln nicht zu besiegen ist, und daß jene, die toleriert werden, dies meist ihrer Stärke verdanken, die es ihren Gegnern nicht erlaubt, sie gänzlich zu vernichten. Diese Beobachtung, obwohl durch viele geschichtliche Erfahrungen bestätigt, scheint jedoch nicht alles zu erklären. Wäre nämlich allein das Kräfteverhältnis die Quelle der Toleranz und herrschte in den Köpfen der Widersacher sonst ausschließlich fanatische Konsequenz, dann müßten sie sich beständig gegenseitig ausrotten. Wenn das nicht geschieht, oder doch zumindest nicht immer, so allein infolge der gesegneten Inkonsequenz, die durchaus nicht aus dem bewußten Willen zur Toleranz entspringen muß, sondern diesem Prinzip nur bis zu einem gewissen Grade zu huldigen scheint.

Die Inkonsequenz entspringt letztlich dem geheimen Bewußtsein von den Widersprüchen dieser Welt. Wenn ich von Widersprüchen spreche, so meine ich jenen Umstand, daß in der geschichtlichen Entwicklung immer wieder einander ausschließende Werte von antagonistischen Kräften in das Leben der Gesellschaft hineingetragen werden. Die Überzeugung von der absoluten und ausschließlichen Überlegenheit eines Wertes über alle anderen müßte, wenn sie allgemein Verbreitung finden würde, dazu führen, daß die Welt sich in ein immer größeres Schlachtfeld verwandelte — was ja auch von Zeit zu Zeit geschieht. Der Mangel an Konsequenz verzögert dies jedoch. Die Inkonsequenz als Form einer individuellen menschlichen Haltung ist einfach eine im Bewußtsein verbliebene Reserve von Unsicherheit, das permanente Gefühl, daß man möglicherweise selbst einen Fehler begangen oder der Gegner recht haben könnte. Wir sprechen hier immer von dem Verhältnis des Denkens zu den

Grundsätzen des praktischen Handelns. In jedem Denken aber, das auf das praktische Handeln einwirkt, liegt die Anerkennung eines Wertes. Andrerseits – und das ist einer der wichtigsten Grundsätze, die wir formulieren wollen – ist *die Welt der Werte*, im Gegensatz zur Welt des theoretischen Denkens, *keine logisch nur zweiwertige Welt:* Es gibt Werte, die sich gegenseitig ausschließen und darum doch nicht aufhören, Werte zu sein (es gibt hingegen keine Wahrheiten, die sich gegenseitig ausschließen und doch Wahrheiten bleiben). Das ist eine Einsicht, deren Banalität der Alltag auf Schritt und Tritt bestätigt. Die Inkonsequenz in unserem Sinne ist einfach die *Ablehnung einer für alle Zeiten geltenden Wahl zwischen Werten, die sich gegenseitig ausschließen.* Diese Situation der permanenten und unheilbaren Antinomie in der Welt der Werte zu durchschauen, ist nichts anderes als bewußte Inkonsequenz. Im allgemeinen wird nämlich die Inkonsequenz praktiziert und nicht proklamiert. Die Inkonsequenz ist der Versuch, das Dasein ständig zu betrügen. Das Leben bringt uns dauernd in eine alternative Stellung zwischen zwei Toren, die uns zwar eintreten lassen, aber keine Umkehr gestatten. Einmal eingetreten, müssen wir bis zuletzt, bis zur letzten Patrone, auf Leben und Tod, mit denen kämpfen, die durch einen anderen Eingang hereingekommen sind. Wir bemühen uns daher zu lavieren, zu manövrieren, verschiedene Ausflüchte zu suchen, verdächtige Manipulationen und Tricks anzuwenden, Ausreden, Halbwahrheiten, Andeutungen und Vorsichtsmaßregeln zu benutzen – alles nur, um uns nicht endgültig in eines der Tore jagen zu lassen, die nur eine Richtung kennen. Diese Art, das Dasein zu überlisten, der Versuch, unheilbare Widersprüche auszusöhnen und das fatale ›Entweder-Oder‹ zwischen antagonistischen Werten zu vermeiden – alles das ist nicht die Folge einer zeitweiligen Unordnung im menschlichen Leben, die mit der Heraufkunft einer neuen Ära beseitigt sein würde; es entspringt dem Wesen der menschlichen Wirklichkeit, deren Antinomien uns unaufhörlich begleiten. Wir können diesen Antinomien durch die Inkonsequenz entgehen; wir können sie als einen Teil des allgemeinen Menschenloses auf uns nehmen, um nicht eine Sache, die wir für wertvoll halten, endgültig verneinen zu müssen, weil eine andere, deren Wert wir ebenfalls anerkennen, zu ihr im Widerspruch steht. Wir bemühen uns daher, die Entscheidung so lange hinauszuzögern, bis wir vom Lebensende überrascht werden, der einzigen Situation, in der es wirklich keine Wahl mehr gibt.

Hier könnte jemand sagen: Ist das eigentlich etwas anderes als jene Allerweltsweisheit, die Aristoteles in seiner Nikomachischen Ethik dargelegt hat? Sein Gedankengang stützt sich bekanntlich auf die Feststellung, daß es Tugenden und Antitugenden gibt und auch dementsprechend Untugenden und Antiuntugenden; die Sparsamkeit ist eine Tugend und der Geiz eine Untugend, aber auch die Großzügigkeit ist eine Tugend und die Verschwendungssucht eine Untugend. Laßt uns denn — so lehrte uns der Vater der europäischen Geisteskultur — die gegensätzlichen Tugenden miteinander verbinden, ohne in die gegensätzlichen Untugenden zu verfallen: Seien wir sparsam und großzügig in einem, aber nicht geizig und verschwenderisch; halten wir die Mitte zwischen Verwegenheit und Feigheit, die Mut und Umsicht harmonisch miteinander verbindet; laßt uns zwischen dem fieberhaften Ehrgeiz und dem ängstlichen Kleinmut einen Ausgleich finden, der gesunde Ambitionen mit Bescheidenheit paart; laßt uns gleich fern von der grausamen Rachsucht wie von demütiger Unterwürfigkeit ebenso entschlossen wie mild sein. Denn ein wirklich großzügiger Mensch ist ja nicht verschwenderisch, sondern eben sparsam, ein wirklich Mutiger nicht verwegen, sondern besonnen usw.

Führt unser Lob der Inkonsequenz nun einfach dazu, die goldene Mitte zu preisen? Im Gegenteil, wir bekennen, daß unser Gedanke nicht den geringsten Anspruch darauf erhebt, mit jener goldenen Mitte auch nur verwandt zu sein. Die Ethik von Aristoteles war rein irdisch. Aber seine Erde war flach. Aristoteles repräsentierte die Idee einer neuen Einheit der hellenistischen Welt. Er gewann die Welt für sich, weil er in der Epoche, da diese Idee der Einheit am meisten not tat, das Genie der universellen Konzilianz verkörperte. Er verkörperte sie in der Metaphysik, in der Politik und auch in der Ethik. Uns wurde das Genie des Aristoteles fremd, denn wir leben in einer Welt der Extreme.

In der Tat, wenn wir uns die aristotelische Ethik näher anschauen, dann bemerken wir unschwer, daß ihr vor allem der Wunsch nach einer Synthese innewohnt, der Glaube, daß man zwischen zwei Extremen immer eine Mitte finden könne, die von beiden das Nützliche bewahrt und das Schädliche eliminiert, und daß der gesunde Menschenverstand in harmonischer Synthese vereinigt, was Mangel an Mäßigkeit einander als Gegensätze gegenüberstellt. Mit anderen Worten: Aristoteles meint, daß die Gegensätze zwischen den menschlichen Haltungen, die sich in gesellschaftlichen Auseinandersetzungen äußern, nicht in der Welt, sondern in der schädlichen Maßlosigkeit begründet sind, zu der die Unvernunft führt. Sie sind also das Werk des Menschen, der die Güter dieser Welt in der einen oder anderen Weise mißbraucht.

Das Lob, das wir der Inkonsequenz zollen, deren Umrisse wir gerade angedeutet haben, stützt sich hingegen auf einen ganz anderen Grundsatz. Er setzt nicht voraus, daß die Gegensätze der Werte aus dem Mißbrauch stammen, den man mit ihnen treibt, und somit auch nicht durch gesundes Maßhalten zu überwinden sind. Diese Widersprüche sind der Welt der Werte immanent und können in keiner harmonischen Synthese miteinander ausgesöhnt werden. Eine vernünftige Inkonsequenz schafft keine Synthese zwischen den Extremen, denn sie weiß, daß es eine solche Synthese nicht gibt, da die Werte als Werte einander integral ausschließen. Die Wirklichkeit der Werte ist inkonsequent, das heißt, sie besteht aus antagonistischen Elementen, deren völlige Anerkennung gleichzeitig unmöglich ist und von denen jedes gleichzeitig die völlige Anerkennung fordert. Das ist kein logischer Widerspruch, denn die Werte sind keine theoretischen Thesen. Es ist ein Widerspruch in der Welt menschlichen Verhaltens.

Die Inkonsequenz ist eine bestimmte Einstellung, die sich dieser Lage bewußt geworden ist und daher begreift, daß man Extreme nicht miteinander versöhnen kann, die aber gleichzeitig auf keines von ihnen verzichten will, weil sie beide als Werte anerkennt. Das heißt natürlich nicht, daß die zur Zeit bestehenden konkreten Widersprüche zwischen zwei Werten niemals überwunden werden können; unsere These bezieht sich nicht auf einen in einer bestimmten Situation bestehenden Widerspruch, sondern auf die Situation des Widerspruchs als solche; mit anderen Worten: Wir glauben an die Möglichkeit der Synthese oder Überwindung der zur Zeit bestehenden Widersprüche, aber wir glauben zugleich – in Übereinstimmung mit der ganzen historischen Erfahrung –, daß diese Widersprüche nur verschwinden, um neuen Widersprüchen Platz zu machen, eine universelle Synthese also unmöglich ist. In der Welt, in der wir handeln, sind Widersprüche nicht zu versöhnen – in ihrer Aussöhnung sind sie nicht mehr die Welt, in der wir handeln, sondern eine Welt, die gestorben ist, zu der wir keine praktische Haltung mehr einzunehmen brauchen; die Widersprüche verfolgen uns dann, wenn wir in der Welt der Werte tätig, d. h., wenn wir einfach da sind.

Nehmen wir ein einfaches Beispiel aus dem täglichen politischen Leben: Wir erkennen an, daß die Völker das Recht haben, über ihr Schicksal selbst zu bestimmen. Darin liegt die Bejahung eines gewissen Wertes. Wir erkennen gleichzeitig an, daß gewisse wichtige soziale Institutionen, die im Leben unseres Volkes erhalten geblieben sind, seiner Entwicklung schaden. Und dabei erkennen wir deutlich, daß unser Volk diese Institutionen sehr schätzt und gar nicht die Absicht hat, unsere Erklärungen darüber anzuhören. Zum Beispiel: Wir sind Menschen, die nicht nur der Wohltat religiöser Tröstung entbehren, sondern darüber hinaus tief überzeugt davon sind, daß die Erhaltung des Einflusses religiöser Institutionen auf das öffentliche Leben schädlich ist; dieser Einfluß jedoch manifestiert sich nicht nur deutlich in der Öffentlichkeit, er tut es auch in Übereinstimmung mit dem offenbaren Willen des Volkes. Wie sollen wir uns nun verhalten? Wir wollen auf keinen der beiden Grundsätze verzichten, die sich in dieser Situation gegenseitig ausschließen; wir wollen also weder verlangen, daß die Institution, die das Volk in seiner offensichtlichen Mehrheit erhalten will, mit Gewalt und gegen seinen Willen abgeschafft wird, noch auf den Kampf verzichten, der zum Ziel hat, diese Institution abzuschaffen. Vielleicht meint jemand, diese Situation sei banal und schließe eine Synthese keinesfalls aus, die Synthese erfolge nämlich im Zuge des historischen Prozesses, dank welchem, wie wir hoffen, der jetzige Widerspruch zu bestehen aufhört, da das Volk im Laufe der Entwicklung entsprechend aufgeklärt sein wird; inzwischen aber laßt uns konsequent das Volk aufklären, damit es sich geneigt zeige, unsere Konzeptionen anzunehmen und in Zukunft die Institutionen, die unserer Meinung nach seine Entwicklung hemmen, aus eigenem Willen abzuschaffen.

Leider zerstreut dieser salomonische Rat unsere Zweifel nicht. Gewiß hindert uns nichts daran zu glauben, daß in einer historischen Perspektive und im Maßstab von Generationen gemessen der Wille des Volkes sich so verändert und sein Bewußtsein so gereift sein wird, daß der erwähnte Widerspruch aufhört zu existieren. Aber diese Hoffnung ist für die gegenwärtige Praxis von minimalem Wert. Nehmen wir z. B. an, daß ich in diesem Land an einer Abstimmung darüber teilnehme, ob man den Religionsunterricht, den es dort in den Volksschulen bisher nicht gegeben hat, einführen oder ob man den bestehenden abschaffen soll, dann habe ich keine andere Wahl: Ich muß entweder in Übereinstimmung mit dem Willen des Volkes wählen oder in Übereinstimmung mit dem, was ich für sein wirkliches Wohl halte. Aber wählen muß ich – diesem Zwang hat mich eine von mir unabhängige Situation unterworfen. Ich kann nicht beiden Grundsätzen gegenüber konsequent sein, aber ich will auch auf keinen verzichten. Das Beispiel ist weder ausgeklügelt noch ein Ausnahmefall: Wieviel Abgeordnete der verschiedensten Parlamente stimmen einem Antrag in der geheimen Hoffnung zu, daß die Gegenstimmen überwiegen werden!

Die dem Prinzip der Toleranz innewohnende Antinomie ist ewig unlösbar: Wie soll man Auffassungen und Bewegungen gegenüber tolerant sein, die selber intolerant sind? Wenn wir solche Auffassungen und Bewegungen mit Gewalt unterdrücken, handeln wir gegen den Grundsatz der Toleranz; wir tun es aber auch, wenn wir sie tolerieren, denn dadurch ermöglichen wir ihnen, zu siegen und das Prinzip der Toleranz in der Praxis des öffentlichen Lebens zu untergraben. Unter solchen Umständen ist es ein schwacher Trost, darauf zu hoffen, daß dieser Widerspruch sich im Lauf der historischen Entwicklung lösen wird – sei es dadurch, daß wir nach Ausrottung aller Feinde der Toleranz unbegrenzt tolerant sein können, sei es, daß die intoleranten Bewegungen von selbst von ihrer Intoleranz abkommen. Solche Perspektiven können uns bei den Entscheidungen, die wir im praktischen sozialen Leben täglich zu fällen haben, wenig nützen.

Unsere Beispiele sind nicht fiktiv. Unser Leben verläuft in den Bindungen widerspruchsvoller Loyalitäten, zwischen denen wir in jedem besonderen Fall unsere Wahl treffen müssen, wobei wir eine Loyalität der anderen zu opfern haben, ohne indessen gleichzeitig die erste in Zweifel zu ziehen – die Loyalität gegenüber einzelnen Menschen, gegenüber der eigenen Weltauffassung, gegenüber Gemeinschaften zufälliger Menschen und Gruppen, in denen wir uns freiwillig befinden, gegenüber Völkern, gegenüber der Partei, gegenüber Gesellschaftssystemen und gegenüber Freunden, gegenüber uns selbst und gegenüber unserem Nächsten, gegenüber seiner Natur und gegenüber seiner Überzeugung, gegenüber der Gegenwart und gegenüber der Zukunft, gegenüber konkreten und gegenüber abstrakten Dingen – so viel anerkannte Loyalitäten, so viel unüberwindliche Gegensätze.

Zwischen den chronischen Konflikten ist nur selten eine wirkliche Synthese möglich; meistens ist es nur eine äußerliche und trügerische Synthese, die wir uns vormachen, um so zu tun, als wären wir konsequent, denn einer der Werte, den man uns von Kind an einimpfte, war die Konsequenz. Unser Vorschlag, der dahin geht, sich klar darüber zu werden, daß es eine ideologische Fiktion bedeutet, unter diesen Umständen konsequent zu sein, hat gleichzeitig den Zweck, wenigstens eine Art von Konflikten zu beseitigen: jene, die daraus entspringen, daß man die Konsequenz für einen Wert hält. Wenn wir den Widerspruch der Welt verkünden, bemühen wir uns also, ihn wenigstens in einem Punkt zu mildern: Die Widersprüche vermehren sich nämlich anscheinend dadurch, daß man sie verkennt. Mit anderen Worten: Das Lob der Inkonsequenz ist gleichzeitig die Absage an einen bestimmten Wert: den Wert des konsequenten Lebens. Der Widerspruch zwischen dem Wert des konsequenten

Lebens und dem Wert des elementaren, vernünftigen Lebens gehört zu den Widersprüchen, die sich vielleicht beseitigen lassen – und zwar nicht durch eine Synthese, sondern durch die Absage an eine der einander widersprechenden Einstellungen.

Sogleich taucht die Frage auf: Gelingt es uns tatsächlich, das Gesetz der Inkonsequenz in vollkommener, also in konsequenter Weise zu verkünden? Gibt es nicht einen Bereich im menschlichen Leben, dessen Ereignissen gegenüber wir absolute Konsequenz fordern, womit wir wieder in Widerspruch zu der eben erwähnten Absage geraten? Wir müssen diese Frage bejahen. Es gibt einen solchen Bereich. Wir nennen solche Ereignisse elementare Situationen.

Elementare Situationen sind solche, denen gegenüber die Taktik erlischt, d. h., in denen unser moralisches Verhalten ungeachtet der Umstände, unter denen sie eintreten, unverändert bleibt. Wenn ein Mensch vor Hunger stirbt und man ihm zu essen geben kann, dann gibt es kein Zusammentreffen von Umständen, unter denen es richtig wäre zu sagen: ›Es ist taktisch besser, ihn sterben zu lassen‹, oder (wenn ich ihm nicht helfen kann) ›taktisch ist es besser, seinen Hungertod zu verschweigen‹. Offenbare Angriffskriege, Mord, Folter, Mißhandlungen Wehrloser – das alles sind elementare Situationen. In ihnen hören die Werte der Inkonsequenz auf, eine Rolle zu spielen. Hier treffen wir plötzlich auf eine zweiwertige Welt. So ist unser Lob der Inkonsequenz auch inkonsequent; der Wert der Inkonsequenz gilt nur innerhalb gewisser Grenzen – es sind die Grenzen, innerhalb derer die Wirklichkeit antagonistisch ist –, aber sie ist es nur bis zu einem gewissen Grad (wir sprechen die ganze Zeit von der Wirklichkeit des Wertes, nicht von jener Wirklichkeit, die Objekt des theoretischen Denkens ist). Denn, beachten wir das genau, konsequent in der Inkonsequenz zu sein bedeutet, etwas mit einer Handlung (dem Anwenden einer gewissen Konsequenz) verneinen, dessen Bejahung (d. h. die Bejahung der Inkonsequenz) den Inhalt der betreffenden Handlung ausmacht. Wir geraten damit in eine unmögliche Situation, in eine Antinomie. Seien wir daher inkonsequent, auch in der Inkonsequenz selbst, oder – anders ausgedrückt – wenden wir den Grundsatz der Inkonsequenz auch auf sie selber an. Aber – kann man uns vorwerfen – dann erst wenden wir ja die Inkonsequenz in extremer Weise an, dann erst erreichen wir die vollkommene Konsequenz in der Anwendung der Inkonsequenz –, wären wir nämlich immer inkonsequent, aber unsere Inkonsequenz selbst wäre völlig konsequent, dann wären wir schon allein dadurch nicht immer inkonsequent; wenn wir aber die Inkonsequenz beschränken, d. h. wenn wir nicht immer inkonsequent sind, dann erst sind wir absolut inkonsequent. Mit anderen Worten, wir sind zur klassischen Form der Prädikatenantinomie gelangt: Die konsequente Inkonsequenz ist keine konsequente Inkonsequenz (denn die Inkonsequenz wird vom Grundsatz der Inkonsequenz ausgeschlossen), die inkonsequente Inkonsequenz hingegen ist eben eine konsequente Inkonsequenz. Insofern schlagen wir also vor, den Grundsatz der Konsequenz als Wert beizubehalten: nämlich indem wir den Grundsatz der Inkonsequenz inkonsequent anwenden. Insofern führen wir auch unser Lob der Inkonsequenz zur Vollendung: Wir protestieren nämlich dagegen, die Inkonsequenz in vollendeter Gestalt anzuwenden.

Soweit das Lob der Inkonsequenz. Das übrige läßt sich nicht sagen. Das übrige muß man tun.

Der Priester und der Narr

Das theologische Erbe in der heutigen Philosophie

Die Philosophie hat sich niemals vom Erbe der Theologie frei gemacht. Daraus kann man folgern, daß die Probleme der Theologie nichts anderes sind als ungeschickte Formulierungen der wesentlichen Rätsel, vor denen wir stehen.

Der Rätsel? Vielleicht geht es gar nicht immer darum, daß etwas wirklich rätselhaft ist, vielleicht geht es oft im Gegenteil um Situationen, in denen wir etwas Rätselhaftes suchen, weil uns die augenscheinlichen und unwiderleglichen Tatsachen unannehmbar erscheinen. Nichts hat zum Beispiel so tiefe Wurzeln wie der Glaube an die moralische Berechtigung eines letzten Ausgleichs, das heißt der Glaube daran, daß die Welt einem Zustand zustrebt, in dem Verdienst und Lohn, Schuld und Sühne abgegolten sein werden und in dem unsere menschlichen Werte ihre volle und endgültige Verwirklichung erfahren. Was immer geschieht — ›wir können fröhlich sein, denn unser harret der Lohn des Himmels‹.

Und so ist die *erste* Frage, die die moderne Philosophie aus der theologischen Tradition übernommen hat, die Frage nach der Möglichkeit einer Eschatologie. Wir stellen sie anders als die Theologen. Wir fragen: Können die menschlichen Werte, die wir vertreten, völlig verwirklicht werden, und hat die Geschichte ein bestimmtes Ziel, das einen letzten Ausgleich und allgemeine Gerechtigkeit verspricht?

Es ist kein Wunder, daß wir uns solche Fragen vorlegen. Die Ursachen für die Reflexionen über die Geschichte sind in der Unzufriedenheit mit ihren Ergebnissen zu suchen; die Geschichtsphilosophie hofft ständig, das menschliche Wesen mit seiner Existenz in Einklang zu bringen, also zu erreichen, daß das ewige Streben der menschlichen Natur in der menschlichen Existenz erfüllt werde. Da eine solche Erfüllung das Ende der Unzufriedenheit mit der Geschichte bedeuten würde, der die Geschichtsphilosophie ihr Leben verdankt, kann man sagen, daß die Geschichtsphilosophie eine Situation erhofft, in der sie selbst vernichtet würde. Jedenfalls steckt in jeder optimistischen Geschichtsphilosophie ein selbstmörderischer Kern.

Die laizistische Eschatologie, also der Glaube an die zukünftige Abschaffung des Mißverhältnisses zwischen Essenz und Existenz des Menschen (d. h. an die Deifikation des Menschen), setzt voraus, daß die ›Essenz‹ einen bestimmten Wert darstellt. Sie setzt voraus, daß die Verwirklichung der Essenz wünschenswert ist, und rechnet damit, daß die Klugheit der Geschichte zu dieser Verwirklichung führen wird. Die laizistische Eschatologie glaubt an eine historische Gerechtigkeit. Spotten wir nicht darüber, denn wer fällt ihr nicht zum Opfer? Wenn jemand z. B. hofft, daß Unglück und Leiden der Toten von der Geschichte gerächt oder die ›Jahrhunderte währende Zeit des Unrechts‹ ausgeglichen werden könne – so beweist das, daß er an eine solche letzte Gerechtigkeit glaubt. Immer wenn er damit rechnet, daß das, was die ›menschliche Natur‹ fordert, eines Tages gewährt werde, zeigt er, daß er an die Eschatologie glaubt, an das Ende der Welt, und das heißt, an das Ende des Menschen.

Diese Frage nach der Möglichkeit und nach der Berechtigung der Eschatologie ist eine der wichtigsten Fragen der modernen Geschichtsphilosophie und damit der modernen Weltanschauung. Seit dem 18. Jahrhundert, als ›Geschichte und Fortschritt‹ den Thron bestiegen und Jehova gewaltsam stürzten, haben sie gezeigt, daß sie ihn in seiner wichtigsten, nämlich der eschatologischen Aufgabe voll ersetzen können. Seit die laizistische Eschatologie ihre Möglichkeiten offenbart hat – auch sie kennt ja den Ausgleich des jahrhundertewährenden Unrechts und damit das Letzte Gericht –, seitdem wurde die menschliche Geschichte zu einem unwiderleglichen Argument für den Atheismus. Denn sie zeigte, daß man auch ohne Gott die Menschen mit der Vision eines glücklichen Endes trösten kann, zu dem all ihre Leiden und Mühen führen.

Nicht jede Überzeugung von einem geschichtlichen ›Fortschritt‹ muß übrigens eschatologisch sein, denn der Fortschrittsglaube, das heißt, die Anwendung wertender Maßstäbe auf geschichtliche Ereignisse, zwingt noch nicht zu chiliastischen Visionen. Solche

Visionen erfordern nämlich als zusätzliche Voraussetzung die Überzeugung, daß der Geschichtsablauf zu einem bestimmbaren und formulierbaren Endziel führt, das alle bestehenden Konflikte mit zwingender Notwendigkeit löst. Es ist dabei gleichgültig, ob man dieses Ziel als Ende oder Anfang der Geschichte bezeichnet, denn für jede Eschatologie ist das Ende der Weltgeschichte einerseits das Ende der Geschichte des Leidens und der Qual, andererseits der Anfang des Lebens der Seligen, von dem wir fast nur wissen, daß es der Zustand unaufhörlichen Glücks und unendlicher Seligkeit sein wird.

Die Frage nach der Möglichkeit einer Eschatologie – gleichgültig, ob die Antwort positiv oder negativ ausfällt – gehört zu den wichtigsten Fragen der philosophischen Anthropologie, jenes Gebietes also, das heute die meisten wirklich aktuellen philosophischen Fragestellungen behandelt. Für die Widersprüche der menschlichen Natur, vor allem für die Widersprüche zwischen den natürlichen Wünschen des Menschen und seinen Verstrickungen in ein äußeres Schicksal, kann die Anthropologie der modernen Philosophie weiterhin Lösungen transzendenter Art suchen, wie dies die christlichen Existentialisten tun, oder sie kann Lösungen aus der historischen Erfahrung anbieten, wie dies bei Marxisten zu finden ist, oder sie kann schließlich den Konflikt für unlösbar erklären, wie dies von Freud und in etwas veränderter Version von den Existentialisten formuliert wurde.

Die Fragestellung gilt für alle. Die Antwort – vielfach unter dem Druck der Tradition und der eigenen Erfahrung entstanden – muß keine These sein. Meist ist es eine Lebenshaltung, der die Frage zugrunde liegt: Ist das Leben jedes einzelnen einfach eine Häufung von Ereignissen, von denen jedes sich in sich selbst erschöpft, oder ist jedes Ereignis mehr als der Inhalt von Zeit, in dem es abläuft, ist es vielleicht die Hoffnung auf Ereignisse, die sich noch nicht erfüllten, die Enthüllung eines Bruchstücks der Unendlichkeit? Ist jedes Ereignis eine absolute Wirklichkeit oder nur Teilstück eines bestimmten Weges, an dessen Ende uns Trost und Ruhe erwarten? Die Antwort darauf hat einen höchst praktischen Wert, denn sie entscheidet darüber, ob wir unser tägliches Tun als ein Sparen von Pfennigen für unsere und der Menschheit ewige Rente auffassen und damit zugleich alle Werte zu verachten wagen, die sich in der Gegenwart erschöpfen, oder ob wir umgekehrt in ihnen nur den offenkundigen und unmittelbaren Inhalt sehen und damit riskieren, alle in ihnen vielleicht enthaltenen Zukunftsmöglichkeiten ungenützt zu lassen, weil sie erst im Lichte einer transzendenten Deutung Sinn erhalten. Das Risiko, die gegenwärtigen Werte auf Kosten der erwarteten letzten zu verlieren, die besser, aber möglicherweise illusorisch sind, oder das Risiko, größere Werte durch Verschwendung des Lebens an Tageswerte zu verlieren – gibt es etwas Banaleres und Gewöhnlicheres als diese beiden Pole, zwischen denen der Alltag hin- und herschwankt? Und doch spricht davon die Philosophie, die das Problem aus der theologischen Tradition übernommen hat.

Das zweite Problem, das unmittelbar an das erste anknüpft, ist das der Theodizee. Auch dieses Problem gehört zum theologischen Erbe des modernen Denkens. In der modernisierten Version ist es das Problem der historischen Vernunft, also die Frage, ob Unglück und Leid des einzelnen Sinn und Rechtfertigung in allgemeinen Vernunftgründen finden können, auf die sich die Geschichte stützt. Die traditionelle Theodizee lehrt uns, daß im Elend der Verdammten die Unfehlbarkeit Gottes und im menschlichen Unglück der Ruhm höchster Güte sichtbar werde. Der Unterschied zur Eschatologie ist folgender: Die Idee der Eschatologie muß allen Tatsachen einen Sinn verleihen, indem sie sie mit dem letzten Ausgleich verbindet, die Idee der Theodizee muß das Böse des Teils durch die gut durchdachte Ordnung des Ganzen rechtfertigen und von dort abstrahieren, ob sich die Rechtfertigung im letzten Schluß finden lassen wird.

In der modernen Version ist das Problem der Theodizee das Problem des geschichtlichen ›Verstandes‹. Es besteht also darin, eine geistige Struktur der Welt herauszufinden, in der das uns bekannte oder von uns erfahrene Böse seinen ›Sinn‹ und seinen Wert erhält, weil es ein Bestandteil der weisen Pläne der Geschichte ist. Die Ideologien, die sich auf die Theodizee stützen, müssen nicht unbedingt konservativ sein, obwohl die Mehrzahl der geschichtlichen Beispiele eher zu einer solchen Annahme veranlaßt. Genauer gesagt: Die Theodizee ist immer dann konservativ, wenn sie das Böse rechtfertigt, das die Menschen unabhängig von ihrem Willen erfahren. Sie braucht nicht konservativ zu sein, wenn sie das Böse rechtfertigt, das jemand auf Grund seiner eigenen Entscheidung erleidet. Im ersten Fall ist sie die Ideologie der menschlichen Ohnmacht den Umständen gegenüber, ist sie das Bemühen, dem Menschen etwas durch Träume zu kompensieren und seinem Verzicht auf die Veränderung der Welt einen Wert zu verleihen. Im anderen Fall kann es einfach die Ideologie sein, die unser Risiko der aktiven Teilnahme an menschlichen Konflikten — sei es auf der Seite des Guten oder des Bösen — sanktioniert.

Die Theodizee gehört wie die Eschatologie zum Gebiet der Philosophie des Alltags, und obwohl sie in Form geschichtsphilosophischer Abstraktionen dargestellt wird, drückt sich ihre Anerkennung oder Ablehnung in jener halbbewußten praktischen Philosophie aus, wie sie im menschlichen Verhalten zutage tritt. Und hier ist ihre Wirkung unterschiedlich. Jemand, der von einem nicht mehr gutzumachenden Unglück betroffen wird, kann Trost in der Überzeugung finden, daß der Finger Gottes sein Leid dazu benutzt habe, irgendeine ihm nicht näher bekannte gute Sache in der Welt oder in der Menschheitsgeschichte zu vollbringen, denn nichts sei ja ohne Sinn, jedes Leid werde an der Bank der Geschichte notiert und bereichere das Konto, von dem zukünftige Generationen ihre Prozente erhalten würden. Wer eine solche Überzeugung zu hegen vermag, kann daraus zweifellos Vorteile ziehen, und es gäbe keinen Grund, ihm eine solche Quelle des Trostes zu rauben, wenn er nicht auch dann Trost aus ihr schöpfte, so es sich um ein Unglück handelt, das man abwehren, oder um etwas Böses, dem man sich noch entgegenstellen kann. Leider dienen aber die Theodizeen meist für derartige Situationen. Die Überzeugung, daß um Gottes oder der Geschichte willen nichts im menschlichen Leben umsonst sei, kommt ja unserem angeborenen Phlegma, unserem Konservativismus, unserer Faulheit derart entgegen, daß sie geradezu zu einem Schutzschild wird, hinter dem wir unser Versagen vor Selbstvorwürfen und vernünftiger Kritik verstecken können.

Es ist leicht zu sagen: ›Schließlich ist unser Schicksal nur ein Teil des Weltgeschehens, nur das Fragment eines großen Ganzen, in dem das Leiden des einzelnen lediglich der Vergrößerung des Gesamtgutes dient, in dem eins aufs andere wirkt und so die Ordnung erhalten bleibt. Was auch immer Schlechtes geschieht, es ist ein Opfer auf dem Altar des Ganzen, und ein Opfer ist nie umsonst.‹

Obwohl jede nüchterne Betrachtung einem solchen Optimismus widerspricht, und obwohl unser Wissen die Vision einer ausgleichenden Gerechtigkeit nicht zu bestätigen vermag, besitzt diese Vision in unserem Kompensationsbedürfnis eine derart starke Stütze, daß sie zu den widerstandsfähigsten Vorurteilen gehört, die es gibt. Die Kritik an diesem Vorurteil – ich möchte das wiederholen – wäre unwesentlich, wenn es dabei nur um eine Interpretation vergangener und unabänderlicher Geschehnisse ginge und nicht zumeist um eine Apologie bestehender Situationen, für deren Unausweichlichkeit es an Beweisen fehlt.

Die Theodizee ist eine Methode zur Umwandlung von Werten in Tatsachen, das heißt, eine Methode, dank der die Tatsache nicht nur als das erscheint, was sie unserer empirischen Vorstellung nach ist, sondern darüber hinaus als ein Bestandteil einer auf teleologischer Basis begründeten Ordnung, in der allen Teilen ein besonderer Sinn zukommt. Es ist zweifellos ein Erbe des magischen Denkens, das älter ist als die spekulativen Theologien, wenn man in den Tatsachen Werte erkennt, und es setzt den Glauben an die heiligende oder entehrende Macht bestimmter Ereignisse voraus, die keine Verbindung mit ihren empirisch gegebenen Eigenschaften besitzt, sondern aus ihren unsichtbaren Eigenschaften gefolgert wird. Die Überzeugung, daß unsere jetzigen realen Leiden ihren Ausgleich finden in zukünftigen Wohltaten, die uns oder anderen zuteil werden, setzt den Glauben an bestimmte unsichtbare und versteckte Eigenschaften der für uns unangenehmen Ereignisse voraus, dank denen sie mit der vernünftigen Ordnung der Welt verbunden sind und durch die sie ihren Wert erhalten. Diese Überzeugung ist von der gleichen Art wie jeder Glaube an den Wert magischer Handlungen. Wir wollen diese Vorstellungen jetzt nicht kritisieren, sondern nur jene Punkte aufzeigen, in denen das Denken, auch das laizistische moderne philosophische Denken, gezwungen ist, negativ oder positiv auf Fragen zu antworten, die nicht nur aus einer theologischen, sondern aus einer vortheologischen – nämlich aus der magischen Tradition entsprungen sind. Jeder Glaube und jeder Unglaube daran, daß eine gottlose Geschichte oder ein gottloses Weltall ihre Elemente in eine teleologische Einheit organisieren und ihr *Werte* als Eigenschaften verleiht, die von unserer Vorstellung unabhängig sind – ist Glaube oder Unglaube an die Theodizee. Ich will damit nicht sagen, daß die Frage an sich eine Scheinfrage ist. Die Frage nach dem Vorhandensein einer immanenten Weltordnung ist keine Scheinfrage, und wir bestätigen das, sooft wir bereit sind, auch nur negativ auf sie zu antworten. Damit bestätigen wir jedoch auch den Sinn der Theodizee als Frage, d. h. der Theodizee an sich. Wenn wir nämlich meinen, daß eine Frage beantwortet werden kann, bestätigen wir die Daseinsberechtigung des Wissensgebietes, aus dem sie entspringt. Die Theodizee ist also ein Teil der modernen Philosophie. Man kann sie bezeichnen als Metaphysik des Wertes oder als Betrachtung über den Ort des Menschen im Kosmos, oder auch als Diskussion über den Fortschritt in der Geschichte. In jedem dieser drei Fälle, die zum offenbar unverrückbaren Bestand allen modernen nichtreligiösen Philosophierens gehören, ist das Patronat der Theodizee und damit das Patronat der Magie nicht veraltet.

Der Glaube an die Theodizee ist ebenso wie der an die Eschatologie ein Versuch, außerhalb unseres Lebens eine Stütze zu finden, die ein Absolutes ist, das heißt eine Wirklichkeit, die jeder anderen Wirklichkeit Sinn verleiht, selbst aber auf nichts anderes bezogen werden muß. Das Absolute wird im allgemeinen durch seinen metaphysischen Charakter zum moralischen Halt, also dadurch, daß im metaphysischen Aufbau der Welt die Einzelwesen als Zeugen oder als Teile dieses Absoluten auftreten und nur als solche verständlich werden. Doch die Rolle des Absoluten tritt in anderen Zusammenhängen klarer zutage, so vor allem dort, wo der einzelne nach Sinn und Stütze für das eigene Verhalten sucht.

Das ist vor allem das Problem von Natur und Gnade. Zu Zeiten der wichtigsten Konflikte in der Geschichte des Christentums gehörte es zu den zentralen Problemen (der Pelagianismus, die Reformation, der Jansenismus), ebenso wie das Problem der Theodizee und das der Absolution. Das Verhältnis von Verantwortung des einzelnen zu der von außen auf ihn einwirkenden Determination ist heute nicht weniger Gegenstand von Auseinandersetzungen wie zur Zeit des Tridentinischen Konzils. Es ist, allgemein gesagt, die Frage, auf welche Weise und in welchem Maß das menschliche Individuum sich den von ihm unabhängigen Einflüssen widersetzen kann, die sein Verhalten bestimmen, und inwieweit es dafür verantwortlich ist oder andere Kräfte, über die es keine Gewalt hat, mit dieser Verantwortung belasten kann. Mit einem Wort: die Frage nach Vorausbestimmung und Verantwortung. Es gibt eine Menge von Abarten dieses Problems – biologische, soziologische, geschichtsphilosophische, metaphysische –, und doch sind die sozialen Ursachen des Problems heute dieselben wie früher. Manche dieser Probleme haben jetzt Aussicht, empirisch gelöst und untersucht zu werden, und verlieren damit ihren philosophischen Charakter. Andere sind in den Grenzen geschichtsphilosophischer und metaphysischer Spekulationen geblieben und haben keine Aussicht auf andere Lösung. Bei allen möchten wir jedoch erkennen, inwieweit bestimmte, von uns unabhängige Faktoren – seien es physiologische oder geschichtliche – unsere Handlungen ex post rechtfertigen und uns deutliche Hinweise für spätere Entscheidungen liefern können. Vor allem ist um den historischen Determinismus ein ganzer Fragenkomplex entstanden, der im heutigen philosophischen Denken besonders aufmerksam verfolgt wird. ›Wir haben nicht die Freiheit, dies oder jenes zu erreichen, aber die, das Notwendige zu tun oder nichts. Und eine Aufgabe, welche der Notwendigkeit der Geschichte gestellt ist, wird gelöst mit dem einzelnen oder gegen ihn.‹ Das ist die Quintessenz der Idee von der geschichtlichen Vorbestimmung, gegen die jede Revolte von vornherein zum Scheitern verurteilt ist. Es ist zugleich die Rechtfertigung der Handlungen, die in Übereinstimmung mit der Unvermeidlichkeit der Geschichte unternommen werden. Die zitierten Worte stehen am Ende von Oswald Spenglers ›Untergang des Abendlandes‹, aber sie sind die Grundformel weitverbreiteter Tendenzen. Alle Konzeptionen von natürlichen Zivilisationszyklen – wie die von Arnold Toynbee – sind analogische Wiederholungen dieser Weltanschauung, deren Bild uns aus dem *Gottesstaat* bekannt ist. Die Gegner des historischen Determinismus – Isaiah Berlin, Karl Popper – führen in diesem Sinne die Soteriologie der Pelagianer fort. Die marxistische Literatur weist in diesem Punkt verschiedene Tendenzen auf. Zumeist ähneln sie den Lösungen des Tridentinischen Konzils: Die Handlungen, die den Wünschen des historischen Absoluten entsprechen, bewegen sich im Rahmen der Vorausbestimmung, die durch dieses Absolute bedingt ist. Ohne das Absolute gibt es keine Gnade, und der einzelne trägt die Verantwortung für die Folgen der Annahme oder Ablehnung, die das Absolute jedem anheimstellt. Es bleibt zwar jedem überlassen, ob er sich loskaufen will, doch ist vorauszusehen, daß nicht alle von dieser Möglichkeit Gebrauch machen werden, weshalb die menschliche Gesellschaft unvermeidlich in Auserwählte und Verstoßene zerfällt. Diese Einteilung liegt in der Absicht des Absoluten, sie ist vorausgeplant wie alle ihre Folgen. Dennoch schließen sich die einzelnen freiwillig der einen oder anderen Kategorie an.

Wir erwähnen das nicht, um uns über die derzeitige Problematik der Philosophie lustig zu machen. Es geht uns darum, die verborgene ›Vernunft‹ der theologischen Problematik aufzuzeigen, die in ihrer früheren Form nicht mehr existiert. Es ist nicht weiter erstaunlich, daß bestimmte innere Schwierigkeiten irgendwelcher Weltanschauungen beständigen Charakter haben, wenn es um das Wesen ihrer Materie geht, daß die Kulturstufe jedoch und der Wortschatz, über den sie verfügen, sich wandeln. Unsere Untersuchungen wenden sich also höchstens gegen jene verachtungswürdige, freidenkerische oder aufgeklärte Überheblichkeit Problemen gegenüber, die früher einmal wichtig waren. Als ob wir nicht dieselben Probleme lösten – eben nur mit Hilfe einer anderen Technik! Dieser Hochmut ist genauso unvernünftig, wie wenn wir darüber spotteten, daß die Menschen im Mittelalter mit Pferdefuhrwerken reisten und nicht mit Düsenflugzeugen. Flugzeuge dienen heute denselben Aufgaben wie früher die Pferde, ebenso dienen die geschichtsphilosophischen Überlegungen heute der Lösung derselben Aufgaben wie früher der Streit um die Dreifaltigkeit und die ewige Seligkeit. Es ist nichts Erstaunliches dabei, daß wir uns über den Anteil der von uns unabhängigen Kräfte an unserem Verhalten klarwerden wollen und in diesem Zusammenhang auf alle elementaren und autonomen Kräfte, d. h. auf ein Absolutes, zurückgreifen möchten. Wenn dieses Absolute der Geschichtsprozeß ist, dann übernimmt die laizistische Geschichtsphilosophie einfach die Aufgabe der Theologie, die in der früheren Version augenscheinlich überlebt ist.

Die Betrachtungen über das Problem von *Natur* und *Gnade* können zu recht unterschiedlichen Ergebnissen führen. Es kann darum gehen, in der Welt ein Grundprinzip zu entdecken, dem man sich total anvertraut und das alle Verantwortung auf sich nimmt und alle Konflikte löst. Es kann um ein höchstes Gericht gehen, dessen Gerechtigkeit absolut ist, das jeden vor Unrecht schützt und großzügig belohnt, der gemäß den Weisungen dieser höchsten Instanz handelt. Es kann auch einfach um das Erreichen jener Gewißheit gehen, daß wir im Leben auf der richtigen Seite stehen und deshalb alles gerecht ist, was wir in ihrem Namen tun. Bestimmte Lösungen des Problems Natur und Gnade dienen dazu, die Verantwortung ganz dem Absoluten zu übertragen. Ein Beispiel dafür ist die kalvinistische Lösung. Andere akzeptieren die Verantwortung des einzelnen, jedoch muß dieser seine Handlungen klar formulierten Regeln unterwerfen, wenn er zum sicheren Erfolg gelangen will. Dies ist die katholische Lösung. Wieder andere akzeptieren ein Gesetz der bedingungslosen Verantwortung vor dem Absoluten, wobei der einzelne das Risiko der Ungewißheit über die wahren Absichten des Gesetzgebers auf sich nehmen muß. Dem entspricht die jansenistische Lösung. In jedem Fall wird von der Voraussetzung ausgegangen, daß das Absolute die gesetzgebende und die ausführende Gewalt in sich vereint. Der Streit geht lediglich darum, wem die ausführende Gewalt zukommt. In engem Zusammenhang damit steht der Streit, ob die Gesetze den Menschen gut bekannt sein können und in welcher Weise sie bekannt sind, ob sie – soweit bekannt – auch ausführbar sind und, wenn sie nicht genügend bekannt sind, ob sich dann der Gesetzesbrecher mit der Unkenntnis des Gesetzes entschuldigen kann. Dies ist der Inhalt aller theologischen Auseinandersetzung im 16. und 17. Jahrhundert, der erbitterten Diskussion über Natur und Gnade, über Prädestination und Rechtfertigung durch Glaube oder Werke. Das Gesetz als solches – Quelle aller Pflichten und zugleich Letztes Gericht – war damals nicht Objekt des Streits. Wer heute die Existenz eines solchen höchsten Gesetzes leugnet, muß daran denken, daß sie vor dreihundert Jahren als selbstverständlich galt und oft nicht einmal formuliert wurde.

Im Streit über Natur und Gnade gibt es zwei entgegengesetzte Tendenzen. Einmal ist es der Wunsch, außerhalb von sich selbst eine Stütze für die eigene Existenz zu finden, was einer Furcht vor der individuellen Existenz und dem Angewiesensein auf den eigenen Entschluß entspricht. Dem steht gegenüber die Furcht vor einer Unmöglichkeit jedes eigenen Handelns und Entscheidens, die Furcht vor einer Situation, in der eine fremde Kraft in uns wirkt und nicht nur über die Erfüllung unseres Wollens, sondern über unseren Willen selbst verfügt. Es ist der Konflikt zwischen dem Streben nach Selbstrechtfertigung des einzelnen und dem Streben nach Selbstvernichtung, anders gesagt, der Konflikt zwischen der Furcht vor dem Verlust seiner selbst und der Furcht vor sich selbst. Dieser Konflikt aber ist der allgemeinste Inhalt des philosophischen Denkens, und die Geschichte der Philosophie ist die Bestätigung dafür, daß es diesen Konflikt gibt.

Eng mit dem Problem Natur und Gnade ist die Frage der Erbsünde verbunden, und auch sie hat in veränderter Gestalt ihren Platz in der modernen Philosophie. Einst ging es um das Problem des Satanischen im Menschen, um seine Rebellion gegen die absolute Allmacht. In der modernen Version ist es das Problem der Utopie, das heißt des Versuchs, das geschichtliche Absolute zu vergewaltigen, jenes Absolute, das jede Revolte gegen sich von vornherein zur Niederlage verurteilt. Auch Erlösung und Inkarnation tauchen in laizistischer Form auf. Sie begegnen uns in der Frage nach der Persönlichkeit in der Geschichte, in der Frage, wie sich das geschichtliche Absolute in bestimmten außergewöhnlichen Menschen personifiziert oder auch, ob jene außergewöhnlichen Menschen ihre Energie aus transzendenten Quellen schöpfen oder ob sie selbst das spontan wirkende ›schöpferische Prinzip‹ der Geschichte darstellen.

Alle bisher angeführten Probleme betreffen die Beziehungen zwischen dem Menschen und dem Absoluten, die die Geschichtsphilosophie von der Theologie übernommen hat. Aber es gibt auch eine Reihe erkenntnistheoretischer Probleme, die theologischen Ursprungs sind.

Als wichtigstes ist hier das Problem der Offenbarung zu nennen. Die launische Göttin deckt ihre Geheimnisse niemals ganz auf. Dennoch kann der Abglanz ihrer Weisheit bis zu den Sterblichen dringen, wenn deren Eulenaugen ihn ohne Schaden wahrzunehmen vermögen. Die Offenbarung läßt sich als ein Absolutes in der Ordnung der Erkenntnis bezeichnen. Sie ist eine Sammlung von Daten, die wesentlich und unbestreitbar sind, sie ist ein Weg, uns mit *dem* Absoluten zu verbinden. Wir brauchen die Offenbarung, um mit Sicherheit zu wissen, wie die Welt in Wirklichkeit ist; wir brauchen sie, um ohne Zögern alle Weltanschauungen, denen wir begegnen, beurteilen zu können. Die Offenbarung ist also ihrer Aufgabe nach ein Schulbuch für den Inquisitor. Sie ist der eherne Thron, von dem aus wir unfehlbare Urteile fällen können, ohne die unser rachitisches Skelett uns gar nicht tragen könnte. Gestützt auf die Offenbarung kann man mehr erreichen, als nur die Welt aus den Angeln zu heben: Man kann sie in ihrer Bewegung aufhalten.

Die Offenbarung ist die ständige Hoffnung der Philosophie. Man kann das schon daran sehen, daß die sogenannten philosophischen ›Systeme‹, die uns am Ende ihres Denkprozesses eine Gewißheit geben sollen, diese Gewißheit immer schon am Anfang geben. Auf Grund einer beinahe mechanisch angenommenen Reihenfolge beginnen sie damit, ein bestimmtes Wissen vorauszusetzen, einen absoluten Beginn jedes Denkens zu bestimmen. Wenn das Absolute des Anfangs gegeben ist, dann ist allerdings auch das Ende gegeben. Denn sobald man einmal festen Boden betreten hat, ist das Weitergehen auf diesem Boden nicht mehr besonders problematisch oder interessant. Sobald man einmal über etwas verfügt hat, was als sicher und unerschütterlich gelten soll, verläuft das weitere Denken so glatt und regelmäßig wie die Bewegung einer Glaskugel auf dem Eis. Die Offenbarung ist gewissermaßen der ›Anstoß‹ des Gedankens, der dann durch seinen eigenen Automatismus weiterrollt. Nur ist dieses Rollen eine bloß scheinbare Bewegung, denn Automatismus und Denken sind Gegensätze. Das Denken, um das es hier geht, das erfinderische, das schöpferische Denken, ist doch gerade die Tätigkeit, die durch den Automatismus nicht ersetzt werden kann. Und die Philosophie ist die Anstrengung, alle Selbstverständlichkeiten in Frage zu stellen, also die bestehenden Offenbarungen ständig zu desavouieren. Doch die Philosophen sehen sich unablässig versucht, eine eigene Offenbarung zu besitzen. Jede Philosophie, die ein System sein möchte, stellt die fremden Offenbarungen in Frage, um sofort eine eigene zu verkünden. Es gibt daher wenig Denkmethoden, die nicht stillschweigend den thomistischen Grundsatz vertreten, daß das Ziel jeder Bewegung die Ruhe sei.

In diesem Grundsatz steckt die Überzeugung, daß das Wesen der Bewegung ihr Gegensatz – die Bewegungslosigkeit – sei, daß die Bewegung dadurch verwirklicht werde, daß sie sich aufhebt, anders gesagt, daß jede Bewegung ein Gebrechen, ein Mangel dessen sei, was sich bewegt, daß die Bewegung der Ausdruck eines Bedürfnisses sei und das Bedürfnis ein Negativum der Natur, und daß die Natur durch die Befriedigung des Bedürfnisses erst ein Positivum schaffe. Im philosophischen Denken drückt sich dieser Grundsatz in der Überzeugung aus, daß der Gedanke sich nur deshalb bewege, weil er ein unvollkommener Gedanke ist, und nur mit dem Ziel, um eine endgültige Vollkommenheit zu erreichen: die Bewegungslosigkeit. Der Gedanke erreicht demnach wie jede Bewegung seine Befriedigung erst dann, wenn er aufhört, Bewegung zu sein, also wenn er aufhört zu existieren. Nun gehört aber das dringende Bedürfnis nach etwas Endgültigem, nach Offenbarung, zu den Bedürfnissen, die sich am leichtesten befriedigen lassen. Deshalb finden jene, die eine Offenbarung suchen, sie fast immer schon in dem Augenblick, da sie sich des Bedürfnisses bewußt werden. Nach der Offenbarung, wenn der Gedanke also die gewünschte Befriedigung gefunden hat, beginnt die Philosophie mit dem Bau eines Systems. In Wirklichkeit ist dieser angebliche Anfang aber schon das Ende, der Bau ist schon mit einem Dach versehen, während man vorgibt, erst den Grundstein gelegt zu haben. Die ›Endgültigkeit‹ in der Philosophie ist nichts anderes als ein Ersatz der Offenbarung in der Theologie, jene Offenbarung, die den angeblichen Ausgangspunkt darstellt, in Wirklichkeit aber alles ist, was man braucht. Denn die Theologie beginnt mit der Überzeugung, daß die Wahrheit uns schon gegeben ist, und ihre gedankliche Anstrengung beruht nicht auf einer Auseinandersetzung mit der Wirklichkeit, sondern in der Aneignung des Inhalts einer Sache, die schon fertig vorliegt.

Die klassische und historisch elementare Formel der laizistischen Offenbarung war das *cogito* von Descartes: der Versuch, alles Augenscheinliche und alles traditionell Endgültige in Frage zu stellen, und zwar so, daß der kritische und vernichtende Akt sich erst dann vollzieht, wenn das endgültig Neue – das Bewußtsein des eigenen Denkvorgangs – erreicht ist. Descartes kritisierte mit dem Bewußtsein, daß die Kritik ein Ende haben muß und daß man den Flugsand fortschaufelt, um schließlich auf festen Grund und Boden zu gelangen. Die Kritik wäre für ihn bedeutungslos, wenn sie nicht an einem bestimmten Punkt haltmachen würde, also war es die Aufgabe der Kritik, einen Punkt zu erreichen, der keiner Kritik mehr unterlag. Das Ziel der Kritik war es, sich selbst zu vernichten; das Ziel der Bewegung war die Bewegungslosigkeit, das Erreichen einer unbeweglichen Position; die Aufdeckung der Schwächen der jeweiligen Offenbarung sollte dazu führen, eine Offenbarung zu entdecken, die keine Schwächen besaß. Die nachdescartessche Philosophie brachte eine Reihe von Imitationen derselben Prozedur. Die Philosophen übernahmen die Fragen von Descartes und damit auch zur Hälfte schon die Antwort. Die hartnäckigen Bemühungen, die Formel *cogito* zu modifizieren, hielten bis in unser Jahrhundert an. Die ganze Entwicklung des europäischen Idealismus weist jene Besonderheit der Offenbarung Descartes' auf, die sie von allen anderen Offenbarungen unterscheidet: Ihr Ausgangspunkt ist gleichzeitig ihr Endpunkt. Da das Bewußtsein des Denkvorgangs das

Endergebnis der Erkenntnis ist, ist die ganze Wirklichkeit nicht in der Lage, aus der Denktätigkeit herauszugelangen, oder, um mit den Worten Gilsons zu sprechen: Wenn wir von der immanenten Welt ausgehen, gelangen wir auch zur immanenten Welt. Das scheint übrigens völlig natürlich: Die Wirklichkeit wird in unserer Vorstellung die Gestalt jener endgültigen Wahrheiten annehmen, aus denen wir sie neu schaffen möchten. Denn zu erklären, daß bestimmte Voraussetzungen das Privileg der Endgültigkeit besitzen, bedeutet, dem, was sich nicht auf sie reduzieren läßt, die Realität abzusprechen. Wenn also die immanente Welt das Absolute der Erkenntnis ist, dann ist sie gleichzeitig alles, was die Erkenntnis erreichen kann. Ähnlich wie das *causa sui* von Spinoza, das den Ausgangspunkt der geistigen Bewegung bildet und zugleich unweigerlich sein Endziel — die einzige Welt, deren Realität sich verteidigen läßt. Genauso müssen jene, für welche die materiellen Objekte des Alltags die einzigen absoluten Werte sind, zugeben, daß für sie damit alle möglichen Werte erschöpft sind, während andere, die dem Inhalt von Eindrücken diesen Charakter verleihen, die Welt ausschließlich aus dem Inhalt von Eindrücken konstruieren werden. In der philosophischen Denkbewegung bestimmt der absolute Ausgangspunkt alles übrige. Und wer beim Absoluten stehenbleibt, bleibt überhaupt stehen — seine Weiterbewegung ist nur Schein, wie die Bewegung des Eichhörnchens in der Drehtrommel.

Dennoch lebt die Sehnsucht nach der Offenbarung im Herzen der Philosophen, und das Bedürfnis nach endgültiger Befriedigung verläßt sie zu keiner Zeit. Der Positivismus von Hippolyte Taine mußte seine Befriedigung im ›letzten Gesetz‹ oder in den ›ewigen Axiomen‹ der Wirklichkeit finden, die jene Einheit des Weltalls entdecken, auf die sich schließlich unser ganzes Wissen zurückführen läßt. Das wichtigste Bestreben der Phänomenologie bestand darin, die Wirklichkeit in ihrem letzten Sinn zu offenbaren, und da die Wirklichkeit, die so gezeigt wurde, nichts anderes sein konnte als die immanente Wirklichkeit, scheint der Idealismus der späten Werke von Husserl das Resultat der schon erwähnten angeborenen Logik der Doktrin zu sein, für welche die Überwindung des Subjektivismus zunächst die wichtigste Aufgabe war. Die innere Antinomie jener Suche Husserls nach der Offenbarung illustriert alle Unternehmungen dieser Art. So die Behauptung, daß Endwahrheiten nur einen immanenten Charakter haben könnten, die transzendente Wirklichkeit hingegen – wie Husserl sagte – mit einem ›Maßstab für den Nullpunkt der theoretischen Erkenntnis‹ ausgerüstet sei, und daß die Kontinuierung der Endergebnisse nicht ohne einen verständlichen Begriff von der Transzendenz möglich sei, über die man kein Urteil fällen möchte. Jedoch konnte der Begriff der Transzendenz selbst nicht von woanders herrühren, als eben aus jener natürlichen und vorkritischen Erkenntnis, deren Ergebnisse nicht berücksichtigt werden sollen. Es stellte sich heraus, daß die Formulierung eines Grundsatzes, der den reinen Phänomenen einen endgültigen Charakter verlieh, bereits die Anwendung von Begriffen erforderte, die außerhalb der reinen Phänomene lagen, so daß man also auf gewisse Voraussetzungen des natürlichen Wissens zurückgreifen mußte. Das Absolute der Erkenntnis war mit einem nichtabsoluten Wissen belastet, wie das cogito von Descartes, und es erwies sich somit als die Behauptung eines fiktiven Denkens, das nichts weiter war als die destillierte intellektuelle Substanz, völlig unabhängig von jeglichem Inhalt, den die Erfahrung und das durch sie errungene Wissen geschaffen haben. Das Absolute, das man nicht beschreiben kann, ohne ein Gleiches mit seinem Gegensatz zu tun, verrät damit, daß es ein fiktives Absolutes ist. Die Kritik setzt das Objekt der Kritik voraus, und selbst unser Denkvorgang, in den wir die transzendente Wirklichkeit ›einklammern‹, hat zur Voraussetzung, daß die transzendente Wirklichkeit eine Gegebenheit unseres Denkens ist, so oft jedenfalls, wie man ›distinguo‹ zu dem Wort ›Gegebenheit‹ hinzufügen kann.

Der moderne Positivismus hat sich, zumindest in seiner ersten Phase, nicht vor der Jagd nach einem Absoluten der Erkenntnis bewahren können. Als er feststellte, daß ›Endgültigkeit‹ das geeignete Wort ist, um die der Beobachtung zugrunde liegenden Gesetze zu beschreiben, hat Moritz Schlick einfach eine andere Version desselben Vorgangs präsentiert, der uns in so vielen Doktrinen laizistische Elemente der Offenbarung lieferte.

Das Problem der Offenbarung ist das Problem der Existenz endgültiger Voraussetzungen. Es ist eng mit der anderen Frage verbunden: Wie weit vermag das begriffliche Denken Endgültiges auszudrücken und zu verstehen? Man kann es das Problem des verborgenen Gottes, das Problem des Geheimnisses nennen. In der modernen Philosophie begegnet es uns als Frage nach den Grenzen des Rationalismus, als Frage, wie weit gewisse elementare Erkenntnisse oder bestimmte Einheiten der Wirklichkeit als Elemente und Einheiten hingenommen werden müssen. Alle Überlegungen der personalistischen Lehre, die den nichtkommunikativen Charakter der Persönlichkeit betreffen, sind gleichbedeutend mit der Übertragung von Fragen, die die Theologie der Gottheit gestellt hatte, auf die menschliche Welt. Der metaphysisch begründete Personalismus stellt keinen Angriff auf die Theologie dar, er hat sich vielmehr deren Sorgen zu eigen gemacht. Hier, wie in den vorhin genannten Fällen, wollen wir nicht behaupten, daß diese Sorgen unbedingt nur fiktive Sorgen seien.

Die Frage, inwiefern unzerlegbare Teile, wie es die menschliche Person ist, einer Diskussion unterliegen können, ist eine reale Frage. Wenn sie dem Geheimnis der Person Gottes galt, so hat man sie doch so formuliert, daß die theoretische Priorität in diesem Zusammenhang in den Händen der Theologen blieb: In der Entwicklung, die das Wort ›persona‹ durchmachte, spiegelt sich die Schwierigkeit, an der die Philosophen immer wieder scheitern. Man pflegt sie mit einem Schlagwort abzutun: ›Die Persönlichkeit ist unausdrückbar.‹ Dieses Schlagwort ist, mag es noch so richtig sein, nicht weniger unnütz als die Behauptung, daß Gott für den Verstand der Sterblichen ein Rätsel sei.

Schließlich kann man auch das Problem *Denken* und *Glauben* in moderner Form wiederfinden. Wir begegnen ihm immer dann, wenn wir ergründen wollen, innerhalb welcher Grenzen die Erfahrung und das rationale Denken eindeutig Konflikte unserer Erkenntnis lösen können und wie groß der Anteil von nicht überprüfbaren Faktoren an unserer Weltanschauung ist. Der Axiomstreit in den empirischen Wissenschaften und der Streit um die Existenz vorrangiger Kriterien bei einander widersprechenden Erfahrungen gehören zu der theologischen Tradition. Wenn sich gewisse Tatsachen nicht mit den vorher angenommenen Voraussetzungen in Übereinstimmung bringen lassen und dadurch die Erklärung für die Gesamtheit unserer bisherigen Erfahrungen in Frage gestellt wird, dürfen dann diese Tatsachen mehr oder weniger ignoriert oder in künstlicher Weise mit dem System in Übereinstimmung gebracht werden? Das sind alltägliche Sorgen in der Wissenschaft, und sie ähneln den Sorgen aus jener Zeit, als die Offenbarung die Grundlage war, die die Gesamtheit unseres Wissens zu einem ›System‹ verband. Auf Grund dieses Tatbestandes können wir den Antagonismus der zwei Neigungen erkennen, die in fast allen bisher angeführten Fragen festzustellen waren: einerseits der Neigung zur Integration und zum Monismus, deren Ziel – kraß gesagt – darin besteht, das Weltall auf eine Formel zu bringen, wenigstens aber einen gemeinsamen Grundsatz zu finden, der die ganze Wirklichkeit erklärt; andererseits der Neigung zum Pluralismus, die sich nicht weiter um eine Übereinstimmung alles Wissens kümmert und nicht aus den einzelnen Bäumen einen Wald konstruieren will, sondern notfalls sogar bereit ist, jede Tatsache für sich als absolut gelten zu lassen trotz aller Gegensätze und Widersprüche, die bei der Konfrontierung der einzelnen Tatsachen entstehen mögen.

William James gab eine radikale Formulierung für die antimonistische Haltung der Wissenschaft gegenüber: Wenn die Tatsachen einander widersprechen, dürfen wir jede von ihnen akzeptieren; wir sollten uns jedenfalls nicht davon verwirren lassen, daß es kein allgemeines Gesetz oder Recht gibt, unter das sie alle fallen könnten, ohne einander zu widersprechen. Wir haben nämlich keinen Grund, von vornherein anzunehmen, es herrsche ein unverbrüchliches, elementares Gesetz, dem jedes Teilchen des Weltalls und alle Ereignisse unterliegen. Wir können unterstellen, daß sich die verschiedenen Ereignisse auf verschiedene Weise vollziehen, und daß die zur Reduzierung dieser Verschiedenheit auf eine Einheit erforderliche Anstrengung meist zwecklos und künstlich ist. Jede Tatsache soll sich aus sich selbst erhellen und das allgemeine Wissen elastisch auf jede Situation reagieren. Wenn die Welt sich vor unsern Augen in eine Vielfalt verschiedener Teilchen auflöst, die sich zufällig zusammenfügen, so folgt daraus nur, daß die Struktur der Welt eben ohne Ordnung und frei ist von jeder einheitlichen Organisation, daß sie voller Zufälle steckt und einem Kehrichthaufen mehr gleicht als einer Bibliothek, in der jeder Teil im einheitlichen Bau des Ganzen seinen bestimmten Platz hat und alles den allgemein verpflichtenden Vorschriften der Kataloge und Inventarverzeichnisse untergeordnet ist.

Und doch ist dieses Bestreben nach Monismus, dieser hartnäckige Wunsch, alles nach einem einheitlichen Gesetz zu ordnen, diese Suche nach einer Beschwörung, die formal wirksam genug wäre, um die Wirklichkeit durchsichtig und verständlich zu machen, diese Jagd nach dem Stein der Weisen beständiger als alle Schwierigkeiten unserer geistigen Entwicklung. Die Philosophie paßt sich den monistischen Wünschen des Denkens um so leichter an, als die Epoche der großen wissenschaftlichen Synthesen uns die geordnete Welt immer näherzubringen scheint und uns Gesetze immer allgemeinerer Natur vorlegt. So führt die Philosophie, besonders seit der Zeit, da sie den Ehrgeiz hat, als wissenschaftliche Disziplin zu gelten, gern die Wissenschaft zum Zeugen für ihre Entdeckungen an. Wenn sie versucht, die monistischen Hoffnungen aufzugeben, entlarvt sie ihrerseits die Wissenschaft und erklärt, daß die wissenschaftliche Organisierung des Weltbildes nicht das Abbild der Organisation sei, die in der Welt selbst herrsche, sondern die Folge einer Eigenschaft des menschlichen Geistes.

Alle unsere bisherigen Beispiele lassen sich auf die scholastische spekulative Theologie zurückführen. Aber auch der Reichtum der mystischen Theologie ist durchaus nicht verlorengegangen und hat sich im heutigen Denken bewahrt.

Das Problem der mystischen Theologie blieb besonders in folgenden vier Gebieten der modernen Philosophie bestehen: in der praktischen Interpretation des Wissens, in der Dialektik, in der ganzheitlichen Erklärung der Welt und in den Fragen des substantiellen Charakters der Urwirklichkeit.

Die Mystiker waren die Pioniere der pragmatischen Erkenntnis. Da alle Eigenschaften des Absoluten sich den Hilfsmitteln entziehen, über welche die menschliche, der Beschreibung endlicher Dinge angepaßte Sprache verfügt, so hat unser Wissen vom Absoluten lediglich praktischen Wert. Dieses Wissen sagt, genaugenommen, nichts darüber aus, wie Gott ist, es empfiehlt nur, ihm so gut wie möglich zu dienen, und weist darauf hin, wie man ihm durch Entsagung nahekommen kann. Auch ist dieses Wissen keine Sammlung von Rezepten, die sich vor ihrer praktischen Anwendung auswendig lernen lassen, sondern eben ihre Anwendung selbst. Der Verstand geht dem Willen nicht voraus, der Wille selbst wird vielmehr gleichzeitig zu einem Akt des Verstandes; wir wissen so viel von Gott, wie wir ihm von unserer Liebe geben. Die auf die ersten Pragmatisten zurückgehende und keinesfalls überlebte Interpretation der praktischen Erkenntnis ist in gewissem Sinne eine Verallgemeinerung des Programms der Mystiker: Fragen wir nicht danach, wie die Welt ›an sich‹ aussieht, nehmen wir die wissenschaftlichen Theorien als praktische Anweisungen für unser Verhalten. Der Pragmatismus ist Opposition gegen die realistischen Epistemologien, ebenso wie die mystische Theologie Opposition gegen die spekulative Theologie ist; sie verwirft Fragen nach der Natur der Wirklichkeit als nutzlos und ersetzt sie durch praktische Fragen.

Ein zweiter Hüter des Besitzes, den wir von der mystischen Theologie übernehmen, ist die Dialektik. Es ist bekannt, daß alle Versuche, die landläufigen Begriffe auf das absolute Sein anzuwenden, zu Antinomien geführt haben. Daher sind Mystiker zu Meistern jenes Denkens geworden, das sich in der Bewegung von These und Antithese ausdrückt. Zu sagen, daß keine Kategorie der menschlichen Sprache auf Gott anwendbar ist, bedeutet, daß wir, sooft wir von ihm sprechen, alle Kategorien auf ihn anwenden. Gott ist und ist gleichzeitig nicht, ist alles und ist nichts, ist ein Maximum und ist ein Minimum, die Bejahung und die Verneinung. Er ist aber auch die Idee der Entfremdung und ihre Überwindung. Wir finden die Idee von der Entwicklung der Welt als Negation, die zu ihrer eigenen Verneinung führen muß, völlig umgewandelt in den mystischen Texten wieder. Die Welt als Ausstrahlung Gottes ist ihrer Quelle entfremdet und in ihrer Endlichkeit Negierung ihres Schöpfers; sie ist zugleich in jener rückläufigen Bewegung, die zur Abschaffung Gottes führt und zur erneuten Übereinstimmung mit der eigenen Genesis – diese Version von Origenes enthält beinahe das ganze Skelett der dialektischen Logik. Die Entfremdung muß dabei für die mystische Theologie ebensowenig wie für die Logik Hegels eine negative Erscheinung sein: Das Absolute sondert seine Theophanie mit Hilfe der Unvermeidlichkeit der eigenen Natur aus und bereichert sich sozusagen, indem es sie absondert, um sie sich wieder einzuverleiben. Ähnlich kann man die Erbsünde und den Fall des Menschen als eine notwendige Garantie für sein künftiges Glück auffassen, mit dem er, dank der Verdienste des Erlösers, rechnen kann. ›O felix culpa quae talem ac tantum meruit habere redemptorem‹ – heißt es in einem bekannten Lied des Mittelalters: Gesegnet sei die Sünde, die einen solchen Erlöser verdient hat. Die geschichtsphilosophischen Betrachtungen über den Fortschritt, der durch seine ›schlechte Seite‹ ergänzt wird, über die Entfremdung, dem das menschliche Wesen unterliegt, um sich durch ihre Überwindung zu bereichern, sind Wiederholungen desselben Schemas.

Die mit der Ganzheit der Interpretation des Seins verbundenen Fragen stehen an dritter Stelle unter den Verdiensten der mystischen Theologie um das moderne Denken. Die Theorie der Gestalt, die sich in den mystischen Texten findet, taucht heute eher in den Spekulationen Bergsons auf als in der Methodologie der ›Gestaltisten‹. Über ein wirklich selbständiges Dasein verfügt nur das Absolute; und alle für sich bestehenden Fragmente, die wir in der Welt sehen, alle Unterschiede zwischen den einzelnen Dingen, sind entweder das Ergebnis einer Art pathologischer Entfremdung, mit der es bei der universalen Wiederkehr der Welt in den Schoß des Absoluten ein Ende haben wird, oder nur ein deformiertes Bild aus unserer Vorstellung, die dem ungeteilten Ganzen ihr fremdes Gesetz der Vielfalt aufdrängen möchte.

Auch das mystische Problem der Anwendung des Begriffes Substanz auf das Absolute taucht in unserem Jahrhundert wieder auf. Die Frage, ob die Urwirklichkeit den Charakter einer Substanz habe, oder ob die Substanz ein sekundäres Phänomen sei, das unserer Erkenntnis gegeben oder sogar von ihr gestaltet wurde, während das Ursein etwas Substanzloses sei – ein Ereignis, eine Beziehung, ein Akt – diese Frage ist zweifellos theologischen Ursprungs. Der Gedanke, die Substanz in Frage zu stellen und den metaphysischen Ursprung von Grundsätzen anzuerkennen, die von jeher als abhängig und prädikativ gelten, tritt im 20. Jahrhundert in Doktrinen zutage, die an und für sich ganz anders geartet sind. Der aktualisierte Idealismus von Giovanni Gentile, die Theorie des Zufalls von Alfred Whitehead und Bertrand Russell, die Relations-Theorie von Natorp – alle treffen in einem entfernten Punkt ihrer Genealogie, der ihnen vielleicht ganz fremd erscheinen mag, zusammen. Jeder von uns hat geistige Vorfahren, deren Porträts er nicht gern im Wohnzimmer seiner Familie sähe, an die ihn aber die bösen Zungen seiner Nachbarn erinnern. Wir leugnen nicht, daß unsere Betrachtungen irgendwie an das berühmte *Liber clamorum* erinnern, mit dem Unterschied allerdings, daß ihr Herausgeber nicht beabsichtigt, sich aus dem unrühmlichen Register auszuschließen.

Unsere Liste enthielt bis jetzt nur Beispiele, denen bestimmte Eigenschaften gemein sind; sie sollte zeigen, daß eine Reihe wesentlicher Fragen, die heute von völlig verschiedenen philosophischen Doktrinen untersucht werden, darunter auch von jener technischen Philosophie, die immer um die gleichen Fragen kreist, eine Fortsetzung der theologischen Auseinandersetzungen sind, oder besser gesagt, eine neue Version derselben Aufgaben, deren primäre Version wir aus der Geschichte der Theologie kennen. Geleitet von demselben Instinkt, der sich, wie gesagt, hinter der monistischen Neigung des menskl ichen Geistes verbirgt und monistische Interpretationen der Wirklichkeit hervorbringt, wollen wir jenes ordnende Gesetz formulieren, das erlaubt, die beschriebenen Konflikte der Weltanschauungen systematisch darzustellen.

Die Mehrzahl der angeführten Beispiele hat uns also gezeigt, daß man in der Philosophie ein Schema jener Antagonismen feststellen kann, die uns bereits in der Theologie begegnet sind: für oder gegen die Eschatologie, also für oder gegen die Ordnung der uns umgebenden Realitäten im Hinblick auf ein Absolutes, das Ziel und die Vollendung aller Entwicklung ist; für oder gegen die

Theodizee, und so weiter. Und man kann diese Antagonismen zusammenfassen in einem Für oder Wider die Hoffnung auf eine Endgültigkeit in Existenz und Erkenntnis, für oder gegen die Suche nach einem festen Halt im Absoluten.

Welchen Besonderheiten in der menschlichen Natur soll man nun aber jene Sehnsucht zuschreiben, die uns zum Absoluten hintreibt, jene Hoffnung, daß uns ein höheres Gesetz offenbar wird, welches uns die ganze Welt zu erklären vermag und gleichzeitig unsere Existenz, unser Denken und unser Handeln auf seine Schultern nimmt?

Es gibt verschiedene Doktrinen, die diese Sehnsucht nach dem Absoluten oder auch jene nach Aufhebung der eigenen Existenz zu erklären versuchen. Die Theologen sprechen seit langem davon, unser menschliches Denken werde durch einen uns vom Schöpfer eingepflanzten Hang zu ihm bestimmt. Sie nennen es natürliches religiöses Gefühl oder ähnlich. Doch dies ist nichts anderes als ein Versuch, die eigene Doktrin mit einer Tatsache zu rechtfertigen, die man erst dann anerkennen kann, wenn man zuvor die Doktrin anerkannt hat, die man mit dieser Tatsache rechtfertigen will. Und überhaupt, mit welchem Recht sollen wir etwas ›religiöses Gefühl‹ nennen, was man im Alltag wie in der Wissenschaft als Religion bezeichnen kann? Bestimmen wir deshalb lieber, unabhängig zunächst, was Religion ist, bevor wir vom *homo religiosus* reden; wir beugen damit der Versuchung vor, die Religion durch die religiösen Gefühle zu erklären und diese auf eine Art zu charakterisieren, die wiederum das Wissen darüber voraussetzt, was Religion ist. Es ist doch einfacher, die Religion auf Grund der historischen Religionen zu untersuchen, also als Einzelfall eines Phänomens, das von allgemeiner Natur ist und sich auch außerhalb jeweiliger Religionen erfolgreich verkünden läßt.

Doch wir besitzen noch eine Reihe anderer Erklärungen für die Sehnsucht nach dem Absoluten, und sie alle erwecken viel zuviele Zweifel, um als Erklärungen im Sinne des Wortes gelten zu können. An vier solche Versuche wollen wir uns hier erinnern:

Einen formulierte Sigmund Freud in seiner Theorie des

Todesinstinkts, die von seinen Anhängern im allgemeinen aufgegeben worden ist. Nach dieser Theorie strebt die lebendige Materie ständig nach Rückkehr in den leblosen Zustand, ist sie geneigt, die Spannungen bis zu ihrer völligen Aufhebung ständig zu verringern, will sie das Ende des organischen Prozesses. Dieser Todesinstinkt steht nach Freud antagonistisch der libido gegenüber; er dient ihm zugleich zur Erklärung dafür, weshalb der menschliche Verstand nach Gesetzen sucht, die die persönliche Existenz zu unpersönlichen Existenzformen umgestalten.

Die zweite Doktrin ist das Gesetz der Ökonomie. Wir begegnen ihm methodologisch bei Ockham, theologisch bei Malebranche, physikalisch bei Maupertuis, und es ist besonders gründlich von Avenarius und den Empiriokritizisten ausgearbeitet worden. In seiner allgemeinen metaphysischen Form besagt dieses Gesetz, daß in der ganzen Natur und damit auch im Verhalten der Organismen und deren Denken nach dem Prinzip der geringsten Anstrengungen und des Einsatzes der einfachsten Mittel gehandelt werde. Man kann die vorhin erwähnte Theorie von Freud demnach als Sonderfall des Ökonomiegesetzes in der organischen Welt bezeichnen. Dieses Ökonomiegesetz als Gesetz des natürlichen Strebens aller Wesen nach Ausgleich der Spannungen und Unterschiede kann nun ebenfalls die Sehnsucht des Menschen nach dem Absoluten interpretieren: nämlich als den Versuch einer Rückführung der Individuen auf das undifferenzierte Absolute, den Versuch einer monistischen Erklärung der Wirklichkeit.

Die dritte Doktrin – ebenfalls eine Spielart des Ökonomiegesetzes – ist das Gesetz der Vereinfachung, das von der Gestalttheorie her entwickelt wurde und wonach alle gestaltmäßigen Wesen und Systeme die angeborene Tendenz besitzen, möglichst einfache Formen anzunehmen, so viel wie möglich regelmäßig und symmetrisch, so wenig wie möglich unterschiedlich und asymmetrisch zu sein.

Schließlich können wir an vierter Stelle Sartres Formel erwähnen. Danach fühlt das menschliche Sein, das als eine reine Negation in Beziehung zur übrigen Welt als eine Freiheit, aber eine private Freiheit, bezeichnet wird, das ständige und widerspruchsvolle Verlangen, sich aus einem Sein ›für sich‹ in ein Sein ›an sich‹

zu verwandeln. Es strebt danach, sich der Nichtigkeit, die es quält, zu entledigen, wobei diese Nichtigkeit oder Freiheit gleichzeitig das ist, was es bestimmt. Sich der Nichtigkeit zu entledigen, in das Sein ›an sich‹ zurückzukehren, bedeutet Vernichtung der persönlichen Existenz und Aufgehen in der allgemeinen Existenzform.

Alle diese Erklärungen stellen – wie man sieht – ein und denselben Gedanken in vier verschiedenen Sprachen dar. Sie wecken unterschiedliche Zweifel und bereiten unterschiedliche Schwierigkeiten. Genaugenommen könnte man alle vier als vereinfachende philosophische Versuche zum Gesetz vom Wachstum der Entropie hinstellen. Sowohl die Theorie vom Todesinstinkt wie das Ökonomiegesetz oder die anderen Auffassungen versuchen auf ihre Weise das Gesetz vom Wachstum der Entropie zu einer universalen metaphysischen These zu erheben, die nicht nur auf alle bekannten Energieformen angewandt werden kann, sondern auch auf das menschliche Verhalten, Fühlen und Denken. Wenn man nun ein solches Gesetz der universalen Tendenz zum Ausgleich der Spannungen und zur Aufhebung der Asymmetrie und Verschiedenartigkeit annehmen wollte, so könnte man auch die Geschichte der Philosophie nach diesem Gesetz interpretieren; dann wären alle erwähnten Formen der Sehnsucht nach dem Absoluten, die das philosophische Leben seit Jahrhunderten erfüllen, nichts anderes als Einzelfälle des Wirkens dieses Gesetzes. Man könnte dann den Inhalt des philosophischen Suchens aus der Eigenschaft des menschlichen Denkens ableiten, die es mit allen energetischen Ordnungen gemein hat. Die gemeinsame Grundlage der verschiedenen metaphysischen Doktrinen läge dann in den Prozessen der Energieverwandlung, denen der menschliche Verstand unterliegt, und es wäre dann zum Beispiel die hartnäckige Verbindung zwischen dem konservativen Denken im philosophischen Sinne, dem Konservativismus in der Gesellschaft und der Unbeweglichkeit des Gesellschaftsteils, den wir Reaktion nennen, ebenfalls ein Einzelfall dieses Gesetzes.

Wenn nun aber ein solches Gesetz wirklich unbeschränkt über das Denken herrschte, dann könnte jener chronische Konflikt in der Philosophie nicht zu Worte kommen, der unserer Meinung nach so erfolgreich ihre Geschichte bestimmt: der Konflikt zwischen der Suche nach dem Absoluten und der Flucht davor, zwischen der Angst vor sich selbst und der Angst vor dem Verlust seiner selbst durch das Gesetz. Dem Denken, das durch den Prozeß des Wachstums der Entropie bestimmt wird und das wir als konservatives Denken bezeichnen können, steht im Laufe der gesamten Geistesgeschichte das Denken gegenüber, das umgekehrte Prozesse ausdrückt, die Prozesse einer gesteigerten Spannung. Auf allen Gebieten der Kultur, in der Philosophie ebenso wie in der Kunst und der Wissenschaft, entsteht das, was neu ist, aus dem ständigen Bedürfnis, die bestehenden Absoluta in Frage zu stellen. Da nun aber jede Geistesrichtung, die sich von den anerkannten Absoluta loszureißen sucht, ihrerseits neue Absoluta aufstellt, da also jeder Umsturz zu einem konservativen Zustand weiterführt, so macht er damit einer nächsten Phase Platz, in der sein eigenes Absolutes Beute der Kritik wird. Kann nun irgendeine Denkmethode – und mag sie noch so radikal sein – diesem Schicksal entgehen? Und kann sie im Laufe der Zeit der Versuchung zur Stagnation entgehen? Alle geschichtlichen Beispiele lassen daran zweifeln, und die Hoffnung, eine solche Methode zu finden, würde an sich schon der Hoffnung gleichkommen, eine endgültige Methode zu finden, also eben eine solche, deren Charakter ihrer Voraussetzung widerspricht.

Die Geschichte des antiken Skeptizismus gibt dafür ein lehrreiches Beispiel. Die Doktrin, die davon ausgegangen war, alles Augenscheinliche in Frage zu stellen, alle Dogmen anzuzweifeln, hat sich in ein verknöchertes und unfruchtbares Dogma des Zweifels verwandelt; die Kritik an der Unbeweglichkeit aller anerkannten Grundsätze ist zu einem unbeweglichen universalen Kritizismus geworden, denn kein Grundsatz der universalen Kritik kann sich vor der Antinomie des Lügners bewahren.

Wir kennen daher keine Methoden, die von der Geschichte unangefochten geblieben sind. Wir kennen nur Methoden, die sich als besonders lebensfähig erwiesen, weil sie Werkzeuge geschaffen haben, mit deren Hilfe man sie selber kritisieren kann, mögen auch gewisse dogmatische Grundsätze oder der Glauben an bestimmte Absoluta in ihren ursprünglichen Formulierungen enthalten sein. Wir hoffen, daß es mehr als eine Denkmethode dieser Art gibt. Es sind Methoden, die im Laufe einer langen Zeitspanne die Instrumente für ihre eigene Überwindung geschaffen haben. In unserem Jahrhundert haben – wie wir meinen – sowohl der Marxismus wie auch die Phänomenologie und die Psychoanalyse eine solche Radikalität gezeigt. Diese Behauptung bedeutet natürlich nicht, daß man alle einzelnen und widerspruchsvollen Thesen akzeptieren könne, die in jeder dieser Methoden enthalten sind. Sie bedeutet vielmehr die Anerkennung der Zähigkeit, die diese Doktrin bei der Überwindung ihrer eigenen Absoluta und bei der Aufdeckung der zunächst verborgenen Grundlagen ihres eigenen Radikalismus bewiesen hat. Von daher kommt ihre Lebendigkeit und darin liegt auch der Grund für ihr Fortbestehen, das sich nicht nur in der Gestalt von Tempeln ihrer Bekenner äußert, sondern ebenso und bedeutungsvoller in der Gestalt von Gedankengebäuden, die der Veränderung fähig sind. Wohl besitzt jede dieser Doktrinen eine Gruppe von Orthodoxen, die nichts anderes können, als unentwegt unveränderte Urformeln zu wiederholen, doch zugleich hat sie eine lebensfähige Nachkommenschaft geschaffen. Andere sogenannte ›große Doktrinen‹ des zwanzigsten Jahrhunderts – wie zum Beispiel die Philosophie von Bergson – sind niemals über ihr ursprüngliches Stadium hinausgekommen und stehen heute in der Geschichte als abgeschlossene Systeme, die Verehrer haben mögen, aber keine Erben.

Der Antagonismus zwischen der Philosophie, die das Absolute verewigt, und der anderen Philosophie, die die anerkannten Absoluta in Frage stellt, scheint unheilbar zu sein, wie auch der Gegensatz zwischen Konservativismus und Radikalismus auf allen Lebensgebieten unheilbar ist. Es ist der Antagonismus der Priester und der Narren, und beinahe in jeder geschichtlichen Epoche waren die Philosophie der Priester und die Philosophie der Narren die zwei Grundformen der Geisteskultur. Der Priester ist der Wächter des Absoluten, er dient dem Kultus des Endgültigen und der anerkannten Selbstverständlichkeiten, die in den Traditionen verwurzelt sind. Der Narr ist der Zweifler an allem, was als selbstverständlich gilt, er verkehrt zwar in guter

Gesellschaft, doch er gehört ihr nicht an und sagt ihr Impertinenzen. Er könnte dies nicht tun, wenn er selbst zur guten Gesellschaft gehörte. Dann wäre er höchstens ein Priester, der im Salon Anstoß erregt. Der Narr muß außerhalb der guten Gesellschaft stehen, sie von der Seite betrachten, um das Nicht-Selbstverständliche ihrer Selbstverständlichkeit, das Nicht-Endgültige ihrer Endgültigkeit herauszufinden. Er muß aber in der guten Gesellschaft verkehren, um ihre Heiligtümer zu kennen und um die Gelegenheit zu haben, ihr Impertinenzen zu sagen. Georges Sorel schrieb einmal in einer Abhandlung über die Enzyklopädisten von der Narrenrolle der Philosophie – allerdings in pejorativem Sinne: ›Der Narr war einfach ein Spielzeug der Aristokraten.‹ Aber mag es auch wahr sein, daß die Philosophen die Herrscher belustigten, so trugen doch ihre Spielereien wesentlich zu den Erdbeben bei. Zwischen den Priestern und den Narren kann es zu keiner Übereinkunft kommen – es sei denn, daß sich der eine in den andern verwandelt, was manchmal geschieht. Häufiger wird der Narr zum Priester, wie aus Sokrates Plato geworden ist, als der Priester zum Narren. Die Philosophie der Narren ist jene, die in jeder Epoche gerade das als zweifelhaft entlarvt, was am unerschütterlichsten gilt, gerade in dem Widersprüche aufdeckt, was als offenkundig und unbestreitbar erscheint, die alle sogenannten Selbstverständlichkeiten des gesunden Menschenverstandes lächerlich macht und im scheinbar Absurden das Vernünftige entdeckt. Der Gedanke des Narren kann sich in allen Extremen des Denkens bewegen, denn die heutigen Dogmen waren gestern Paradoxe, und die Absoluta, die am Äquator gelten, können am Nordpol Blasphemie sein. Die Haltung des Narren besteht im ständigen Nachdenken darüber, ob nicht die entgegengesetzten Ideen recht haben. Seine Haltung ist von Natur dialektisch. Sie ist die Überwindung dessen, was ist, weil es ist. Sie wird jedoch nicht von der Sucht zum Widerspruch regiert, sondern vom Mißtrauen gegenüber der stabilisierten Welt. Sie ist in einer Welt, in der scheinbar schon alles geschehen ist, die Bewegung der Phantasie, und sie wird deshalb auch durch den Widerstand bestimmt, der morgen siegen muß. Es ist das Verdienst Fichtes, daß er die einfache Beobachtung gemacht hat: die Bewegung des Gedankens könne nicht ohne Hindernisse erfolgen, die er überwindet; wir wissen, daß auch ein Auto nicht auf dem Eis oder ein Flugzeug im luftleeren Raum von der Stelle kommen kann. Aus demselben Grunde ist eine Philosophie unmöglich, die reine Selbstreflexion wäre, oder eine Philosophie, die sich in der geschlossenen Welt der Monade vollzöge. Die Meinung, daß das Subjekt während des Erkenntnisaktes mit dem Objekt identisch sein könnte, birgt einen inneren Widerspruch: Die Annahme einer solchen Identität wäre ja die Annahme einer Bewegungslosigkeit, einer Situation also, in der überhaupt keine Erkenntnis erfolgt. Wenn deshalb die Philosophie das Absolute in Frage stellt, wenn sie Einheitsprinzipien ablehnt, auf die die ganze Wirklichkeit zurückgeführt werden soll, wenn sie den Pluralismus der Welt bejaht und die Tatsache, daß die Dinge sich nicht aufeinander zurückführen lassen, und wenn sie damit die menschliche Individualität bejaht, so tut sie das nicht im Namen der Monadologie, sondern im Namen einer Vorstellung des Einzelwesens als eines selbstgenügsamen Atoms. Denn man kann die Individualität nicht bejahen, wenn man sie nicht der übrigen Welt gegenüberstellt, man kann sie nur bejahen in ihrer Stellung zur Welt, im Verhältnis der wirklichen Abhängigkeiten, der Verantwortung, des Widerstandes.

Eine Philosophie, die ohne Absolutes und ohne ein Endziel auszukommen versucht, eine solche Philosophie kann natürlich kein gemeinsamer Bau sein, denn sie hat keine Fundamente und verschmäht ein Dach. Sie ist ein Mittel zur Zerstörung der bestehenden Bauten und zum Abreißen der schon vorhandenen Dächer. Im geistigen Leben hat sie alle Mängel und alle Vorzüge der indiskreten Personen, die über ein schlecht entwickeltes Gefühl für Respekt verfügen. Deswegen erinnert der Konflikt zwischen der Philosophie des Narren und der Philosophie des Priesters an den Zusammenstoß der unerträglichen Eigenschaften eines Menschen in der Pubertät mit den unerträglichen Eigenschaften eines verkalkten Greises. Der Unterschied besteht allerdings darin, daß nur die ersten heilbar sind.

Unsere bisherigen Überlegungen können verdächtigt werden, sie unterlägen dem gleichen monistischen Denken, das sie kritisieren: der Neigung nämlich, die Vielfalt der Tatsachen einem ordnenden Gesetz zu unterstellen. Doch die Tätigkeit des Ordnens steht an und für sich nicht im Widerspruch zu einer antiabsolutistischen Philosophie. Die Ordnung kann die Losung der Polizei und die Losung der Revolution sein. Im Gegensatz zur antiabsolutistischen Philosophie steht nur eine besondere Art der Ordnung, nämlich jene, die die ganze Vielfalt der bestehenden und der möglichen Welten in einem einheitlichen Schema zusammenfassen möchte. Das Ideal der Polizei ist die Ordnung einer vollkommenen Kartothek. Das Ideal der hier gemeinten Philosophie ist die Ordnung einer tätigen geistigen Vorstellung. Sowohl der Priester wie der Narr tun dem Geist in gewissem Sinn Gewalt an: der Priester mit dem Halsband des Katechismus, der Narr mit der Nadel des Hohns. Am Hofe des Königs gibt es mehr Priester als Narren, ebenso wie es in seinem Reich mehr Polizisten als Künstler gibt. Anscheinend kann es nicht anders sein. Das Übergewicht der Anhänger der Mythologie über deren Kritiker erscheint als unvermeidlich und natürlich: Es ist das Übergewicht einer einzigen vorhandenen Welt über eine Vielfalt möglicher Welten, der Vorteil, den die Leichtigkeit des Falles gegenüber der Schwierigkeit des Fluges hat. Wir beobachten diesen Vorteil und sehen die erstaunliche Geschwindigkeit, mit der neue Mythologien den Platz verdrängter alter Mythologien einnehmen. Das geistige Leben einer Gesellschaft, in der der Mechanismus des traditionellen Glaubens bereits verrostet, wimmelt von neuen Mythen, die offenbar mit größter Leichtigkeit – und sei es aus dem Fortschritt der Technik und der exakten Wissenschaften – geschöpft werden können. In der Vorstellung von heute bereits vielen tausend Menschen sollen die freundlichen Bewohner anderer Planeten jene Schwierigkeiten beseitigen, aus denen sie selbst sich nicht zu befreien vermögen. Das Wort ›Kybernetik‹ wird für wieder andere zu der Hoffnung, daß alle sozialen Konflikte ein Ende finden. Der Regen der Götter benetzt den Sarg des Gottes, der sich gerade überlebt hat. Die Gottlosen haben ihre Heiligen, und die Blasphemiker bauen Gotteshäuser. Vielleicht muß der Wunsch nach dem Absoluten, das Streben nach dem Ausgleich aller Spannungen, einen unvergleichlich größeren Raum einnehmen als das Anwachsen der Spannungen, wenn das Ganze nicht in die Luft fliegen soll. Und wenn sich das so verhält, so ist damit die Existenzberechtigung der Priester erklärt; allerdings ist das kein Grund, ihrer Schar beizutreten.

Das Priestertum ist nicht ein Kult der Vergangenheit, die mit Augen von heute gesehen wird, sondern es ist das Fortdauern der unveränderten Vergangenheit in der Gegenwart, ihr Hinauswachsen über sich selbst. Das Priestertum ist also nicht nur ein bestimmtes geistiges Verhältnis zur Welt, sondern eine bestimmte Form der Existenz der Welt selbst, nämlich das Fortdauern der praktischen Wirklichkeit, die schon nicht mehr existiert. Umgekehrt kommt in der Gestalt des Narren das zur Geltung, was nur eine Möglichkeit ist und was in ihm wirklich wird, ohne daß es faktisch existiert. Denn unser Denken über die Wirklichkeit ist ebenfalls ein Teil der Wirklichkeit – und kein schlechterer als die anderen Teile.

Wir treten für die Philosophie des Narren ein, also für die Haltung der negativen Wachsamkeit gegenüber jedem Absoluten – und dies nicht auf Grund eines Ergebnisses nach Prüfung der Argumente, denn die wichtigsten Entscheidungen sind Wertung. Wir treten ein für außerintellektuelle Werte, wie sie in jener Haltung zum Ausdruck kommen, deren Gefahren und deren Absurdität wir hier dargestellt haben. Es geht uns um die Vision einer Welt, in der die am schwersten zu vereinbarenden Elemente menschlichen Handelns miteinander verbunden sind, kurz, es geht uns um Güte ohne Nachsicht, Mut ohne Fanatismus, Intelligenz ohne Verzweiflung und Hoffnung ohne Verblendung. Alle anderen Früchte des philosophischen Denkens sind unwichtig.

Der Mythos der menschlichen Einheit

Über die Einheit von bürgerlicher und politischer Gesellschaft im sozialistischen Denken

Diese Bemerkungen sind nicht historischer Art. Ihr Ziel ist es, einen soteriologischen Mythos aufzudecken, der sich hinter der traditionellen marxistischen Behauptung verbirgt, der Sozialismus sei auf der Identität von bürgerlicher und politischer Gesellschaft begründet. Ich will versuchen, eine Kontinuität (nicht eine Identität) zwischen dieser Soteriologie und gegenwärtigen totalitären Varianten des Sozialismus nachzuweisen und darzulegen, warum das marxistische Ideal dieser Einheit sich meiner Meinung nach nicht verwirklichen läßt. Trotzdem mag eine kurze historische Bemerkung nützlich sein, um den Hintergrund sichtbar zu machen, auf dem sich das marxistische Denken entwickelt zu haben scheint.

Die Ideen, die Marx von der Beziehung der bürgerlichen Gesellschaft zum Staat hatte, nahmen Gestalt an in seiner Kritik an vier Doktrinen, die sich im negativen Einfluß, den sie auf sein Denken ausübten, weitgehend unterschieden. 1. die Staatstheorien von Hegel und Lassalle, 2. das klassische liberale Konzept, 3. die anarchistische (vor allem bakuninsche) Kritik am Staat, 4. der totalitäre Kommunismus.

Die ersten zwei können liberal in dem Sinne genannt werden, daß sie beide eine Trennung der politischen von der bürgerlichen Gesellschaft als einen dauerhaften Grundzug menschlichen Lebens beinhalten und beide die Idee, der Staat könne jemals die bürgerliche Gesellschaft ersetzen, ablehnen oder – dies das andere Extrem – daß er jemals überflüssig werden könnte; mit anderen Worten: sie waren weder totalitär noch anarchistisch. Hegel und Lassalle unterschieden sich allerdings von den klassischen liberalen Grundsätzen insofern, als sie über ein rein utilitaristisches Konzept des Staates hinausgingen und ihm einen autonomen Wert als der höchsten Form menschlicher Gemeinschaft zusprachen. Die klassische liberale Doktrin betrachtete den Staat in streng utilitaristischem Sinn als ein notwendiges Übel, auf das die Gesellschaft angewiesen war, um die unvermeidlichen Konflikte der Einzelinteressen innerhalb genau festgelegter gesetzlicher Grenzen zu halten und so die Gesellschaft davor zu schützen, in einen uneingeschränkten Krieg aller gegen alle zu verfallen und schließlich das Opfer der Tyrannei des Stärksten zu werden.

Wenn wir uns mit der Kritik von Marx an Bakunin auseinandersetzen, fällt es uns manchmal schwer, sie von seiner Kritik an Lassalle abzugrenzen; den ersten greift er an, weil er den Staat als die Hauptquelle allen sozialen Elends hinstellt, den anderen, weil er im Staat die höchste Errungenschaft des menschlichen Geistes verehrt. Immerhin können wir feststellen, daß das Grundkonzept von Marx über die Beziehung zwischen politischer und bürgerlicher Gesellschaft, wie es in der unvollendeten »Kritik der Hegelschen Rechtsphilosophie« von 1843 und in der Schrift »Zur Judenfrage« dargelegt ist, sich in seiner ganzen geistigen Entwicklung intakt erhalten hat und in späteren Schriften nirgendwo widerrufen wurde.

Marx begann bei der Auseinandersetzung mit dieser Frage in Feuerbachscher Manier, indem er Hegel die »Umkehrung« der Beziehung von »Subjekt« und »Prädikat« vorwarf. Für Hegel, sagt er, werden die realen menschlichen Subjekte zu Prädikaten einer universalen Substanz, die sich im Staat verkörpert. Echte Prioritäten sind auf diese Weise verdreht, da das »Universale« nur Eigentum eines Einzelwesens sein könnte und das wahre Subjekt immer begrenzt ist. Nicht der Staat schafft »echte Individuen«; der Staat ist im Gegenteil ein »objektivierter Mensch«. Das festgesetzte Ziel der Demokratie ist es, den Staat auf seine echten menschlichen Schöpfer zurückzuführen. Wenn Hegel sagt, daß das »Universale« die menschliche Subjektivität braucht, um zur eigenen Vollkommenheit zu gelangen, verewigt er nicht nur die Trennung des Staates von den menschlichen Individuen, sondern er sanktioniert die Illusion vom Staat als der Verkörperung des universalen Interesses. Hegel glaubte tatsächlich, daß der Geist des Staates, seine Überlegenheit über alle Einzelinteressen, im Bewußtsein seiner Diener verkörpert ist, weil nur sie ihre Einzelinteressen mit dem universalen Interesse identifizieren können und die Synthese des allgemeinen Guten mit den Wünschen der einzelnen Glieder der Gesellschaft möglich machen. Konsequenterweise stützte die Hegelsche Philosophie die ideologische Illusion der preußischen Bürokratie, die sich als die Inkarnation des universalen Interesses betrachtete. Marx betont dazu, sobald die Bürokratie zum autonomen Prinzip werde und das Staatsinteresse sich verselbständige als das Interesse der Bürokratie – und so zum »echten« Interesse werde –, müsse sie die Ziele anderer Einzelgruppen, aus denen sie geboren wurde, bekämpfen.

Marx übernahm also die Hegelsche Unterscheidung von bürgerlicher Gesellschaft und Staat, während er die Notwendigkeit ihrer Dauer und ihres Getrenntseins leugnete. Die bürgerliche Gesellschaft ist die Gesamtheit von sich widerstreitenden Einzel- und Gruppeninteressen, der empirische Alltag mit all seinen Konflikten und Kämpfen, das Reich privater Sehnsüchte und Bestrebungen. Für Hegel sind ihre Konflikte durch die Vernunft gemäßigt, gezügelt und im höheren Willen des Staates aufgehoben, der unabhängig ist von jedem Einzelinteresse. Für Marx ist der Staat – zumindest in seiner gegenwärtigen Form – weit davon entfernt, neutraler Mittler zu sein, sondern vielmehr Werkzeug von ein paar Einzelinteressen, die sich als der illusionäre universale Wille maskieren. Der Mensch als Staatsbürger und als Privatperson sind zwei verschiedene, getrennte Wesen, aber nur das zweite, das Mitglied der bürgerlichen Gesellschaft, ist das »wirklich« konkrete Wesen; als Staatsbürger ist es Teil einer abstrakten Gemeinschaft, die ihre Realität einer ideologischen Mystifizierung verdankt. Diese Mystifizierung war in der mittelalterlichen Gesellschaft, in der die Klassentrennung in der politischen Ordnung ihren unmittelbaren Ausdruck fand, unbekannt, d. h. die Segmentierung der bürgerlichen Gesellschaft wurde im politischen Organismus widergespiegelt. Nachdem die modernen Gesellschaften die direkte politische Gültigkeit der Klasseneinteilung abgeschafft haben, haben sie das soziale Leben in zwei Bereiche aufgespalten, und diese Teilung wird auf jede Einzelexistenz übertragen; d. h. jedes menschliche Wesen gerät in diesen Widerspruch und wird zerrissen zwischen seinem Status als Privatperson und seiner Rolle als

Staatsbürger. Daraus folgt, daß politische Emanzipation – in Herausforderung gegen die Philosophie von Bruno Bauer – nicht mit menschlicher Emanzipation vermengt werden sollte. Die erste kann politisch die Unterschiede zwischen den Menschen in bezug auf Eigentum oder Religion abschaffen, d. h. die Unterschiede politisch unbedeutsam machen und so den Staat von religiösen oder Klassenunterschieden befreien (z. B. durch die Abschaffung von Eigentumsqualifikationen bei politischen Tätigkeiten oder von gesetzlichen Privilegien für bestimmte Glaubensbekenntnisse). So bedeutend eine solche Änderung sein mag, schafft sie doch weder die religiöse noch die Klassentrennung in der Gesellschaft ab, sonder läßt sie weiter wirksam arbeiten. Sie läßt die Trennung der bürgerlichen von der politischen Gesellschaft unberührt; die erste bleibt das Reich des wahren Lebens, egoistisch und isoliert für jeden einzelnen, die zweite gibt dem Leben einen kollektiven Charakter, jedoch in einer abstrakten und illusionären Form. Das Ziel der menschlichen – im Gegensatz zur politischen – Emanzipation ist die Wiederherstellung des kollektiven Lebens in seinem wahren Charakter oder die Wiederherstellung des kollektiven Charakters der bürgerlichen Gesellschaft. Am Ende der Schrift »Zur Judenfrage« finden wir den wichtigen Satz, der – in philosophischer und noch unentwickelter Form, aber nicht in Klassen-Begriffen – die große Marxsche Hoffnung auf eine universale menschliche Emanzipation ausdrückt; eine Hoffnung, die weiterhin alle seine Anstrengungen bestimmte, die Vision einer Gesellschaft zu entwerfen, in der für immer die Dichotomie zwischen der persönlichen und der kollektiven Existenz des Menschen beseitigt ist:

> »Erst wenn der wirkliche individuelle Mensch den abstrakten Staatsbürger in sich zurücknimmt und als individueller Mensch in seinem empirischen Leben, in seiner individuellen Arbeit, in seinen individuellen Verhältnissen, *Gattungswesen* geworden ist, erst wenn der Mensch seine »forces propres« als *gesellschaftliche* Kräfte erkannt und organisiert hat und daher die gesellschaftliche Kraft nicht mehr in Gestalt der *politischen* Kraft von sich trennt, erst dann ist die menschliche Emanzipation vollbracht.«*

* Karl Marx, Frühe Schriften, Band I S. 479. Cotta Verlag, Stuttgart 1962.

Niemand kann behaupten, er finde in diesem Satz alles, was Marx später über die Bedeutung des künftigen Reichs der Freiheit gesagt hat. Aber alles, was er sagte, wuchs aus dieser vorgeordneten Hoffnung. In dem zitierten Satz wird im Zusammenhang mit dem Begriff von »menschlicher Emanzipation« der Klassenkampf und die Sendung des Proletariats noch nicht erwähnt. Und doch macht eben diese Vision des zur vollkommenen Einheit zurückgekehrten Menschen, der sein persönliches Leben unmittelbar als eine soziale Kraft erfährt, den philosophischen Hintergrund des Marxschen Sozialismus aus. In allen späteren Schriften, in denen er seine Position im Gegensatz zu liberalen, anarchistischen und kommunistisch totalitären Doktrinen definierte, bleibt das gleiche eschatologische Konzept des in sich wieder vereinten Menschen bestehen.

Was ist an dieser Hoffnung falsch? Gibt es irgendeine historische Verbindung zwischen der Marxschen Vision des zur Einheit gelangten Menschen und der Tatsache, daß der verwirklichte Kommunismus nur in totalitärer Form auftritt, d. h. als die Tendenz, alle Kristallisationen der bürgerlichen Gesellschaft durch Zwangsorgane des Staates *wieder zu ersetzen*? Wie kann man diesen Zusammenhang erfassen?

Wenn wir hier auch nicht im Detail die Verästelungen des Problems in den Chroniken der marxistischen Doktrin untersuchen können, so muß ich doch in groben Zügen die Hauptpunkte der Marxschen Kritik an den vier erwähnten Doktrinen zusammenfassen.

Für Anarchismus stehen Stirner und Bakunin. Bakunins Konzept beruhte auf drei Prämissen. Erstens: Die staatlichen Institutionen sind die Hauptursache allen sozialen Elends. Zweitens: Sobald die Menschen sich selbst überlassen werden und von der Last der politischen Maschinerie befreit sind, werden sie ihre natürliche Fähigkeit zu freundschaftlicher Zusammenarbeit innerhalb von lose organisierten kleinen Kommunen entwickeln. Drittens: Jeder Versuch, den Staat wieder aufzurichten, sobald der bestehende zusammengebrochen ist, wird mit einer anderen und schlimmeren Art der gleichen Tyrannei enden; ein neuer Staatsapparat, errichtet von den früheren Arbeitern, kann nur die ewige Sklaverei neu aufpolieren und verstärken, und die Emporkömmlinge, die ihn führen, werden sofort zu Abtrünnigen ihrer Klasse und werden die eben erlangten Privilegien gegen diese Klasse zu verteidigen wissen. Für Marx waren die ersten beiden Argumente offensichtlich falsch und beruhten auf Unkenntnis erhärteter historischer Fakten. Da der Ursprung des Staates in der bürgerlichen Gesellschaft zu suchen ist und nicht umgekehrt, bedeutet Bakunins Forderung, den Staat zu zerstören, den Wagen vor das Pferd zu spannen. Nicht die bestehenden politischen Einrichtungen erzeugen Ungleichheit und Ausbeutung, sie sind nur deren Ausdruck; kurz gesagt, die Entfremdung der Arbeit geht der politischen Entfremdung voraus. Den politischen Rahmen von der kapitalistischen Ordnung abzulösen, während man die Produktionsverhältnisse unverändert läßt, würde bedeuten, Bedingungen zu erhalten, die aus sich heraus bald den gleichen Rahmen wieder schaffen müßten. Mit Bakunins drittem Punkt hat sich Marx niemals auseinandergesetzt, sondern überließ dies seinen Nachfolgern. Sein Kommentar auf der Pariser Kommune, besonders der Satz, daß die Arbeiterklasse nicht die vorgefundene Staatsmaschinerie übernehmen könne, sondern sie zerschlagen müsse, wurde zweifellos von Bakunins Kampfgefährten Guillaume als eine Hinwendung zum anarchistischen Standpunkt begrüßt. Wie spätere Schriften (besonders die Kritik des Gothaer Programms) zeigen sollten, war dies ein Irrtum.

Das klassische liberale Konzept stimmte mit dem idealisierten Modell der kapitalistischen Gesellschaft überein, wie sie im *Kapital* analysiert wurde. Marx war sich bewußt, daß die tatsächlichen Grundlagen der kapitalistischen Wirtschaft nicht vollkommen mit diesem Modell übereinstimmen, dessen Voraussetzung es ist, daß der Staat im ökonomischen Leben völlig untätig bleibt und die Gesetze der freien Konkurrenz ungezügelt arbeiten läßt. Trotzdem war dies das Modell, mit dem er sich in seinem Hauptwerk befaßte. Das liberale Konzept – der Staat bleibt beschränkt auf die Rolle des Aufpassers und enthält sich jeder Einmischung in den ›freien Vertrag‹ zwischen Unternehmer und Lohnempfänger (von anderen Aspekten der industriellen Tätigkeit ganz zu schweigen) – war in den Augen von Marx streng genommen nicht »falsch«, soweit es dem echten Zweck des Kapitals gewachsen war.

Falsch war die ideologische Täuschung, diese Art von Aufteilung würde den unveränderlichen Bedürfnissen der menschlichen Natur gerecht, und sei sie erst einmal geschaffen, werde sie unbestimmte Zeit fortdauern. Nach diesem Konzept sind die maximale produktive Effizienz und damit das optimale Gemeinwohl in einem politischen Rahmen gesichert, der auf einem Minimum an Einmischung in die ökonomischen Verhältnisse basiert. Der Staat hat für Sicherheit zu sorgen; Wohlfahrt und Wohlstand werden sich von selbst regeln. Die von Marx konzipierte Gesellschaftsorganisation war das genaue Gegenteil: politische Herrschaft würde überflüssig, während das Wirtschaftsmanagement »die Verwaltung der Dinge«, die Funktionen der öffentlichen Organe vollkommen ausschöpfen würde. Der Ausdruck vom »Absterben des Staates« stammt von Engels, paßt sich aber ganz in die Voraussagen von Marx ein. Hier stellt sich die Frage: Welche Zusicherungen haben wir für den Glauben, daß eine gesellschaftliche Organisation frei von aller eingreifenden und zwingenden Gewalt und von allen politischen Einrichtungen existieren kann? Welche Bedingungen würden es einer Gesellschaft ermöglichen, die »Dinge zu verwalten« ohne »das Volk zu regieren«?

Den Staatskult von Hegel und Lassalle griff Marx von einer anderen Ebene aus an. Lassalle lehnte natürlich das Ideal von der ökonomischen Neutralität des Staates ab. Er glaubte im Gegenteil, die Arbeiter könnten über das parlamentarische System auf den Staat Einfluß ausüben und ihn zwingen, bei der Organisation selbständiger Produktivgenossenschaften mitzuwirken, die am Ende das Wirtschaftsleben beherrschen würden. Für Marx vernachlässigte Lassalle völlig den Klassencharakter des bestehenden Staates und huldigte dem utopischen Wahn, daß der Staat, der in Wirklichkeit ein sich selbst verteidigendes Übel der privilegierten Klassen ist, als ein Organ der sozialistischen Transformation eingesetzt werden könnte. Durch seine Einschätzung des Staates als einen Wert an sich und das Übersehen seiner Klassenfunktion beweise Lassalle sein Ignoranz des Geschichtlichen.

Marx leugnete nicht, daß der Staatsapparat eine unabhängige Rolle im Klassenkampf spielen könnte; dies geschehe, wie er meinte, in außergewöhnlichen Umständen, die er am Beispiel des

»Bonapartismus« analysiert hat. Augenblicke einer zeitweiligen Autonomie des Staates kommen als Ergebnis eines Stillstands in einem scharfen Klassenkampf vor. Marx hat nicht versucht, seine allgemeine Auffassung vom Staat als einem Organ der Klassenherrschaft und seine Bemerkungen über derartige Ausnahmebedingungen miteinander in Einklang zu bringen. Auch hat er keinerlei theoretische Ansicht darüber mitgeteilt, wie die gesellschaftlich unverzichtbaren Funktionen des Staates mit seiner Rolle als Unterdrückungsinstrument der besitzenden Klassen koexistieren können. Es kann deshalb nicht verwundern, daß alles, was die marxistische Bewegung von ihrem Gründer übernommen hat, nichts anderes zum Inhalt hatte als die unausgegorene Idee, der Staat sei *nichts weiter* als ein Organ der Klassenherrschaft, die Faust der Besitzenden über den Köpfen der Ausgebeuteten und, da die grundlegenden Klassengegensätze unversöhnlich seien, der *kapitalistische Staat* könne niemals im Dienste der Wohlfahrt der Arbeiter stehen.

Die Kritik von Marx an den totalitären Utopien nimmt in seinen Schriften weit weniger Raum in Anspruch. Sie erscheint in den »Ökonomisch-philosophischen Manuskripten von 1844« als Kritik an dem primitiven egalitären Kommunismus, der alles zerstören will, was nicht Eigentum aller werden kann, d. h. alles, was die einzelnen voneinander unterscheidet, und der alle Talente und persönlichen Vorzüge, die eine kulturelle Kreativität ermöglichen, abschaffen möchte. Weit entfernt davon, die Assimilierung der entfremdeten Welt zu versprechen, treibt dieser Kommunismus die Entfremdung ins Extreme mit dem Versuch, die ganze Gesellschaft auf die gegenwärtige Stellung der Arbeiter hinabzudrücken. Dem stellt Marx gegenüber, was er die »positive Abschaffung des Privateigentums« nennt, eine Formulierung, die er nicht erklärt hat und die er, wie es scheint, später nicht mehr benutzte. Ihr Sinn kann aus dem Zusammenhang erschlossen werden, in dem sie vorkommt, nämlich in der Auseinandersetzung mit der religiösen Entfremdung und der vorzeitigen Abschaffung des Atheismus. Der Atheismus verliere jede Bedeutung, sobald die menschliche Selbstbestätigung nicht länger von der Leugnung Gottes abhängt, um eine positive

Selbstbestätigung zu werden. Man könnte vermuten, daß sich analog hierzu eine Auslegung für die »positive« Abschaffung des Privateigentums anbietet: in einer Gesellschaft, die nicht mehr von der Negation des Privateigentums bestimmt ist, ist wahrscheinlich die Frage des Privateigentums überhaupt aus dem Bewußtsein der Menschen verschwunden und hat aufgehört, ihr Denken zu beunruhigen. Diese Erklärung gibt auch keinen klaren Anhaltspunkt, für die Bedeutung von Kommunismus ausgenommen, was die Marxsche Kritik ausführt und was wir wiederum leicht anderswo finden können: Marx' Vorstellung vom »kommunistischen Menschen« war (im Gegensatz zu vielen Utopien der Aufklärung) mehr den Bildern der Helden des Hellenismus und der Renaissance nachempfunden, als dem Vorbild von Baracken und Klöstern. Über diesen letzten Punkt kann man nicht streiten. Dunkel bleibt, welches Verhältnis diese unbekümmert kühne Perspektive zur Struktur einer imaginären kommunistischen Welt und zur düsteren Wirklichkeit der Realität hat.

Eine Grundstruktur in den Gedanken von Marx zu dieser Frage kann folgendermaßen formuliert werden:

1. Die Entfremdung der Arbeit kann der Arbeitsteilung zugerechnet werden, die ein Resultat der technischen Entwicklung ist.
2. Die Entfremdung der Arbeit führte zur Klassenteilung und schuf besondere Einrichtungen, die durch Zwangsmittel vor allem die festgelegten Interessen der privilegierten Schicht schützen sollten.
3. In den mittelalterlichen europäischen Gesellschaften spiegelte der Aufbau dieses Apparats unmittelbar die Klassenstruktur wieder, und seine Funktion war augenfällig.
4. In den industriellen Gesellschaften wurden der politische Überbau und die bürgerliche Gesellschaft voneinander getrennt, nicht in dem Sinne, daß der erste aufhörte, der zweiten zu dienen, aber in dem Sinne, daß die wahre Natur der politischen Gesellschaft hinter gesetzlicher Gleichheit und persönlicher Freiheit versteckt wurde. Deshalb mußte das Bild der Beziehungen zwischen den beiden in den Köpfen der Betroffenen mystifiziert werden.

5. Gleichzeitig wurden die traditionellen sozialen Bindungen und Loyalitäten aufs äußerste erschüttert in einer Gesellschaft, in der das Profitmotiv die ökonomische Tätigkeit ungezügelt beherrscht.
6. Dies führt zu der nahezu vollkommenen Aufspaltung jedes einzelnen in sein wirkliches, aber egozentrisches Leben in der bürgerlichen Gesellschaft einerseits und seine gemeinschaftliche, aber abstrakte Existenz als Glied des Staates andererseits. Soziale Funktionen (besonders die Arbeit) werden als Privatangelegenheiten wahrgenommen, und partikulare Interessen (in politischen Funktionen) tragen die Maske des sozialen Dienstes.
7. Zu einer autonomen sozialen Kraft kann der Staat nur in Ausnahmesituationen werden, in denen zeitweilig ein Gleichgewicht im scharfen Klassenkampf eintritt. Der Staat ist jedoch nicht in der Lage, wichtige wirtschaftliche Funktionen innerhalb der kapitalistischen Ordnung zu übernehmen.
8. Die Aufgabe des Kommunismus ist es, die zwei voneinander getrennten Aspekte des menschlichen Lebens, den persönlichen und den kollektiven, wieder zusammenzufügen. Dabei soll weder der erste zerstört (wie dies der primitive Kommunismus möchte), noch der zweite beseitigt werden, während gleichzeitig die bürgerliche Gesellschaft sich selbst überlassen wird (wie dies in anarchistischen Träumen zu finden ist). Die gesellschaftliche Organisation soll derart beschaffen sein, daß sie aus ihrem Wesen heraus es gar nicht vermag, getrennte politische Organismen zu bilden.
9. Diese Wiederherstellung der menschlichen Einheit wird durch die gewaltsame Zerschlagung der Schutzhülle des bestehenden Staates bewirkt, durch die Expropriierung der ausbeutenden Klassen und die Überführung der Produktionsmittel in die Hände der Produzenten. Sobald diese in der Lage sind, über alle akkumulierten Produktionsmittel zu verfügen, werden sie auf natürliche Weise das Profitmotiv in ihrer ökonomischen Tätigkeit abschaffen und sie allein den sozialen Bedürfnissen unterordnen.
10. Unter den gegebenen Bedingungen werden sich keine Klassen-

gegensätze mehr ergeben und werden konsequenterweise auch keine Organe der politischen Herrschaft mehr benötigt. Die öffentlichen Organe werden ausschließlich »der Verwaltung der Dinge« dienen, der Erziehung und der Wohlfahrt des Volkes.

11. Als Ergebnis wird nicht nur der Bruch zwischen den sozialen und den privaten Funktionen des Individuums geheilt sein, sondern auch die Subjekt-Objekt-Spaltung im historischen Prozeß (Transparenz in den sozialen Beziehungen, Kontrolle der in Gemeinschaft verbundenen Einzelnen über ihre Lebensprozesse usw.), die Spaltung zwischen dem Menschen und seiner natürlichen Umwelt, zwischen Bedürfnissen und Pflichten und zwischen Essenz und Existenz.

Was wurde aus diesem Schema und insbesondere aus seinen Zukunftsperspektiven? Unter den Sozialisten bezweifelte vor der Oktoberrevolution kaum einer ernsthaft ihre Gültigkeit. Lenins »Staat und Revolution«, einige Monate vor dem Oktober geschrieben, könnte einem heute wie ein Tagtraum erscheinen, aber er muß so schon am ersten Tag nach der Machtergreifung ausgesehen haben. Die totalitäre Entwicklung der nachrevolutionären russischen Gesellschaft ist einerseits oft erklärt worden durch die Ausnahmebedingungen (nicht-ausnahmehafte werden nicht gefunden) im Augenblick der Revolution (überwiegend agrarische Gesellschaft, Isolierung und Zusammenbruch der Revolutionshoffnungen im Westen, wirtschaftliche Verwüstung, politische Erschöpfung). Eine andere Erklärung weist auf die besondere Tradition dieses Landes in der Beziehung zwischen Gesellschaft und Staat hin. Nach Meinung einiger russischer Historiker des 19. Jahrhunderts ging die Vorherrschaft des Staates über die bürgerliche Gesellschaft so weit, daß der Staat – weit davon entfernt, ein Produkt der Klassenteilung zu sein – selbst soziale Klassen durch eine Reihe von oben angeordneter Maßnahmen schuf; allein schon der Umfang des unterbevölkerten Territoriums und die Notwendigkeit des dauernden militärischen Schutzes gegen Invasionen zwangen den Staat dazu, einen immer größeren Verwaltungs- und Verteidigungsapparat aufzubauen und die gesamte ökonomische Aktivität des Landes in den Dienst des Staates zu stellen.

Alle wichtigen wirtschaftlichen Veränderungen gingen auf die Initiative des Staates zurück. Das Ergebnis war, daß die Hauptzüge dessen, was wir heute ein totalitäres System nennen, in der vorrevolutionären Tradition im Prinzip vorhanden waren: das Übergewicht des Grundsatzes, daß alle Tätigkeiten des Staatsbürgers (einschließlich seiner wirtschaftlichen) Ziele haben müssen, die mit denen des Staates übereinstimmen; daß keine spontanen Entwicklungen des sozialen Lebens heranwachsen dürfen, wenn sie nicht den Zielen des Staates entsprechen; daß jeder Bürger Eigentum des Staates ist. Die ungewöhnliche Autonomie des russischen Staates in der Beziehung zur bürgerlichen Gesellschaft ist von russischen Marxisten (Plechanov, Trotzky) nicht geleugnet worden, auch wenn sie nicht so weit gingen wie jene, die auf den Staat die ganze Verantwortung für die Struktur der Gesellschaft luden, einschließlich der Bildung der sozialen Klassen.

Doch ist dies nicht das Problem, mit dem wir uns hier auseinandersetzen. Die Frage ist, ob – abgesehen von den besonderen Umständen und Traditionen jenes Landes, in dem der erste Versuch unternommen wurde, eine soziale Organisation auf den Prämissen von Marx aufzubauen – der Verdacht gerechtfertigt ist, es gebe eine Verbindung zwischen eben diesen Prämissen und den tatsächlichen Ergebnissen dieses Versuchs. Dies zu hinterfragen hat nichts mit der frivolen und unbeantwortbaren Frage zu tun: »Was würde Marx sagen, wenn er das Werk seiner Nachfolger sähe?« Es ist wohl einsichtig, daß er es nicht hätte sehen können, ohne ein paar Jahrzehnte länger zu leben, d. h. ohne sich in einer Weise zu verändern, die wir unmöglich erraten können. Wir fragen auch nicht danach, ob die Grundzüge des gegenwärtigen Kommunismus im Schema von Marx schon völlig vorgegeben oder nur vorskizziert worden sind. Es scheint klar, wenn nicht gar eine Binsenwahrheit, daß eine Ideologie immer schwächer ist als die sozialen Kräfte, die sie antreiben und ihre Werte zu tragen versuchen. Da demnach die wirklichen, in die sozialen Kämpfe einbezogenen Interessen nicht auf die Einfachheit eines ideologischen Wertsystems reduziert werden können, dürfen wir von vornherein sicher sein, daß kein politischer Organismus die vollkommene Verkörperung seiner Ideologie sein kann. Wenn wir dies vom

Marxismus wie von jeder anderen Ideologie feststellen, können wir auf eine historische Begründung verzichten. Für alle, die über die Aussichten der sozialistischen Entwicklung nachdenken, heißt die wirkliche Frage: führt uns Marx' Idee von der Einheit der bürgerlichen und politischen Gesellschaft zu der Annahme, daß jeder Versuch, eine solche Einheit zu errichten, höchstwahrscheinlich eine Ordnung hervorbringt, die stark totalitäre Züge trägt?

Es sei hier angemerkt, daß wir heute nicht die ersten sind, die dieses Thema ansprechen. Sonst könnten wir uns dem Verdacht aussetzen, wir würden uns nach einer *harmonie préétablie* zwischen einer Idee und ihrer nachfolgenden Verwirklichung sehnen, nur um intellektuelle Anomalien aufzulösen und die Kontingenz der Geschichte in eine scheinbare Ordnung zu bringen. Tatsächlich ist die gleiche Frage wiederholt gestellt worden – meist von Anarchisten und Syndikalisten, aber auch von einigen Marxisten –, lange bevor die Antwort anhand der empirischen Realität des sozialistischen Staates gefunden werden konnte.

Der Hauptgrund für diese Fragestellung lag darin, daß Marx sich in der Voraussage getäuscht hat, es sei eine sozialistische Organisation mit zentralisierter wirtschaftlicher Leitung, aber ohne politische Macht und soziale Unterdrückung möglich. Ein solches System muß – der Kritik Bakunins zufolge – eine neue herrschende Klasse entweder aus Renegaten der Arbeiterklasse oder aus der Intelligenz hervorbringen. Waclaw Machajski behauptete sogar, der Marx'sche Sozialismus sei eine ideologische Erfindung der Intelligenzija, die bisher privilegierten Klassen zu verdrängen und die Macht zu ergreifen, um von ihrer gesellschaftlich ererbten kulturellen und geistigen Überlegenheit zu profitieren. Sorel beharrte darauf, daß alle Führer, die die sozialistische Revolution von politischen Parteien erwarteten, nichts anderes wären als die neuen pseudorevolutionären Despoten und daß Leute wie Jaurès und Turati, was für eine demokratische Phraseologie sie auch immer benutzen mochten, nur eine andere Form der Unterdrückung der Arbeiterklasse ankündigten. Ähnliche Äußerungen lassen sich von französischen Syndikalisten und Proudhonisten zitieren. Sorel erwartete, daß eine neue unterdrückerische Gesellschaft aus jedem Programm einer politischen (d. h. von einer Partei initiierten) Revolution hervorgehen werde, da diese immer gegen die Bewegung der wirklichen Arbeiter gerichtet sei. Diese Bewegung könne nur siegen, wenn sie sich von der Herrschaft der Intellektuellen zu befreien vermag und durch eigene Kraft, ohne politische Funktionäre und Manager, Herr der Produktion werde.

Natürlich übernahmen die Sozialisten diese Argumentationsweise nicht. Einige von ihnen wiesen aber immerhin auf die Gefahren eines neuen Despotismus hin. Entstehen könne dieser, wenn entweder die Revolution unter »unreifen« Bedingungen stattfände oder die Führer den Sinn des Marxschen Sozialismus nicht richtig interpretierten. Jaurès schrieb, wenn der Sozialismus darauf hinausläuft, daß eine Gruppe von Herrschern zusätzlich zu ihrer politischen Macht auch noch das Recht besäße, alle ökonomischen Entscheidungen zu kontrollieren, hieße das, einer Handvoll Menschen eine Allmacht zu überlassen, gegen die die Macht asiatischer Despoten völlig verblassen würde. Plechanow bemerkte in seiner Polemik gegen den revolutionären Populismus, daß eine verschwörerische Bewegung, die unter ökonomisch rückständigen Bedingungen die Macht ergreifen könnte, nur eine Art orientalischer Satrapie oder einen erneuerten zaristischen Despotismus auf kommunistischer Grundlage errichten würde. Er richtete ähnliche Warnungen wiederholt an die Bolschewiken, die nach seiner Meinung mehr die Erben der Narodniki-Verschwörer als Marxisten wären.

Andere hoben mehr die moralischen als die ökonomischen Vorbedingungen einer sozialistischen Gesellschaft hervor, wenn diese Gesellschaft nicht zu einem neuen unterdrückerischen Klassensystem herunterkommen sollte. Ich zitiere Edward Abramowski, einen Theoretiker des Genossenschafts-Anarchismus, der als Pole im Westen weniger bekannt ist. Er schrieb 1897:

> »Dürfen wir einmal dem Gedanken nachgehen, daß die Errichtung des sozialistischen Systems seine vorherige Größe der moralischen Revolution weglassen könnte? Daß man kommunistische Institutionen organisieren könnte, ohne in menschlichen Seelen die entsprechenden Bedürfnisse zu finden, ohne die feste Grundlage im Bewußtsein des Volkes zu haben? ... Nehmen wir für einen Augenblick lang an, daß eine revolutionäre Vor-

sehung, eine konspiratorische Gruppe, die sich zu den sozialistischen Idealen bekennt, erfolgreich den Staatsapparat in die Hände bekommt und mit Hilfe der in neue Farben verkleideten Polizei kommunistische Institutionen errichtet. Nehmen wir an, daß das Bewußtsein des Volkes keinen Anteil an diesem Prozeß nimmt und daß alles mit der Gewalt des reinen Bürokratismus durchgeführt werden muß. Was geschieht? ... Die neuen Institutionen haben das Faktum des legalen Eigentums beseitigt, aber das Eigentum als ein moralisches Bedürfnis des Volkes ist geblieben; sie haben die offizielle Ausbeutung aus der Produktion verbannt, aber sie haben all die externen Faktoren belassen, aus denen Ungerechtigkeit erwächst und die immer einen riesigen Handlungsspielraum haben – wenn nicht auf dem ökonomischen, dann auf allen anderen Gebieten der menschlichen Beziehungen. Um die Wünsche nach Eigentum zu erstikken, müßte die Organisation des Kommunismus eine starke Staatsgewalt anwenden; die Polizei würde an die Stelle jener natürlichen Bedürfnisse treten, aus denen soziale Einrichtungen wachsen und dank derer sie sich frei entwickeln. Mehr noch würde die Verteidigung der neuen Institutionen nur für einen Staat möglich sein, der auf den Prinzipien des Absolutismus begründet ist, da jede wirksame Demokratie in einer Gesellschaft, die gewaltsam unter das neue System gestellt wurde, dieses System mit raschem Verfall bedrohen würde und all die sozialen Gesetze wieder hervorbrächte, die in den menschlichen Seelen von der Revolution unberührt überlebt haben. So wäre der Kommunismus nicht nur vollkommen oberflächlich und impotent, sondern würde sich auch in eine Staatsmacht verkehren, die die Freiheit des Einzelnen unterdrückt; statt der früheren Klassen würden zwei neue Klassen entstehen – die Bürger und die Funktionäre – und ihr Antagonismus würde notwendigerweise in allen Bereichen des sozialen Lebens in Erscheinung treten. Selbst wenn der Kommunismus in einer so künstlichen Form, ohne Transformation durch das Volk, überleben würde, würde er sich selbst widersprechen und wäre ein soziales Monstrum, wie es keine unterdrückte Klasse sich je erträumt hat, am wenigsten das Proletariat, das für die menschlichen Rechte kämpft und von der Geschichte selbst dazu berufen ist, die Befreiung des Menschen zu vollbringen.«*

So hat also die Idee vom Aufstieg einer sozialistischen »neuen Klasse« nicht auf Burnham gewartet. Sie war vorweggedacht worden, lange bevor Menschen sie in der Erfahrung finden konnten (nach der Oktoberrevolution scheint Kautsky der erste gewesen zu sein, der 1919 diese Idee auf die neue Gesellschaft angewendet hat). Wir müssen jedoch zwischen Kritikern unterscheiden, die vor einer neuen kommunistischen Klassengesellschaft warnten, die entstünde, wenn der Revolution nicht gelänge, angemessene ökonomische und moralische Bedingungen zu schaffen, und jenen, die den Keim einer totalitären Ordnung in der Idee des Sozialismus selbst, wie sie von Marx ausgearbeitet wurde, gefunden zu haben behaupten. Diese beiden Argumentationsweisen sind logisch voneinander unabhängig.

Kommen wir zur zweiten Argumentationsweise, die wir von anarchistischen Schriftstellern kennen. Mir scheint, daß diese Kritik in vielen Punkten zu rechtfertigen ist. Wenn ich dies sage, muß ich nicht die anarchistischen Ideale teilen oder sie für durchführbar oder folgerichtig halten. Ich will versuchen, die Kritiken, die bemerkenswert sind, in veränderter Form wiederzugeben und dem Gegenstand einige andere Bemerkungen hinzufügen, die nicht notwendig aus den gleichen Quellen stammen.

1. Der entscheidende Punkt in Marx' Ideal der Einheit ist seine – von den utopischen Sozialisten ererbte – Unterscheidung zwischen der Verwaltung der Dinge und der Herrschaft über das Volk. Diese Unterscheidung ist vage, da man sich nicht vorstellen kann, wie die Dinge verwaltet werden können, ohne daß Menschen für diesen Zweck benutzt, kontrolliert und organisiert werden. Management in der Wirtschaft schließt Kontrolle über Menschen ein und es ist prima facie nicht klar, was es besagen solle, daß dies keine »politische« sondern eine rein »ökonomische« Kontrolle sei. Es ist selbstverständlich, daß ökonomische Planung die Planung der Arbeitskraft und der Arbeitsorganisation mit um-

* Edward Abramowski, ›Etyka a revolucja‹ in *Filozofia spoleczua* (wybór pism) (Warsaw, 1965), pp. 179–80.

faßt. Bei einer wirksamen Planung und Lenkung können dreierlei Instrumente angewendet werden: materielle Anreize, moralische Motivationen und physischer Zwang. Das erste setzt einen freien Arbeitsmarkt voraus (Wirtschaftsaktivität aufgrund privater Motive, Streben nach persönlichem Profit, Konkurrenz zwischen den Teilnehmern am Arbeitsprozeß), und dies ist schwer mit dem Bild in Einklang zu bringen, das Marx von der Einheit von sozialem und persönlichem Leben hatte. Das zweite Instrument setzt eine gewaltige moralische Revolution im Denken der Menschen voraus; was gibt es für einen Grund zu glauben, daß eine solche Revolution wahrscheinlich oder möglich ist? Die Erfahrung der sozialistischen Länder spricht klar gegen jede Hoffnung, moralische Anreize als eine dauerhafte und wirksame Basis für die Produktion einzusetzen; die meisten Phrasen, mit denen »Enthusiasmus für das Werk« ausgelöst werden sollte, waren mehr dazu da, verschiedene Formen des Drucks und Zwanges zu überdecken. Es scheint kaum notwendig, die Untauglichkeit des dritten Instruments für das Programm von Marx zu erwähnen. Wenn wir allerdings die berüchtigten Attacken Trotzkys auf Kautsky von 1920 lesen, stellen wir fest, daß für ihn das System der Zwangsarbeit keineswegs ein vorübergehendes, notwendiges Übel der Bürgerkriegsperiode, sondern ein dauerndes Kennzeichen der sozialistischen Gesellschaft war.

> »Das Prinzip des *zwangsweisen Arbeits-Dienstes* hat ebenso radikal und dauerhaft das Prinzip des freien Arbeitsmarktes ersetzt wie die Sozialisierung der Produktionsmittel das kapitalistische Eigentum ...«* »Die einzige Lösung der ökonomischen Schwierigkeiten die von *beiden Gesichtspunkten – sowohl dem des Prinzips, wie dem der Praxis* – korrekt ist, ist *die Bevölkerung des ganzen Landes als ein Reservoir der erforderlichen Arbeitskraft zu behandeln* . . «** »Die Militarisierung der Arbeit gehört zu jenen Formen des Staatszwanges, ohne die die Ablösung der kapitalistischen Wirtschaft durch eine sozialistische für immer bloßer Schall bliebe ... Keine soziale Organisation außer

* L. Trotsky, *The Defence of Terrorism:* A Reply to Karl Kautsky (Labour Publishing Co., London, 1921), p. 126.

** *Ibid.*, p. 125.

der Armee hat sich je in gleichem Maße für gerechtfertigt gehalten, die Bürger sich unterzuordnen, sie nach ihrem Willen nach allen Seiten hin und in einem solchen Ausmaß zu kontrollieren, wie sich der Staat der Diktatur des Proletariats dies zu tun für gerechtfertigt hält und es tut ...«* »Denn wir haben keinen anderen Weg zum Sozialismus außer dem der autoritären Lenkung der ökonomischen Kräfte und Hilfsquellen des Landes und der zentralistischen Verteilung der Arbeitskraft in Übereinstimmung mit dem allgemeinen Staatsplan. Der Staat der Arbeit betrachtet sich für ermächtigt, jeden Arbeiter an den Platz zu schicken, wo seine Arbeit benötigt wird.«**

Trotzky erwähnt zwar den *Enthusiasmus für die Arbeit* innerhalb der Arbeiterklasse, aber er weiß auch, daß sich die Planwirtschaft nicht auf diesen Faktor stützen kann. Sein Gedanke war grob gesagt der: »Lassen wir die Arbeiter arbeiten – für fast nichts – und schicken wir sie dorthin, wo wir sie haben wollen, ohne revolutionären Enthusiasmus. Wenn es so nicht geht, dann wird es mit Hilfe der Überredungskraft der Polizeipistolen gelingen.« Mit anderen Worten: Trotzky versprach uns den Sozialismus als ein permanentes Konzentrationslager. Er schien sich keine Gedanken über die mögliche Unvereinbarkeit seines Programms mit der Marx'schen Doktrin gemacht zu haben. Trotzdem können zwei Sachverhalte zu seinen Gunsten angeführt werden. Erstens scheint ein freier Arbeitsmarkt tatsächlich dem Marx'schen Konzept des Sozialismus zuwiderzulaufen. Zweitens bot er eine praktische Lösung für eine Frage an, die Marx unbeantwortet gelassen hatte. Tatsächlich sind – lassen wir den freien Markt außer acht – Zwang und moralische Motivierung die einzigen möglichen Stimulantien für die Arbeit, die übrigbleiben. Gerade die Moral hat sich als höchst unzuverlässig erwiesen. In der Tat sind alle drei Faktoren in der Geschichte der sozialistischen Staaten in unterschiedlichem Umfang angewendet worden. Die materiellen Anreize scheinen jetzt auf dem Wege zu sein, den Vorrang in der ökonomischen Organisation zu gewinnen.

2. Verfolgt man die Frage nach den Stimulantien für die Arbeit

* *Ibid.*, p. 130.

** *Ibid.*, p. 131.

weiter, dann taucht die Frage nach den Stimulantien für die Produktion überhaupt auf. Marx stellt fest, daß die bürgerliche Gesellschaft vom privaten Interesse beherrscht ist, und daß die Menschen, sich selbst überlassen, irgendwie produzieren und handeln werden; doch sind sie unfähig, die globalen Ergebnisse ihrer gemeinsamen produktiven Tätigkeit in den Griff zu bekommen, und diese wenden sich schließlich gegen sie in Form von quasi naturgesetzmäßigen Katastrophen. Sobald aber die privaten Profitmotive aus der Produktion entfernt sind, wird der organisatorische Körper der Produktion – d. h. der Staat – zum einzig möglichen Subjekt ökonomischer Tätigkeit und zur einzig übrigbleibenden Quelle ökonomischer Initiative. Dies muß keineswegs aus bürokratischer Anmaßung, sondern aus Notwendigkeit zu einem gewaltigen Anwachsen der Aufgaben des Staates und seiner Bürokratie führen. Und so hat es sich ja auch tatsächlich abgespielt. Die bürgerliche Gesellschaft – dem Staatsapparat gegenübergestellt – ist ökonomisch zur Passivität verurteilt und hat weder irgendeinen Grund noch irgendeine Möglichkeit zu wirtschaftlicher Initiative. Ohne Impulse von seiten des Staatsapparates entstehen in der Gesellschaft keine ökonomischen Aktivitäten, von dem unbedeutenden Zweig der kleinen privaten Produzenten abgesehen, die als ein Relikt der Vergangenheit betrachtet werden. Was nicht durch Staatsorgane geplant ist, wird einfach nicht produziert, wie auch immer die sozialen Bedürfnisse sein mögen. Einige Änderungen, die langsam und zögernd in sozialistischen Ländern eingeleitet wurden, um den Einfluß des Marktes auf die Produktion wieder herzustellen, erweisen sich bis zu einem gewissen Grad als wirtschaftlich wirksam, laufen aber im gleichen Maße der Marx'schen Auffassung von Einheit zuwider.

Diese zwei Sachverhalte mögen den Verdacht rechtfertigen, daß – weit entfernt von dem Versprechen einer Vereinigung der bürgerlichen mit der politischen Gesellschaft – die Marx'sche Vision des in sich wiedergeeinten Menschen in der Praxis eher ein krebsartiges Anwachsen der quasi-allmächtigen Bürokratie bewirkt, die die bürgerliche Gesellschaft zu erschüttern und zu paralysieren versucht und die (zu recht getadelte) Anonymität des öffentlichen Lebens bis zu ihrer äußersten Konsequenz führt.

3. Diese Tendenz wird noch wahrscheinlicher, wenn wir den dritten Punkt berücksichtigen: die Frage nach der Autonomie der politischen Körperschaften, die von den sozialen Klassen getrennt sind. Tatsächlich ist schwer zu ersehen, welche Gründe zugunsten der Überzeugung vorgebracht werden können, daß, sobald die sozialen Klassen (im Sinne von Marx, d. h. gegründet auf die Kriterien des Eigentums an Produktionsmitteln und der Aneignung des Mehrwerts) beseitigt sind, der Konflikt zwischen den privaten Interessen aufhören werde. Der Klassenkampf in der kapitalistischen Gesellschaft ist eine historische Form des Kampfes um die Verteilung des Sozialprodukts. Warum sollen wir den Schluß ziehen, daß der gleiche Kampf um den Mehrwert innerhalb einer Wirtschaft, die auf öffentlichem Eigentum gegründet ist, nicht weitergeht, (gleichgültig ob in einem autoritären oder demokratischen System)? Und weil öffentliches Eigentum unvermeidlich eine soziale Schicht hervorbringt, die mit Privilegien zur Kontrolle der Produktionsmittel, der Arbeitskraft und der Zwangsmittel ausgestattet ist, weshalb sollten wir es da nicht wahrhaben wollen, daß alle Mittel eingesetzt werden, die Position dieser Schicht zu sichern und ihre Privilegien zu vermehren? (Außer natürlich, wir prophezeien die plötzliche Wiederkehr der engelhaften Natur in der menschlichen Rasse.)

Unumstritten ist, daß Marx bei der Auseinandersetzung mit diesen Fragen und bei seiner Vorhersage, der Mensch werde zu seiner verlorenen Einheit von sozialer und personaler Existenz zurückkehren, u. a. zwei sehr alltägliche falsche Prämissen benutzte: daß alles menschliche Übel seine Wurzeln in den sozialen (zum Unterschied von den biologischen) Umständen habe und daß alle bedeutenden menschlichen Konflikte letztlich auf Klassenantagonismen zurückführbar seien. So hat er völlig die Möglichkeit außer Acht gelassen, daß einige Quellen für Konflikt und Aggression der Species Mensch als ein festes Wesensmerkmal inhärent sein könnten und durch institutionelle Veränderungen wahrscheinlich nicht ausgelöscht werden können. In diesem Sinne blieb er tatsächlich ein Schüler Rousseaus. Er übersah auch die gewaltige Kraft des menschlichen Willens zur Macht um ihrer selbst willen und die scharfen Antagonismen, die aus den Machtverhältnissen als solchen erwachsen, d. h. unabhängig vom sozialen Ursprung der gegebenen herrschenden Gruppen. Unter all den berühmten Sätzen, die eine schwindelerregende Karriere in der Geschichte erlebten, ist dieser einer der treffendsten in seiner Unrichtigkeit: daß die Geschichte aller bisher existierenden Gesellschaften die Geschichte von Klassenkämpfen ist. Daß politische Mächte nichts anderes als Instrumente in den Händen der Klassen sind; daß ihre Interessen immer mit den Interessen der Klassen identisch sind, die sie repräsentieren; daß sie aus sich heraus keine Interessen hervorbringen, die von bemerkenswerter Bedeutung wären; daß sich die Menschen betrügen, wenn sie glauben, sie kämpften für andere Werte, Werte an sich (für Freiheit oder Stärke, für Gleichheit oder nationale Güter), nachdem gerade diese Werte nur Instrumente von Klasseninteressen sind – alle diese Auffassungen sind abgeleitet aus dem einen Satz. Sie gaben dem Marxismus seine erstaunliche Wirkung und seine katechetische Einfachheit. Es ist überflüssig zu erwähnen, daß das Werk von Marx überzeugend aufzeigt, wie sein Denken in allen detaillierten Analysen viel subtiler und differenzierter war, als dieser Satz es glauben machen könnte. Und doch wäre er ohne diesen fundamentalen Glauben nicht imstande gewesen, seine Hoffnung auf Wiederherstellung der Einheit des Menschen zu nähren.

Fassen wir zusammen:

1. Es gibt keinen Grund zur Annahme, daß die Wiederherstellung der vollkommenen Einheit des persönlichen und sozialen Lebens eines jeden Individuums (d. h. die vollkommene, internalisierte Identität jeder Person mit dem sozialen Ganzen, das Fehlen von Spannung zwischen seinen persönlichen Sehnsüchten und seinen verschiedenen sozialen Verpflichtungen) möglich ist oder daß sie gar mit institutionellen Mitteln bewerkstelligt werden kann. Marx glaubte, eine solche Identität sei in stagnierenden primitiven Gesellschaften erreicht worden. Doch selbst wenn diese romantische Vorstellung gut begründet sein mag, rechtfertigt nichts die Hoffnung, daß ähnliches in der vorhersehbaren Zukunft wieder aufgebaut werden könnte: die Voraussetzung wäre ein beispiellose moralische Revolution, die der ganzen bisherigen Kulturgeschichte zuwiderlaufen müßte. Die Annahme, daß zunächst

mit einer Zwangsform die Grundlage für eine derartige Einheit geschaffen wird (d. h. durch die gewaltsame Zerstörung der bürgerlichen Gesellschaft und ihre Ersetzung durch die Allmacht eines unterdrückerischen Staates) und daß diese dann in eine internalisierte freiwillige Einheit wachsen wird, erfordert den Glauben, daß Menschen, die durch Furcht zu etwas gezwungen wurden, dasselbe später freiwillig und begeistert tun werden. Nach allem, was wir über menschliches Verhalten wissen, ist das Gegenteil wahrscheinlicher.

2. Als soziales Äquivalent für diese Einheit der Person war die Einheit der bürgerlichen und politischen Gesellschaft gedacht. Sie wurde als eine Gemeinschaft vorgestellt, in der politische Macht unnötig geworden ist. Eine solche Gemeinschaft ist undenkbar, wenn nicht eine von den zwei folgenden Bedingungen erfüllt wird. Die erste: zwischen Gruppen oder Individuen dürfen keine Interessenkonflikte entstehen, so daß die ökonomische Leitung nicht mit politischer Gewalt ausgestattet werden muß und öffentliche Instrumente der Vermittlung oder des Ausgleichs nicht nötig sind. Nur wenn alle menschlichen Interessenkonflikte ihre Wurzel in der Klassenteilung (im Marxschen Sinne des Wortes) haben – was offensichtlich nicht der Fall ist –, könnten wir damit rechnen, daß diese Bedingung in der Zukunft erfüllt wird. Die zweite Bedingung: alle, auch die unwichtigsten Entscheidungen in öffentlichen Angelegenheiten sind direkt von der Gemeinschaft als ganzer in demokratischer Weise zu treffen. Wäre ein solches System durchführbar, würde es nicht Interessenkonflikte abschaffen (und insofern nicht die Erfordernisse einer perfekten Einheit erfüllen), aber es könnte sie schlichten, ohne daß eigene politische Einrichtungen für diesen Zweck geschaffen werden müßten. Dieses Ideal wurde geformt aus der anarchistischen Vorstellung über mittelalterliche schweizerische Gemeinden und kann natürlich nicht Marx zugeschrieben werden. Wenn nicht aus historischen, so doch aus technischen Gründen ist es offensichtlich in keiner Gemeinschaft praktizierbar, die die Größe einer mittelalterlichen schweizerischen Gemeinde überschreitet. Gesellschaften, die auf einer universalen und sich immer weiter ausdehnenden Verflechtung aller Elemente der technologischen und wirtschaftlichen Struktu-

ren beruhen, müssen getrennte Einrichtungen für das ökonomische Management wie für die Schlichtung von Interessenstreitigkeiten zwischen den verschiedenen Teilbereichen schaffen, und diese Einrichtungen werden ihrerseits wieder eigene partikulare Interessen und Loyalitäten hervorbringen.

3. Das Anwachsen der ökonomischen Verantwortlichkeiten der zentralen Gewalten ist eine unbestreitbare Tendenz, die sich in den verschiedenen politischen Systemen beobachten läßt. Weiterhin ist der Trend zur Nationalisierung immer größerer Teile der Produktion, des Transports, des Handels und des Kommunikationssystems unvermeidlich von einem Anwachsen der Bürokratie begleitet. Das gleiche läßt sich von all den Aufgaben sagen, die anerkanntermaßen auf den Schultern zentraler Instanzen ruhen sollten: die Wohlfahrts-, Gesundheits- und Erziehungssysteme, die Kontrolle der Löhne, Preise, Investitionen und des Bankwesens, der Umweltschutz und die Nutzung der Bodenschätze und der Landreserven. Es ist schwer, aber doch nicht unmöglich, widerspruchsfrei zu erscheinen, wenn man gleichzeitig gegen beides – gegen das Aufblähen der Bürokratie und gegen die unkontrollierte Verschwendungssucht der Privatindustrie – zu Felde zieht; meist bedeutet vermehrte Kontrolle der Privatwirtschaft vermehrte Bürokratie. Die entscheidende Frage ist, wie eine Gesellschaft ihre expandierende Bürokratie bändigt und nicht, wie sie sich ihrer entledigen kann. Repräsentative Demokratie setzt unabhängige Körperschaften mit Sonderprivilegien für Entscheidungen in öffentlichen Angelegenheiten voraus, sie kann deshalb das Ideal der vollkommenen Einheit von bürgerlicher und politischer Gesellschaft nicht garantieren. Ganz allgemein kann gesagt werden, daß die repräsentative Demokratie eine große Zahl von Fehlern besitzt und nur eine Tugend. Alle ihre Gebrechen und Gefahren kann man leicht in der marxistischen Literatur nachlesen. Und ihre einzige Tugend ist, daß bisher niemand etwas besseres entdeckt hat.

Ich glaube, sozialistisches Denken, das sich auf seine traditionellen Grundprobleme konzentriert (wie kann man der arbeitenden Gesellschaft mehr Gleichheit, mehr Sicherheit, mehr Wohlfahrt, mehr Gerechtigkeit, mehr Freiheit, mehr Beteiligung an der Entscheidung im Wirtschaftsprozeß verschaffen), ein solches sozialistisches Denken darf sich nicht gleichzeitig blenden mit Visionen einer vollkommenen Einheit des sozialen Lebens. Diese beiden Prozesse laufen einander zuwider. Der Traum der vollkommenen Einheit kann wahr nur in einer Karikatur werden, die seine ursprüngliche Absicht verleugnet: als eine künstliche, von oben her mit Zwang auferlegte Einheit, in der die politische Macht verhindert, daß die echten Konflikte und die echten Spannungen der bürgerlichen Gesellschaft zum Ausdruck kommen können. Diese Macht ist fast mechanisch gezwungen, alle spontanen Formen des wirtschaftlichen, politischen und kulturellen Lebens abzuwürgen und so die Kluft zwischen der bürgerlichen und politischen Gesellschaft zu vertiefen, anstatt beide einander näherzubringen.

Wenn gefragt wird, ob dieses Ergebnis irgendwie im ursprünglichen Denken von Marx enthalten war, ist die Antwort zweifellos Nein, wenn »enthalten« soviel bedeutet wie »beabsichtigt«. Alles weist darauf hin, daß die ursprüngliche Absicht das Gegenteil dessen war, was daraus erwuchs. Aber diese ursprüngliche Absicht ist nicht länger unschuldig. Sie konnte kaum in einer grundsätzlich anderen Form ins Leben gebracht werden, nicht wegen irgendwelcher geschichtlich bedingter Umstände sondern wegen ihres Inhalts selbst.

Der Traum von der vollkommenen Einheit der menschlichen Gemeinschaft ist wahrscheinlich so alt wie das menschliche Denken über die Gesellschaft; die romantische Nostalgie war nur eine spätere Inkarnation davon. Dieser Traum ist philosophisch durch jenes Element in der europäischen Kultur bestärkt worden, das aus den Quellen des Neuplatonismus gewachsen ist. Es gibt keinen Grund zu erwarten, daß dieser Traum jemals aus unserer Kultur ausgelöscht werden kann, denn er hat starke Wurzeln in dem Bewußtsein eines Bruches, den die Menschheit offenbar ganz am Beginn ihrer Existenz nach dem Verlassen der animalischen Unschuld erlitten hat. Und deshalb gibt es auch keinen Grund für die Erwartung, daß dieser Traum jemals Wirklichkeit werden kann außer in der grausamen Form des Despotismus; der Despotismus aber ist eine verzweifelte Nachahmung des Paradieses.

Hinweis

Babajewskij, Sergej — sowjetischer Schriftsteller, geb. 1909, typischer Vertreter des sogenannten Sozialistischen Realismus, sein bekanntestes Buch »Ritter des Goldenen Stern« (1947) wurde auch in Ostdeutschland veröffentlicht.

Jablotschkow, Pawel – russischer Erfinder auf dem Gebiet der Elektrotechnik, u. a. der elektrischen Kerze, Militäringenieur, 1847–1894.

Kallenbach, Josef – polnischer Literaturhistoriker, 1861–1929.

Ossowski, Stanislaw – polnischer Soziologe.

Lyssenko, Trofim – sowjetischer Biologe und Agronom, Theorie über Vererbungslehre, Mitglied der Sowjetischen Akademie der Wissenschaften, geb. 1898.

Marr, Nikolaj – sowjetischer Linguist, ursprünglich nur Spezialist für kaukasische Sprachen, später Begründer der »marxistischen Sprachforschung«. Starb 1940. Anfang der fünfziger Jahre griff Stalin in seinem großen Aufsatz über die Sprache die Theorie von Marr, die jahrelang als die »einzig richtige« gegolten hatte, scharf an.

Ssaltykow-Schtschedrin, Michail – russischer Romanschriftsteller und Satiriker, 1826–1889.

Ssuworow, Alexander – russischer Feldherr, 1729–1800.

Tschernischewski, Nikolaj – Literaturkritiker und Philosoph, gilt als geistiger Führer der russischen revolutionären Bewegung der sechziger Jahre des vorigen Jahrhunderts, 1829–1889.

Wyspianski, Stanislaw – Maler und Dichter, polnischer Klassiker. Seine Dramen werden auch heute von polnischen Bühnen gespielt, 1869–1907.

Bibliographie

In Polen wurden veröffentlicht:

»Aktuelle und nichtaktuelle Begriffe des Marxismus« in *Nowa Kultura*, 27. Januar 1957.
»Die Intellektuellen und die kommunistische Bewegung« in *Nowe Drogi – Theoretisches Organ der Vereinigten Polnischen Arbeiterpartei*, September 1956.
»Verantwortung und Geschichte« in *Nowa Kultura*, September 1957.
»Der Sinn des Begriffes ›Linke‹« in *Po Prostu*, Februar 1957
»Wovon leben die Philosophen?« in *Przeglad Kulturalny*, Herbst 1956.
»Die Antisemiten« in *Po Prostu*, Sommer 1956.
»Die Weltanschauung und das tägliche Leben« in *Die Weltanschauung und das tägliche Leben – Essays;* PIW (Polnischer Staatsverlag), 1957.
»Der Platonismus, die Empirie und die Öffentliche Meinung« in *Przeglad Kulturalny*, Sommer 1957.
»Über die Richtigkeit der Maxime ›Der Zweck heiligt die Mittel‹«.
»Lob der Inkonsequenz« in *Tworczosc*, September 1958.
»Der Priester und der Narr« in *Tworczosc*, Oktober 1959.

In England wurde veröffentlicht:

»Der Mythos der menschlichen Einheit« in *The Socialist Idea*, hrsg. von Leszek Kolakowski u. Stuart Hampshire, London 1974.